성경과 한국문화의 뿌리

- 울이랑 땅 끝 소명
- 땅과 ~스탄
- 노아의 제단과 고인돌
- 구세주와 무궁화(천지화)
- 토지 무르기와 다물
- 말씀과 한국어
- 초막절·성탄절·한가위
- 희년과 천·지·인 삼재론
- 성경달력과 한국음력
- 성경과 동양문화

성경과
한국문화의
뿌리

• 저　　자　이 대 환

1판 1쇄 인쇄일　2011년 1월 18일
1판 1쇄 발행일　2011년 1월 28일

• 발 행 처　도서출판 예루살렘
• 발 행 인　조 현 숙
• 등록번호　제16-75호
• 등록일자　1980. 5. 24
• 주　　소　서울 강남구 논현동 107-38 남광빌딩
• 대표전화　(02)545-0040, 546-8332, 514-5978(영업부)
• 팩　　스　(02)545-8493
• E-mail　jerubook@naver.com

• 기　　획　정 용 한
• 편　　집　김 대 훈
• 영　　업　오 승 한

값 15,000원
ISBN 978-89-7210-517-6 03230

성경과 한국문화의 뿌리

겨레와 성경과 삶이 만나는 뿌리 찾기

이대환 지음

예루살렘

책을 쓰면서

컴퓨터에는 인터넷으로 여러 정보를 검색하여 열어본 파일(목록)을 저장해 둔 곳이 있습니다. 이것은 컴퓨터에 있기에 열어보긴 했지만, 쓰지는 않고 검색의 흔적으로만 남아있는 '휴면 파일' 입니다. 휴면 파일은 지금 거의 쓸모가 없는 것 같지만, 언제든지 다시 쓸 수도 있기에 지우지 않고 컴퓨터에 남겨두고 있습니다.

기독교인이 매일 보고, 듣고, 가지고 다니는 성경에도 그런 부분이 있습니다. 성경에는 있지만, 우리가 평소에 거의 사용하지 않고 눈여겨보지도 않는 부분 말입니다. 저는 예수님을 영접한 지 30년이 지났고, 지금은 장로로 교회와 세상을 섬기고 있습니다. 또한 경제관련(경영학, 회계학) 학자로 성경의 희년법을 두고 다년간 씨름을 해 온 사람입니다. 그만큼 성경을 보고, 듣고, 생각할 시간이 있었다는 뜻입니다. 그런데 이상한 것은 성경에는 있지만, 교회가 말은 하지 않는 부분이 있었습니다. 그것은 제가 20년간 씨름을 해온 희년법을 비롯하여 생활에 대한 각종 내용들입니다. 그리고 성경은 서양보다 동양에서 쓰였다고 할 수 있고, 우리 한국과 관련된 부분도 있습니다. 또한 한국 기독인이면 성경과 조국 한국에 대한 관심도 있어야 할 것입니다. 그런데 교회는 이런 부분에 대하여 관심과 연구가 거의 없었습니다. 그래서 이 부분은 컴퓨터의 휴면 파일처럼 성경에 들어있긴 하지만, 사용은 하지 않는 '휴면 경전' 이라 할 수 있을 것입니다. 이 부분은 적게 잡아도 성경의 약 1/3에 가까운 분량이므로 '1/3의 숨은 성경' 이기도 합니다. 또 이 부분은 생활에 대한 내용이 많으므로 '생활성경' 이라 하겠습니다. 그리고 성경은 우리가 모르고 있던 한국의 순수한 토종문화를 찾아줄 것으로 보입니다. 또한 한국의 토종문화는 지금까지 교회가 하지 못한 성경의 통전적 이해와 현실적 적용(생활)에도 큰 도움을 줄 것입니다. 한국인은 성경으로 우리의 종교와 역사, 민족혼과 생활문화를 재발견하며, 이러한 재발견을 통하여 우리 겨레 모두가 구원의 신령한 복을 받고, 그 복을 지구촌 가족들과 함께 나눌 수 있을 것입니다.

이 책은 이런 관점에서 썼습니다. 저는 히브리어 · 헬라어를 모릅니다. 신학도 하지 않았습니다. 교회와 사회에서도 흠이 많아 부끄럽고 부족한 사람입니다. 이런 사람이 감히 성경을 들먹거릴 수 있을까를 두고 오래오래 고민을 했습니다. 그러나 있기는 하지만, 휴면 파일과도 같은 1/3 분량의 성경에 대하여 누가 말을 해도 해야 하겠기에 이런 책을 써 봅니다.

제1부는 "동양에서 본 구약성경"으로 성경에는 있지만, 우리가 잘 모르고 덮어둔 일반적 이야기 또는 동양의 문화와 생활에 관련된 이야기입니다. 제2부는 "잃어버린 성경 절기"로 교회가 빠트리거나 잘못 알고 있는 절기에 대하여 말합니다. 성경달력이 우리가 사용하던 음력이라는 것과 우리 명절 한가위와 시기가 같은 초막절을 중점적으로 소개합니다. 제3부는 "성경으로 찾는 한국의 토종문화"로 우리의 종교와 역사, 그리고 문화와 삶의 뿌리를 성경에서 찾는 내용입니다. 이 부분은 아직 가설에 가깝지만, 더 나은 연구를 위해 제기해 봅니다. 많은 분들의 관심과 조언을 부탁드립니다.

아무쪼록 독자들이 이 책을 읽으시고, 신앙과 생활에 도움이 되시길 바랍니다. 부족한 책을 기꺼이 추천하여 주신 '두레공동체'의 김진홍 목사님과 '알이랑코리아' 대표 유석근 목사님께 감사를 드립니다. 여러 가지 어려움 속에서도 이 책을 출간하여 주신 도서출판 예루살렘(조현숙 대표)과 출판을 도와주신 모든 분들에게도 감사를 드립니다. 독자들에게는 하나님의 사랑이 함께 하시를 기원합니다. 하나님! 감사합니다.

2011. 1월

이 대 환

추천사 1

우리 시대의 숨은 신학자 이대환 장로의 〈성경과 한국문화의 뿌리〉를 추천합니다. 이 책의 저자 이대환 장로는 평신도 신학자입니다. 신학자로도 그냥 신학자가 아니라 성경을 바탕으로 삼아 독창적이고 현실적인 이론을 펼치고 있는 신학자입니다. 저는 이대환 장로를 만날 때마다, 그의 글을 읽을 때마다 새삼 놀라곤 합니다. 성경에 대한 뜨거운 정열을 가지고, 세상의 경제문제나 조국 한반도의 문제들을 성경적으로 해결하고자 대안을 제시하는 그의 노력과 비전이 놀랍기 때문입니다.

그간에 출간된 책이나 논문들도 그러하거니와 이번에 출간되는 〈성경과 한국문화의 뿌리〉는 이대환 장로가 아니고는 감히 쓸 수 없는 책입니다. 이토록 참신한 발상과 상상력, 그리고 성경에 대한 전적인 신뢰는 이대환 장로가 아니고서는 찾을 수가 없을 것 같기 때문입니다.

이 책은 우리의 종교와 역사와 문화의 뿌리를 성경에서 찾는 시도입니다. 저자도 말하고 있듯이 이 부분이 아직은 가설에 머물고 있는 수

준입니다. 그러나 앞으로 연구가 더욱 깊어지면 당당한 정설로 인정받게 될 날이 있을 것으로 믿습니다.

제가 이 책의 원고를 읽으며 특히 감명 받은 부분은 "쇠하여 가는 한국교회와 세계교회, 무엇 때문인가?"란 부분을 읽고서입니다. 그리고 "구약성경의 룻기, 절기, 희년 등에서 밝힌 경제생활 이야기"는 신학교에서와 기존의 신학 저술들에서는 접할 수 없는 내용이었기에 감탄사를 거듭하면서 읽었습니다.

이렇게 훌륭한 책을 펴낸 이대환 장로의 수고와 정열에 거듭 감사를 표합니다. 앞으로 더욱 분발하여 더 좋은 글들을 펼쳐내어 지적으로 황무지와 같은 한국교회에 큰 보탬이 되는 작업을 계속하여 주시기를 간청하며, 추천의 글을 대신합니다.

〈두레수도원〉_ 김 진 홍 목사

추천사 2

〈성경과 한국문화의 뿌리〉, 본서의 제목과 내용은 독특합니다.

일반적으로 성도들은 우리 고유의 문화란 모두 성경과 무관한 무속적이고 이교적인 기원을 갖고 있다는 선입견을 지니고 있습니다. 이 책은 그러한 생각이 편견이었고 오류였음을 깨닫게 해 줍니다. 예수원 설립자인 R. A. 토레이(한국명: 대천덕)는 비록 이방인이었지만 그것을 인식했기에 일찍이 다음과 같이 지적한 바 있습니다(기독교는 오늘을 위한 것, 도서출판 무실, 1991, 180쪽).

> "지금이야말로 한국사람 자신의 내부로부터 우러나오는 복음과
> 한국과의 새로운 대결을 통해서만 기독교가 한국에서 뿌리를 내리고
> 많은 열매를 맺을 수 있다는 점을 깊이 생각해볼 때이다.
> 오직 이러한 대결을 통해서만 예배가 진정 한국 자신의 예배가 될 것이며,
> 성경이 진정 한국 자신의 성경이 될 것이다.
> 이것은 한국 문화와의 진지한 대화를 통하여 그리스도의 몸 안에서
> 한국의 참된 주체성을 발견하는 문제인 것이다."

본서는 바로 이러한 요구에 부응하는 특별한 책입니다. 뿐만 아니라 본서는 저자의 깊은 성경 연구와 이해의 결실로서 우리가 그동안 놓치거나 상실하고 있던 소중한 성경의 진리들을 재발견하도록 이끌어 줍니다. 그리하여 본서의 독자는 자신의 믿음을 말씀의 반석 위에 더욱 견실하게 세우게 될 것입니다.

저는 이러한 주제의 책이 한국교회는 물론 조국과 세계를 위해 앞으로 더 많이 출간되기를 소망합니다.

주님은 저자이신 이대환 교수에게 에스라와 같은 학자의 영을 주셨습니다. 그리하여 이렇게 귀한 책을 연구, 집필할 수 있었다고 저는 확신합니다. 저는 본서를 읽어 나가면서 자랑스러운 우리 겨레의 문화, 그리고 성경의 진리를 깨닫는 기쁨이 넘쳤습니다. 전심으로 한국교회 모든 성도들에게 일독을 추천합니다.

〈알이랑코리아 대표, 알이랑교회 담임〉_ 유 석 근 목사

차 례

✲ 제1부 : 동양에서 본 구약성경 생활 이야기

<이런 것도 찾아내어야>

<가정>

<교회>

✲ 제3부 : 성경으로 찾는(은) 한국의 토종문화

성경과 한국문화의 뿌리

희년은 삼재론(三才論), 성탄절은 초막절과 한가위로

독자들에게 이 책의 관점을 이해하는데 도움을 드리기 위해서 먼저 성경에 있는 희년의 방법론인 무르기(代贖, 續良)와 예수 그리스도의 성탄절에 대하여 문제부터 제기해 보겠습니다. 성경의 희년은 사람이 땅을 현실 세계의 법인(法人)처럼 경제적 실체를 인정하고, 그 실체인 토지에 대하여 무르기를 완성하는 때입니다. 성경의 '토지 무르기'는 범위와 방식이 다르긴 하지만, 잃었던 땅을 되찾는 것이므로 고구려의 건국이념이었던 '다물(多勿)'과 같은 말입니다. 성경은 땅이 생산물을 내는 경제적 실체(생산 주체)로 보고 있는데 이는 우리의 생활 철학인 천(天)·지(地)·인(人)의 삼재론, 곧 땅도 사람처럼 세상 경제의 주체(실체)로 보는 것과 관점이 유사합니다. 성탄절은 성경의 초막절기로 추정되며, 이날은 우리의 고유 명절 '한가위'와 날짜가 같고, 한가위는 초막절의 의미를 설명하는 데에도 많은 도움을 주고 있습니다.

Ⅰ. 대속자 예수님은 무르기의 완성자입니다.

1. 무르기 몰라 뒤집힌 성경 번역, 룻기 4장 3절

성경에서 하나님이 세운 희년법과 기업 무르기에 순종하여 몰락한 한 가정을 복원 하고, 다윗 왕가를 일으키며, 나아가서 구세주 예수님의 육적 가계까지 잇게 된 이야기가 룻기입니다. 곧 룻기는 룻과 보아스의 삶에 대한 이야기이지요. 그런데 우리는 룻기를 읽고 전하면서도 룻과 보아스가 순종한 희년법과 기업 무르기를 잘 모르고 있고, 일부는 알아도 오해가 많으며, 심지어 사실과는 반대로 알고 있는 것도 있습니다. 이에 대한 하나의 근거로 룻과 보아스가 기업 무르기를 하고 있는 룻기 4장 3절 내용에 대한 기존의 성경 번역을 소개하면 다음과 같습니다.

> 보아스가 그 기업 무를 자에게 이르되 모압 지방에서 돌아온 나오미가 우리 형제 엘리멜렉의 **소유지를 팔려 하므로** (개역개정)
> 보아스가 그 친척에게 말했다. "우리의 동기 엘리멜렉의 소유지가 있지 않소? 그런데 나오미가 모압 시골에서 돌아와서 **그 땅 권리를 팔려고 내놓았소**." (공동번역)
> 보아스가 집안간으로서 책임을 져야 할 사람에게 말하였다. "모압 지방에서 돌아온 나오미가 우리의 친족 엘리멜렉이 가지고 있는 **밭을 팔려고 내놓았소**." (새번역)
> 그러자 보아스는 그 친척에게 말했습니다. "모압에서 돌아온 나오미가 우리 형제 엘리멜렉의 **땅을 팔려고 하네**." (우리말성경)
> he said to the man: Naomi has come back from Moab and **is selling the land** that belonged to her husband Elimelech. (CEV)
> Then he said to the kinsman-redeemer, "Naomi, who has come back from Moab, **is selling the piece of land** that belonged to our brother Elimelech." (NIV)
> And he said unto the kinsman, Naomi, that is come again out of the country of Moab, **selleth a parcel of land**, which was our brother Elimelech' s: (KJV)

기업 무르기는 성경의 희년법, 곧 레위기 25장의 말씀대로 팔린 땅을 값을 치르고 되사는 것입니다. 경제적으로 말하면 남에게 임대를 준 땅을 원 사용주가 값을 치르고 사용권을 되찾는 것입니다. 이것이 기업 무르기 또는 토지 무르기입니다. 룻기 3장과 4장은 룻이 이런 희년법을 따라 시부 때에 사용권이 팔려 있는(임대되어 있는) 땅을 다시 찾으려고 하고 있습니다. 그런데 자신의 경제력은 이에 미치지 못하므로 유력한 친족이자, 대속자(kinsman-redeemer)인 보아스가 지금 그 무르기를 대신하여 주려고 하고 있습니다.

따라서 룻기 4장 3절의 뜻은 땅을 **'팔려는 것'** 이 아니고 **'사려는(무르려는) 것'** 입니다. 본문은 직역을 해도 땅이 "팔려있(었)기에", 해석을 해도 땅이 "빚 담보로 잡혀있기에" 혹은 "사용권이 팔려 있기에(임대되어 있기에)" 입니다. 그런데 기존의 성경 번역들은 이 구절을 제대로 번역한 책이 없습니다. 번역만 제대로 안될 정도가 아니지요. 본문에서 보는 바와 같이 대부분의 성경 번역들은 한결같이 룻이 '사려는 땅' 을 두고, '팔려고 내어놓은 땅' 으로 사실과는 정반대의 번역을 하고 있습니다. 이러한 번역의 오류는 우리가 땅을 있는 그대로 보지 못하는 오해에서 시작하며, 희년법에 대한 우리의 인식에서 큰 약점이 있음을 보여주는 하나의 단면입니다.

그리고 성경 전체에서 번역은 틀리지 않았다고 하더라도 우리의 통상적인 토지경제의 이해(희년법 오해 포함)와 희년법이 말하는 실제적 내용은 크게 다릅니다. 성경의 희년법 내용과 우리가 평소에 알고 있는 토지경제의 일반 상식은 어림잡아도 10개 이상의 항목에서 서로 다르거나 정반대의 뜻을 가지고 있습니다. 그리고 이에 더하여 이러한 희년법과 무르기의 오해가 구약의 속죄일(속량절)과 같은 절기는 물론이고 예수님이 가르쳐 준 '주기도문' 과 '은혜의 해' 등에서도 번역이나 해석에서 비슷한 오류를 계속하고 있다는 점입니다.

2. 드라마, '룻기' 에 대하여 CBS에 보낸 편지

룻기 4장 3절의 번역 오류는 한 절에 한정된 잘못입니다. 그러나 성경 한 절의 번역부터 잘못된 기업 무르기는 룻기 전체 내용의 오해는 물론이고, 성경의 전반적 이해까지도 오류를 계속 범할 수 있는 것이 문제입니다. 이에 대한 구체적 내용들은 앞으로 이 책에서 다루게 될 것입니다. 그러나 우선 CBS가 드라마로 방송(2009년 9월 2일~9월 22일, 18회 방송)한 룻기의 내용에 대하여 제가 CBS 홈페이지 청취자 게시판에 올린 글을 일부 수정하여 소개를 드리니 참고하시기 바랍니다.

1차 편지 : 룻이 무르려는 땅을, 팔려고 한다는 번역 오류를 그대로...

CBS 성경 인물전 담당자님, 저는 성경의 토지와 희년법을 연구해 온 경제관련 학자입니다. 제가 성경 66권 중 특히 좋아하는 책이 룻기입니다. 룻기는 성경의 희년법을 자발적으로 실현한 사람들의 이야기입니다. 세상 사람들이 잘 알지도 못할 뿐 아니라 아직 풀지도 못하고 있는 '온전한 자유시장의 경제법' 을 이방 여인 룻과 이방의 기생 아들 보아스가 실행하고 있는 이야기입니다. 실로 아름다운 가정 이야기이며, 엄청나고 탁월한 경제적 해법까지 들어있는 내용입니다. 그것은 바로 희년의 궁극적 목적인 "기업 무르기" 입니다.

"무르기" 란 원래 "팔린 것에 대하여 값을 치르고 되찾는다" 는 뜻입니다. 시장에서 잘못된 거래를 바로 고쳐서 원상회복시키는 경제원리입니다. 이것을 본인이 할 수 없을 때 친족이 대속자(고엘)로 나서서 그 무르기를 대신하여 줍니다. 이게 성경이 말하는 구원의 방법론, 곧 대속(속량, 값을 치르고 원상회복)입니다. 이 대속(代贖)은 예수님의 십자가 사건에서 절정을 이룹니다. 그리고 다말과 룻이 감행한 계대결혼(형제나 혈족의 씨잇기 결혼)도 이 기업 무르기와 원리가 같습니다.

이렇게 친족이나 남이 대신하여 나의 혈통을 이어주거나 팔린 기업은 물려주어야 몰락한 가정이 온전하게 회복할 수 있는 것입니다. 성경이 말하는 창조질서나 경제질서에서 씨와 땅은 동시에 있어야 그 씨가 생명력이 있고, 자유도 보장됩니다. 그래서 성경은 이렇게 회복의 구원 방식을 '무르기(씨·땅·몸·빚·죄의속량)'에 두고 있습니다.

신약에서 예수님은 성경의 무르기 법을 따라서 십자가의 거룩한 희생 사건을 일으키십니다. 대속자 예수님은 우리의 죄를 값을 치러 속량하여 주십니다. 그러므로 무르기란 작게는 몰락한 한 가정을 복원시키는 일이고, 크게는 세계의 경제를 온전하게 회복시키는 시장원리이며, 더 크게는 세계 만민을 구원하는 예수님의 구원사역이 모두 들어 있는 탁월한 비책으로 위대하고 거룩한 사건이었습니다.

그런데 저가 평소에 아끼는 우리 CBS가 "성경 인물전, 룻기(이방 여인 룻과 보아스의 사랑)"를 드라마로 보내면서 성경 내용과 크게 빗나간 부분이 있음을 지금 알고, 서둘러 소견을 올려 드립니다.

무르기란 팔린 땅을 되찾는 것입니다. 룻이 팔려있는 땅을 다시 사려고 하는데, 어떻게 그 땅을 룻이 팔려고 한다는 방송을..., 그것도 몇 회에 걸쳐서 계속할 수가 있는지 모르겠습니다. 나오미와 룻이 하나님께로 돌아왔기 때문에 가정은 복원의 길을 밟고 있는데 다시 과거와 같은 몰락의 길로 가도록 말입니다. 룻기 3장, 4장의 주제는 결혼이 아니라, 기업 무르기인데 드라마는 계속하여 결혼 이야기만을 지루하게 다루고 있네요.

룻기 3장과 4장의 "기업 무르기"란 팔린(빚 담보로 잡힌, 남에게 희년까지 貰로 준) 땅을 무르는(redemption, 代贖, 되사기) 것입니다. 그러므로 룻기 4:3은 엘리멜렉(룻의 시부)의 땅이 남에게 팔려(빚으로 잡혀) 있다는 말입니다. 그래서 룻은 기업이 없기 때문에 이삭줍기로 어렵게 살고 있고, 땅을 무르지 못하면 앞으로도 희년까지 계속하여 이삭줍기로 살아야 합니다. 이것이 지금 이방의 기생 아들 보아스가 거룩한 기업 무르기를 대신하고 있는 이유이기도 합니다. 룻기에 이름도 올라가지 못한 첫 번째 대속자(의무자, 권리자) '아무개' 는 우리들처럼 자기의 재물욕(재산 손실) 때문에 그 대속을 감행하지 못하고 포기합니다. 그것을 두 번째 대속자 보아스가 하고 있습니다.

창세기 38장을 보면 다말에게 설정을 한 시동생 오난도 자기의 재물욕(상속권 욕심) 때문에 무르기 법을 어겨서 하나님 앞에서 즉사를 했지요. 세 번째 아들 셀라도 마찬가지입니다. 시아버지 유다도 성경의 무르기(토지 상속법)을 무시하거나 경솔히 여기다가 며느리에게 창피를 당합니다. 그런데 그 유다지파의 가계와 기업 계승권은 결국 무르기를 알고, 순종한 이방 여인 다말에게 돌아갑니다.

이렇게 하여 성경의 무르기는 다윗 왕가와 만민 구원자 예수님의 가계까지 일으켰습니다. 예수님이 속량절(잘못 사용하는 용어, 속죄일) 무르기가 있는 초막절기에 베들레헴에 태어나신 이유, 곧 역사적 사실과 성경적 근거도 되고 말입니다.

유대 종교의 실패는 경제적 무르기를 하지 않는 데 큰 원인이 있었습니다. 유대인들은 '속죄일' 만 알고, 제사만 지냈지(금식하며 옷을 찢으며), 같은 날 해야 하는 '속량절' 무르기는 하지 않았기 때문입니다. 오늘날 기독교에서도 성경의 무르기는 거의 무지에 가까울 정도로 우둔합니다. 그래서 세상은 아직도 경제문제를 풀어내지를 못하고 1998년 IMF 위기와 2008년 가을(미국 금융위기에서 시작)에 있었던 세계 경제의 위기처럼 주기적 혼란을 맞고 있습니다. 평소에는 무르기로 없애지 못한 그 값이 경제적 죄값이 되어 '인플레이션' 이라는 괴물의 피해(또는 필요악)를 계속 당하면서 살아야만 합니다. 우리 CBS도 이렇게 무르기를 잘못 이해하고 방송을 장기간 하고 있지만, 어느 누구도 이 문제를 제대로 지적하는 사람이 없었을 것으로 보입니다.

그러나 무르기의 최종 주자 예수님은 성경의 무르기를 끝까지 지키고, 순종해 왔던 이방인들, 곧 다말, 룻, 보아스를 통하여 이들이 지켜왔던 혈통(유다지파)과 땅(베들레헴 땅)을 따라 성육신을 하신 것입니다. 그리고 예수님은 이들이 지켜왔던 거룩한 무르기를 통하여 세상의 경제문제를 시장원리로 풀어내고, 이 땅에서 이루는 하나님의 나라를 완성시키기 위하여 오셨던 것입니다. 그리고 무르기를 통하여 저 천국까지 우리를 영생의 길로 안내합니다.

사랑하는 CBS 관계자님, 아직 룻기에 대한 드라마를 다 들어보지 못했습니다. 그러나 몇 편만 들어도 내용이 룻기 3장, 4장과는 상당히 다른 방향으로 가고 있었고, 전체 내용 중 경제법은 거의 없다고 할 정도로 다릅니다. 드라마는 제목마저 남녀의 사랑으로 룻과 보아스의 관계를 로맨스 비슷한 내용으로 엮어가고 있다는 뜻입니다. 그러나 보아스는 룻의 가까운 시가 친척이며, 촌수로 시숙부 또는 시당숙 뻘로 보입니다. 시어머니 나오미가 룻을 딸로 부르듯이 보아스도 룻을 딸이라고(룻 3:11) 부르고 있지 않습니까? 그럼에도 불구하고 드라마 내용을 남녀 사랑으로 잡아가는 것은 무리라고 하겠습니다. 굳이 사랑이 제목이 되려면, 친족에 대한 자비나 이웃에 대한 사랑으로 방향을 잡아서야 할 것입니다.

CBS 성경 인물전 담당으로 수고하고 계신 분들은 이런 점을 참고하시고, 가능하시면 지금이라도 드라마 내용을 성경 내용대로 보완하여 주시길 부탁드립니다. 그리고 드라마 제작에서 '기업 무르기'가 무엇인지부터 이해를 해야 하겠습니다.

제가 좋아하는 룻기가 드라마로 나오기에 반기며 듣다가 보니 이렇게 큰 오류가 있어서 급히 글을 올렸으니 양해를 구합니다. 혹시 이 글이 수고하시는 드라마 제작진들에게 결례가 되었다면 죄송합니다.

오늘도 CBS와 성경 인물전의 제작과 방송을 위해 수고하시는 모든 분들께 하나님의 사랑과 화평이 함께 하시길 기원합니다.

2차 편지 : 룻의 기업 무르기 보충 및 부탁 말씀입니다.

하나님은 성경을 통하여 사람이 땅을 상품으로 취급하지 못하게 하셨습니다(레 25:23). 그 이유가 ① 땅은 사람의 작품이 아니라 하나님이 창조하여서 경제적 소유권도 하나님에게 있으며(영적 이유), ② 그 땅은 인간의 생존과 생활에도 필수재이기 때문에 남의 수중에 넘어가지 않게 하기 위해서입니다(경제적·규범적이유). ③ 그리고 현실적 이유는 땅을 상품으로 거래하면 시장의 본질적 기능인 균형(equilibrium)이 성립하지 않기 때문입니다(경제적·과학적 이유).

그래서 하나님은 이스라엘 백성들이 땅이 없는 서러움을 알리기 위하여 애굽으로 보내어 400년간 종살이와 40년간 광야에서의 천막 살이를 경험하게 하십니다. 때가 되어 백성들에게 약속한 땅을 주면서도 조건을 붙입니다. 그 땅(지역)은 지파별로 나누고, 다시 가족별로 제비를 뽑아 기업을 나누게 하며, 이렇게 나눈 기업은 선민들이 자손대대로 지키고 살아야 했습니다. 그리고 그 유업은 상속권도 다른 지파로 넘기지 못합니다. 이것을 허용하면 토지법이 문란해지고, 사사와 지파를 중심으로 한 사사시대의 지방자치제도가 무너질 수 있기 때문입니다.

민수기 27장에서 슬로브핫의 딸들이 자기 지파에게만 결혼을 해야 하는 것도 이런 이유입니다. 그래서 가난한 가정이 기업을 팔 경우에도 희년까지 사용권만 거래(임대)하게 되어 있습니다(레 25:16). 이런 경우에 친족은 대속자가 되어 판 땅을 무르기 해 주어야 합니다(레 25:24). 그리고 결혼한 형제가 상속자 없이 죽을 경우 형제의 처(형수와 제수)와 계대결혼(드라마는 중혼)으로 죽은 형제의 대(씨)를 이어 주어야 합니다. 이러한 제도는 방식이 좀 다르지만, 가정의 유산과 혈통을 중시하여 양자를 들여서라도 조상의 땅과 대는 이어가려고 했던 우리와 비슷한 면이 있습니다. 다만, 성경의 토지법과 가족법은 우리보다 더 체계적이고, 합리적입니다.

그런데 엘리멜렉은 베들레헴에 흉년이 들자 자기 땅을 팔고(유업을 양도할 수는 없고 희년까지 경작권만 세를 놓음), 모압으로 이주를 합니다. 그러나 이 판단은 하나님 보시기에 별로 덕스러운 일이 아니었습니다. 엘리멜렉과 두 아들은 모압에서 죽고 실패로 끝이 납니다. 그래서 그 가정에 살아남은 나오미와 며느리가 몰락한 가정을 일으키는 과정과 방법을 이야기로 다룬 책이 룻기입니다.

룻이 하나님을 믿는 시모를 모시고, 신앙적 결단을 하면서 초실절기에 베들레헴으로 돌아옵니다. 그러나 기업이 없기 때문에 생계 문제는 해결하지 못하고 있습니다. 그래서 보리와 밀의 수확기(초실절에서 칠칠절까지)에 이삭줍기를 하고 있는데 우연히 보아스의 기업인 밭에 이르게 됩니다. 보아스는 룻에게 맥추절(레 23:22)과 희년법의 추수 규례를 따라 룻에게 자비를 베풉니다. 룻이 많은 이삭을 주울 수 있도록 일꾼들이 보리를 베면서 한 줌씩 흘려두라고 합니다.

룻이 하루 주운 이삭이 한 에바(1말 2되)가 넘도록 많은 것을 보고, 나오미는 놀라며 그 밭의 주인이 친족 보아스인 줄 알아차립니다. 그리고 나오미는 기업 무르기를 시작합니다. 시모 나오미는 몰락한 가정의 구원 방식인 성경의 속량법과 희년법을 잘 알고 있었습니다(룻 1:11~13, 2:20). 그리고 이 기업 무르기는 하나님의 법이지만, 사람들이 하기를 꺼린다는 것도 알고 있습니다. 나오미의 직계 선조인 유다의 아들 오난이 대속자이지만, 결정적 순간에 설정을 하는 것을 보셔요(창 38:9). 상속권을 자기가 차지하고 싶은 재물욕 때문에 결정적 순간에도 설정을 하지 않습니까? 그런데 룻이 이삭을 많이 주어온 것을 본 나오미는 보아스가 성경의 경제법인 희년법과 속량법을 지킬 수 있는 친족으로 확신하고, 룻을 타작마당에 있는 잠자리로 보냅니다. 이러한 행동은 참으로 용기 있는 결단이라 할 것입니다.

보아스는 잠이 깨어서야 전후 사실을 알고, 규례를 따라 기업 무르기의 절차를 밟습니다. 먼저 베들레헴 읍내의 장로들을 불러 증인을 세우고, 자기보다 가까운 대속자(1차 의무자 및 권리자)를 불러 팔려있는 기업의 무르기를 권합니다. 처음에는 아무개가 기업 무르기를 하겠다고 합니다. 엘리멜렉의 아들이 죽었고, 이에 나오미와 룻마저 죽으면 기업의 상속권은 자기에게 넘어오기 때문입니다. 그리고 그는 무르기를 한 전답의 경작권도 룻에게 돌려주는 것이 아니라 자기 수중에 있는 것으로 오해를 한 것 같습니다.

그러나 보아스가 기업 무르기는 룻과 결혼하여 나오미와 룻의 자녀 이름으로 그 기업을 이어주어야 한다는 것을 말하자 아무개는 바로 무르기를 포기해 버립니다. 자기에게 상속권이 돌아오지 않으면, 무르기로 목돈만 들어가니 자기는 손해라는 판단입니다(룻 4:6). 룻에 대한 아무개의 재물 욕심은 다말에게 설정을 한 오난과 비슷합니다. 자기에 돌아올 상속권을 잃기 싫은 재물 욕심 말입니다.

이러한 재물욕은 신약시대에도 있습니다. 예수님이 포도원 소작인의 경우를 들어 경제법을 어긴 유대의 지도자들을 비판하자, 바리새인들은 세금을 들고 나와 논쟁을 하고(눅 20:22, 23:2), 사두개인들은 다말과 룻이 행한 계대결혼제도를 비꼬아 질문을 합니다(마 22:23~28). 이는 이스라엘 지도자와 백성들이 대속의 경제법을 대수롭지 않게 여겼으며, 그들이 백성들에게 희년과 무르기 법을 가르쳐 주지 않았고, 스스로 지키지도 않았다는 것을 짐작할 수 있습니다.

그러나 보아스는 합당한 절차를 따라서 사람들이 좀처럼 하지 않으려고 하는 이 기업 무르기를 감행하고 있습니다. 나오미와 룻은 이로써 씨를 잇고, 기업까지 찾아서 온전한 가정을 회복합니다. 이것이 하나님 보시기에 선하였기 때문에 하나님은 이들의 가계를 선택하여 다윗 왕가를 일으키고, 구원자이신 예수 그리스도를 보내십니다. 이와 같이 이방 여인 룻과 이방의 기생 아들 보아스의 기업 무르기 이야기는 참으로 아름답고, 위대한 사건입니다. 이스라엘을 대표하는 왕과 만민 구원자 메시아가 그들의 가계를 따라 났기 때문입니다.

이렇게 볼 때 우리가 아끼는 CBS가 룻기를 드라마로 보내면서 다음과 같은 점에서 본문 내용과 상반되는 부분이 있습니다.

(1) 룻기의 중심 내용은 '생활과 기업 무르기' 인데 드라마는 '사랑과 결혼' 에 비중을 두었습니다. 물론 두 주제 모두 중요하므로 함께 다루어야 하겠지요. 그러나 엄밀하게 비중을 따지자면, 결혼보다 기업 무르기가 우선입니다. 살아남은 나오미와 룻의 생존은 자녀보다 기업 무르기가 더 절실하기 때문입니다. 슬로브핫 딸의 경우에도 결혼은 기업의 상속권 유지가 우선임을 감안하면 성경은 혈통의 계승보다 생존권을 보장하는 기업을 더 중시한다고 볼 수 있습니다. 그러나 드라마는 결혼

이야기만 장황하다고 할 정도로 길게 하고, 반면에 깊이 다루어야 할 기업 무르기는 거의 다루지 않았습니다.

(2) 룻이 팔려있는 기업을 무르려고 하는데 그 기업을 다시 팔려고 한다는 내용으로 오해하여 드라마 전체가 맥을 잡지 못했습니다. 이것은 룻기 4장 3절에서 밭이 팔려 있다는 내용인데 거의 모든 성경의 번역들이 땅을 팔려고 한다는 틀린 번역을 한 결과이기도 합니다. 이것은 사람들이 성경의 희년법과 기업 무르기를 너무 모르기 때문에 빚어지는 실수입니다. 팔려 있었던 밭은 엘리멜렉의 가정에 분배(상속)받은 분깃의 전부인데 오늘날 성경 번역과 귀 드라마는 "분깃(lot, 유업, 몫, 持分)"을 "땅의 일부"라고 말하고 있습니다. 이것도 지분의 '전부'를 '일부'로 오해, 오역한 것입니다.

(3) 드라마 주제를 룻과 보아스의 사랑과 결혼에 두더라도 그 결혼이 남녀의 로맨스처럼 느끼게 시나리오를 엮은 것은 무리입니다. 보아스는 룻의 시아버지와 같은 집안으로 나이 차도 많고, 또 가까운 친족(시숙부나 시당숙)이기 때문입니다. 따라서 보아스가 이삭을 줍는 룻을 본 느낌은 남녀의 애정이 아니라 가난한 이웃에 대한 자비와 친족에 대한 경제적 책임과 의무입니다.

(4) 보아스는 나이가 많고, 더구나 이방의 기생 아들이기[1] 때문에 신

1) 룻기를 사사시대 후기 이야기로 보면, 기생 라합은 사사시대 초기 여성이므로 동일인이 아닐 수도 있다. 그러나 마태복음 1장 4절에 보아스가 라합의 아들로 나와 있고, 대다수의 견해는 라합이 사사시대 초기에 두 정탐꾼을 숨겨준 기생 라합이라고 보고 있다. 예수님 족보를 말하면서 마태복음이 흠이 있는 여자들(다말, 룻, 밧세바)만 특별하게 소개하는 것으로 보아 라합 역시 이방 기생임을 짐작할 수가 있다.

분을 따지고, 전통을 중시하는 그 시대의 분위기로 봐서는 장로가 되기 어렵습니다. 그냥 보아스가 덕망이 있고, 남에게 베풀기를 잘하니 그 지역 사람들이 그를 "유력한 자(지방 有志)"로 인정을 하고 있는 것입니다. 그런데 드라마는 그러한 신분의 보아스를 두고, "앞으로 장로가 될 사람"이라고 계속 언급하고 있으며, 그것도 신분을 엄격하게 따지고, 전통을 고수하는 그 시대의 선임 장로들의 입을 통해서 그런 말을 하고 있는 것은 어색합니다.

(5) 룻과 보아스가 단 지파를 따라 다시 다른 곳으로 이주를 하려고 한다는 내용도 성경 전체와 룻기의 취지에 어긋납니다. 룻과 보아스는 하나님이 주신 기업을 끝까지 지키는 말씀의 순종자이지 환경과 주위의 어려움이 있다고 기업을 버리고 떠나버리는 소시민들이 아니기 때문입니다. 드라마에서 앞으로 다윗 왕 이야기를 어떻게 이끌어 가려는지 모르지만, 룻의 후손들은 오벳, 이새, 다윗까지 모두 베들레헴 땅에서 하나님이 주신 기업을 지키며 살았던 것으로 보입니다.

(6) 룻기의 중심 주제는 기업 무르기와 희년법의 순종인데 드라마에는 희년법 소개가 거의 없었습니다. 희년법은 룻기와 같이 몰락한 가정을 회복시킬 수 있을 뿐 아니라 이 법을 국민 전체가 지켰다면, 그 사회는 안정과 풍요를 함께 누리는 사회가 되었을 것입니다. 물론 이스라엘의 실제 역사처럼 나라가 분열되고, 백성들은 포로로 잡혀가고, 끝내 함락을 당하는 비극도 없었을 것입니다.

(7) 드라마는 보아스를 대지주라고 하는데 성경의 토지법, 곧 희년법

에는 대지주가 되는 방법이 없습니다. 사사시대는 지파별, 가족별로 토지가 비교적 평등하게 분배된 바 있고, 보아스가 살던 때는 아직 그 원형을 유지하고 있었다고 보아야 하므로 보아스가 대지주가 될 수 없습니다. 다만, 희년까지의 경작권은 살 수 있으므로 보아스가 남의 토지를 임차한 농지가 많아서 당대의 부자로 살 수는 있겠지만, 대지주의 신분은 제도적으로 불가능합니다. 그리고 드라마는 룻기를 '시대의 저항 문학' 으로 보는데 저는 룻기를 '말씀의 순종 문학' 으로 봅니다.

(8) 대속자를 통한 룻의 기업 무르기는 예수님의 구원 방식인 십자가 사건과 직결됩니다. 여기서 사용되는 "代贖(고엘, redemption)" 이란 단어는 어원도 같고, 방법도 같습니다. 드라마는 몰락한 한 가정이 하나님께 돌아오면서 벌어지는 가정 이야기, 경제 이야기, 정치(사사와 왕) 이야기, 그리고 궁극적으로 만민 구원자 예수님을 소개하는 영적인 이야기로 연결되어야 합니다. 그러나 드라마는 이런 맥락에서 보면 가족 윤리만 다루고 경제 이야기와 영적인 이야기가 너무 부족합니다.

(9) 기타 번역의 오류들

① 룻기 2:3과 4:3의 "헬카" 라는 단어는 '분깃(lot)' 이므로 "밭의 한 쪽" 또는 "토지의 일부" 로 번역하지 말고, 보아스의 "분깃(몫)인 밭" 으로 해야 합니다. 곧 헬카는 기업의 일부가 아니라 나오미 가정에 분배 받은 기업의 전부를 말합니다. 그런데 드라마는 나오미가 보아스에게 "(다른 토지는 다 팔고) 조금 남아 있는 저 밭떼기를 사라" 고 권하는 내용은 실제와 아주 다릅니다. 나오미에게는 기업의 전부인데 일부가 되어 버렸고, 무르려는 땅도 팔려는 땅으

로 둔갑하여 버렸기 때문입니다.

② 나오미의 "손에서"(룻 4:5)는 나오미의 "손인" 또는 "손으로" 번역함이 옳을 것 같습니다. 이 구절의 뜻은 (경작권이 타인에게 있는 밭을) 나오미의 손으로(경작권이 나오미로) 다시 샀다(무르기를 했다)고 보아야 합니다.

③ 보아스가 룻을 부른 이름은 "소녀"가 아니고, "딸" 입니다(룻 2:8). 그런데 드라마는 소녀라고 부르고 있습니다. 룻은 보아스의 조카며느리 뻘 정도의 친척입니다. 씨를 잇는 성경의 계대결혼제도를 제대로 이해하지 못하니 이런 번역이 나옵니다.

내용은 대강 이렇습니다. 룻기를 드라마로 보내는 CBS와 제작을 담당하시는 한 분 한 분이 모두 수고를 많이 하신 줄 압니다. 이 점에서는 청취자로서 감사를 드립니다. 그러나 지적한 바와 같은 아쉬움들이 있어 이렇게 글을 올립니다. 아울러 간곡한 부탁을 함께 드려봅니다.

CBS가 이번 기회에 룻기 본문에 부합하는 드라마 한 편을 제작해 주실 것을 건의합니다. 저는 룻기의 아름답고 위대한 이야기를 영화로 만들었으면 하는 바람이 있습니다. 그러나 이것은 제 희망일 뿐 이를 실행에 옮길 처지는 되지 않습니다. 그러나 CBS는 이런 것을 할 수 있다고 보기에 제가 감히 청을 드립니다.

성경은 땅을 상품으로 취급하지 않습니다. 그리고 평소에 토지의 시장 배분과 운영은 희년법의 틀 속에서 거래하고 무르기로 해결하는 방식입니다. 이것은 지금의 자본주의 시장경제를 이해하고 풀어가는 데에도 아주 유익한 핵심 주제입니다. 아직 우리는 시장에서 부동산 문제만은 어떤 학자나 정책가도 풀어내지를 못했습니다. 지금도 장관 임명

등 공직자 재산 공개에는 부동산 문제가 어김없이 주요 이슈가 되고 있고, 관련 당사자들은 곤욕을 당하고 있지요. 지난 해(2008년) 있었던 세계의 경제위기도 희년법이 금하거나 소멸시키려고 했던 땅값, 곧 땅값과 연계된 허구적 상품들(토지, 주식, 선물, 신종 금융상품)이 일으킨 문제였습니다.

희년법은 사회주의 원리가 아니며, 순수한 시장원리입니다. 희년법은 네 것 내 것이 분명한 완전한(100%) 사유재산제 사회이며, 그럼에도 빈부격차가 거의 나지 않는 자유 평등사회입니다. 더구나 시장의 균형을 깨뜨리는 땅값이 평소에는 작아지고 소멸되는 성격을 가졌고, 희년에는 이 값이 0이 되어서 경제는 온전한 시장균형을 회복합니다.

희년법을 복음적으로 확대 적용하면 세상은 무르기 법 하나로 세금도 필요 없이, 빈부격차가 거의 나지 않고, 인플레이션과 주기적 경제불황까지 없는 자유·평등 사회를 만날 수 있습니다. 이처럼 희년법은 창조질서에 부합하는 경제과학으로 단순하고, 합리적입니다.

아무쪼록 청취자들에게 사랑을 받아야 할 우리의 CBS가 이에 대하여 관심을 가져 주시기를 부탁드립니다. 그럼 CBS와 드라마 담당자들에게 주님의 인도와 평화가 함께 하시길 기원합니다. 죄송하오며 읽어주셔서 감사합니다.

Ⅱ. 성탄절은 초막절과 한가위가 있는 시기로 추정합니다.

말씀이 육신이 되어 우리 가운데 초막을 치시매(요 1:14, 로고스 성경, 1992년)
(And the Word flesh become and tabernacled among us,)

성경은 성탄절이 언제인지 날짜를 밝히고 있지 않습니다. 세계의 기독교는 대부분 성탄절을 12월 25일로 지키고 있습니다. 러시아 정교는 1월 6일에 지킵니다. 12월 25일은 원래 로마의 태양 축제일로 태양을 섬기는 자들의 축일이었습니다. 그런데 기독교가 성경의 깊은 연구도 없이 날짜에 대한 충분한 검토마저 부족한 가운데 이 날을 성탄절로 정했습니다. 예수 그리스도가 인류에게 태양과 같기 때문에 태양 축일이 합당하다고 하거나 이교도 축제일에 성탄절을 두면 이방인들을 기독교로 개종하기가 쉽다는 말을 하면서 말입니다.

그러나 성탄절에 대한 이런 태도는 성경적 검토가 없었다는 점에서 잘못입니다. 성경이 말하는 성탄절은 초막절기라는 추정이 가장 유력합니다. 이에 대한 성경적 근거는 다음과 같습니다.

(1) 세례 요한의 출생 시기로 : 세례 요한은 구세주 예수님을 소개한 자

세례 요한은 예수님과 출생의 시기가 6개월 차이를 가집니다. 세례 요한은 부친 사가랴가 제사장 직무를 마치고, 귀가한 주에 수태를 하였습니다(눅 1:23). 따라서 사가랴가 속한 아비야 반열의 직무일을 근거로 추정하여 볼 때 세례 요한은 유월절 절기에 출생하고, 예수님은 6개월 뒤인 초막절 절기에 태어났음을 알 수 있습니다.[2] 물론 이 날짜는 사가랴의 제사 직무일, 세례 요한의 탄생일, 예수님의 실제 임신 기간과 탄생일 등이 모두 추정에 불과합니다. 하지만, 이런 추정으로도 성경이 밝히고 있는 성탄절에 대한 근접 시기를 우리가 예측은 할 수 있습니다.

---

2) 아비야 반열은 역대상 24장 10절에서 24 반차 중에서 8번째이다. 첫째 반차는 정월 첫 주(또는 1일, ?)에 직무를 시작하므로, 아비야는 유대력으로 4월 중순에 성전 봉사를 담당한다. 이를 근거로 예수님의 탄생 시기는 그 다음 해 7월 중순경이 되며, 이 기간은 레위기 23장이 말하는 속량절과 초막절기에 근접한 기간이다.

(2) 예수 그리스도의 공생애 기간으로 : 유월절 사역 중심

예수님은 만 30세에 공생애를 시작하였고(눅 3:30), 유월절 기준으로 만 3년 반(또는 만 2년 반) 기간을 공생애 사역을 하셨습니다. 그리고 양을 잡아 제사를 드리는 유월절 하루 전날, 마지막 제물로 희생이 되었습니다. 성경은 유월절에서 초막절이 만 6개월, 초막절에서 유월절이 만 6개월임을 알려 줍니다. 여기서 자투리 기간에 해당하는 반년은 6개월이므로 이에 따른 예수님의 출생 시기는 초막절기가 됩니다. 물론 6개월로 본 자투리 기간이 정확하게 얼마인지 모르므로 추정에 불과하지만, 6개월 정도로 보는 것이 일반적입니다.

(3) 초막절 절기 행사와 성육신 사건(요 1:14) : 절기와 말씀

유대인들은 초막절이 오면 7일간 초막에서 살면서 광야 생활을 실제로 체험해야 합니다(레 23:42,43). 이러한 초막 살이는 이스라엘 백성들에게 과거에 선조들이 광야에서 초막생활을 해야 했던 이유를 역사적으로 알게 하는 날입니다. 그리고 현재에도 백성들은 기업이 없다면 과거처럼 초막 살이를 해야 하는 현실적 이유를 체험을 통하여 알게 합니다. 한편, 이날은 모든 백성들이 한 곳(택하신 곳)에 모여서 하나님의 말씀을 읽고, 듣고, 하나님께 순종을 다짐하는 날입니다(신 31:10~12). 예수의 육적 부친 요셉은 초막절 절기를 맞아 전례를 따라 마리아와 함께 초막에서 임시로 거주를 하던 중 아기 예수가 태어난 것으로 보입니다. 요한복음은 이 일에 대하여 "말씀이 육신이 되어 우리 가운데 초막을 치시매(tabernacled), 우리가 그 영광을 보니 아버지의 독생자의 영광이요 은혜와 진리가 충만하더라(요 1:14)" 고 밝히고 있습니다.

(4) 양치는 목동들의 야영 시기로 : 마구간 출생과 숙곳

아기 예수가 태어날 당시 첫 목격자들은 들판에서 야영을 하며 양떼를 지키는 목자들이었습니다(눅 2:8). 개역개정 성경은 이 구절을 "밖에서"라고 번역했지만, "들판에서"로 번역하는 것이 원문에 더 가깝습니다. 우리가 성탄절로 지키는 12월 25일은 한겨울이며, 성경적으로 아무런 근거가 없습니다. 베들레헴에서 겨울은 춥고, 우기에 속하므로 야영이 불가능합니다. 그러므로 베들레헴에서 야영과 양들의 방목은 양력 4월에서 10월 사이에만 가능하다는 것입니다.

한편, 아기 예수가 태어난 곳은 마구간으로 알려져 있으며, 아기를 강보에 싸서 누인 자리가 구유입니다(눅 2:7). 구유가 누가복음 다른 곳에서 마구(외양간)로 번역이 되고 있습니다(눅 13:15). 창세기에서 야곱이 벧엘로 가다가 세겜에서 자기와 가축을 위하여 임시 거처로 우릿간을 지은 곳이 있는데 이곳이 "숙곳"입니다(창 33:17). 그런데 "숙곳"이라는 용어가 초막절의 "초막"과 어원이 같고, 의미도 같습니다. 예수님은 말 그대로 사람이 자기 집을 떠나 초막에 거처하는 초막절기에 가축들이 사는 우릿간 초막에서 태어나서 마리아가 아기 예수를 구유에 누이셨던 것으로 보아야 할 것입니다.

(5) 명절 기간 추정으로 : 숙소(사관)에 방이 없는 이유와 양들의 지킴에서

아기 예수가 태어날 당시 사관에 묵을 방이 없었습니다(눅 2:7). 그 이유를 대다수 학자들이 이때가 유대에서 순례자들이 모이는 명절 기간이라고 봅니다. 그러면 이렇게 순례자들이 모이는 명절이 언제인가 하는 것입니다. 성경에서 순례가 가능한 명절은 유월절, 칠칠절, 그리고 초막절 3대 명절입니다. 성경에서 후대에 생긴 부림절과 수전절을 제외하면, 3대 명절 외에 다른 명절이 없으며, 순례 기간도 농사 절기와 기후 여건 등을 감안하면 이 시기 외에는 할 수 없을 것입니다. 이렇게 보면 이 시기는 초막절이 있는 7월 절기가 가장 부합합니다.

베들레헴은 예루살렘과 7.2km 떨어진 곳인데 전국에서 예루살렘에 몰려드는 7월 절기 순례자들은 예루살렘에 묵을 곳이 없으니 인근 지역인 베들레헴 동네까지 방을 얻어 묵고 있었던 것으로 보입니다. 그리고 목자들이 지킨 양들은 명절 제사에 바칠 제물용이라고 보는 경우가 많은데 이런 경우 베들레헴은 제물용 양을 구입하기 위하여서도 사람들이 많이 몰려 있을 가능성이 높습니다. 절기를 따라 순례자들이 운집하였고, 제물로 드릴 양들이 필요한 절기이어서 들에서 제물로 바칠 양들을 지키고 있는 시기라면, 그 절기는 초막절일 가능성이 가장 높습니다.

(6) 속량절 기업 무르기와 재산등록(호적등록)으로

유대에서 7월 절기는 토지소산 거두기를 마친 기간으로 한 달간 농한기이며, 이 절기를 마치면 9월부터 보리와 밀의 파종을 시작합니다. 그러므로 유대에서 농지인 기업과 재산의 소유권 변동은 1년 농사를 끝내고, 다시 농사를 시작하기 전인 기간에 하는 것이 일반적입니다. 그래서 성경은 토지 무르기와 재산권을 변동할 수 있는 시기는 희년의 선포일인 7월 10일 속량절입니다(레 25:9). 이날은 초막절 5일 전이지요. 희년법에 따라 팔고 살 토지의 값을 매기는 기간 계산도 바로 속량절을 기준으로 합니다. 안식년, 면제년, 종살이 계약기간의 만료 시점도 모두 속량절이 기점입니다.

예수님의 출생 당시 상황을 킹 제임스 성경은 재산등록을 하기 위하여 (만삭이 된) 마리아와 함께 베들레헴으로 왔다고 합니다(눅 2:1). 여기서 재산등록은 실제로 재산권이 바뀌어 명의 이전까지 할 수 있었던 시기로 보입니다. 성경에서 말씀에 순종하여 기업(족보와 땅)을 유달리 중시한 지파가 유다지파입니다. 요셉은 재산등록의 때를 맞아 희년법을 따라 조상으로부터(하나님→제비뽑기→룻과 보아스→다윗→왕통) 물려받은 기업을 무르고, 재산권을 되찾아서 베들레헴에 정착하려고 합니다. 동방박사의 경배를 받은 곳은 마구간이 아니고 집이었습니다(마 2:11). 여기서 집은 요셉의 가계가 초막절이 지난 다음 조상의 유업을 되찾아 정착한 곳으로 보입니다. 동방박사들이 집에서 예수를 만나 경배한 시기는 갓난아기(브레포스 ; baby, 눅 1:12)가 아니라 두 살 쯤 된 어린이(파이디언 ; child, 마 2:11)로 보기 때문입니다.

그리고 요셉은 조상의 땅 베들레헴에서 기업을 찾고 정착을 하고자 만삭인 된 마리아를 데리고 무리한 이주를 했습니다. 그런데 기업 무르기가 이스라엘 백성들의 희년법 파기와 불순종으로 그다지 쉽지는 않았을 것으로 보입니다. 아니면 아직 초막절 초막 살이를 해야 하는 절기 중이기 때문에 되찾은 자기 기업에 들어가지 못하고, 마굿간(또는 초막)에서 임시 거주 중에 출산을 맞게 된 것으로 보입니다. 성경은 이 부분을 두고, "자기 땅에 왔으나 자기 백성들이 영접을 하지 않았다" 고 밝히고 있습니다(요 1:11). 아기 예수는 1, 2년 뒤 베들레헴 유아학살 사건으로 어렵게 찾았던 유업을 버리고(또는 급히 팔아넘기고), 다시 애굽으로 피난을 떠나야 했습니다. 그 후 유대로 돌아왔지만, 기업이 없으므로 베들레헴에 정착하지 못하고, 나사렛으로 가서 목수로 살았습니다.

(7) 3대 절기 중 두 절기의 정확한 성취로

성경의 3대 절기는 유월절, 칠칠절, 그리고 초막절입니다(출 23:16).

그런데 구약의 3대 절기 중 유월절은 부활절로 성취가 되었습니다. 칠칠절도 성령강림절로 정확하게 성취가 되었습니다. 부활절은 유월절 절기 중에 있는 초실절 주일(日요일)이므로 안식일은 주일로, 유월절·무교절·초실절은 부활절로 4개의 절기가 하나의 날짜로 모두 통합되면서 깨끗하게 성취가 되었습니다. 중간 명절인 칠칠절·맥추절·오순절도 역시 같은 날 초대교회에 성령강림으로 성취가 되었습니다(행 2:1). 두 절기 모두 날짜가 정확하고, 의미마저 충실하게 성취가 되었습니다. 절기의 구약적 의미가 신약에서 모두 계승되고, 의미는 획기적으로 보완되었으며, 불필요한 형식들은 폐기되었다는 뜻입니다.

그러나 많은 사람들이 3대 절기 중 마지막 명절인 초막절은 아직 성취가 되지 않았다고 보고 있습니다. 이것이 학자들의 다수설입니다. 물론 저도 그렇게 생각하고 있습니다. 하지만, 구약의 3대 절기에서 마지막 절기인 초막절이 그 일부라도 성취가 된 것으로 보아야 한다면, 신약에서 그 날은 바로 성탄절일 수밖에 없을 것입니다. 물론 예수님의 온전한 성취는 초림이 아니라 재림 시에 있을 것입니다. 또 3대 절기의 마지막 명절인 초막절의 온전한 성취도 베들레헴의 기업 무르기와 세상에서의 기업 무르기가 모두 끝이 나는 날이 될 것입니다. 그러나 성탄절은 기업 무르기로 온전한 경제적 자유를 구가할 수 있는 시기인 초막절기에 있었던 것으로 보입니다.

성탄절과 한국 한가위

성탄절은 인류의 대속자요, 구원자이며, 만왕의 왕이신 예수 그리스도가 이 땅에 실제로 태어나신 날입니다. 그러므로 가능한 한 이날은 실제와 일치하거나 아니면 실제와 가까운 시기를 잡아야 합니다. 그러나 지금의 성탄절 12월 25일은 성경적 사실과는 너무 큰 차이가 납니다.

성탄절은 겨울이 아니라 가을이며, 성경의 초막절과 한국의 한가위가 있는 시기에 지키는 것이 가장 적당합니다. 이것은 혹시라도 예수님이 말씀이 육신이 되어 우리 가운데 거하셔서(초막을 치셔서, 요 1:14), 사람들 가운데 기쁨이 된 날(눅 2:14)은 바로 실제로 초막을 치고 들판에 거주를 하는 초막절기, 곧 한국의 한가위(가운데, 한 가분뎃날)가 들어 있는 그 주간이 될 가능성이 가장 크기 때문입니다.

그러므로 우리는 성경의 성탄절과 초막절, 그리고 우리 명절 한가위를 다시 보아야 합니다. 그래서 성탄절은 학계와 교계가 이 문제를 신중하게 검토한 후 초막절기를 찾아서 지키는 것도 고려해 봄이 좋을 것입니다. 그 대신 지금의 절기 12월 25일은 구제일로 정하여 추운 겨울과 연말연시를 맞아 외롭고 불우한 이웃에게 사랑을 전하는 이웃돕기나 제대로 하고 말입니다. 지금의 12월 25일은 절기의 이름을 '이웃 사랑의 날(또는 이웃 사랑의 주간)' 또는 '산타클로스의 날(또는 산타클로스의 주간)' 등으로 바꾸면 되겠지요.

Ⅲ. 쇠하여 가는 한국교회와 세계교회, 무엇 때문일까?

우리보다 일찍 기독교 국가였던 유럽 교회들이 텅텅 빈 채 건물만 남아 있습니다. 세계에서 개신교의 중심지였던 미국교회도 지금은 많이 시들었습니다. 사도 바울이 몸을 던져 복음을 전한 세계 최초의 기독교 지역, 소아시아(터키)도 지금은 교회가 사라지고, 그 대신 이슬람이 번성을 하고 있습니다. 지금도 세계에서 구식(율법) 종교라고 할 수밖에 없는 이슬람은 커지고 있고, 참 생명과 자유를 보장하는 기독교는 날이 갈수록 작아지고 있습니다. 이슬람은 여성 할례, 남녀차별, 지나친 율법(교리)주의, 배교자의 처형, 자살 테러, 타종교 활동의 엄격 금지 등 종교 이름으로 인간의 생명과 기본권을 심하게 유린하고 있기 때문에 구식 종교라고 할 수밖에 없지요. 최근 한국교회도 신도수가 조금씩 줄어들고 있습니다. 요한 계시록을 보면 미래의 일곱 교회도 한두 교회를 제외하고 모두 책망을 받게 됩니다.

왜? 무엇 때문일까요? 많은 선각자들은 이러한 사태를 어느 정도 알고 있습니다. 그러나 그 원인은 누구도 잘 모릅니다. 물론 저도 이 원인과 해법은 모릅니다. 그러나 책을 쓰려면 이에 대한 저자의 관점은 서 있어야 하겠기에 먼저 밝혀 둡니다.

1. 영과 육의 이원론

이원론이란 영과 육을 분리하여 영은 선하고, 육은 악하다고 멀리하려는 것을 말합니다. 교회는 영적인 공동체로 육을 다루는 세상과는 구별되어야 한다는 것을 배워 왔습니다. 그래서 교회는 세상과 분리하여 살았습니다. 다르게 표현하면 교회가 세상을 섬기기보다 죄악시하거나 멀리하는 가르침만을 받으며 살았습니다. 그런데 이게 그만 너무 지나쳐서 교회는 세상을 세속적이라고 하면서 등을 지고 살아야 했고, 그래서 오늘날 교회가 세상에서 고립되는 입장이 된 것입니다. 교회가 세상을 섬기지 못했고, 병든 세상을 믿음과 성경 말씀으로 변화시키려는 노력이 부족했다는 뜻입니다. 교회가 조직과 헌금, 그리고 다양한 소질과 에너지를 모두 교회 안에서만 쏟아내 버리고, 성경 말씀대로 이웃과 사회를 위해 쓰는 것은 너무 부족했다는 말이기도 합니다. 그만큼 이웃에 대한 사랑과 포용이 인색했습니다.

예수님과 성경은 종교만 말한 것이 아닌데 교회는 종교 기능만을 말하고 있다는 뜻입니다. 이것은 주로 헬라사상과 서구신학의 약점에서 온 것으로 봅니다. 오늘날 한국교회가 성장이 멈춘 것이나 안티 기독교 세력이 득세를 하는 이유가 여기에 있다고 보는 것이지요.

2. 아니면 혼합주의

혼합주의는 교회가 혼탁한 세상(세속적인 것)과 썩여버렸다는 말입니다. 교회가 인본주의로 변한 세상 문화를 닮아간다는 뜻입니다. 교회는 세상의 빛과 소금이 되어야 하는데 그렇지 못하고 세상 맛을 풍긴다는 뜻입니다.

교회가 세상 맛을 풍긴다는 것은 이웃 천주교의 예를 들면 이해가 빠를 줄 압니다. 중세의 천주교는 교회가 로마 정부로부터 승인을 받으면서 점점 타락해 갔습니다. 중세 가톨릭은 겉으로 보기에 커져갔지만 내면이 부패하기 시작한 것입니다. 그들은 황제의 문화를 받아드리고, 황제가 다스리는 로마의 정권과 타협합니다. 황제의 절대 권력에 대한 순종, 그리고 돈으로 죄를 다스리는 면죄부 매매 등이 그러했습니다. 심지어 예수 그리스도의 성탄절도 성경과는 아무런 연관성이 없는 로마의 축일, 12월 25일을 택했습니다. 그들은 교회가 정권을 옹호하며, 물질만을 추구하게 만들었고, 비성경적인 문화와 제도까지 받아드리게 했습니다. 오늘날 한국 카톨릭이 조상제사를 받아드리고, 주일 성수도 개인의 사정에 따라 바꾸어 지키도록 허용을 했지요. 주일에 드려야 할 예배(미사)를 신도들이 바쁜 일이 있으면 토요일에 드려도 되는 제도 말입니다.

저는 가톨릭을 판단하려는 것이 아닙니다. 한국의 개신교는 카톨릭에게 배울 것도 있습니다. 그러나 가톨릭처럼 교회가 세상과 분리되지 못하고, 세상에 동화되어 가는 것은 문제입니다. 세상이 돈과 권력, 그리고 명예를 추구하듯이 교회 역시 그것이 보장되면 복을 받은 것으로 봅니다. 이렇게 복을 받고 살다가 죽으면 천국에 가는 것입니다. 이게 교회에 나오는 목적이기도 합니다. 그리고 상당수 기독인들이 예수 그리스도의 십자가 희생에 대한 깊은 이해와 신념도 없이 그저 습관적으로 교회에 다니고 있습니다. 미래의 위험과 죽음에 대비하여 보험료를 지불하듯이 말입니다. 대다수 기독인이 성경의 이해도 교역자의 설교에만 맡기고, 성경을 살피고, 바로 알려는 노력을 거의 하지 않습니다. 심지어 어떤 교회는 교회가 성경을 들먹거리며, 성도들에게 거짓과 위협을 가해도 성도들은 그것을 판별한 능력이 거의 없습니다. 그래서 이단 사슬에 쉽게 빠져들기도 하고, 설사 그렇지는 않더라도 자기의 지금 신앙 상태와 생활 방식이 성경과 상반된 것임을 잘 모릅니다. 이것은 인간의 원죄인 탐욕과 방종의 결과물이기도 할 것입니다.

3. 성경적 삶에 대한 이해 부족

다른 하나는 교인들이 성경적 삶에 대한 이해(기준)가 거의 없는 것이 문제입니다. 단적으로 말하면 성경적 경제에 대한 이해가 너무 약하다는 뜻이기도 합니다. 교회가 교회생활에 대해서는 잘하든 못하든 보고, 듣고, 알고(혹은 잘못 알고) 하지만, 교회가 세상에 나가서 사는 방식은 거의 모르고 있습니다. 이는 세상에서 행해야 할 영적, 정신적, 윤리적 문제를 말하는 것이 아니고, 경제생활 그 자체를 말합니다.

성경은 영혼구원을 말하고 있지만, 육의 구원도 함께 다루고 있고, 내용마저 깊이가 있습니다. 야곱이 기근으로 궁핍에 처해 있을 때 요셉은 아비 야곱의 어려움을 해결하여 줍니다. 성경은 이것도 구원이라고 합니다(창 45:7). 홀로된 여성의 생존권과 혈통권을 이어주는 계대결혼(신 25:5~10), 종이 된 형제를 자유하게 하는 제도, 팔려나간 토지를 무르기 하여주는 제도가 모두 영혼구원이 아니라 현실적인 삶의 문제를 해결하는 육의 구원입니다(레 25:24, 47~52). 예수님도 병자에게는 치료부터 해 주었습니다(눅 17:17). 사도 바울도 침몰하려는 배에서 생명을 구출하고, 그것을 구원이라고 했습니다(행 27:34).

그러나 오늘날의 교회는 성경이 밝히고 있는 이런 현실 문제를 회피합니다. 교회는 영혼만 살피고, 현실은 되도록 피하거나 외면하려고 하지요. 이것이 저가 앞에서 말한 이원론과 혼합주의 문제를 초래한 근본 이유가 아닐까 생각하고 있습니다. 그리고 저가 이 책을 쓰게 된 동기이기도 합니다. 교회가 영적인 문제만을 다루었지 경제문제를 다루어 주지 않으므로 우리가 이원론에서 헤어나니 못하거나 쉽게 세상과 타협하는 혼합주의에 빠져든다는 뜻입니다.

Ⅳ. 유대와 서양이 버린 희년, 한국의 삼재론과 토종문화의 도움으로

성경은 사람을 살리는 책입니다. 하나님은 사람의 영혼을 살리고 육을 살립니다. 하나님은 성경을 통하여 땅을 쉬게 하며, 심지어 들에 있는 식물과 동물에게도 먹이를 주게 하여(레 25:7) 구원을 베풉니다. 성경은 창조주 하나님과 피조물인 땅, 그리고 땅의 관리자인 사람이 구원을 받고 함께 사는 방식이나 모습을 기록한 책입니다. 그래서 성경이 말하는 피조물의 주인과 대상은 하나님, 사람, 그리고 땅입니다. 이것은 창조의 기본 질서이며, 또 이 땅에서 이루는 나라의 필수 조건입니다. 이것이 주권(하나님), 백성(사람), 영토(땅)로 구성되는 기독교 국가의 3대 요소입니다.

그러나 지금까지 우리의 성경적 접근은 성경의 삼중적 구조(요소)의 전체를 보는 통전적 이해보다 하나님(예수님)과 사람의 관계만을 다루어 왔다고 하겠습니다. 여기에 성경 이해의 폭이 조금 더 넓은 교회는 인간과 인간의 관계에 대해서도 관심이 있는 정도입니다. 이 말은 다르게 말하면, 우리가 성경을 보고도 우리가 관리를 해야 할 대상인 사람과 땅(인간 외 피조물 전체)의 관계를 거의 보지 않았다는 뜻입니다. 성경은 하나님과 사람의 관계 뿐만 아니라 하나님과 땅의 관계, 땅과 사람의 관계도 함께 말하고 있습니다. 특히 사람과 땅의 관계는 성경에 구체적으로 들어있고, 사람이 땅을 관리하는 방식까지 소개하고 있습니다. 그런데도 우리는 하나님과 사람의 관계만을 중시하고, 성경이 말하는 사람과 땅의 관계는 덮어 두었습니다.

성경에서 사람과 땅의 관계는 성경 전체에서 나타나지만, 이 관계를 가장 구체적으로 다루고 있는 것이 희년법과 속량법을 다룬 경제제도입니다. 희년이란 인간 생존의 필수재인 토지에 대한 무르기를 비롯하여 여러 가지 경제적 속량을 단행하는 때입니다. 특히 안식년과 희년은 사람이 땅을 깊이 알아야 하는 때입니다. 땅이 스스로 경제적 산물을 낸다는 사실, 그 땅은 쉬게 해야 하고, 사람에게 팔려서 예속된 땅을 속량하여 자유를 주어야 하는 사실 등을 말합니다. 그리고 땅은 소유와 매매가 영영 금지됩니다(레 25:23). 이렇게 땅이 자유로울 때 비로소 사람도 자유를 찾게 되어 하나님 앞에 온전한 자유를 누리는 것입니다. 이름하여 천(天), 지(地), 인(人) 세 가지의 독립된 실체가 함께 하는 자유입니다.

그러나 우리는 아직 성경이 말하고 있는 땅의 관리자로서 알아야 할 땅의 경제적 역할, 곧 땅의 독자적 생산과 쉼, 땅의 자유와 보호, 그리고 땅의 매매 금지와 이에 따른 시장 거래의 방법 등을 거의 알지 못하고 있습니다. 그래서 우리는 아직 성경이 말하는 경제적 희년은 아예 모른다고 해야 하고, 간혹 알고 있어도 사람 중심의 편중된 이해만 하고 있습니다. 보수 집단은 희년이 현실적으로 실천 불가능한 제도로 알거나 아니면 영적인 내용(영혼 구원, 종말사상)만을 다루려고 합니다. 경제적 내용이요, 지금의 현실에서도 복음적 적용이 가능한 제도인데 말입니다. 한편으로 진보 집단은 희년제도를 공산주의나 사회주의 방식으로 이해하여 그 방식을 적용하여 실천하려고 합니다. 이들은 경제문제와 토지문제를 사유 토지의 몰수나 토지 소유에 대한 고액의 세금 징수로 해결하려 합니다. 그들은 완전한 사유재산제요, 시장경제 방식인 무르기와 희년을 사회주의 방식으로 무리하게 몰고 갑니다.

그래서 기독인들은 토지 무르기가 실제로 실현되는 시기가 언제인지 모릅니다. 희년이 성취되면 즐기는 잔칫날이 언제인지도 잘 모릅니다. 이것은 성경의 3대 절기 중 우리가 거의 모르고 있는 마지막 명절, 7월 절기(나팔절, 속량절, 초막절)에 대한 무지를 뜻합니다. 이것은 성경의 편중된 이해가 빚어낸 결과이며, 이원론이 주류인 서양 사람들의 정서로만 성경을 이해하고, 적용하여 왔기 때문이라고 볼 수 있습니다.

그런데 우리는 예로부터 이 세상을 천(天), 지(地), 인(人)이 독립된 개체들로 상호 조화를 이룬다는 '삼재론(三才論)'에 입각하여 이해를 해 왔습니다. 하늘에 계신 하나님과 피조물인 땅, 그리고 그 관리자인 사람이 함께하는 사회 말입니다. 서양 사람들은 성경을 보면서도 성경의 땅을 거의 보지는 못했는데, 우리 선조들은 성경을 몰랐던 오랜 옛날부터 하나님이 창조하여 사람에게 다스리라고 주신 땅을 먼저 이해한 겨레입니다. 우리 겨레가 아라랏에서 성경 말씀을 따라 땅을 찾고, 그 땅을 가득 채우기 위하여 멀리 멀리 한반도까지 이주해 왔으며, 환한 하늘(桓國)과 밝은 땅(檀國)이 있는 시베리아와 대륙의 끝인 한반도를 만나서 정착을 했습니다. 그리고 정착한 곳에서도 하늘과 땅의 세계를 천(天)·지(地)·인(人)의 삼재론에 입각하여 이해를 하며, 잃은 땅은 다시 찾으려는 다물 정신으로 삶을 살아온 것이 그 대표적 예입니다.

천·지·인 삼재론에서 천(天)은 주권자 하나님 또는 하나님이 계신 천계(천국, Heaven))를 말하고, 지(地)는 땅으로 하나님의 창조물인 피조세계를 말합니다. 그리고 인(人)은 피조세계를 다스리고 관리할 사람들입니다. 이 천계와 피조세계, 그리고 사람들의 상호 관계를 말하는 것이 창세기 1장이 말하는 창조질서이며, 레위기 25장이 가르치는 희년법의 원리입니다. 성경은 땅이 숭배의 대상이 아니며 그렇다고 소유나 지배의 대상으로도 보지 않습니다. 사람은 땅을 관리하며, 땅은 그 대가로 사람에게 먹거리는 물론 온갖 가치를 제공하는 실체적 관계이므로 사람과 땅은 주종관계가 아닌 상호 동반자의 관계로 있습니다. 저는 이러한 창조질서와 희년법의 시장원리인 하나님, 땅, 사람의 세 가지 사역관계를 경제의 '삼중구조' 또는 '삼체론(三體論)' 이라고 부르겠습니다.[3] 그런데 한국의 삼재론은 성경의 삼체론, 곧 하나님과 사람, 하나님과 땅, 그리고 땅과 사람의 존재와 관계 속에서 서로 조화를 이루며 살

---

3) 성경이 말하는 현실 세계에서 하나님, 사람, 땅의 세 가지 독립된 개체란 존재의 독립을 말하는 것이 아니고 관계적 독립을 말한다. 그리고 삼체론(또는 삼재론)은 세 가지의 실체를 설명의 편의상 부르는 용어이다. 삼체론에서 하나님은 신격체(神格體)이며, 사람은 인격체(人格體), 그리고 땅은 지격체(地格體) 또는 물격체(物格體)라고 보아야 한다. 지격(地格)이란 법학에서 자연인(自然人)에 대한 법인(法人), 경제 · 경영 · 회계학에서 기업(생산 주체)과 가계(소비 주체)를 사람처럼 경제적 실체로 보는 것과 같은 개념이다, 신학에서는 이러한 삼자관계를 '삼중구조' 라고도 한다.

아가는 문화이고, 세상을 보는 세계관입니다.

그리고 우리 겨레는 영적인 부분에서도 유일신 하나님을 일찍부터 '삼신사상', 곧 삼신일체의 유일신으로 이해하여 왔습니다. 이것은 우리 겨레가 진리의 성경을 어느 한 쪽으로만 편중하여 이해하지 않고, 성경을 통전적으로 이해하고 적용하는데 유익하게 쓰임을 받을 수 있는 사상적 근거가 될 것입니다. 우리는 밥과 고기, 그리고 채소를 따로 따로 먹는 서양 음식보다는 이들을 썩어서 함께 먹는 비빔밥, 국밥, 쌈밥을 좋아했습니다. 우리의 이런 문화가 성경의 통전적 이해에도 장점이 될 것입니다.

그리고 무르기가 완성되는 희년은 속량절과 초막절에 실현이 되는데 시기가 바로 우리의 명절 한가위 때입니다. 그런데 우리 명절 한가위는 그 용어가 가진 뜻만으로도 희년과 초막절, 그리고 나아가서 앞에서 소개한 성탄절을 찾아가는 것에서도 상당한 기여를 할 것으로 보입니다. 한가위라는 이름과 시기가 그렇습니다. 이 말은 성경이 우리의 토종문화(삼재론과 한가위 등)를 바로 찾아 줄 것이며, 또 우리의 토종문화는 성경을 바로 해석하고, 적용하는데 큰 도움을 줄 수 있다는 뜻입니다.

물론 삼신일체 사상과 천·지·인의 삼재론은 뒤에 가면 피조물인 하늘이나 땅을 숭배물로 삼는 샤머니즘으로 빠진 경우가 있습니다. 삼재론은 소위 민족 종교를 표방하는 단체들이 사람(단군왕검)까지 신격화한 경우가 있으므로 조심을 해야 합니다.

한가위는 원래 조상제사와 성묘와는 아무 관련이 없는데 지금은 조상제사는 물로 조상 산소의 벌초와 성묘가 주요 행사로 변질되어 버렸습니다. 이런 문화는 잘못된 것입니다. 그러므로 우리 문화는 원래 있었던 성경적인 것과 중도에 변질되어 비성경적인 문화로 타락한 것을 구분하여 다루어야 하고, 그래서 원래의 우리 것으로 복원을 해야 합니다.

아무튼 저는 우리의 삼재론이나 삼신사상과 같은 한국의 토종문화가 지금까지 덮어둔 성경의 토지 무르기와 희년법을 다시 현실 사회로 이끌어낼 수가 있을 것으로 봅니다. 더 나아가서 지금까지 서양 중심의 성경 해석, 그리고 편중된 성경 이해에서 오는 약점들을 상당수 치유할 수도 있을 것으로 봅니다.

제1부 : 동양에서 본 구약성경 생활 이야기

1. 천지창조, 땅도 참여합니다.

하나님은 천지를 창조하여 세상을 여십니다. 첫날은 빛, 둘째 날은 궁창, 셋째 날은 땅과 식물, 넷째 날은 해와 달, 다섯째 날은 고기와 새, 여섯째 날은 짐승과 사람을 창조하셨습니다. 이것은 우리가 잘 알고 있는 천지창조의 순서입니다.

하나님이 궁창에서 뭍이 드러나게 하셨으므로 땅을 말씀으로 직접 만드셨습니다. 그러나 천지창조의 이해에서 우리가 통상적으로 하나를 빠트리는 것이 있습니다. 그것은 땅이 하나님의 명령을 따라 식물과 동물을 스스로 낸다는 사실입니다.

> 하나님께서 말씀하시기를 "땅은 땅위에 풀과 씨를 맺는 채소와 그 종류대로 열매 맺는 씨를 가진 과실수를 내라." 하시니 그대로 되니라 … "땅은 생물을 그 종류대로 내되 가축과 땅 위를 기어다니는 것과 땅의 짐승을 그 종류대로 내라." 하시니 그대로 되니라(킹 제임스 성경, 창 1:11, 24).

우리는 보통 식물과 동물을 하나님이 직접 만드신 것으로 알고 있지만, 성경을 자세하게 살펴보면 동식물의 창조를 땅에게 명령하고 있고, 땅은 그 명령대로 역할을 수행하고 있음을 알 수 있습니다. 하나님이 사람을 창조하실 때는 직접 창조를 하십니다(창 1:26~27). 그리고 사람은 하나님이 창조하신 땅을 정복하고 다스리며, 생육하고 번성하라고 하십니다. 하나님은 사람을 만든 목적과 의무를 밝히시고, 그 의무 이행에 따른 복도 주시겠다는 뜻입니다. 그러나 하나님은 동식물에 대해서는 땅을 통하여 창조사역을 행하고 계십니다.

여기서 하나님의 창조사역에는 하나님, 땅, 그리고 사람이라는 세 가지 사역의 독립된 주체(실체)가 있음을 알 수 있습니다. 하나님은 사람과 생명체들이 살아갈 땅을 창조하시고, 땅은 사람이 먹고 살아갈 음식재료인 동식물을 내거나 온갖 천연자원과 에너지를 공급하여 주며, 사람은 그러한 땅을 관리하는 자격이 부여됩니다. 이것이 이름하여 창조질서의 삼중구조이며, 이것은 우리 조상들이 중요시 해 온 천(天)·지(地)·인(人)의 삼재론에 입각한 인과관계입니다. 이러한 하나님, 땅, 사람의 상호 관계는 물질을 생산하고, 소비하는 경제생활에서도 분명하게 나타납니다.

그런데 우리는 경제 현실(생산 현장 또는 시장)에서 땅이 동식물을 낸 사실을 잘 모르고 있습니다. 이 말은 천지창조의 과학적 실체를 밝히자는 의도가 아닙니다. 또 하나님이 직접 땅을 창조하셨고, 그렇게 창조된 땅이 하나님의 명령을 따라 동식물을 내었으니 동식물 역시 하나님이 창조하셨다는 진술이나 신앙고백은 틀리지 않습니다. 그러나 우리가 평소에 땅이 동식물을 낸 사실, 곧 땅의 창조사역이나 경제적 역할을 간과하는 것이 문제입니다. 이 문제로 말미암아 오늘날까지 경제 문제는 사람이 풀지 못하는 해묵은 수수께끼로 남아있다는 뜻입니다.

땅의 경제적 역할 하나에 대한 오해가 '경제의 풀지 못하는 수수께끼' 라는 말은 논리의 비약 같습니다. 그러나 땅의 창조사역, 곧 땅의 경제적 역할은 성경 다른 곳에서 더 구체적으로 언급되고 있습니다. 레위기 25장에서 사람이 쉬는 안식년에도 땅은 스스로 산물을 낸다고 합니다. 예수님은 마가복음 4장 28절에서 "사람이 자는 순간에도 땅은 스스로 열매를 낸다" 고 하십니다. 이것은 성경과 예수님이 땅의 창조사역을 말하고 있습니다. 사람을 포함한 모든 생명체들은 땅이 있어야 생존할 수 있습니다. 이와 같이 땅은 사람의 역할(노동과 자본 투자) 없이도 동식물을 스스로 냅니다. 이것은 성경의 진술이며, 창조질서이고, 과학적 현상입니다. 그런데 사람은 땅의 경제적 역할에 대하여 이렇게 잘못 생각합니다.

〈교회에서〉 : "사람이 먹을 먹거리와 가치물은 모두 하나님이 주신다(신앙고백)."

〈생산 현장에서〉 : "먹거리와 모든 경제적 가치물의 생산은 사람만이 하는 것이다."

〈시장과 경제 전반에서〉 : "가치물의 획득은 모두 인공(노동과 투자)의 결과물이다(경제고백)".

이렇게 경제에서 먹거리와 가치물을 내는 땅이 없어요. 이런 생각 때문에 우리는 아직 레위기 25장이 말하는 희년법과 속량법의 과학성과 현실성을 잘 모르고 있습니다. 사람들이 성경의 내용 중 토지 경제법을 가장 잘 모르며, 알아도 성경 말씀과는 역행하고 있다는 뜻입니다. 희년법에 대한 내용은 제2권에서 다룰 것이며, 상세한 논의는 저의 책 〈반값주택의 이론과 정책(인간사랑, 2007년)〉을 참고 하시기 바랍니다.

2. 성경은 동양에서 나왔습니다.

성경은 하나님의 말씀이지만

태초에 말씀이 계시니라 말씀이 하나님과 함께 계셨으니 이 말씀은 곧 하나님이시라(요 1:1)

성경은 하나님의 말씀을 기록한 책입니다. 그래서 성경은 한 치의 틀림도 없는(정확무오) 하나님의 말씀이라고 합니다. 성경은 이 세상에서 사람의 영혼을 살리는 유일한 책이며, 뭇 생명을 풍성하게 하는 책 중에 가장 위대한 책입니다. 이 사실은 지금이나 앞으로 영원히 그럴 것입니다. 그러나 성경은 십계명 외에는 하나님이 손수 쓰신 책이 아니고, 사람이 하나님의 영감을 받아 기록한 책입니다. 성경에는 하나님의 말씀도 있고, 사람의 말도 있습니다. 욥기는 욥과 친구들이 서로 대화하는 이야기가 거의 대부분입니다. 욥기는 심지어 사단이 말하는 내용까지 구체적으로 들어 있습니다(욥 1:7, 9,11).

그래서 성경은 하나님의 주권적 말씀이고 진리이지만, 성경을 쓴 사람의 특성이나 배경이 들어 있습니다. 곧 하나님은 성경을 기록하게 한 사람의 인격이나 환경 등을 이용하여 그들의 입과 손과 환경을 통하여 성경을 쓰게 했습니다. 그래서 같은 시대에 쓰인 성경이라도 저자의 특성에 따라 문학적 특성이나 분위기가 다릅니다. 그래서 성경 기록자는 '저자' 라기보다 '기자' 라고 하는 것이 타당합니다. 같은 화재 사건이나 스포츠를 다룬 기사도 기자가 보는 수준이나 관점에 따라 표현이 조금씩 다르지요. 진리의 성경도 그런 면이 있습니다. 아모스서는 기자 아모스의 사람 냄새가 나고, 호세아서는 인간 호세아의 생활 배경과 약점이 보입니다. 예수님의 공생애를 다룬 4복음서도 사건을 기록한 기자마다 조금씩 관점이 다릅니다. 물론 성경은 기록된 시대와 배경을 따라서 내용도 조금씩 다르지요.

이와 같이 성경은 기록자의 인격과 환경, 시대를 따라 다양하게 표현되지만, 성경 66권은 전체로 하나의 통일성을 가지고 있습니다. 모두 삼위일체 하나님을 증거하고 있습니다. 성경은 66권이 모두 오실 메시아 예수 그리스도, 그리고 이미 오셨고 또 다시 오실 그분을 직접 간접으로 설명하고 있습니다. 성경은 유일신 하나님만을 증거하고 있다는 점(예수님 외에는 구원이 없다는 점)에서 세상에서 가장 획일적인 책이라고 하겠습니다. 그러면서도 세상의 천지만물과 삼라만상, 인간의 삶과 희노애락을 모두 담고 있다는 점에서 세상에서 가장 다양한 내용의 책입니다. 그러므로 성경은 분명히 하나님의 말씀이고, 사람의 책과는 달리 흠이 없고, 위대한 책입니다.

성경은 동양에서

그러면 하나님의 말씀이요, 사람들의 이야기도 있고, 심지어 사단의 말도 들어있는 성경은 어디서 어떻게 쓰였습니까? 성경은 주로 동양에서 동양 사람들에 의해 쓰였습니다. 하나님의 계명과 율법, 그리고 예수 그리스도의 복음이 선포된 지역은 중동의 이스라엘입니다. 물론 성경이 쓰인 곳은 이집트도 있고, 신약성경은 로마나 유럽 쪽에도 있습니다. 그러나 하나님은 성경의 대부분을 이스라엘 땅을 중심으로 그 땅의 문물과 정서를 가진 사람의 영감을 통하여 그 땅의 생활상을 바탕으로 쓰게 하셨습니다. 그런데 이 지역은 엄밀히 말하면 동양에 속합니다. 원래 유대인들의 문화는 서양보다 우리가 살고 있는 동양 정서에 더 가깝습니다. 성경, 특히 구약성경이 그러합니다. 성경이 말하는 장남 선호 사상, 남녀의 유별, 정조관념, 가족 윤리 등만 보더라도 그렇습니다.

그런데 복음이 이스라엘에서 유럽으로 먼저 전해졌기 때문에 지금까지 성경의 해석은 서양 사람들이 주도해 왔습니다. 그 기간은 적게 잡아도 1천년이 넘을 정도로 오랜 역사를 가집니다. 그래서 오늘날 신학의 바탕과 설교는 물론이고, 우리의 성경 이해는 서양의 정서와 풍조에 너무 깊게 젖어 있습니다. 우리가 성경의 내용 대부분을 서양사상이나 서양문화와 관련이 있다고만 생각하는 것을 말합니다. 이는 잘못입니다. 이것이 오랜 세월이 지나다보니 이제는 우리의 관념이 되어 버려서 아무 문제가 아닌 것처럼 보고 있고, 그 심각성을 모르고 있습니다.

그러나 성경의 핵심 내용은 동양도 아니고, 서양도 아니며, 동서양을 모두 초월하며, 동서양 전체를 주관하고, 관통하는 진리의 책입니다. 물론 구약은 동양사상에 더 가깝고, 신약은 헬라어와 로마가 주요 환경이기 때문에 서양문화도 들어 있습니다. 그러므로 성경은 동양과 서양을 갈라놓은 것이 아니라 중립적 입장이며, 동양과 서양을 가르는 특정 지역의 문화와 정서를 초월합니다.

그런데 우리는 알게 모르게 성경을 서양 사람들의 사상과 관점으로만 이해를 해 왔습니다. 서양 사람들이 우리에게 예수 그리스도의 복음을 전해 주었기 때문입니다. 그래서 우리들은 성경이 동양의 문화와 관련이 있는 부분은 잘 모르거나 알아도 상당 부분을 오해하고 있습니다. 심지어 동양인의 몸을 빌어서 성육신을 하신 예수님을 서양인의 모습으로 이해하고 있고, 심지어 비기독인 중에는 서양 귀신이라고 모독을 하는 사람도 있습니다. 우리의 곁에 있고, 우리 것과 관련이 많은 성경을 두고, 멀고 먼 서양문화를 배경으로 하여 성경을 풀어왔고, 이해하며, 적용하고 있으니 이게 난센스이지요. 동양과 서양을 초월한 우주적 복음을 우리는 지금까지 서양의 틀 안에 가두어 두고, 진리의 내용을 서양의 관점으로 왜곡(축소, 과장, 변질)해 왔던 것입니다. 이러한 성경관은 치우친 접근법이며, 심하게 말하면 종교적 사대주의에 가까우므로 하루 빨리 고쳐야 할 것입니다.

성경은 동양에서 서양으로

성경, 특히 구약성경은 동양 사람인 유대인을 통하여 쓴 책들이라고 했습니다. 그리고 4복음서 역시 동양에서 기록되고, 유대가 로마의 식민 통치에 영향을 받은 관계로 동양과 서양이 혼합된 문화 환경에서 쓰였다고(이용했다고) 볼 수 있습니다. 그래서 4복음서는 기록 환경이 동양과 서양의 중립적 성격을 가집니다. 그리고 바울 서신을 비롯한 신약의 주요 책들은 동양인이 로마와 유럽지역을 배경으로 썼기 때문에 서양의 문화와 환경을 이용했습니다. 성경은 이렇게 동양에서 먼저 시작하여 서양으로, 그리고 동양과 서양을 아우르며, 전체적으로는 중립적 환경에서 기록한 경전입니다. 복음을 전하는 지역도 성령님은 동양인 사도 바울을 로마와 유럽 쪽으로 먼저 보냈는데(행 16:6,7), 그 이유는 이런 측면에서 보면 이해가 갑니다. 동양과 서양을 복음으로 통일시키기 위한 하나님의 계획된 절차라는 것 말입니다.

그러나 우리는 예수 그리스도의 복음을 미국을 비롯한 서양 사람들을 통하여 전수 받았고, 해석도 그들이 주도해 왔기 때문에 성경을 서양 문화의 산물로 오해하고 있습니다. 지금까지 성경은 동양 사람이 동양 환경에서 쓴 책임에도 해석은 서양 사람이 서양 환경에서 해 왔다는 뜻입니다. 기독교라고 하면 보통 '서양종교' 라고 하는 인식이 그 단적인 증거입니다.

사실 20세기 초반까지도 기독교인은 90%가 유럽과 북미 사람들에 국한되었지만, 지금은 60% 이상이 아시아, 아프리카, 남미 사람들이므로 오늘날의 기독교는 분포에서도 이미 서양종교가 아니며, 서양을 뛰어 넘은 세계적 종교입니다.

> 이 일 후에 내가 보니 각 나라와 족속과 백성과 방언에서…….(계 7:9)

한편, 서양과 동양은 문화와 사상에서 차이가 있습니다. 서양 철학자 플라톤은 '동굴의 비유'에서 빛과 그림자를 가지고, 전자는 불변하는 이데아의 세계로, 후자는 변화하는 현실 세계로 가르고 있습니다. 이것이 아리스토텔레스, 데카르트, 뉴턴으로 이어지는 영과 육의 이원론입니다. 그러나 동양철학은 음과 양의 조화나 삼태극의 순환적 상호관계로 봅니다. 서양과 동양은 사람의 건강을 다루는 의술을 보아도 그 차이를 짐작할 수 있습니다. 서양의학은 병이 나면 고장 난 몸의 일부를 수술로 제거하거나 원인자를 제거하는 데 치중합니다. 그러나 동양의학은 고장 난 몸의 일부를 제거하기보다 약한 부분을 보완하거나 균형을 회복하는 치료법을 선호합니다. 이런 차이를 이어령 교수님은 서양을 양복·가방·침대의 문화로, 우리는 한복바지·보자기·이불의 문화로 설명합니다. 가방은 물건을 구분하여 넣기 좋도록 가름막이 있지만, 보자기는 모든 물건을 한 꾸러미로 담아 묶습니다. 서양의 침대는 잠만 자는 단일 용도의 침구에 불과하지만, 이불을 펴는 방은 잠을 자는 침대, 이불을 걷으면 밥 먹는 식당, 공부방, 손님을 맞는 응접실이 되어 다용도, 다목적 도구가 됩니다.

이와 같이 서양사상은 분석적이며, 합리적(경험적)입니다. 이에 반하여 동양사상은 통합적이며, 상대적이고, 정서적(직관적, 초월적)입니다. 그래서 서양사상은 과학과 문명을 발전시켰고, 동양사상은 신앙과 예술의 토대가 되었습니다. 서양사상은 사회 속의 개인 하나하나에 관심이 더 크고(개인주의), 동양사상은 환경과 사회 그 자체의 끈끈한 유대 관계(공동체주의)를 더 중시하여 왔습니다. 자연관도 서양은 본질과 체계적 이해를, 동양은 사람과 천연(자연) 피조물과의 관계적 조화를 앞세웁니다. 이와 같이 진리의 성경을 해석함에 있었어도 사람들은 이러한 해석자의 문화와 사상이 결부되어 있습니다.

성경은 진리 그 자체의 말씀이고, 인간의 모든 사상을 초월하여 존재하며, 그 사상을 선도하고 통합하는 경전입니다. 성경은 좁은 의미로 헬레니즘과 헤브라이즘, 넓은 의미로 서양사상과 동양사상을 모두 담고 있고, 하나님은 이러한 인간의 사상과 행동을 주도하고, 평가하며, 판단(심판)까지 하고 있습니다. 그러므로 성경은 강으로 치면 인간의 모든 사상이 시작되는 발원지이고, 최종 종착지입니다.

영과 육을 분리하여 성경의 거룩성을 이해는 데는 분석적 사고를 하는 서양사상이 도움을 줍니다. 그러나 성경을 통전적으로 이해하고, 생활과 문화를 결부시켜 종합적으로 적용하는 측면은 동양사상이 앞선다고 할 수 있습니다. 그러므로 성경이 말하는 신앙과 생활을 통전적으로 이해하고, 다양성을 살려서 역동적으로 적용하기 위해서는 분석적 사고를 하는 서양사상과 종합적 사고를 하는 동양사상이 함께 연합하여 조화를 이루어야 할 것입니다.

이제 성경과 우리(동양) 문화를 접목해야 합니다.

지금까지 우리는 복음을 서양 사람들에게 전수를 받으면서 서양적 문화와 사고에 편중하여 성경을 이해하여 왔음을 알았습니다. 서양 사람들은 그들의 문화를 배경으로 성경을 풀어왔고, 동양문화는 잘 몰랐기 때문이지요. 그래서 우리는 신앙과 생활에서 성경과 직접 관련된 우리 문화를 잘 모르거나 간과하면서 신앙생활을 하고 있습니다. 그렇다고 서양 사람을 탓할 이유는 없습니다. 우리는 서양 사람들을 통하여 값진 복음을 전해 받았으므로 서양 사람들에게 감사해야 합니다.

또한 이제는 성경을 우리의 것과 관련하여서도 이해를 해야 합니다. 지금까지 서양 사람들과 그들의 한정된 사상에 치우쳐 이해해 왔던 성경을 우리 안목으로 다시보고, 성경에서 숨어 있는 우리의 것들을 찾아내고, 우리의 문화와 접목시켜 적용시키는 일이 절실하게 필요합니다.

> 만국이 그 빛 가운데로 다니고 땅의 왕들이 자기 영광을 가지고 그리로 들어오리라(계 21:24)

성경은 서양과 동양의 구분이 없지만, 굳이 편을 가른다면 오히려 동양문화에 더 가깝다고 할 수 있습니다. 하나님은 처음부터 성경을 주실 때 동양인을 선택하여 그들의 영감으로 필을 들게 하셨고, 문화와 환경마저도 동양적인 토대와 배경을 두고 기록하게 했습니다. 그러므로 우리는 지금까지 서양의 사고와 문화로 보아온 성경을 동양의 사고와 문화에도 접목시켜 성경 이해의 폭을 넓혀 가야 합니다. 그래서 성경 안에 하나님이 숨겨둔 비밀이 있다면 그것을 찾아내고, 우리 문화와 관련하여서도 하나님이 기뻐하실 것은 적극 수용하고, 개발하며, 통합을 해야 합니다. 더 나아가서 성경은 모든 사람을 구원하고, 생활을 인도하는 인류 공통의 교과서로 인정하고, 그 말씀에 순종하거나 활용하여 복을 누리며 살아야 합니다.

이제는 성경의 해석과 적용의 폭을 넓혀야 (성경은 전문서적인가? 대중서적인가?)

> 모든 성경은 하나님의 감동으로 된 것으로 교훈과 책망과 바르게 함과 의로 교육하기에 유익하니(딤후 2:15)

성경의 해석과 이해에는 일정한 자격을 갖춘 자의 영적 권위와 전문 지식이 필요 합니다. 그리고 기독교의 교리나 학문적 이해는 전문적 지식을 갖춘 자에게 맡겨야 할 것입니다. 특이 성경을 사사롭게 풀거나 말씀을 왜곡하여 백성들을 미혹하는 집단들의 성경 풀이는 경계를 해야 합니다(벧후 1:20). 계시록과 같이 난해한 책은 전문 지식이 없는 사람이 접근하기 어렵습니다. 그래서 이런 것은 성경 해석의 전문 지식을 가진 자의 도움이 필요합니다. 이런 면에서 보면 성경은 전문서적입니다.

그러나 성경은 모든 사람을 교훈, 책망, 바르게 함에 유익을 주기 위해 있습니다. 성경은 모든 사람을 위해서 썼습니다. 그래서 저는 평소에 개인 문제와 세상 문제는 모두 성경을 이해하고, 적용하며, 순종하는 수준만큼 풀린다고 봅니다. 성경은 사람이 믿고 구원을 받아야 하는 종교 책이지만, 생활에도 직접 관련된 책입니다. 성경은 역사서가 아니지만 역사를 말하고 있고, 성경은 경제 전문서적이 아니지만 경제에 대한 탁월한 내용이 들어 있습니다. 성경은 과학 책이 아니지만 과학을 말하고 있고, 성경은 윤리 도덕책이 아니지만 윤리 도덕을 강조하고 있습니다. 성경은 사람의 죄에 따른 결과도 사람과 땅, 그리고 피조물이 함께 미친다고 합니다(창 3:17, 창 8:13). 성경은 사람만 구원을 받는 게 아니라 사람이 구원을 받으면 땅과 피조물도 동시에 풀림을 받는다고 합니다(롬 8:19~21).

그러므로 성경은 각자가 살아가는 생활 현장에서도 생명력을 가진 현실의 교과서이고, 나침판의 역할을 할 수 있는 책입니다. 그래서 성경은 영적 권위나 전문 지식과는 별개로 자기 직업에 충실한 자가 열린 마음과 순종하는 자세로 접해야 비로소 그 내용을 알 수 있는 부분이 있습니다. 구약에서 기름 부어 세운 제사장, 성경을 공식적으로 공부했던 주류의 지도자들보다 그 시대에 농사꾼이나 목동의 신분으로 한낱 야인에 불과하든 선지자들의 성경 이해가 더 정확하고 풍부합니다. 예수님의 12제자의 경우도 공부를 많이 한 자들이 아니고, 어부를 비롯한 자기 직업에 충실한 자가 예수님을 알아보고 따랐습니다.

특히 성경이 생활과 접목되기 위해서는 전문 지식이 가지는 한계를 넘어서 일반 생활 속에서도 이해가 되고, 적용이 되어야 합니다. 성경에서 농사짓는 이야기는 농민이, 장사하는 이야기는 상인이 그렇지 못한 분들보다 본문을 더 쉽게 이해할 수도 있습니다. 만인에게 구원을 베풀고, 만민에게 복을 주시고자 기록한 성경인데 굳이 특정 계층의 전문적 지식을 갖춘 자만 성경을 알도록 쓴 책이 아니라는 뜻입니다. 오히려 신앙고백이 분명하여 말씀 속에서 자신이 녹아나고, 그 말씀에 순종하는 자세만 갖추고 있다면, 그 다음의 이해는 성령님이 가르쳐 주실 것입니다. 또 성경은 모든 사람이 모든 영역에서 반드시 읽고 순종하고 적용해야 할 필독서입니다.

그러므로 성경은 전문서적이 아니고, 대중서적이라 할 수 있습니다. 성경은 모든 사람, 모든 영역에서 구원의 교과서(text)이며, 생활의 참고서(context)로서 만인의 필수품입니다. 성경은 지식인을 위해 기록한 특수 계층의 책이 아니고, 모든 계층을 위한 책입니다. 성경은 하나님에 대한 믿음과 순종의 자세만 가지면, 누구나 친구의 편지처럼 가깝게 접할 수 있고, 읽고, 적용할 수 있는 일반 대중서적입니다.

성경이 말하는 예수님의 얼굴은?

예수님의 얼굴은 어떻게 생겼을까요? 우리는 집이나 교회에서 벽에 붙은 예수님의 초상화나 그림을 자주 봅니다. 기독교 영화나 작품에서 등장하는 예수님의 얼굴은 거의가 서양 사람의 모습을 하고 있는데 이것은 사실과 다릅니다. 지금 우리가 알고 있는 예수님 초상화는 서양화가가 서양인의 시각에서 예수님을 그린 그림입니다. 레오나르드 다빈치가 그린 최후의 만찬이 그러합니다. 그래서 우리가 알고 있는 예수님의 초상화는 예수님 얼굴이 아니라 화가가 자신의 모습을 그림 속에 집어넣은 것이라는 말까지 나돌고 있지요. 이게 사실이라면, 우리가 알고 있는 예수님의 초상화는 화가의 모습이지 예수님의 얼굴로 볼 수가 없겠습니다. 물론 이런 주장 역시 확실한 근거는 없습니다. 아무튼 우리는 예수님을 말하면서 마음에 품고 있는 예수님의 참 모습은 서양 사람을 연상하고 있는데 이것은 사실과 다릅니다.

그래서 최근에는 한동안 동양인을 닮은 예수님 초상화가 언론에 공개되어 나돌기도 했습니다. 유대인은 동양 사람이고, 동양인 마리아의 몸을 통해 태어났으니 예수님도 동양인을 닮았다는 말이지요. 예수님이 동양인을 닮았을 것이라는 주장이 일리는 있어 보이지만, 이것 역시 사실과는 다릅니다. 왜냐하면 예수님은 여자인 마리아의 몸을 빌려 태어났지만 남자 혈통인 요셉의 피는 받지 않았고, 성령의 잉태로 태어나셨기 때문입니다(마 1:18). 그러면 만인의 대속자요, 구원자로 이 땅에 오셨던 예수님의 실제 얼굴은 어떤 모습일까요? 동양인을 닮았을까? 서양인을 닮았을까? 우리는 이런 의문을 가질 수가 있습니다.

그런데 예수님의 제자들은 예수님의 초상화를 남기지 않았습니다. 제자들은 예수님과 3년간을 동고동락하였습니다. 또 제자들은 예수님의 부활과 승천을 직접 목격하였고 다시 오신다는 말도 들었습니다. 그러므로 제자들은 승천 후에도 자신들이 본 예수님의 얼굴을 남기고 싶었을 것인데 얼굴에 대하여 아무 것도 남긴 것이 없습니다. 왜 그럴까요? 그 이유는 성경의 십계명에 있습니다. 성경은 하늘에 있는 것이나 땅에 있는 것이나 아무 형상이든지 만들지 말고 그것들에게 절하지 말라고 합니다(출 20:4,5). 이것은 예수님의 초상화가 남아있다면 그것은 기독인에게 숭배의 대상물이 될 수 있다는 것입니다. 천주교가 마리아상과 예수님의 십자가상을 만들어 놓고 경의를 표하듯이 말입니다. 그러므로 제자들은 예수님의 초상화를 남기지 않았지요. 따라서 우리가 예수님의 초상화에 대해서도 바른 자세를 가져야 합니다.

그런데 지금 우리는 공공연하게 예수님의 초상화를 벽에 걸어두고 여러 가지 생각들을 하고 있습니다. 물론 예수님의 초상화를 보면서 구원에 대한 감사와 가르침을 생각하는 것은 아무 문제가 없을 것입니다. 그러나 그 초상화를 보고 그림이 나에게 복을 주며, 예수님의 실제 얼굴도 그렇게 생겼다고 믿는다면 잘못입니다.

성경이 말하는 예수님은 이렇게 생기셨습니다.

> 그는 주 앞에서 자라나기를 연한 순 같고 마른 땅에서 나온 뿌리 같아서 고운 모양도 없고 풍채도 없은즉 우리가 보기에 흠모할 만한 아름다운 것이 없도다 (사 53:2,3)

이것이 성경이 말하는 예수님의 모습입니다. 곧 서양화가가 그린 초상화는 성경이 말하는 예수님과 차이가 있습니다. 성경이 말하는 예수님은 연한 순 같고, 마른 땅에서 자란 뿌리 같아서 고운 모양도 없고, 왜

소한 모습입니다. 그는 외형상 풍채도 없어서 흠모할 만한 것이 아무 것도 없습니다. 예수님은 유대 땅에서 사역을 하실 때는 나이가 30대 초반에 불과하였지만, 사람들이 그를 50세 가까이 볼 정도로 육신이 실제 나이보다 늙어 보인 것 같습니다(요 8:57). 어릴 때는 가난한 목수의 아들로 태어나 자라면서 고초를 많이 겪으셨고, 공생애 기간 3년은 주위로부터 많은 핍박을 받았기 때문이겠지요.

예수님은 하나님의 본체이시고, 하나님의 아들이시지만, 이렇게 외모마저 보잘 것 없는 사람의 모습으로 태어나셔서 우리들에게 가까이 오신 분입니다. 이와 같이 하나님은 잘 생기거나 못생기거나 외모에 관심이 없으시며(삼상 16:7), 부자나 가난한 자를 같이 여깁니다(시 113:7). 예수님은 스스로 낮아지고, 종이 되어 치욕의 십자가 죽음까지 감수를 했습니다. 그러면서 우리를 죄에서 구원하신 하나님의 아들이십니다. 이것이 만민 구원자 예수 그리스도의 실제 얼굴이고, 참 모습입니다.

3. 성경은 저녁과 쉬는 것이 시작입니다.

> 빛을 낮이라 부르시고 어두움을 밤이라 부르시니라 저녁이 되고 아침이 되니 첫째날이라(창 1:5)
>
> 하나님이 그 지으신 모든 것을 보시니 보시기에 심히 좋았더라. 저녁이 되며 아침이 되니 이는 여섯째 날이니라(창 1:31)

하루의 시작은 아침입니다. 사람들은 해가 뜨고 날이 밝는 아침을 하루 일과의 시작 시점으로 잡기 때문입니다. 그러나 하나님의 하루는 우리와 다르게 저녁부터 시작하여 아침이 되면 하루가 다 갔다고 말하고 있습니다. 이와 같이 하루의 시작 시점도 우리의 통상적 이해와는 다릅니다. 우리는 이런 것을 먼저 알아야 우리 문화와 하루의 시간 개념이 다른 성경을 바로 이해할 수 있습니다. 또 달이 뜨는 음력과 보름을 바로 이해합니다. 그러나 성경이 왜 아침보다 저녁을 하루의 시작 시점으로 하였을까? 그 이유는 잘 모릅니다. 다만 저는 이렇게 생각해 봅니다.

여호와 하나님은 사람에게 일보다 쉼에 대한 의미를 먼저 부여하신 것으로 보입니다. 사람은 일을 하기 전에 쉼을 통하여 먼저 해야 할 것이 있습니다. 일을 앞두고 하나님과 사람 간의 영적인 관계를 먼저 살피라는 것입니다. 집을 지으려면 실제 건축보다 그 집을 어떻게 지을 것인지에 대한 구상과 설계가 먼저입니다. 남들이 볼 때 집짓기는 공사를 시작해야 비로소 집을 짓는 줄 알겠지만, 건축자는 집을 짓기 전에 먼저 해야 할 일들이 있습니다. 건물의 용도가 무엇인지, 어디에 지을 것인지, 어떻게 짓고, 규모와 예산 등은 어느 정도 할 것인지 집을 짓기 전에 해야 할 선결 조건을 모두 갖추어야 합니다. 그래야 건물을 제대로 지을 수 있고 지은 후에도 후회가 없습니다.

이와 같이 하루의 일과도 마찬가지입니다. 일을 하지 않는 저녁에 쉼을 통하여 새 일을 구상하게 됩니다. 쉼은 그냥 노는 것이 아닙니다. 안식에는 먼저 안식의 주인이며, 피조물의 주인이신 하나님께 기도와 경배를 통하여 일과 쉼을 주신 것에 감사를 올립니다. 일이란 하나님이 맡기신 땅과 피조물들을 다스리는 것이며, 지금 그 다스림을 어떻게 하라고 하는지에 대한 영적인 지시를 받아야 합니다. 그렇지 않으면 사람은 다스림의 대상(땅과 부속물)에 대하여 군림하거나 훼손하거나 방치하기 쉽습니다. 그래서 하나님의 지시를 따라 새 일을 계획하고, 아침이 되면 하루의 일과를 맞습니다. 저녁에 기도와 경배, 감사의 마음으로 일에 대한 계획을 세우고, 잠과 휴식을 취한 후에 아침에 계획한 일을 하는 것입니다. '시작이 반' 이라는 말과 같이 이렇게 준비한 아침은 이미 절반을 달성한 것과 같습니다. 사전 준비가 하나님 중심이고, 철저하니 하루의 일과는 실수가 줄어들고, 성과는 커집니다.

성경에서 쉼이 시작인 것은 안식제도에서도 드러나고 있습니다. 엿새를 힘 써 일하고, 일곱째 날은 쉬는 것이 안식일인데 이날도 바로 저녁부터 시작입니다. 물론 성경이 말하는 유월절, 초막절 등 절기와 축제의 시작도 저녁부터입니다. 이처럼 하나님에 대한 종교행사도 저녁이 시작인데 이것은 하루의 기산점이 저녁인 것과 자연스럽게 맞습니다. 그래서 지금 우리들은 일주일의 첫날을 주일로 지킵니다. 주일은 한 주일의 시작이자, 일을 마치고 쉬는 날입니다.

한편, 레위기 25장은 사람의 생활을 다룬 경제 규례인데 이 경제 규례는 땅을 쉬게 하는 '땅의 안식' 부터 시작하고 있습니다. 레위기 25장의 전체가 땅의 안식과 관련되는 내용입니다. 이렇게 보면 성경은 모든 것이 쉬는 것부터 시작합니다.

성경은 이와 같이 하루의 시작부터 우리의 통상적 이해와 다릅니다. 아침이 시작이 아니고 저녁이 시작이며, 일하는 것이 시작이 아니고 하나님을 향한 기도와 경배가 가능한 시간, 쉬는 때가 시작입니다. 해가 뜨는 때가 시작이 아니고, 그 해가 지고 달이 뜨는 때가 시작입니다. 성경은 일이 시작이 아니고, 쉼이 시작이라고 합니다.

4. 성경달력은 음력입니다.

한국인은 음력에 애착을

예로부터 우리 한국은 음력 달력을 사용하고 있습니다. 서양 사람들은 양력을 사용합니다. 우리는 설도 양력설을 쇠는 것이 아니고 음력설을 쉽니다. 우리 민족의 최고의 명절인 설과 한가위도 순수한 음력을 따릅니다. 우리의 정월 대보름, 단오제, 4월 초파일은 모두 음력에 따른 절기입니다. 요즈음은 서양 문물이 많이 들어오고, 서양 중심의 세계화로 세상이 바뀌다 보니 양력을 많이 씁니다. 1960년대까지만 해도 음력설을 "구정", "이중과세"라고 하면서 쇠지 못하게 했습니다. 정부가 음력설은 공휴일도 없애고 '설날 출근'을 명하고, 직장에서 근무 상태를 감시하기도 했습니다. 그러나 우리 민족은 양력설이 "ㅇㄴ설(일본과 서양명절)"이라고 하면서 쉽사리 응하지 않았습니다. 정부의 강력한 권장에도 백성들이 양력설 대신 음력설을 선호하며 끈질기게 버틴 것입니다. 결국은 정부도 양보하여 오늘날의 음력설로 되돌아왔습니다. 그만큼 우리는 음력에 대한 애착이 강했습니다.

성경달력은 음력

그런데 성경의 달력이 바로 음력입니다. 하나님은 이스라엘 백성들이 출애굽을 할 때 음력을 제정하여 주셨습니다.

> 이 달로 너희에게 달의 시작 곧 해의 첫 달이 되게 하고(출 12:2)

애굽(이집트)은 태양신을 섬기는 국가로 양력을 씁니다. 유대인들은 이미 400여년간 노예 상태로 있었으므로 유대인들에게는 애굽이 쓰는 양력에 익숙해 있었고, 음력은 생소했을 것입니다. 그럼에도 하나님은 음력을 쓰게 하셨는데 여기에는 이스라엘을 구원하신 분의 깊고도 세밀한 영적 계시가 들어있고, 현실적이며, 과학적인 의미까지 포함되어 있습니다.

유대인들은 이때를 기점으로 음력을 사용합니다. 바로 우리가 쓰는 태음태양력입니다. 그리고 이슬람권에도 음력을 씁니다. 오늘날도 세계에서 음력을 사용하는 나라는 한국과 중화권, 그리고 중동지방 여러 국가들입니다. 양력을 사용하는 나라는 로마를 중심으로 일어난 서양 국가들입니다. 태양신을 섬기고, 양력을 즐겨 쓰는 국가들로는 고대에 이집트, 중세는 로마, 그리고 현대는 서구와 동양의 일본입니다. 그런데 지금의 양력은 이미 몰락한 로마문화의 유산입니다. 그리고 몰락한 고대의 마야 문명도 양력에 가까운 달력을 사용해 왔습니다.

태음태양력은 조화의 산물

성경과 유대민족, 중화권, 그리고 우리 겨레가 쓰는 음력은 태음태양력입니다. 태음태양력은 달력을 만들 때 태양과 달의 움직임을 동시에 반영하는 달력입니다. 성경은 절기를 계절에 맞추어야 하고, 초실절과 초막절이 추수와 관련되는 농사철에 맞추어야 하기 때문에 자연스럽게 태음태양력이 필요하게 됩니다.

그런데 이슬람은 순수 음력만 사용합니다. 순수 음력만 쓰면 태양의 움직임을 반영할 수가 없습니다. 순수 음력은 양력에 비하여 1년에 11일 정도 빨라서 매년 오차가 발생합니다. 그래서 그들의 명절, 라마단은 여름에도 오고 겨울에도 옵니다. 그들은 계절에 관련 없이 명절을 잘 지키라고 신이 그렇게 명하였다고 하지만, 제가 볼 때 뒤죽박죽입니다. 사람과 모든 생명체의 생활은 계절에 따른 자연활동과 조화를 이루어야 합니다. 그러므로 명절은 봄의 파종기, 여름은 농번기, 가을은 추수기, 그리고 겨울은 안식과 동면기 등으로 계절과 자연질서와 맞추어야 자연스러운 것입니다. 그래야 명절이 계절적인 특색이 있고, 창조질서에 맞춘 축제를 제대로 즐길 수가 있는 것입니다. 그러나 이슬람이 쓰는 순수 음력은 이러한 계절적 의미를 거의 고려하지 못합니다. 그들의 명절 라마단이나 이드가 더운 여름에도 오고, 눈이 내리는 겨울에도 오니 얼마나 혼란스럽겠습니까?

한편으로 양력은 1년 사계절이 정확합니다. 이런 국가는 문명이 발달합니다. 그러나 여기에도 약점은 있습니다. 달의 움직임을 고려하지 못하지요. 지구에서 달의 움직임에 가장 민감한 것은 바다의 조수작용입니다. 그래서 바다를 생업을 삼는 어민들은 음력이 필수적입니다. 또 육지에 사는 사람들도 옛날에는 달밤을 이용하여 먼 길도 가고, 달밤을 이용하여 생활을 합니다. 특히 명절 축제는 달이 밝은 보름날 밤이 제일 좋습니다. 그래서 성경의 유월절, 초막절, 그리고 한국의 정월 대보름, 팔월 한가위는 모두 보름날 절기입니다. 그리고 우리가 보지 못하는 인체의 생체 리듬은 달의 움직임을 따라 변한다고 합니다. 천체의 움직임도 밤의 달과 별을 관측해야 정확합니다. 그러나 양력은 이런 것을 고려하지 못하지요. 물론 발달한 과학은 양력을 사용해도 조수 간만, 천체의 움직임, 생체 리듬 같은 것을 다 관측할 수 있기는 합니다. 그러나 달력을 보고 일상생활에서 관습적으로 쓰는 것과 일부 천문학자들이 과학과 기기를 동원하여 관측해서 아는 것은 차원이 다릅니다.

바다의 생물은 음력이 필수적입니다. 바다의 동식물은 조수의 움직임을 따라 행동하고 습생을 한다는 뜻입니다. 거북은 달의 움직임을 보고 산란기를 조절하며, 보름 주기를 따라 멀고 먼 바다를 헤엄쳐서 고향으로 돌아와 모래를 파고 알을 낳습니다. 많은 바다 생물들이 음력과 조수의 차를 따라서 수정과 산란을 합니다.

성경은 이와 같이 달력 하나도 태음태양력을 사용하여 사람이 하늘의 해와 달, 지상 생물과 수중 생물이 조화를 이루게 합니다. 밤과 낮도 그렇습니다. 달의 운동을 필요로 하는 음력과 해를 따른 계절의 인식에 편리한 양력이 조화를 이룹니다. 어민과 농민은 달력 하나로 서로 소통하고 협력을 이루게 합니다. 하나님은 달력 하나도 이렇게 창조질서에 맞추어 조화를 이루게 하시니 참으로 좋은 분이십니다.

여호와께서 달로 절기를 정하심이여 해는 그 지는 것을 알도다(시 104 :19)

사람은 밤보다 낮에 활동을 더 많이 합니다. 농사에는 햇볕이 절대적입니다. 계절도 태양이 좌우합니다. 그래서 사람들은 밤을 주관하는 달보다 낮을 주관하는 해를 더 중시합니다. 예로부터 과학 문명이 발달한 나라는 태양을 더 중시했고, 그래서 태양신을 섬기는 종교가 발달했습니다. 이집트의 '라(Ra)'는 태양신이며, 로마의 아폴로(아폴론), 인도의 미트라, 힌두교의 수리아, 메소포타미아의 샤마시 등이 모두 태양신의 아류들입니다. 성탄절로 택한 12월 25일도 실은 태양의 축제일이었습니다.

그러나 성경은 해보다 달을 더 앞세웁니다. 성경은 달을 중심으로 달력을 만들게 하고, 달을 중심으로 절기를 제정했습니다. 첫 명절 유월절과 마지막 초막절이 달을 중심으로 한 보름날 축제입니다. 예수님도 달밤에 태어나십니다. 왜 그렇게 하였을까? 제 나름대로 생각 해 봅니다.

첫째, 하나님이 음력을 쓰게 하신 것은 사람들이 태양신을 숭배하지 못하게 하신 것입니다. 사람은 큰 것에 치중하고 작은 것은 무시하기 쉽습니다. 해는 달보다 크고 밝습니다. 그리고 해는 농사와 일상생활에 더 큰 비중을 가집니다. 그래서 사람들은 천체에서 태양을 제일 중시하다가 결국 그 태양을 숭배하는 잘못을 저지릅니다. 그래서 하나님은 모든 사람들에게 태양을 숭배하지 못하도록 태양보다 작고 덜 밝은 달을 중심으로 절기를 정하신 것으로 보입니다.

둘째, 예배와 종교 축제 등 행사를 위해서입니다. 성경의 중심은 하나님을 믿는 예배(천제)와 종교 행사가 첫째 역할입니다. 그런데 예배와 종교 행위, 그리고 축제의 행사는 일하는 낮보다 달이 밝은 밤이 좋습니다. 전기가 없는 옛날 자연 상태에서 제사나 놀이는 달이 밝은 밤이 자연스러운 것입니다.

셋째, 이방신과의 차별성입니다. 이스라엘에 직접적인 영향을 준 이집트의 신과 바알 같은 이방의 신들은 태양을 숭배합니다. 그래서 이들 국가는 과학이 발달하고, 문명을 급속하게 발전시키는 경향이 있지만, 그들의 정신문화는 우상숭배로 타락하게 됩니다. 발달한 과학 문명을 발전시키고도 사회는 혼탁해지고 결국은 쇠퇴합니다. 그래서 성경은 이를 사전에 예방하기 위하여 달을 중심으로 한 음력과 정신문화의 진보를 앞세웠다고 볼 수 있습니다.

넷째, 생활에서 태양에 대한 과학적, 경제적 이유도 있습니다. 식물은 태양 빛으로 살아갑니다. 날씨와 기온도 태양 빛에 따라 변하고, 낮과 밤, 계절도 태양에 의해 생깁니다. 그래서 우리는 경제생활에서 태양을 절대시 하는 경향이 있습니다. 그러나 그 태양의 빛을 경제적 가치로 바꾸는 역할은 태양이 아니라 달을 위성으로 가지고 있는 지구가 하는 것입니다. 태양은 그냥 빛과 에너지를 방출하고 있을 뿐 이를 사람과 생명체들이 살 수 있도록 만들어 주는 역할은 지구가 합니다. 낮과 밤, 계절도 지구(땅)가 만듭니다. 태양은 빛으로 에너지를 내지만, 그 에너지를 생명 에너지와 경제적 에너지로 바꾸어 주는 것은 땅이 합니다. 물론 이런 역할은 태양과 지구가 공동으로 한다고 해야 더 정확합니다. 그래서 성경은 양력보다 음력, 양력과 음력을 동시에 쓰는 태음태양력을 쓰게 하신 것입니다. 창조의 순서도 태양보다는 태양의 근원이 되는 빛을 먼저 창조하셨습니다(창 1:3, 14).

다섯째, 고대에 서양 사람들은 태양 숭배가 많았으나 우리 겨레는 태양을 숭배한 적이 거의 없는 것으로 보입니다. 간혹 단군신화에 나오는 '환(桓)' 이나 '단(檀)' 은 '밝음' 을 의미하므로 이를 태양신 숭배로 해석을 하는 사람이 있지만 그것은 오해입니다. 왜냐하면 우리 겨레는 하늘에 제사를 올리는 민족으로 하늘이 밝고 넓게 보이는 장소(산정이나 높은 언덕)를 찾았다는 뜻이지 그것이 태양신 숭배와는 아무런 관련이 없기 때문입니다.

우리는 최근에 매년 양력설이 되면 동해로 해맞이를 가는 새로운 관습이 생겼습니다. 동해로 가는 길목은 차가 막히고, 바닷가는 해맞이 손님으로 북새통을 이룹니다. 그렇게 힘들게 동해로 가서는 떠오르는 해를 보고, 절을 하며, 소원을 빕니다. 먼 길에 차를 타고 오가면서 잠도 제대로 못자고 피곤에 지쳐서 돌아옵니다. 그러나 우리의 고유문화는 이러한 해맞이가 아니라 달맞이입니다. 음력 정월 대보름과 한가위 보름날 달맞이 행사가 그것입니다. 대보름날 쥐불놀이와 달불 지피기, 신라시대부터 전해오는 한가위 길쌈대회와 놀이의 절정인 강강술래가 모두 달이 밝은 보름날 밤의 축제입니다. 이런 행사는 그 지역의 마을과 지역사회의 주민들이 모두 자리를 같이하여 함께 즐기고 협동을 다짐하는 축제이었습니다. 지금의 해맞이처럼 가족이나 마음 맞는 친구들끼리만 조를 만들어 가고 싶은 곳을 후딱 갖다오는 것이 아닙니다. 지금의 해맞이는 사적인 행사이고, 레저에 그칩니다. 그러나 달맞이는 공동체의 생활 방식 그대로 궁중 또는 마을 주민 전체가 한 자리를 하여 회식과 놀이 등으로 함께 즐겼습니다.

본문과 같이 성경은 여호와께서 달로 절기(season)를 정하시고, 해는 그 지는 것을 알도록 하셨습니다. 해는 생명체의 생존과 생활에 매우 중요한 천체이긴 하지만, 사람은 그 해를 절대시하거나 숭배하지 말아야 합니다. 성경적으로 볼 때 해를 숭상하던 고대의 이집트, 중세의 로마, 그리고 지금의 일본은 분명한 한계를 가집니다. 불 같이 일어나지만, 곧 시들어버린다는 것입니다. 우리의 절기 행사가 교통 혼잡과 피곤에 지치는 해맞이 문화가 아니라 하나님이 제정하시고, 성경이 말하는 우리의 달맞이 축제가 전통문화로 회복되기를 기원합니다. 물론 여기서 말하는 달맞이란 달을 보고 절하며 소원을 비는 우상숭배를 말하는 것이 아니고, 성경의 3대 절기인 유월절, 부활절, 칠칠절, 초막절 등 음력 중심의 절기를 지키며, 생활을 하자는 뜻입니다. 날짜도 성경의 초막절이 한국은 한가위로 같은 날입니다. 성경의 부림절도 우리의 정월 대보름날 입니다. 이는 우리가 성경이 말하는 음력 절기를 지킬 수 있도록 하나님이 이미 날짜까지 준비를 하고 계신 것으로 보입니다.

성경달력, 유대음력, 한국음력

88년 올림픽이 열리고 있을 때 우리는 한가위 명절을 맞았습니다. 그런데 올림픽에 참석한 이스라엘 선수들도 이날은 그들의 명절이라고 하면서 한국에서 명절을 지켰습니다. 그래서 화제가 되었지요. 우리의 한가위가 바로 성경이 말하는 초막절이기 때문입니다. 그런데 이것은 우리가 성경의 달력을 제대로 알고 있었으면, 그리고 교회가 성경의 달력과 우리 음력에 대하여 조금만 관심이 있었다면 이미 알고 있었어야 할 날짜입니다. 그러나 기독인들마저도 이러한 사실을 거의 모르고 있었는데 이게 더 놀랍고 이상합니다.

그리고 성경이 말하는 창조질서와 시공간을 제대로 이해하려면 먼저 성경의 달력을 바로 아는 것이 좋습니다. 성경의 달력은 레위기 23장에 구체적으로 나옵니다. 앞에서 말한 바와 같이 성경의 달력은 음력입니다. 유대달력도 성경을 근거로 달력을 제정하여 음력입니다. 우리가 옛날부터 쓰던 달력은 음력입니다. 그러나 더 정확하게 말하면 순수 음력이 아닌 태음태양력입니다. 태음태양력이란 시간을 달의 운동에 중심을 두고, 해의 운동을 감안하여 상호 조정을 해 가는 방법입니다. 따라서 성경달력, 유대달력, 한국달력은 다 같은 태음태양력으로 근본에서 같습니다. 그러나 유대음력과 한국음력은 날짜의 기준이나 적용 방식 등의 차이로 실제는 약간의 차이가 있습니다.

첫째, 성경음력과 유대음력은 우리 음력보다 표기상 한 달이 늦습니다. 우리 음력 2월이 성경음력의 1월입니다. 성경은 만물이 약동하는 봄에 달력이 시작됩니다. 1월은 이스라엘 민족을 이집트에서 해방 시킨 때입니다.

둘째, 날짜의 표기도 성경음력과 유대음력은 우리보다 하루가 늦습니다. 우리 음력 2일이 성경은 초하루가 됩니다. 그것은 달의 첫날인 초하루의 기산점이 다르기 때문이지요. 우리의 음력은 초하루에 달을 볼 수가 없습니다. 천문학적으로는 새 달이 되었지만, 그 달이 아직 사람의 육안으로 보이지는 않습니다. 그러나 성경과 유대달력은 달이 실제로 뜨는 날을 초하루로 정했습니다. 그래서 날짜 표기가 하루 차이로 다릅니다. 그런데 성경은 해가 지는 저녁부터 하루가 시작하므로 실제 날짜는 일몰(해질 때)을 저녁 6시로 보면, 유대와 한국은 18시간 정도 차이가 납니다.

셋째, 가장 두드러진 차이로 윤달의 적용 방식이 다릅니다. 그래서 우리는 얼핏 보면 우리 음력과 유대달력이 많이 다른 것처럼 보입니다. 성경은 윤달 처리를 어떻게 하라는 말이 없습니다. 우리는 윤달 처리를 24 절기에 맞추어 조정하는 장법(章法=置閏法)에 따릅니다.[4] 그러나 유대달력은 윤달을 마지막 달인 12월의 다음 달에 둡니다. 마지막 달 12월은 아달월인데 윤달은 제2아달월이라고 하여 한 달을 더 둡니다. 우리 음력의 윤달은 5월에도 있고, 6월에도 있어서 사람들이 알기 어렵지만, 유대의 윤달은 그 해의 마지막에 달을 하나 더 두는 것이므로 이 점에서 우리보다 쉽다고 할 수 있습니다. 그러나 창조질서인 계절에 더 부합하는 것은 우리 음력입니다. 장법은 윤달을 계절(24 절기)에 맞추어 조정을 하기 때문이지요. 따라서 두 달력은 서로 장단점이 있습니다.

넷째, 유대달력의 실제 적용은 성경의 절기를 그들의 구미에 맞도록 하기 위하여 날짜를 인위적으로 조정합니다. 큰 달은 30일, 작은 달은 29일이 원칙이지만, 유대인들은 그들의 가장 큰 절기인 속죄일 날짜에 맞추어 조정을 해 버립니다. 평년을 두고 하루를 가감하는 연장년과 단축년이 있습니다. 예를 들어서 속죄일이 7월 10일인데 이날이 이방 종교

4) 태음태양력은 매년 11일(10.88일) 차이가 있고, 이를 조정하기 위하여 1년을 24기(氣)를 정하고, 이것을 12절기(節氣)와 12중기(中氣)로 나눠서 배당한다. 여기에서 정월절은 정월의 절기이고, 정월중은 정월의 중기이다. 중기는 그 소속 달의 이름과 일치되는 음력 달을 가리킨다. 예를 들면 하지 5월중이란 하지가 5월에 들어 있어야 한다는 뜻이다. 그러나 망종(芒種) 5월절은 망종이 반드시 5월에 들지 않아도 된다. 망종 5월절은 대개 음력 4월 중순 이후부터 5월 중순에 들게 된다. 만일 하지 중기가 5월 말에 들고 그 다음 달에 중기가 들지 않으면 이 달은 윤5월로 한다. 이렇게 중기가 들지 못하는 달을 윤달로 정하는 방법을 무중치윤법(無中置閏法)이라고 한다. 무중치윤법에 따르면 1년 중 어느 달이나 윤달을 들 수 있다.

의 절기인 부활절, 금요일, 주일 등이 겹쳐지는 것을 피하기 위하여 큰 달과 작은 달을 인위적으로 조정합니다. 그래서 민간력으로 2월(한국은 9월)과 3월은 큰 달과 작은 달로 하여 날짜를 조정합니다. 이것은 종교적 구별의 의미는 있지만, 창조질서인 자연달력을 사람의 구미에 따라 바꾸는 것입니다. 여기에 윤달 차이와 들쭉날쭉한 날짜는 우리가 보기에 계산도 복잡하고 어렵습니다.

다섯째, 지중해성 기후로 인하여 실제 추수는 유대가 우리보다 빠릅니다. 성경상 보리 추수의 시작 절기인 부활절과 초실절은 춘분을 중심으로 하는데 이때는 우리보다는 약 한 달 정도 빠릅니다.

유대음력은 종교적 배타성이

유대음력과 한국음력은 이러한 차이들이 있지만, 근본에서는 같습니다. 그러므로 성경달력과 한국음력은 같은 음력으로 하나이며, 다만 표기상 한 달 하루가 다르다는 정도만 알면 됩니다. 유월절 1월 14일은 우리 음력으로 2월 15일, 같은 보름날이며, 초막절 7월 15일을 우리 음력 8월 16일로 역시 같은 음력 보름 절기입니다. 3년마다 돌아오는 윤달과 신년 계산이 서로 달라서 잘 맞지는 않지만, 크게 보면 달과 해의 운동을 기준으로 하는 두 달력은 항상 같이 가고 있는 것입니다.

그러나 한 가지 짚고 넘어 갈 것은 유대음력이 순수한 성경달력이 아니라는 점입니다. 유대가 유월절 명절을 부활절이나 이방 종교의 명절과 겹치는 것을 피하기 위하여 날짜를 임의로 변경한 것은 잘못이라 하겠습니다. 초승달이 뜨는 날을 초하루, 14일을 보름날로 기준을 정하고도 그들은 명절의 중복을 피하기 위하여 초하루를 조정하는 것은 성경과 부합하지 않기 때문입니다. 이것은 성경이 말하는 순수한 시간 흐름의 범위를 벗어난 계산법이라고 할 것입니다.

유대인들은 예수님의 부활을 기념하는 부활절을 기피하고, 유월절 중심의 종교에 너무 집착하기 때문에 오히려 하나님이 성경을 통하여 정해 준 순수한 유월절(1월 14일)과 초막절(7월 15일)의 날짜가 실제와 다르게 됩니다. 이것은 유대주의이며, 엄밀히 말하면 창조질서에 반합니다. 유대인이 가진 선민사상, 그들의 아집과 배타성은 과학적 산물이요 중립적이어야 할 달력에서까지 나타나는 것입니다. 이는 이슬람 종교가 그들의 종교적 편견 때문에 순수 음력만 고집하는 것과 비슷합니다. 그래서 제가 성경달력과 유대달력은 동일시하기보다 구분하여 말하고 있습니다.

계절 없는 이슬람 음력

성경달력과 우리의 음력은 같은 음력이지만, 이슬람권이 쓰는 이슬람 음력[5]과는 많이 다릅니다. 이슬람 음력은 순수 음력으로 윤달이 없습니다. 이슬람 음력은 해와 달의 주기를 조정해 주는 윤달 제도가 없기 때문에 태양력과 1년에 11일 정도 오차가 생깁니다. 그래서 그들의 명절인 라마단은 여름에도 오고 겨울에도 옵니다. 그들의 명절은 계절과 무관하며, 달의 움직임만을 중시합니다. 이슬람 음력은 날짜에서 달의 움직임만 고려하고, 해와 지구의 전체 움직임은 무시하고 있지요. 그들의 명절은 계절, 기후, 그리고 농사철, 수확기, 농한기와 같은 경제적 질서와 아무런 관련이 없습니다.

---

5) 모슬렘 달력(Muslim Calendar)은 622년 7월 16일(마호메트가 베다니를 향해 메카를 떠난 날), 금요일 달이 떠는 날을 기점으로 잡았다.

그래서 실제 생활과 맞지 않고, 계절과도 맞지 않아서 지키기가 불편합니다. 이슬람의 달력은 창조의 질서인 계절이 없습니다.

이슬람은 이 문제를 두고, 그들은 신에 대한 복종은 계절에 관계없이 하라고 하여 명절을 이렇게 지킨다고 말하고 있지만, 창조질서와 천연 법칙을 따르지 않은 것이 과연 신의 참뜻이었을까 하는 의문이 있습니다. 또한 지금 세계 선진국들이 쓰는 순수 양력은 해의 움직임만을 따라 달력을 만들었습니다. 주로 오랫동안 태양신을 섬겼던 나라들이 사용해 오던 달력입니다.[6] 이 양력은 달의 움직임이 무시되기 때문에 달의 운동을 관측하는 밀물과 썰물, 조수 간만의 차이를 날짜만으로 알기가 어렵습니다. 바다 생물들은 달의 움직임을 따라 활동하는 경우가 많습니다.[7] 이슬람 달력은 조수를 이용하여 활동하는 어부의 생활과 달밤을 이용하는 종교적 축제의 시간도 서로 맞지를 않아 큰 혼란을 줍니다.

이에 비하여 성경달력과 우리 음력은 음력을 쓰되 계절에 맞는 양력을 감안합니다. 해와 달의 움직임을 종합적으로 관찰하여 날짜를 정합니다. 그러므로 태양태음력은 창조질서에 맞게 해와 달, 낮과 밤, 자연과 인간이 함께 공존하며, 조화를 이루는 달력이라 할 수 있습니다. 성경과 우리 음력(태음태양력)은 이 점에서 우수합니다.

성경의 날짜 소개와 주석은 우리 음력을 표기해야

아무튼 성경달력은 우리 음력과 근본이 같습니다. 그런데도 우리가

---

6) 태양신을 섬기는 국가는 고대에 이집트, 중세에 로마, 현대는 일본 등이다. 양력만 쓰는 문화는 약소국을 침략하거나 지배하는 제국주의적 성격을 지녀 왔다.

7) 거북, 게 등은 달의 움직임을 따라 바다와 육지로 이동하며, 해양 동물은 달의 운동, 곧 조수의 운동을 따라 산란 일자를 조절한다.

들고 다니는 성경에는 우리 음력의 소개가 없습니다. 그 대신 유월절은 양력으로 3, 4월경, 초막절은 양력으로 9, 10월경이라고 적혀 있습니다. 우리는 음력에 친숙해 있기 때문에 유월절은 우리 음력 2월 15일 보름날이며, 초막절은 우리 추석 명절인 8월 보름날이라 하면 얼마나 쉽고, 듣기에 좋겠습니까? 또 부활절은 우리 음력인데 "춘분 후 첫 보름 주일"이라고 하면 쉽게 이해할 것인데 "춘분 후 만월(滿月)이 지난 첫 주일"이라는 어려운 말을 씁니다. 우리가 날짜나 시기, 그리고 계절까지 감을 잡을 수 있는 달력을 두고 교회는 왜 음력과 보름이라는 우리 것을 모르고 있습니까? 보름을 만월이라고 하면서 말입니다.

교회는 출애굽 이야기를 하면서 음력(달)으로 시작하는 출애굽기 12장 1절과 2절은 제대로 전하지 않습니다. 그리고 3절의 양을 잡는 이야기는 양을 예수님으로 바꾸어 전하고 지나칩니다. 그러니 성경을 들고 30년, 40년을 교회에 다녀도 계절적으로 이때가 언제이고, 무엇을 하는 시기인지를 모릅니다. 부활절은 음력 정월 보름에 있고, 봄이며, 보리 추수를 시작하는 시기라는 것 말입니다.

아직 우리는 발행한 성경의 해석이나 주석에서 날짜와 관련된 내용이 우리 음력과 보름이라는 소개는 한 마디(?)도 보지 못했습니다. 성경의 부활절과 우리가 실제로 지키는 부활절은 분명히 음력 기준인데 왜 우리가 음력은 쓰지 않고, 대신 서양 사람이 쓰는 양력만을 쓰고 있나 말입니다. 그만큼 우리의 성경 이해는 서양 사람이 전해 준 것만 알아왔다고 할 것입니다. 대천덕 신부님은 한국교회가 지난 200년간 아무도 이 사실을 몰랐다고 합니다.

그런데 지금 우리가 쓰는 양력은 어떻습니까? 이 달력은 로마의 황제들이 만든 것입니다. 우리는 양력 9월의 이름을 영어로 "September"라고 씁니다. 그런데 "September"는 원래 7이라는 뜻입니다. 또 10월을 "October" 라고 하는데 "October"는 8이며, 8월입니다. 또 7월과 8월은 두 달이 모두 31일이며, 그 대신 2월은 28일 밖에 되지 않습니다. 지금 우리가 쓰는 서양달력은 숫자' 7' 을 쓰고 '9' 라고 읽으며, '8' 을 쓰고 '10' 으로 알고 있습니다. 이렇게 된 이유는 황제들이 이미 있는 달력에 자기 이름을 강제로 집어넣다보니 생긴 난센스입니다. 쥴리어스 시저(마 22:17)가 7월을 밀어내고, 7월을 자기 이름으로 바꾸어버렸습니다. 그래서 양력 7월은 시저의 이름 'July' 입니다. 그리고 뒤를 이은 아우구스도 황제(눅 2:1)도 8월은 자기 이름을 넣습니다. 그래서 8월의 이름이 'August' 입니다. 자기를 크게 나타내기 위하여 30일인 8월의 날짜도 31일로 하여 큰 달로 고쳤습니다. 그러니 2월은 28일로 쭈그러들 수밖에 없지요. 그 외에 한 해의 첫 달인 1월은 두 얼굴을 가진 신 야누스의 이름 "January" 이며, 2월도 이방신의 이름 "February" 입니다.

특히 지금의 서양 달력은 시작 시점이 창조질서에 비해 어색합니다. 양력은 이게 가장 큰 오류입니다. 성경이 말하는 창조질서에서 한 해의 시작은 만물이 약동하는 봄입니다. 성경달력은 봄의 시작을 1월로 합니다. 그러나 서양 달력은 1월이 한 겨울에 시작됩니다. 계절이 시작되는 봄이 오면 달력은 3월이 되어 버립니다. 이게 천연 계절과 달라서 매우 어색한 것입니다. 그러나 우리는 모두가 오래도록 그렇게 쓰다 보니 습관이 되어 버려서 잘못을 모르고 있습니다.

이와 같이 우리가 쓰고 있는 서양력(로마달력)은 왕들과 잡신들의 이름과 권세가 득세를 하고 있는 달력이고, 창조질서인 계절과도 맞지를 않으며, 달의 크기, 숫자, 이름까지 뒤틀려 버린 기형적 달력입니다. 아마도 하나님은' 7' 을 써놓고' 9' 로 읽고 있는 달력을 보시면, 코메디를 하고 있다고 웃으실 것 같습니다. 그러면서 "내가 가르쳐 준 달력은 너무 모르고 있네"라고도 하시겠지요.

그러므로 우리는 성경이 가르쳐 주고 있는 우리의 음력을 두고도 굳이 서양 사람이 해석하여 놓은 어려운 서양 달력에 맞추어 성경의 날짜를 적고 이해하려고 합니다. 그러니 기독인들은 헷갈리게 되고, 성경의 날짜는 아예 모르는 부분이 되어 버린 것입니다. 이것은 한국교회가 하루 빨리 고쳐야 할 부분입니다. 성경달력, 유대음력, 한국음력, 그리고 양력을 비교하면 다음과 같습니다.

성경달력, 유대음력, 한국음력

성경달력	유대음력 (민간력)	한국음력	양력	바벨론식 명칭	가나안식 명칭
제 1 월	제 7 월	2월	3 ~ 4 월	니 산 월	아 빕 월
제 2 월	제 8 월	3월	4 ~ 5 월	이야르월	시 브 월
제 3 월	제 9 월	4월	5 ~ 6 월	시 완 월	
제 4 월	제10월	5월	6 ~ 7 월	담무스월	
제 5 월	제11월	6월	7 ~ 8 월	압 월	
제 6 월	제12월	7월	8 ~ 9 월	엘 룰 월	
제 7 월	제 1 월	8월	9 ~10월	티쉬리월	에다님월
제 8 월	제 2 월	9월	10~11월	헤스완월	불 월
제 9 월	제 3 월	10월	11~12월	기슬르월	
제10월	제 4 월	11월	12~ 1 월	데 벳 월	
제11월	제 5 월	12월	1 ~ 2 월	스 밧 월	
제12월	제 6 월	1월	2 ~3월	아 달 월	

1. 성경달력, 유대음력, 한국음력은 윤달 산정과 큰 달 작은 달 지정에서 약간 다르지만, 달과 해의 움직임을 따른 태음태양력이란 점에서 같다.
2. 유대음력은 연도를 정상년, 단축년(29일 두 달 반복), 연장년(30일 두 달 반복)으로 나누어 3대 절기를 인위적으로 조정한다.
3. 이슬람 달력은 순수 음력만 고집하여 농사철이나 추수의 계절과는 아무런 관련이 없고, 창조질서에 맞지 않기 때문에 비과학적이고, 비현실적이다.

5. 성경은 설날도 들어 있습니다.

현재 우리가 알고 있는 설에 대한 최초의 기록은 중국에 있습니다. 중국의 역사서 《수서(隋書)》와 《구당서(舊唐書)》에는 신라인들이 원일의 아침에 서로 하례하고, 왕이 잔치를 베풀어 군신을 모아 연회를 가졌다는 기록이 있습니다. 또한 3세기에 나온 중국의 사서 《삼국지》〈위지(魏志) 동이전(東夷傳)〉에서도 제천의례에 대한 기록에서 설의 근거를 찾아볼 수 있습니다. 이날은 왕이 잔치를 베풀고, 군신이 모였으므로 설은 예로부터 국가 단위의 명절이라고 하겠습니다.

이와 같이 설날은 우리 겨레의 고유한 명절인데 아직 그 유래와 어원을 모르고 있으니 기이합니다. 한가위는 신라시대에 시작한 고유 명절이지만, 설날은 이보다 더 오래된 명절입니다. 삼국시대에 생긴 명절이라면 한가위처럼 기록이 있을 것인데 그렇지 않는 것을 보아 설날은 한가위보다 더 오래된 명절이 분명합니다. 오늘날 설날의 기원에 대하여 일반적인 견해는 대체로 '설:다(낯설다)', '개시(開始)하다(서다)', '섧다(조심하다, 愼日)'에서 찾고 있습니다.

설날의 첫 기록은 노아의 방주에서

설날은 해가 바뀌어 새해가 시작되는 날입니다. 그런데 성경에서 해가 바뀐 첫날은 노아의 달력이라고 할 수 있는 '방주달력'에서 제일 먼저 나옵니다.

> 육백 일년 첫째 달 곧 그 달 초하룻날에 땅 위에 물이 걷힌지라 노아가 방주 뚜껑을 제치고 본즉 지면에 물이 걷혔더라(창 8:13)

노아의 홍수 사건에는 비가 시작되어 홍수가 범람하고, 범람한 물이 다시 걷히어 방주에서 땅으로 나오는 과정까지 하나의 일지처럼 상세하게 기록되어 있습니다. 그런데 이 기록에서 노아가 방주의 뚜껑을 제치고(덮개를 치우고) 땅에 물이 걷혔음을 확인한 날이 설날입니다. 이때는 노아가 601세 되던 해 1월 1일입니다. 노아가 601년 되는 해 첫날, 처음으로 방주의 덮개를 치우고, 물이 걷힌 땅을 처음 바라보았으므로 그 느낌은 특별했을 것입니다.

그래서 성경은 이날을 처음의 뜻인 '에하드(first)' 와 '리숀(正月)' 이라는 단어가 세 번이나 나옵니다. 영어로는 "in the (six hundredth and) **first year**, in the **first month**, the **first day**" 입니다. 노아가 601년째 해, 첫달(正月), 첫날이 왔다는 뜻입니다. 영어에는 정월(正月)에 해당하는 용어가 없어서 1월(first month)로만 번역을 했지만, 성경에서 1월은 우두머리를 나타내는 '리숀' 이라고 하여 우리의 '정월' 과 같은 뜻을 가진 용어를 사용하고 있습니다.[8)]

첫째, 방주에서 해가 바뀌어 새해를 맞았습니다. 노아에게 해가 바뀐 1월 1일은 다음과 같이 특별한 의미를 가집니다.

① 이날은 해가 바뀌어 나이를 한 살 더 먹었습니다. 해도 바뀌었지만, 나이가 600세를 마치고, 601세가 된 때이므로 이날은 더 기억에 남습니다. 노아가 생애의 한 세기(100년) 또는 여섯 세기(600년)를 다 마치고, 다시 새로운 한 세기(700년대 세기)를 향하여 출발하고 있기 때문입니다. 성경이 1월 1일을 처음 강조하고 있는 것으로 보아 이날은 실제로 노아의 생일일지도 모르겠습니다.

---

8) 성경에서 1월은 '리숀(정월)', '니산월(바벨론식, 뜻을 모름)', '아빕월(가나안식, 이삭 또는 새싹)' 로 부르며, 민간력으로 새해인 7월 1일은 '로쉬 하산나' 로 부르고 있다.

② 땅에 물이 걷힌 날, 1년간 지속된 홍수가 드디어 막을 내린 날입니다. 단순하게 해가 바뀐 정도가 아니고, 물이 걷힌 새해, 첫날입니다. 그동안 홍수로 무섭고, 지겹고, 힘겨웠던 물 심판의 한 해가 이제 끝이 났습니다. 그래서 본문은 "덮개를 치우고 보니(looked), 보라!(behold!) 물이 걷혔다"라는 표현을 쓰고 있습니다.

③ 죄로 인해 하나님이 홍수로 세상을 저주하고 심판하던 시대가 끝이 나고 미래를 기약하는 새해의 첫날입니다. 노아는 이날을 위하여 장장 100~120년간을 기다렸습니다. 방주를 짓고, 배 안에 사람과 온갖 짐승들이 다 먹을 양식을 준비하고, 들판에 있는 짐승들을 모두 배로 불러들이는 과정이 힘들었던 세월입니다. 특히 주위 사람들의 비웃음과 외면이 고통스러웠습니다. 그러나 이제 그 대단원의 막을 내리고 있습니다. 그래서 이날은 물이 걷힌 땅을 보면서 지나간 600년의 시대를 마감하고, 하나님이 주시는 새 땅에 발을 딛고 살아갈 마음의 준비와 각오를 새롭게 한 날입니다.

④ 출발의 계절, 봄이 시작되는 때입니다.

⑤ 방주에서 나와 새 삶을 살기 위한 설계와 준비를 하는 날입니다.

그러므로 노아에게 600세와 601세가 된 이날은 전혀 다른 의미의 해입니다. 600세까지는 방주를 만들고, 방주 안에서 하나님의 구원만을 기대했던 과거의 해입니다. 그러나 601세는 하나님께 구원을 받은 사람이 세상으로 나아가 복을 누리며 살 수 있는 미래의 해이기 때문입니다. 과거와 미래가 완전히 교차되고 있는 시기입니다. 그래서 노아는 601세 1월 1일 새해가 되자마자 땅을 먼저 바라보고, 물이 걷힌 것을 직감하면서 일어나서 힘차게 방주의 덮개를 열어서 치워 버렸습니다(원문은 방주의 덮개를 치워 버렸다는 뜻). 이처럼 601세가 되던 1월 1일은 노아에게 새로운 감격과 기쁨을 준 새해 첫날입니다. 노아에게 601년 1월 1일은 이렇게 새로운 시작을 알리는 설날이었습니다. 그러므로 설날은 노아가 방주에서 구원을 받은 날로 사실상의 생일입니다.

둘째, 그런데 땅을 보니 아직은 낯설기만 합니다. 땅에 물이 걷혔으므로 새 세상이 열리기는 했지만, 처음 본 새 땅은 낯설고 두렵습니다. 특히 땅과 하늘, 그리고 바깥 세상이 홍수와 지각 변동으로 홍수 이전과는 많이 달라져 있었습니다. 땅의 모습도 600년과 601년이 너무 달라서 낯이 설고 두려운 것입니다.

셋째, 새 땅은 조심을 해야 합니다. 물이 걷히기는 했지만, 아직은 땅이 진흙 상태로 사람이 발을 딛기가 어렵습니다. 노아 할아버지는 지겨운 방주에서 곧장 나가고 싶지만, 3주 전부터 땅의 상태를 알아보는 실험부터 해왔습니다.

먼저 까마귀를 내어 보냈더니 까마귀는 물이 마를 때까지 방주를 들락날락(나가서 돌아오고)[9] 했습니다(창 8:7). 다시 비둘기를 날려 보냅니다. 비둘기도 처음에는 돌아오므로 다시 보내었더니 올리브나무의 잎을 물어 왔고, 그 다음에는 방주로 돌아오지 않았습니다. 노아는 땅에 물이 감하여 식물이 자라고 있음을 확인했습니다(창 8:11). 그런데 날아다닐 수 있고 나무 가지나 바위에 자리를 틀 수 있는 새들은 방주를 떠날 수 있겠으나 맨 땅에서 발을 딛고 살아야 할 사람과 짐승들은 아직 진흙탕에 빠질 수 있어서 위험합니다.

---

9) 까마귀에 대한 일반 번역은 "날아 왕래(往來)했다"라고 하여 까마귀가 썩은 시체를 좋아하여 은혜도 모르고 방주를 떠나버린 새로 해석하고 있으나 원문은 '나가다(야짜, go out)'와 '돌아오다(슈브, return)'를 반복했다고 되어 있다.

또한 짐승들이 먹을 풀이 아직 자라지 않은 상태이므로 지금 나가면 먹이를 감당할 수 없습니다. 그래서 노아 가족들은 방주 밖으로 나가는 것을 삼가하고, 조심을 하면서 땅이 굳어지고, 풀이 자라도록 57일간을 배에서 더 기다립니다. 방주는 버리고 떠나야 하니 방주에 있는 살림살이 도구와 짐도 꾸리면서 말입니다.

이렇게 노아에게 601년 1월 1일은 큰 의미를 가집니다. 물이 걷혔으므로 홍수 심판이라는 과거를 벗고, 새 땅을 향하여 출발을 한 날입니다. 노아에게 1월 1일은 제2의 생일과도 같습니다. 한편, 이날은 아직 새 땅이 낯설고, 위험합니다. 그래서 당장 발을 딛기에는 조심을 해야 하는 때입니다. 그러므로 노아에게 이날은 지금 우리가 설날의 유래로 보는 '시작(開始)', '낯설음', '섧음(愼日, 삼가하는 날)'의 뜻이 모두 들어있습니다. 이런 뜻에서 노아와 가족들, 혹은 그 후손들은 해가 바뀌는 1월 1일을 '설날'이라고 불렀을 수도 있겠습니다.

또한 계절로 보더라도 성경의 1월 1일은 지금 양력으로 3월, 4월경이므로 잎이 피는 봄이었습니다. 앞에서 살펴본 바와 같이 성경달력은 만물이 약동하는 봄에 시작을 합니다. 비둘기가 노아에게 물어온 올리브 잎사귀는(창 8:11) 새 땅이 생명의 봄소식을 알리는 새싹이었습니다. 그러나 노아는 방주 안에서 두 달을 더 기다려 2월 27일에 가서야 비로소 방주에서 나옵니다. 짐승들의 먹이인 식물이 충분히 자라는 때를 맞추었기 때문입니다. 이때가 지금의 양력으로 5월경입니다.

성경에서 새해는 이렇게 우리가 설날의 유래로 보는 시작, 낯설음, 조심함, 새봄 등의 의미를 다 담고 있습니다. 이런 것이 우연의 일치라고 한다면, 그 말이 더 어색합니다. 또한 성경이 1년 365일 중 우리의 음력 설날에 맞추어 새해로 정했다는 것도 의미가 있지요. 그것도 홍수에서 구원을 받은 노아의 달력(홍수일지)에 설날에 대한 첫 기록이 있으니 큰 의미를 부여할 수 있습니다. 이날은 그 외에도 이스라엘 백성들이 성막을 완공한 날(출 40:2), 바벨론에 잡혀 간 포로들이 귀환을 시작한 날(스 7:9), 선지자 에스겔이 미래의 역사를 미리 보고(겔 29:17), 성소를 청결하게 한 날(겔 45:18)이기도 합니다.

그런데 1월 1일, 새해 첫날을 명절로 지키는 나라는 한국과 중국, 중화권 국가들(베트남, 싱가포르, 말레이시아, 인도)입니다. 중국은 이날을 봄의 이름을 따서 춘절(春節)이라고 하는데 실제 계절은 성경과 다른 겨울입니다. 이스라엘은 1월 14일부터 있는 유월절 중심의 3대 명절을 지키고, 설(**ראש השנה**, 로쉬 하산나)은 7월 1일(나팔절)로 보기 때문에 1월 1일은 명절이 아닙니다. 이슬람도 음력을 중시하지만 새해 첫날의 명절은 없습니다. 그러므로 성경의 설날, 1월 1일은 한국과 중화권 국가들이 지키고 있는 고유 명절입니다.

소설, 보름의 어원(성경의 부림절과 한국의 대보름은 같은 날)

성경은 부림절이 있는데 이날은 우리의 정월 대보름과 같은 날입니다. 그리고 성경의 부림절과 한국의 보름날은 비슷한 점이 있어서 아직 어원을 모르는 '보름'의 어원 찾기에도 도움이 될까하여 소개를 해 봅니다.

> 아하수에로왕 십이년 1월 곧 니산월에 사람들이 하만 앞에서 날에 날, 달에서 달로 풀, 곧 제비를 뽑으니 열두달째, 곧 아달월이더라 … 그리하여 그들이 풀의 이름을 따서 이 날들을 푸림이라고 하니라(킹 제임스 성경, 에스더 3:7, 9:26,27)

부림절(푸림절) 제비뽑기라는 말은 '부르(풀)' 에서 유래되지만, 아직 '부르(푸르)' 의 어원을 모릅니다. 아각 사람 하만(삼상 15:8,32)은 B.C. 465년경 페르시아(바사)왕 아하수에르(크세르크세스)의 수석장관이었고, 유대인과는 적대 관계에 있는 불구대천의 원수였습니다. 하만은 유대인들을 말살하기 위해 "부르"를 통해 날을 뽑았는데 그 날이 아달월 12월 13일입니다. 그러나 왕후 에스더와 모르드개의 헌신적 노력과 지혜로 그날이 오히려 유대인들이 하만의 일당을 교수대에 매달리게 했던 사실을 기념하면서부터 부림절이 생겼습니다. 그러므로 유대 달력으로 마지막 달인 아달월 14, 15일에 기념하는 절기가 부림절입니다. 이때가 바로 한국의 정월 대보름날입니다.

이와 같이 성경의 부림절과 한국의 보름날은 아직 어원을 모르고 있습니다. 성경의 부림(푸림)의 단수는 풀이며, 제비뽑기에 사용한 단어입니다. 그러나 제비뽑기에 해당하는 히브리어는 '고랄(goral)' 이며, '풀' 은 외래어입니다. 또 제비를 뽑아 분배받은 기업을 '헬카' 라고 하고, 영어로는 'lot' 입니다. '헬카' 는 몫(또는 분깃) 이라는 뜻과 제비뽑기라는 뜻이 다 들어 있습니다. 이 lot에서 오늘날 '로또 복권' 이 나왔지요. 그런데 부림(푸림)은 우리가 아직 어원을 모르고 있어서 여러 가지 설이 있습니다.

한편, 우리도 보름달이 뜨는 보름날에 대하여 어원을 모르고 있습니다. 보름은 정월 대보름날 먹는 호두나 밤을 먹는 풍습을 따라 '부럼', '부스럼 깨기' 에서 찾거나 아니면 '보다', '밝다' '붉은', '불' 또는 '부풀다', '불어나다', '불룩(볼록)하다' 등에서 찾고 있으나 대부분 어색합니다. 다만 삼국시대 이후에도 보름날에 대한 특별한 기록이 없는데 그 이전부터 써 온 말로 보고 있습니다. 제가 성경의 부림절과 한국의 보름날을 연관시켜 보는 것은 다음과 같은 이유에서입니다.

첫째, '부림(푸림)' 과 '보름' 은 소리가 비슷합니다. 그러면서 두 단어는 모두 어원을 모릅니다.

둘째, 보름은 한국달력으로 매달 15일이고, 부림절 14일과 15일 역시 보름날 명절입니다(유대달력은 한국달력보다 한 달 하루가 늦음).

셋째, 제비뽑기라는 뜻에서 그 유사성을 찾아볼 수가 있습니다. 제비란 한자 '제(第)' 와 우리말 '비' 의 합성어입니다(제비=第+비). 그런데 여기서 '제(第)' 와 비는 다 같이 '풀(草)' 을 의미합니다. 더 정확하게는 이 풀이 봄날 아이들이 논둑이나 들판에서 뽑아서 먹기도 했던 '삘기' 또는 '띠' 를 말합니다. 이 풀을 경상도에서는 '삡비(삐)' 라고 하며, '비(삘기)를 뽑는다' 는 뜻을 가진 '뽑비' 입니다. 그러므로 제비는 어떤 순서나 날짜, 직분자 등을 정할 때 "비를 뽑아서 정한다" 는 뜻입니다.

그런데 보름날은 본래 정확하지 않습니다. 한 달의 초하루는 달이 뜨는 날로 하기 때문에 식별이 쉬우나 보름날은 육안으로 만월이 되는 날을 식별하기가 쉽지 않습니다. 지금도 천문학적 실제 보름날과 달력의 보름날은 다릅니다. 달력상의 보름은 15일로 일정하지만, 천문학적 보름날은 14일, 15일, 16일 중에 있고, 간혹 13일과 17일에도 있게 됩니다. 그래서 달력이 없던 시대에 보름날은 14, 15, 16일 중에 제비를 뽑아서 정한 것으로 보입니다. 성경에서 유월절과 초막절은 보름날 축제이며, 우리 겨레도 달이 밝은 보름날을 택하여 축제를 하고, 의미 있는 행사를 했을 것입니다. 우리나라 상고시대의 제천의식, 곧 부여의 영고(迎鼓), 예맥의 무천(舞天) 등의 행사에는 하나님께 제사를 지내고, 노래와 춤을 추며 밤에도 즐겼다고 하는데 이런 경우 행사는 바로 달이 밝은 보름

날을 택하여 할 수밖에 없습니다.[10)]

제천행사와 같은 큰 날, 특히 달력이 없는 시대에 달이 가장 밝은 보름날을 찾는 것은 어렵기 때문에 이날을 하나님께 직접 묻는 절차로 제비뽑기를 하여 날짜를 정했다고 보겠습니다. 그리고 제사장 제도가 확립되기 전에는 제사를 드리는 역할도 제비를 뽑아서 정했을 것입니다. 성경은 날짜나 직분자를 정할 때 하나님이 직접 정한 것 외에는 이렇게 제비를 뽑아서 정합니다(민 26:55, 잠 16:33, 행 1:26).

부림절의 어원인 '부르'는 'Pur(풀)'이며, 우리말 '풀'과 발음이 유사합니다. 킹 제임스 한글 성경은 아예 '풀'이라고 번역을 했습니다. 'Purim'은 'Pur'의 복수형으로 뜻은 '(풀로) 제비를 뽑은 날'이 됩니다. '제(第)비' 역시 '풀로 제비를 뽑는다'는 뜻입니다. 에스더에서 부림절은 13일, 14일, 15일이 관련되고 있는데 이날은 우리 음력으로 보름날이 들어 있는 14일, 15일, 16일과 같습니다. 곧 이렇게 3일 중에서 제비로 뽑힌 날을 보름날로 정하는 것입니다. 성경의 부림절은 유대인의 지방 단위의 명절이며, 바로 우리의 정월 대보름과 같은 날, 같은 시기입니다. 한편 중국은 대보름을 원소절(原宵節)이라고 하는데,[11)] 그 외에 보름날에 대한 명칭은 없습니다.

우리의 민속놀이에 삘기 뽑기가 있습니다. 삘기 뽑기는 봄이나 여름에 아이들이 논둑이나 들판에서 하는 놀이로 삘기의 줄기를 뽑아 누가

---

10) 바다를 나가는 어부도 조수 간만의 차이가 심한 보름날을 맞추어 배를 띄우고, 고기를 잡는데 이용한다. 보름사리는 음력 보름날의 사리를 가리키며, 본딧말이 '한사리'인 '사리'는 음력으로 매달 보름날과 그믐날, 조수(潮水)가 가장 높이 들어오는 때를 뜻한다.

11) 중국에서 소(宵)는 밤(夜)이나 보름의 뜻으로 쓰이는데 으뜸(元)이 되는 보름(宵)이라 하여 정월 대보름을 원소절(元宵節)이라 한다. 보름을 조선시대의 〈악학궤범(樂學軌範, 1493〉에서 '보롬'이라고 하였다. 또 한자로 보름날을 망일(望日), 보름달을 망월(望月), 만월(滿月)이라 한다.

더 긴 것을 뽑았나를 겨루어 보는 놀이입니다. 이 놀이는 봄에는 나물을 캐는 여자 아이들이 많이 하고, 여름에는 풀을 베는 남자 아이들이 많이 합니다.

아이들이 이삭을 뽑아서 먹기도 하고, 놀이도 한 삘기(띠, 삘비, 뽑비, 백모근)

그러므로 우리의 보름날도 제비를 뽑는 풀이나 뽑비에서 유래한 말이 아니냐 하는 생각을 해 보는 것입니다. 한자 苐 의 뜻은 한자사전을 찾아보면 '차례 제', '제풀 제', '흰비름 이' 라고 되어 있습니다.[12]

우리 겨레는 지도자를 뽑거나 날짜 등의 어려운 결정을 할 때 뽑비(삘비, 흰비름) 또는 여러 가지 풀로 제비뽑기를 하여 결정을 한 것으로 보겠습니다. 그래서 '흰비름' 또는 '비름' 이 뒤에 '보름' 으로 불리게 된 것 말입니다. 풀로 보름 날짜를 가름한다는 뜻의 '풀가름', '비가름' 도 생각할 수 있습니다. 또 보름은 '부르다' 의 명사형 '부름' 으로 생각

12) '第' 와 '苐' 는 음(제)과 훈(차례)이 모두 비슷하여 혼동하기 쉬우나 뜻은 다르다. '第' 는 단순히 순서를 뜻하지만, '苐' 는 순서보다 여러 가지 풀을 뜻하며, 특히 보잘 것 없는 잡초들을 말한다. 곧 '苐' 는 차례를 말하나 '새싹', '삘기(띠의 어린 싹)', '싹트다', '돌피(볏과의 한해살이 풀), '흰비름 (이)', '베다 (이)' 등의 뜻을 동시에 가지고 있어서 "풀로 차례를 정한다"는 뜻이 담겨있다.

할 수도 있지요. '부름(부른다)' 은 '이름을 부른다' 고 할 때 사용하지만, 무엇을 선택하거나 결정을 할 경우에도 사용합니다. 이때 보름날은 제비를 뽑아 결정한 날이므로 '부른날' 이나 '부름날' 로 부르다가 뒷날 '보름날' 이 된 것으로 말입니다. 보름의 방언으로 '부럼' 이 있는데(한국어대사전, 금성출판사, 1991, 1272쪽) 이 말도 '부름' 과 관련이 있을 것 같습니다.

이렇게 볼 때 우리 겨레는 아라랏에서 동방으로 이주하면서 중앙아시아(카자흐스탄 초원)나 시베리아 초원에서 자라고 있는 풀로 제비를 뽑아 보름날을 정하고, 그렇게 정해진 보름날 모여서 축제와 행사를 했으며, 또 풀로 제비를 뽑아 제사장을 추대하고, 공동체의 중대한 의사결정도 내린 것으로 보입니다. 한 예로 신라 초기의 국가 대표는 이사금인데 이사금이란 떡을 입에 물어서 떡에 찍힌 이빨 자국으로 지도자를 삼은 것에서 유래한다고 합니다.[13] 이것은 제비뽑기와 유사합니다. 민주주의나 선거제도를 잘 몰랐던 시대에 지도자의 선출 방식은 제비뽑기가 제격입니다. 아니면 전쟁과 승부를 거는 무력 사용이 지도자의 선출 방식이 되겠지요. 《환단고기》와 같은 고서에서 본 우리 겨레의 초기 공동체 운영 방식, 곧 고조선의 정치는 화백제도입니다. 무력에 의존하는 소수의 지배체제가 아니지요. 따라서 이런 경우의 의사결정은 제비뽑기가 꼭 필요했을 것입니다. 그러나 이런 생각은 아직 저의 생각이므로 소설에 속합니다.

---

13) 이사금(尼斯今)은 신라 초기의 지도자 호칭으로 제3대 유리이사금(儒理王)에서 제18대 실성(實聖)이사금까지 사용했다. 《삼국사기》<유리이사금조>에 보면 이사금은 '치리'(齒理)라는 뜻으로 이[齒]가 많은 사람, 즉 연장자는 성스럽고 지혜로운 사람(聖智人)이라는 말에서 유래되었다. 유리왕과 탈해왕이 서로 왕위를 사양하다가 이가 많은 사람이 왕위에 올랐으므로 이사금이라고 했다는 설화가 있다. 이 경우 이빨의 수가 반드시 연장자를 뜻하는 것은 아니므로 일종의 제비뽑기라고 할 수 있다.

6. 성경은 7월이 새해입니다(종교력과 생활력, 이른 비와 늦은 비).

> 여호와께서 너희 땅에 이른 비와 늦은 비를 적당한 때에 내리시리니 너희가 곡식과 포도주와 기름을 얻은 것이요(신 11:13)

성경에는 '이른 비' 와 '늦은 비' 라는 말이 있습니다. 이른 비는 말 그대로 1년 중 먼저 내리는 비를 말하고, 늦은 비는 나중에 내리는 비를 뜻합니다. 그런데 1년 중 먼저 오는 철이 봄이고, 그 다음은 여름, 가을, 겨울이 순서입니다. 저는 성경을 처음 접할 때 성경이 말하는 이른 비란 봄비일 것으로 생각했습니다. 그러나 뒤에 보니 이른 비는 봄비가 아니고 가을비라는 것을 알았습니다. 늦은 비가 봄비였습니다. 저는 이것 역시 우리의 통상적 생각과는 다르다는 것을 알았지요. 왜 가을비를 이른 비라고 하는지를 알아보던 중 성경의 달력은 종교력과 생활력이 두 개로 나뉘어져 있음을 알았습니다.

하나님은 종교적 행사를 위한 달력은 음력 1월부터 시작하도록 제정하여 주었습니다. 1월은 출애굽을 한 달이요, 유월절, 무교절, 초실절, 신약에서는 부활절이 있는 달로 종교적으로 시작의 달입니다. 또 보리를 처음 베는 초실절이 1월에 있으므로 이 달은 가을까지 계속하는 추수의 시작 시기이기도 합니다. 1월은 봄입니다. 봄에 시작한 영적인 종교행사와 경제적 추수가 끝나는 가을에는 다시 새해를 시작합니다. 이 때가 7월입니다. 새해를 1월에 시작하여 놓고는 다시 이 절기가 6달이 지나면 안식월이라 할 수 있는 7월을 맞습니다. 성경은 7월을 안식년과 희년의 기산점으로 삼으며(레 25:8,9), 토지의 임대기간 산정일이기도 합니다(레 25:15,16). 3대 절기 중 마지막 명절이 있는 초막절이 있는 7월은 종교적으로는 연말이고, 경제적으로는 신년에 해당합니다. 이때를 유대의 민간력은 신년이라고 합니다. 그래서 성경은 이때 내리는 비를 연초에 내린다고 하여 '이른 비' 라고 부르는 것입니다.

성경은 1월과 7월을 매우 의미 있는 달로 여기고 있습니다. 1월은 구약에서 이스라엘이 애굽에서 해방된 날을 기념하는 유월절기 축제의 달입니다. 무교절 초실절이 모두 이 달에 있습니다. 그래서 1월은 '정월(리숀)' 이라고 특별하게 부릅니다. 신약에서 1월은 예수 그리스도가 무덤에서 다시 사신 부활절의 축제 기간입니다. 그리고 7월은 신년을 선포하는 나팔절과 백성들의 죄와 빚을 모두 속량하는 속량절(속죄일), 그리고 성경의 마지막 명절인 초막절이 있습니다. 6달을 힘써 추수하면 일곱째 달 7월은 안식을 하며, 종교적 행사를 베풀고 즐깁니다. 그리고 다시 경제적으로는 신년을 맞는 것입니다. 이러한 절기를 잘 지키면 하나님은 온 땅에 비를 듬뿍 내려 주십니다. 이게 가을에 내리는 비이고, 이른 비입니다. 유대는 1년 중 이때가 우기이므로 비가 가장 많이 옵니다. 그러면 농부들은 이 비를 듬뿍 맞은 땅에 보리와 밀의 씨를 뿌립니다. 농사를 시작하는 것이지요. 그래서 생활력으로는 이때가 신년입니다. 이렇게 가을에 씨를 뿌리고, 보리가 추운 겨울을 지나 싹이 나고 열매를 거둘 때가 돌아옵니다. 곧 초막절기에 시작한 농사가 다시 여섯 달이 지나고 일곱째 달을 맞습니다. 이때가 1월이고, 봄이며, 종교적 신년인 유월절기입니다. 다시 안식월이요, 종교적 축제의 달이 돌아온 것입니다. 이때 내리는 봄비가 늦은 비입니다.

출애굽기를 보면 초막절(수장절) 시기를 출애굽기 23장 16절은 '연종' 이라고 하고 있고, 34장 22절은 '연초' 라고 기록하고 있습니다.[14]

---

14) 초막절(수장절) 시기에 대한 출애굽기 34장 22절은 히브리어 '사네' 이며, 이 단어의 어원은 '솨나' 로 '바뀌다(turn)' 는 뜻이므로 새해의 의미를 가진 "해가 바뀐 때"로 번역함이 가장 적합하다고 할 수 있다.

이것은 얼핏 보면 한 절기를 서로 틀리게 말하고 있는 것 같으나 초막절은 해가 바뀌는 시기이므로 이렇게 다양한 표현을 쓴 것에 불과합니다. 그러나 우리는 초막절이 있는 7월 절기가 성경의 새해라는 것을 거의 모르고 있습니다. 우리가 성경의 초막절기를 잘 이해하지 못하여 개역성경은 출애굽기 34장 22절을 '가을'로 번역했다가 개역개정판에는 더 어려운 단어인 '세말'이라고 번역을 해 놓았습니다. '세말(歲末)'이란 세밑, 곧 연말을 뜻하므로 '연초'라고 하는 본문과는 다른 번역이라고 하겠습니다.

이른 비에 대하여 더 말하자면 농경생활에서 가장 큰 문제는 물의 문제였습니다. 그 당시는 오늘날과 같이 수리 시설이 발달하지 않았기 때문에 고대인들은 하늘에서 내리는 비만 의존하며 농사를 하였습니다. 이는 이스라엘도 마찬가지였습니다. 가나안 땅은 강과 저수지가 거의 없는 메마른 지역이기 때문에 하늘에서 내리는 비에 의존하여 농사를 지었습니다.

이스라엘의 기후는 우리와 정 반대로 한 해 중 여름이 건기에 해당하고, 겨울이 우기에 해당하는 지중해성 기후입니다. 곡식 농사는 우기인 가을에서 봄에 걸쳐 짓고 있습니다. 건기인 여름에는 큰 나무들과 과목만 남고 풀들은 거의 말라 죽습니다. 여기에 아라비아 사막으로부터 부는 뜨겁고 메마른 동풍이라도 불어오면 대지는 누렇게 변하고 맙니다. 그러다 가을이 되면 지중해로부터 바람이 불면서 비가 오기 시작합니다. 10월 무렵부터 시작하여 12월까지 계속되는 비를 가리켜 이른 비라고 합니다. 이때는 죽었던 모든 생물들이 살아나기 시작합니다. 언덕과 들판이 금세 파랗게 변하기 시작합니다. 또한 땅도 농사를 짓기에 알맞게 적셔집니다. 이른 비는 죽었던 땅과 생물들을 회복시키는 비라 할 수 있습니다.

늦은 비는 건기가 시작되기 전인 3월과 4월에 걸쳐 내리는 봄비입니다. 늦은 비는 농작물을 풍성하게 하고 열매를 맺게 하는 비입니다. 늦은 비가 내리면서 온갖 곡식과 과일들은 살이 오르면서 추수를 기다립니다. 곧 이른 비는 만물, 특히 보리를 소생시키는 비요, 늦은 비는 그 보리의 열매를 맺게 하는 비입니다. 곡식 농사는 이른 비로 시작해서 늦은 비로 마칩니다. 그러나 과일 농사는 늦은 비에 시작하여 이른 비에 마칩니다. 이와 같이 농사는 비가 적당한 때에, 또한 적절한 량이 내려야 풍년이 듭니다. 그러므로 이스라엘 백성들을 비롯해서 근동의 모든 백성들이 가장 반가워하고 기뻐했던 것이 바로 이 이른 비와 늦은 비였던 것입니다.

가나안 땅에서 벌어졌던 바알과 여호와 하나님의 영적 전투는 실은 이 비를 주관하는 자가 누군가에 대한 싸움이었던 것입니다. 열왕기상 18장에 보면 갈멜산에서 행한 엘리야 선지자와 바알 선지자들의 대결이 그렇습니다. 바알은 비와 우뢰의 신입니다. 가나안 족속들은 이 바알이 비를 주관하던 신으로 알았던 것입니다. 이 바알은 여름인 건기가 되면 죽었다가 우기가 시작되면 살아나는 목초와 같은 신이었습니다. 가나안 족속들은 이 우상을 즐겁게 해주어야 비가 오는 것으로 알았던 것입니다. 그래서 건기가 끝날 무렵에는 대대적인 축제를 벌여 바알 우상에게 절을 합니다. 또한 비가 내려 땅을 적시면 푸른 생명들이 살아나는 것을 하나의 성적인 관계로 해석하여 그들의 성전과 포도나무 그늘 아래에서 혼음을 하였던 것입니다. 이에 대한 내용은 호세아서에 자세히 기록되어 있습니다. 엘리야의 갈멜산 싸움도 바알과 여호와 하나님 중에 누가 실제 비를 내리게 하는 신이냐의 싸움이었습니다.

7. 성호 "하나님"과 "하느님"은 같은 말

여호와를 "하나님"으로 부르는 이유

저는 이 책에서 유일신 여호와의 성호를 "하나님"으로 부를까, "하느님"으로 부를까를 고민했습니다. 지금의 교회와 대다수 성경 번역들은 성호를 "하나님"이라고 하지만, 지금도 기독교 일부(감리교, 천주교 등)에서 "하느님"으로 부릅니다. 또 예로부터 우리가 불러왔고, 사회에서 일반적으로 쓰는 단어도 "하느님"이기 때문입니다. 과연 어느 것이 더 합당할까를 고민했습니다. 예수님은 이렇게 말씀하십니다.

> 공중의 새를 보라 심지도 않고 거두지도 않고 창고에 들이지도 아니하되 너희 천부께서 기르시나니(마 6:26)

예수님은 우리에게 기도(주기도)를 가르치면서 성부이신 여호와의 성호를 직접 '天父(하늘 아버지, Heavenly Farther)' 라고 소개를 하셨습니다(마태 6:14, 26). 이 단어는 우리말로 쉽게 표현하면 성호는 "하나님" 또는 "하느님" 둘 중에 하나입니다. 그런데 하늘에 계신 우리 아버지는 "하늘 아버지"이시고, 여기서 '하늘'에 해당하는 우리의 고어는 올→한올→하놀→하늘로 말이 변형되어 왔음을 알았습니다. '하늘'의 원래 말은 '한올'이므로 예수님이 가르쳐 주신 "하늘 아버지"는 "한올 아버지"로 부르는 것이 타당하고, 이것이 뒷날 "하놀 아버지"나 "하늘 아버지"로 바뀐 것입니다. 따라서 여호와의 성호는 "하나님"으로 부르든 "하느님"으로 부르든 그것은 문제가 되지 않는다는 것을 알았습니다. 이것은 성경의 '여호와(Jehovah)'와 '야훼(YHWH)' 중에 어느 것이 맞는 말인지에 대한 해답을 찾는 것과 비슷합니다.

"하나님"과 "하느님"에 대한 두 가지 잘못

그러나 "하나님"과 "하느님" 성호에서 다음 두 가지는 잘못이라고 봅니다. 먼저 사회에서 "하느님"이란 호칭 중에는 유일신 "하느님"을 뜻하지 않고, 천체의 하늘이나 자연물을 숭배하는 사상이 있습니다. 이것은 샤머니즘이므로 잘못입니다. 이것은 우리 겨레가 원래 섬기던 유일신 하느님을 역사의 흐름 속에서 변질되어 샤머니즘으로 빠진 결과 나타난 현상입니다.

다음으로 오늘날 한국의 개신교회가 성호를 "하나님"으로 바꾸어 부르고 있는데 이에는 고려해야 할 것이 있습니다. 성호를 유일신이신 여호와 하나님과 천체를 숭배하는 하느님, 곧 사회의 통속적 샤머니즘과는 구분하기 위해서 "하나님"으로 부르는 것은 타당합니다. 하늘의 어원 한울에서 '한'은 하나(同)의 뜻도 들어있습니다.

그러나 한국교회가 "하나님"이란 용어를 쓰면서 여호와의 유일신성을 잘못 이해하여 '하나(一)'의 뜻만 부여하면 잘못입니다. 그런 의미의 "하나님"은 한자로 쓰면 '一父(One Farther)', 곧 "하나(One)의 아버님(Farther)"이므로 여기서 '하나'라는 말은 일반적 어법과 맞지 않고, 신의 복합적 속성을 말하는 성경의 의미에도 맞지 않습니다. '하나'라는 숫자에 대하여 존칭을 쓰는 것도 어색하며, 특히 성호를 '하나'의 뜻인 "하나님"이라고 하면서 발음(억양)은 '하늘'의 뜻인 "하나(느)님"을 불러 틀린 어법을 쓰고 있다는 말입니다. 이 말은 문법에 맞지 않고, 뜻도 어색합니다.

그리고 엄밀히 말하여 하나(one)의 의미로 쓰는 "하나님"은 하나의 신을 강조하는 '단일신'을 뜻한다고 볼 수 있습니다. 그러나 성경의 하나님은 단어가 "엘로힘"으로 복수로 쓰기 때문에 우리는 이를 삼위일체 하나님으로 믿고, 고백합니다. 이런 점에서 “하나님”을 쓰면서 이를 단일신 하나님으로 오해하면 유대인이나 이슬람처럼 하나님을 잘못 이해하는 말이 됩니다. 호칭이 일(一)만 부각되고, 유일신의 속성인 삼위일체의 삼(三)은 제대로 표현하지 못한다는 뜻입니다. 이는 신비하고 오묘하며, 다양한 의미를 지닌 “여호와”의 속성을 왜곡하거나 축소시킬 수 있습니다.

“하느님”은 선교수단과 민족의 일체감에 기여

우리 겨레는 예수 그리스도를 구주로 믿는 종교와 관련 없이 아주 위험에 처해 있거나 다급할 때 “아이고! 하느님!”이라고 하여 하나님의 성호부터 먼저 부릅니다. 또 절망에 빠져 탄식이 나올 때도 경상도 시골 어른들은 “아이구! 참, ᄒᆞ~ㄹ님도 무심하시지!” 라는 표현을 썼습니다. 이는 종교가 불교이던 무신론자이던 구분하지 않고 나오는 공통된 감정의 표출입니다. 또 오직 하나뿐이신 하나님, 하늘에 계신 전능자 하나님만을 나타내려는 우리 겨레의 신앙적 뿌리이고, 특성입니다. 따라서 우리 민족은 하나님이 주신 성호, “하나님”을 심령 속 깊은 곳에 유전인자처럼 감추어져 있어서 다급할 때는 본능적으로 그 성호가 입으로 튀어나오는 것입니다. 한편, 개신교와 천주교가 연합하여 번역한 공동성경은 성호를 “하느님”으로 부르고 있으며, 개신교에서도 감리교 신자들은 대부분 성호를 “하느님”이라고 합니다.

따라서 저는 우리가 쓰는 성호는 “하나님”이나 “하느님” 어느 것이든 그 명칭이 유일신 여호와이면 관계가 없다고 봅니다. 문제는 이 용어를 비기독인들처럼 샤머니즘의 신앙을 가지고 부르거나 교회 내에서도 단일신 사상을 가지고 부르는 것은 잘못임을 지적하고 싶습니다.

그래서 저는 '하늘'이 '한ᄋᆞᆯ'과 '하ᄂᆞᆯ'에서 변형된 말이며, 한국 기독교와 교회도 "하나님"으로 부르고 있으므로, 이 책에서 유일신 여호와의 성호는 "하나님"으로 부르겠습니다. 우리 문헌에서 나타나는 최초의 한글 기록도 "하ᄂᆞ님"이라고 합니다.[15] 그러나 어느 단어를 사용하던 한국교회가 지켜오는 여호와 하나님에 대한 순수한 신앙과 우리 민족이 옛날부터 섬겨오던 하느님에 대한 전통적 신앙은 원래 그 뿌리가 같다고 생각합니다. 이에 대한 것은 뒤에 다시 언급하겠습니다.

8. 하나님은 단수(單數)가 아니고, 복수(複數)입니다.

-하나님은 단일신(單一神)이 아니고, 삼위의 유일신(唯一神)-

셋이 하나이신 신비의 하나님

먼저 분명히 짚어 둘 것은 하나님은 오직 한 분이시며, 하나의 인격체이십니다. 하나님은 성별마저 남자도 아니고, 여자도 아닌 중성입니다. 그런 의미에서 성경이 밝히고 있는 하나님은 철저한 유일신이십니다. 성경은 바위나 고목나무를 보고 절을 하는 샤머니즘, 천체의 사물을 섬기는 범신론, 남신과 여신 등을 복잡 다양하게 가지고 있는 다신교와는 전혀 다른 종교 경전입니다. 이 점에서 독자들은 오해가 없으시길 부탁드립니다.

제가 이 글의 제목을 "하나님은 하나가 아니고 '여럿(複數)' 입니다" 라고 했다가 혹시 오해가 있을까 하여 "하나님은 단수가 아니고 복수"

---

15) "하나님"이란 말이 한글로 기록된 것은 400여년 전, 선조(宣祖) 때 박인로(朴仁老, 1561~1642)의 시에 나타난 것이 처음이다. 그 이전에는 한자로 "上帝", "一神", "天神" 등으로 썼고, 우리말로 말할 때는 "하나님(하느님)" 혹은 "하늘님"이라 불렀다. 박인로는 조선 중기의 문인으로서 호는 노계(蘆溪)이며, 그가 임진왜란 때 쓴 〈노계집, 蘆溪集〉에서 "하ᄂᆞ님"이라고 부른 시가 있다.

라고 고치고, 고심 끝에 "하나님은 단일신이 아니고, 삼위의 유일신" 이라는 부제까지 달았습니다. 아무튼 우주의 천지만물과 이 세상을 창조하신 전능자 하나님은 하나가 아니고, 복수의 하나님이십니다. 그러면서 오직 한 분 뿐이십니다. 이상하고 기이하지요. 그래서 사람들은 이 기이한 하나님의 속성을 쉽게 설명하지 못합니다. 이러한 신의 인격체를 우리는 삼위일체(三位一體) 하나님이라고 합니다.

> 하나님이 가라사대 우리의 형상을 따라 우리의 모양대로 우리가 사람을 만들고…(창 1:26)

창세기 1:26에서 말하는 하나님은 원어(히브리어)로 '엘로힘' 인데 이 말은 '엘(또는 엘로하)' 이라는 단어의 복수입니다.[16] 이것은 직역하면 신이 아니고 신들입니다. 하나님은 하나가 아니고 복수의 신인 것입니다. 그 다음을 보셔요. 하나님을 두고 성경은 "우리의 형상을 따라…", "우리의 모양대로…", "우리가…"라고 말씀하시는 것을 볼 수가 있습니다. 그러면서 이 문장에 사용한 동사는 단수입니다. 본문에서 세 번이나 언급되는 "우리"란 말은 분명히 혼자가 아니고 복수를 뜻합니다. 그런데 동사는 또 복수가 아니고 단수입니다. 그러므로 우리는 이 특이한 문장 구조를 바로 이해해야 합니다.

물론 단수 동사는 하나님이 한 분이시기 때문입니다. 이는 신이 따로 따로 존재하는 것이 아니라 주체는 1신(一 神)이며, 작용은 3위(三位) 또는 3신(三神)인 것입니다. 이를 성경 전체로는 성부, 성자, 성령의 3위로 나타납니다. 쉽게 설명하면(쉽게 설명할 수도 없지만) 한 분이신데

---

16) 복수 신명 '엘로힘' 외에 성부, 성자, 성령의 삼위일체 사상이 나타나는 것은 바벨탑 사건(창 11:7)과 천지창조(창 1:1, 요한 1:1)에서도 찾아볼 수가 있다.

서로 역할이 달라서 그렇게 표현을 하는 것입니다.

물체로 말하면 하나의 사물에 물질적 속성, 화학적 속성, 역학적 속성을 동시에 다 가지고 있듯이 하나의 사물인데도 서로 다른 속성들을 가진 것과 비슷하다고 하겠습니다. 그래도 이 비유는 삼위일체의 속성을 다 표현하지 못합니다,

삼위일체 하나님은 우주 만물을 만든 전능자이시고, 그 우주 만물을 부리는 신이시지, 우주 만물 안에 갇혀 있지 않으십니다. 하나님은 우주의 피조물들과는 전혀 다른 지위와 속성을 가진 유일한 분입니다. 그러나 다신교와 범신론이 믿는 신들은 유일신이 아니며, 여러 가지 잡신들로 우주 만물 안에 있고, 피조물들이 그 신의 이름과 역할을 대신하고 있는 것입니다.

이렇게 설명을 해도 삼위일체, 하나(단수)이면서 셋(복수)인 하나님의 실체는 이해하기 어렵습니다. 물론 이것은 하나님이 우리에게 자신의 신분을 복잡하게 알리려는 것이 아닙니다. 전능자 하나님은 피조물에 불과한 우리가 말로 표현할 수 없을 정도로 어느 하나의 언어나 특성에 매이지 않고, 다양한 속성과 모습을 동시에 가지고 있기 때문에 그렇습니다. 하나님은 때와 장소에 따라서, 그리고 필요에 따라 다양하게 역사하시는 역동적 역할의 주재자십니다. 저도 삼위일체 하나님의 속성을 이 정도 밖에 설명하지 못합니다. 그 외에는 신앙고백으로 인정하는 수밖에 없어요. 하나님은 전능자이시며, 그러면서 때를 따라 장소를 따라 다양하고 역동적이며, 인간의 입술로는 감히 표현을 다 할 수 없을 만큼 위대하신 분입니다.

그리고 성경의 하나님은 남성도 아니고, 여성도 아닙니다. 우리는 하나님은 아버지라고 부르니 남성적 역할만을 생각할 수 있습니다. 그러

나 성경은 하나님의 형상을 따라 남성과 여성을 만드셨다고 합니다(창 1:27). 하나님의 속성은 남성적인 것과 여성적인 것을 포괄합니다. 그러면서 하나님은 남성도 아니고 여성도 아닙니다. 또한 예수님의 인격적 속성 역시 그러합니다. 예수님은 신의 속성과 인간의 속성을 동시에 다 가지신 분입니다. 우리는 예수님을 신만으로 이해해도 아니 되고, 인간으로만 이해해도 틀립니다. 예수님은 완전한 신이시고, 100% 인간이십니다. 예수님은 신이시며, 왕이며, 사람이며, 종입니다. 이와 같이 하나님은 신비가 가득한 존재이십니다. 하나이면서(유일성) 여럿이고, 남성도 아니고 여성도 아니면서 양자의 속성, 신과 사람의 모습을 모두 가지고 계시니 말입니다. 그런데 제가 이렇게 어려운 하나님의 속성을 말하는 이유는 따로 있습니다.

유일신을 단일신으로 오해(삼위일체의 논쟁)

우리는 성경이 말하는 삼위일체 하나님을 믿습니다. 그런데 우리 겨레는 오랜 옛날부터 삼신을 믿는 삼신사상이 있었습니다. 그래서 우리 겨레는 예수님만 영접을 하면, 삼위일체 하나님에 대한 것은 이해가 빠르며, 믿기도 잘 믿습니다. 그러나 역사를 보더라도 삼위일체 신앙은 쉽사리 받아드리지 못했습니다. 역사를 보면 삼위일체를 부정하는 아리우스파와 삼위일체설을 주장한 아다나시우스파의 신학논쟁은 오래 계속되었고, 유명합니다. 그러다가 A.D. 325년 '니케아 종교회의' 에서 아다나시우스파가 정통으로 인정되면서 비로소 기독교에서 삼위일체설이 정립된 것입니다.

사실 우리 기독교인들도 유일신 하나님을 단일신으로 오해하는 경우가 많습니다. 유일신 사상은 기독교를 비롯하여 유대교와 이슬람이 대표적입니다. 그런데 유대인들은 아직도 삼위일체 사상을 이해하지 못하거나 믿지 않고 있습니다. 알라 신을 믿고 있는 이슬람도 마찬가지입니다. 그래서 이들은 믿음은 강하지만, 행위가 폐쇄적이고, 율법적입니다. 유대인들은 종교성이 강하지만, 그 강한 종교성이 "이에는 이, 눈에는 눈"이라고 하여 자기(또는 자기 민족)들이 당한 만큼 갚아주어야 직성이 풀리는 보복의 종교 철학을 가진 자들입니다. 이슬람인들이 자행하는 자살 특공대(지하드)를 보십시오. 지금도 그들은 신의 이름으로 많은 사람을 무참하게 죽입니다. 이것이 종교가 가진 큰 약점입니다. 그런데 이것이 단일신을 믿는 믿음이 가진 두드러진 약점이라고 할 수 있습니다.

이러한 잘못된 믿음과 행동은 기독교인들에게도 일부 변질되어 나타납니다. 기독교인들의 신앙을 살펴보면, 성부, 성자, 성령의 삼위 중 어느 한쪽으로만 치우친 신앙생활을 볼 수 있습니다. 교회활동과 일상생활에서 남녀의 지위나 역활도 어느 한 편으로 치우칠 수 있습니다. 어느 종파는 예수님만 믿고 그 분의 부활만을 강조하고, 창조주 하나님이나 성령 하나님에 대한 관심은 적은 경우가 있습니다. 한편으로 오순절파는 성령을 지나치게 신봉하고, 상대적으로 성부, 성자의 역할 부분은 약합니다. 정통 교단이 이단이라고 말하는 여호와의 증인은 하나님, 곧 성부만을 집요하게 내세웁니다. 이러한 신앙은 모두 삼위일체 하나님을 통전적으로 믿지 못하고, 어느 한쪽으로 치우쳐 믿으니 그렇습니다.

사실 삼위일체 교리를 신봉하는 교회 내에서도 외형상 믿음이 아주 좋아 보이기는 하지만, 겪어보면 배타적이고, 심지어 극단적인 사람들이 있습니다. 초등학교 교정에 세워둔 단 군상을 우상이라고 목을 부러뜨려 흉물로 만들어 버리기도 합니다. 그런데 이들의 신앙은 그 내면에 유일신을 단일신으로 오해하고, 신의 역할을 한정된 자기의 틀 속에 가두어 놓고, 그 틀에 갇혀 있는 경우가 많습니다. 그러나 우리의 토종문화에 속하는 삼신사상은 삼신이 하나라는 신의 이해가 처음부터 탁월했으며, 특히 천·지·인의 삼재론은 신이 인간이 되신 예수님을 쉽게 이해할 수 있는 사상 체계입니다. 삼신과 삼재는 하나님이 피조물인 땅을 통해서도 역사를 하신다는 믿음이 있습니다. 그래서 유대인이나 아랍인들에게 흔한 단일신 사상의 배타적 행동과 서양사상에서 오는 편협한 오류들은 한국의 삼신사상과 삼재론이 바로 잡을 수 있다고 봅니다.

성경이 말하는 신은 절대자의 역할마저 성부, 성자, 성령, 삼위가 서로 연합하여 하나로 작용하십니다. 하나님은 좌로나 우로나 치우침이 없지만, 한편으로 고정된 틀 속에 갇혀있는 분이 아니시며, 자유롭고, 역동적이며, 창조적입니다. 그래서 하나님은 저 천국은 물론 이 땅에서도 세상을 조화롭게, 그리고 다양하게 활동을 하고 계십니다. 참으로 위대하고 좋으신 하나님이십니다.

9. 동방의 의인, 욥은 한국(인)을 빼 닮았습니다.

> 우스 땅에 욥이라 불리는 사람이 있었는데 그 사람은 온전하고 정직하여 하나님을 경외하며 악에서 떠난 자더라 그에게 아들 일곱과 딸 셋이 태어나니라 그의 소유물은 … 많이 있었으니 이 사람은 동방 사람 중에 가장 훌륭한 자라" (욥 1:1~3)

하나님이 노아를 당대의 의인이라고 했습니다(창 6:9). 그런데 하나님이 또 한 사람의 믿음을 자랑하고 있으니 바로 동방에서 가장 큰 자요, 의인으로 불리는 욥입니다. 그는 부자였고, 자녀들도 많았습니다.

하나님은 "그를 유의하여 보라 그와 같이 온전하고 정직하여 하나님을 경외하는 자가 세상에 없느니라(욥 1:8)"라고 하여 욥의 신앙을 자랑합니다. 성경은 욥의 이러한 신앙과 인격을 세 번이나 자랑을 하듯이 소개하고 있습니다(욥 1:2, 1:8, 2:3). 아무튼 욥은 동양인이었고, 그 당시 동양인 중에는 가장 큰 자입니다. 욥은 B.C. 2천년경 족장시대인 아브라함의 때와 비슷한 시기의 인물로 추정하며, 우리나라는 고조선 초기에 해당합니다.

욥의 고향은 아라비아

그런데 욥의 고향은 어디일까요? 성경은 욥의 고향을 동양의 한 지역인 우스(Uz 또는 Uts) 땅이라고 합니다. 그런데 우스가 어디입니까? 성경이 말하는 우스를 보통 아라비아 에돔 땅이라고 보고 있습니다. 학자들은 성경에서 우스 땅에 사는 딸, 에돔의 비유(애 4:21)로 욥의 혈통은 에서의 후손으로, 아라비아 인근 지역의 스바 사람과 갈대아 사람들이 욥을 쳤으므로(욥 1:15,17), 욥의 고향은 아라비아로 추정합니다.[17] 욥에게 병문안은 온 친구들도 아라비아에 사는 사람들이어서 욥도 아라비아 사람으로 추정하게 합니다. 이와 같이 욥이 산 곳은 아직까지 아라비아 에돔 땅이 가장 유력합니다.

욥의 고향은 터키(?)

그러나 이에는 약간의 의문이 남아 있습니다. 바로 터키에 가면 그곳이 욥의 고향이라고 말하는 곳이 있기 때문입니다. 터키의 동남부에 있

---

17) 일반적으로 스바는 아라비아 서남쪽, 오빌은 아라비아 남쪽, 갈대아는 하란, 바그다드 동남쪽의 비옥한 땅을 일컫고 있다.

는 도시 '산르 우르파' 에 가면, 그곳이 욥이 고향이라고 하여 관광객들에게 욥의 우물과 욥의 무덤(또는 질병을 치료한 동굴)을 소개하고 있습니다. 그곳에는 욥의 우물을 기념하는 거대한 이슬람 사원까지 지어 놓고 있지요. 터키의 산르 우르파는 아브라함이 태어난 곳이며, 뒷날 가나안으로 들어가기 전에 다시 머물렀던 하란 땅입니다.

터키 동남부 '산르 우르파' 에 있는 욥의 우물(좌)과 욥의 무덤 또는 질병을 치료했다는 동굴(우)

터키는 노아의 홍수가 있었던 아라랏 산지가 있고, 아브라함, 이삭, 이스마엘이 살았던 곳입니다. 그리고 신약에서도 초대교회가 해외 선교로 처음 세운 안디옥 교회와 사도 바울이 활동한 지역과 교회들이 있습니다. 또 마지막 때와 관련된 소아시아 일곱 교회도 터키의 서부에 있습니다. 그런데 이러한 터키 지역도 동양에 속합니다. 터키의 이스탄불이 바로 동양과 서양이 만나는 접경 지역입니다.

우즈벡에서 찾는 욥의 흔적과 한국인의 관련성

한편으로 성경에서 욥의 고향은 "우스 땅" 이라고 하는데 여기서 '우스' 는 우리 겨레가 동방 이동에서 일시 머물렀던 지역으로 추정되는 중앙아시아의 우즈베키스탄과 어근이 유사합니다.

우즈베키스탄은 영어로 'UZBEKISTAN', 러시아어로 'УЗБЕКИСТАН' 입니다. 약칭으로 우즈벡 또는 외즈벡으로 부르지요. 'Uz' 는 튀르크어로 핵, 중심, 진짜, 순수한 등이며, 'bek' 은 백부장, 'stan' 은 땅이라는 뜻입니다. 그런데 욥이 족장이나 제사장으로 알려져 있지요. '우스 땅' 은 우즈벡에서 땅을 '스탄' 이라고도 하므로 '우스스탄' 이 되며, '우스' 를 '우즈' 로 발음하여 백부장의 뜻을 중간에 집어넣으면, "우스에 (사는 백부장의) 땅" 은 말 그대로 "우즈베키스탄" 이 됩니다. 지금도 중앙아시아에서는 '우스' 란 말을 따서 우스토브, 우스벤스키, 우스트류트, 타사우즈, 우즈베키스탄 등의 명칭이 있습니다.

그런데 이 사실을 방증해 주는 것이 우즈벡에서도 터키와 같은 욥의 고향을 소개하면서 욥의 샘과 무덤을 보여주는 곳이 있습니다. 이곳이 바로 우즈벡의 수도 타쉬켄트에서 750km 떨어진 부하라입니다. 우즈벡 부하라에도 욥의 우물과 무덤이라고 하는 유적지가 있습니다. 이렇게 볼 때 욥은 사단의 큰 시험을 거치면서 그 전과 후로 주거지를 옮겨 살았는지도 모르겠습니다.

아무튼 성경에서 욥의 고향 '우스 땅' 은 중앙아시아의 '우즈베키스탄' 과 어근과 뜻이 모두 유사합니다. 그런데 앞에서 우즈벡은 우리 겨레가 동방을 이주할 때 일시 머문 곳입니다(상세한 것은 이 책 3부에서). 이 경우 우리는 민족 전체가 모두 이동을 했을 수도 있지만, 이주를

우즈벡 부하라의 차쉬마 아읍(욥의 샘과 무덤)

하면서 중도의 일정 지역에는 대표자를 선정하여 한두 가정을 남길 수도 있습니다. 성경 말씀대로 땅을 다스리고 채우기 위해서 말입니다. 그러면 이런 경우 욥은 중앙아시아에서 첫 정착자이며, 땅의 관리자입니다. 그 예로써 노아는 홍수 후에도 포도 농사를 지으며(창 8:20), 350년을 더 살았는데 그 정착지는 아라랏 산이 있는 알메니아의 유징겔리 마을로 봅니다. 노아는 그 시대에 집안의 가장 큰 어른으로 족장 겸 지도자인데 셈족의 주류가 동방으로 이주할 때 함께 하지 않고 알메니아에 남은 것입니다. 이와 같이 욥도 우리 겨레의 이동 중 중앙아시아(우즈벡 부하라)에 남아서 땅을 관리하며, 살았다고 볼 수 있습니다. 욥은 200여 년간 살았는데 상당한 기간을 그 지역의 제사장 겸 족장으로 지역을 관리(통치)하면서 말입니다.

부하라는 이란 동북쪽 메샷(미슈하드)에서 시베리아로 가는 길목이며 교통의 요충지입니다. 부하라는 우즈벡에서도 살기가 좋아서 비단길에서 '오아시스의 도시'라고 부릅니다. 그런데 이곳은 창세기 10장 30절에 있는 메사와 스발의 중간지역으로 우리 겨레의 동방 이동과 관련이 큰 곳입니다. 욥이 기른 양과 소, 그리고 낙타와 나귀가 많았는데 지금도 이곳은 목축업이 성행하며, 이런 종류의 가축들이 많습니다. 그 당시 양과 소는 제물용과 식용으로, 낙타와 나귀는 먼 길을 왕래하는 교통의 주요 수단으로 경제적 가치가 높았습니다. 우즈벡 주민들의 생활은 지금도 우리와 비슷한 점들이 있다고 합니다. 만약에 우리 겨레가 동방으로 이주할 때 이곳에 머물렀다면, 부하라는 '비단길(silk road)의 오아시스' 보다 먼저 개척한 길로 시베리아의 초원을 드나드는 '초원길(steppe route)의 오아시스' 였을 것입니다.

아무튼 우즈벡은 우리 민족이 아라랏에서 동방으로 이주할 때 일시 머문 지역입니다. 그리고 우즈벡은 자의든 타의든 70년 전 연해주 고려인들이 다시 이주를 해 와서 벼농사와 목화 재배로 농업을 크게 일으켰던 곳입니다. 고려인들이 당한 강제 이주의 쓰라린 고통은 욥의 일생과 닮았는데 여기에 지명마저 서로 유사하니 이 또한 기이한 일입니다.

욥은 한국인을 많이 닮았습니다.

그런데 사람들은 욥의 생애를 우리 한국의 역사와 연관시키는 경향이 있습니다. 욥이 당한 고난이 우리 민족의 역사와 비슷하다는 것이지요. 이것은 루마니아 출신 프랑스 작가 비르질 게오르규(1916~1993)가 그의 저서 〈한국찬가〉에서 한국의 역사를 욥기에 비교했던 것과도 맥을 같이 합니다. 〈성경으로 여는 세계사〉를 쓴 김성일 장로님은 "고대사의 초기에 10개의 형제 공동체가 있었다고 기록해 놓은 '후안서' 의 증언은 매우 흥미 있는 것이다. 왜냐하면 신기하게도 우리의 역사와 닮은 '욥기' 에도 '동방 사람 중에 가장 큰 자였던 욥의 자녀가 모두 10명이었다."라고 하면서 욥을 우리의 역사와 대비하고 있습니다. 또 "욥기의 기록이 하나님께서 제사를 드리며, 노래하고, 춤을 추었던 우리 겨레의 상고사를 눈으로 보는 듯 그려놓고 있어서 우리를 놀라게 한다. 그 아들들이 자기 생일이면 각각 자기의 집에서 잔치를 베풀고, 누이 셋도 청하여 함께 먹고 마시므로 그 잔칫날이 지나면 욥이 그들을 불러다가 성결케 하되 아침에 일어나서 그들의 명수대로 번제를 드렸으니……. 욥의 행사가 항상 이러하였더라(욥 1:4~5)." 라고 하여 욥기와 우리 한국의 관계를 소개하고 있습니다. 이런 견해를 따라서 욥과 우리 한국의 관련성을 제가 사견을 덧붙여서 정리를 해 보겠습니다.

첫째, 욥은 동양 사람이며, 욥의 우물과 무덤이 있는 부하라는 중앙아시아 우즈벡이므로 성경의 '우스 땅'과 지명이 거의 비슷하며, 우리 겨레의 동방 이동사와 관련이 있습니다. 학자들 중에는 욥이 셈족인 욕단의 막내 아들 '요밥(창 10:29)'이라고 봅니다. 유대의 역사서인 야살의 책(수 10:13)에도 요밥이 욕단의 아들이라는 기록이 있습니다. 그리고 유석근 목사님은 아브라함에게 십일조를 준 살렘왕 멜기세덱을 욥의 일곱 아들 중 하나로 봅니다. 욥은 아브라함과 동 시대에 인물이므로 우스 땅에 살던 욥이 살렘 땅으로 이주를 했다고 보는 것이지요. 아직 근거는 약하지만, 하나님이 욥을 동방에서 가장 큰 자라고 했으므로 아브라함을 축복하고 그에게 십일조를 받을 만한 위치에 있었던 멜기세덱은 욥 또는 그 아들일 가능성이 있습니다. 멜기세덱은 부모도 모르고, 생일도 모르는 사람으로 예수 그리스도의 그림자였습니다(히 7:1~17). 만약 이게 사실이면, 성경에서 의인으로 부른 노아와 멜기세덱, 그리고 욥 이 세분은 모두 우리 겨레의 계보와 관련이 있습니다.

둘째, 욥은 동양에서 가장 큰 자이고, 의인이었습니다. 그런데 욥이 살던 그 당시(B.C. 2천년경) 우리 겨레는 하나님에 대한 영성이 욥의 모습을 닮았습니다. 왜냐하면 한국인은 그 당시 하나님의 뜻을 따르기 위해 온갖 어려움을 감수하면서까지 험산준령을 넘어 이역만리 동방으로 이주를 감행한 것으로 보이기 때문입니다. 욥은 노아의 직계 후손인 셈족이며, 한편으로는 당대의 의인으로 인정을 받은 노아처럼 동양에서 가장 큰 자요, 의인이었습니다. 뒤에 언급하지만, 노아의 믿음과 정통성은 셈족인 에벨과 그의 두 아들 벨렉과 욕단으로 이어졌고, 이 중 욕단이 바로 우리 민족이라고 보고 있습니다. 그러므로 욥은 셈족의 후손 벨렉이나 욕단 중 어느 한 혈통을 이어온 자인데 여기서 학자들 생각처럼 요밥이 욥이라면, 욥은 우리 겨레일 가능성이 큽니다.

셋째, 욥의 믿음과 고난은 우리의 역사를 닮았습니다. 이것은 제 사견이 아니고, 욥기와 한국 역사를 아는 사람이면 대체로 공감을 하는 부분입니다. 앞에서 본 바와 같이 작가 비르질 게오르규 같은 외국인도 이 점을 인정하고 있지요. 한국이 효와 예가 바르고, 정절이 있어서 동방의 예의지국이요, 평화를 애호하는 나라임에도 불구하고 잦은 외세의 침략과 수탈로 고통을 많이 받았으며, 6·25라는 동족상잔의 아픔까지 겪은 것을 알고 있었기 때문일 것입니다.

해외에 있는 우리 동포들도 고난을 받기는 마찬가지입니다. 제일교포는 대다수가 일제 강점기에 일본으로 끌려간 사람들입니다. 남자는 광부로, 여자는 몸을 파는 정신대로 끌려갔지요. 연변의 중국 동포는 일본에 의해 간도를 잃었습니다. 미국 이민의 1세들은 하와이 수수밭에 팔려가서 노예 같은 삶을 살았습니다. 우리는 강대국에 의해 남북이 분단되었습니다.

연해주(원동)에 살던 우리 동포(고려족)들은 스탈린 정부에 의해 강제로 이송되어 중앙아시아에 버려진 것과 다름이 없는 고통을 당했습니다. 연해주의 동포들은 1937년 영문도 모르고 갑자기 기차에 실려서 바깥 세상과 단절된 채 깜깜한 기차 안에서 갇혀 있다가 한 달 후 첫발을 디딘 곳이 미지의 땅 지금의 우즈벡이었습니다. 동포들은 너무 생소하고, 춥고, 배고픈 곳에서 추위를 피해, 땅굴을 파고 겨울을 보냈고, 초근목피로 연명을 해야 했습니다. 그래도 우리 겨레는 연해주에서 가지고 간 볍씨를 끝까지 먹지 않고, 보존하여 새 땅을 일구고 볍씨를 뿌려 불모지 우즈백 땅에 벼농사를 일으켰습니다. 우즈백의 유명한 목화 농장도 우리 동포가 시작했습니다. 타쉬켄트에는 유명한 '김병화농장' 이 있습니다. 이 농장은 고려인으로 농업을 일으켜 식량 공급에 기여한 공로가 크기 때문에 소련 정부가 훈장도 주고, 농장의 명칭도 그의 이름을 따서 지었습니다. 농장에는 그의 업적을 기리는 박물관도 있습니다. 뒷날 뻬레스트로이카(개혁 개방)를 단행한 고르바초프 대통령은 재임 당시 우리 겨레의 이런 삶을 보고 영향을 받았다고 밝힌 적이 있습니다.

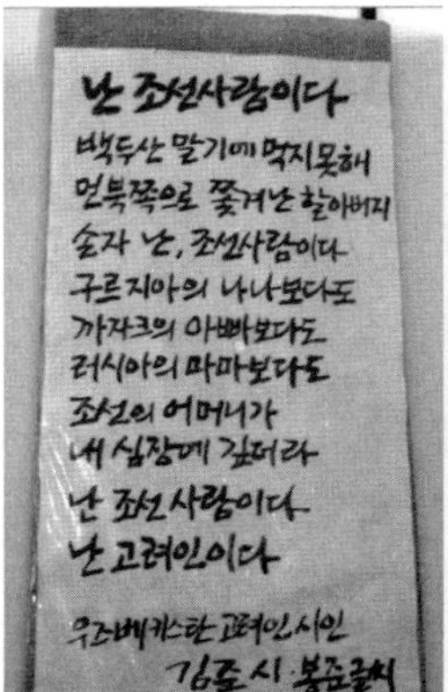

(좌) 우즈벡 고려인 김준의 시비(출처:고도원의 아침편지) (우) 우즈벡 타쉬겐트 김병화박물관과 동상

이렇게 우즈벡의 고려인들은 욥과 같은 삶을 살았습니다.[18]

넷째, 욥은 믿음뿐만 아니고, 하나님의 창조물인 땅과 그 피조물들의 특성까지 잘 알고 있는 사람입니다. 쉽게 말하면 욥은 하나님도 알고, 사람도 알고, 자연계의 현상까지 깊이 이해를 하고 있는 사람입니다.

> 그는 북편 하늘을 허공에 펴시며 땅을 공간에 다시며(욥 26:7)
> 지면은 식물(빵)을 내나 지하는 불로 뒤집는 것 같고(욥 28:5)

욥은 4천년 전에 지구가 공중에 떠서 달려 있고, 우주는 허공이 있으며, 지구가 둥글다는 것[19]을 알았습니다. 욥이 이런 사실을 과학적으로 알고 있다기보다 신앙고백이 그 정도의 차원이라고 보아야 하겠지요. 뉴욕타임즈(1981년 10월 2일자)와 중앙일보(1981년 10월 13일자) 기사에는 "북편 하늘에는 별이 전혀 보이지 않는다. 거기에는 사람이 이해할 수 없는 불가사의한 공간이 있다. 지름이 3억 광년이며 별이 없는 텅 빈 상태의 공간이 있다. 보통 이 정도의 크기이면 약 1천억 개의 별로 구성되는 은하계가 2천 개나들어 들어갈 수 있는 공간이 된다."라고 보도했습니다. 물론 이 기사는 천문학자들의 발표를 인용한 것인데 그 내용은 욥이 말한 것과 일치합니다.

욥은 땅이 빵을 내는 것은 물론 땅 속은 용암(마그마)이 들끓고 있다는 것도 알았습니다. 이 외에도 욥은 빛과 어두움, 땅이 가진 각종의 지

---

18) 우즈베키스탄에 사는 고려인은 2000년 기준 약 20만명이며, 절반이 수도인 타쉬켄트에 살고 있다. 연해주 고려인은 1937년 9월에서 12월까지 약 18만 명을 1,800여대의 화물열차에 짐승처럼 실려서 6,000km 떨어진 우즈베키스탄과 카자흐스탄 등에 강제로 이송되었고, 그 중 1/5는 기아와 추위로 죽었다.

19) 킹 제임스 성경 욥기 26장 10절 말씀은 "그가 물들을 경계로 두르시니..."라고 하는데 여기서 '두르시니'는 히브리어로 '후그'인데, 이 말은 같은 킹 제임스 성경 이사야 40장 22장 말씀처럼 지구가 '원형'이며,' 둥글다'는 뜻을 가지고 있다.

하자원의 존재는 물론 구름과 비, 이슬과 우박 등의 자연 현상과 활동에 대한 근원을 알고 있었습니다. 구름과 비를 보아도 보통 사람들처럼 단순하게 사물의 외형만 본 것이 아니고, 그 사물의 존재와 근원이 창조주 하나님으로부터 오며, 그래서 (과학적으로도) 신비한 특성과 작용을 하고 있다는 것을 알았습니다. 욥기 26장, 28장, 38장 등을 통하여 볼 때 욥은 하나님만 안 것이 아니라 하나님의 피조물에 대한 이해까지 달관의 경지에 이르렀다고 할 정도입니다. 이와 같이 욥은 하나님, 땅, 그리고 사람을 동시에 이해하는 사람으로 통전적인 신앙을 가졌습니다. 이것은 우리 한국의 토종문화 삼재론을 닮았습니다. 우리 겨레의 초기 신앙은 하나님 중심이며, 여기에 세계관까지 천·지·인의 삼재론 사상에 입각하여 땅과 자연을 함께 이해한 것과 유사합니다.

다섯째, 욥은 우리와 같은 셈족입니다. 욥의 고향은 성경상으로 에돔이라고 추정을 하고 있을 뿐 아직 어느 곳도 확실하지는 않습니다. 그러나 욥의 고향보다 더 중요한 것이 있습니다. 성경에서 욥은 우리 겨레와 함께 노아의 믿음과 정통성을 계승한 셈족 계열에 속한다는 것입니다. 세계의 인류는 노아의 홍수 후에 함, 야벳, 셈 이렇게 세 아들로부터 나누어지는데(창 10:32) 여기서 욥은 우리와 혈통이 가장 가까운 셈족입니다. 이렇게 혈통을 강조하는 이유는 아랍인과 한국인, 그리고 유대인은 모두가 한 가족이라는 뜻입니다. 일부에서 욥의 아버지라고도 하는 에서(?)는 하나님을 멀리 했고, 또 지금의 아랍인들도 알라 신과 마호메트를 따르며, 여호와 하나님은 멀리하고 있습니다. 그러나 이들도 처음에는 하나님이 특별히 복을 주신 셈족의 후예들입니다(창 9: 26). 유대인, 아랍인, 그리고 한국인은 인종, 종교, 문화, 지리상으로 볼 때 너무 달라 보이지만, 성경적으로 노아의 믿음과 계보를 계승한(또는 계승을 해야 하는) 셈족의 후손으로 한 핏줄입니다.

특히 욥은 하나님이 자랑할 만큼 믿음이 온전하고, 정직하여 "동방의 의인" 으로 불리었습니다. 그리고 욥의 신앙과 생활은 우리 겨레의 초기 신앙과 후기의 역사를 많이 닮았습니다. 지금도 아랍인들이 믿고 있는 유일신의 이름은 '알(아르)' 인데 이 신명은 성경과 유대인이 말하는 유일신 '엘로힘' , 그리고 우리 겨레가 믿어 온 삼신일체의 하나님 '얼' 과 같은 어원을 가진다고 보고 있습니다. 곧 신명의 뿌리도 하나로 같다는 뜻입니다. 욥에 대한 기록이 코란에도 있습니다. 욥의 아내가 욥의 믿음을 비난할 때 하나님이 아내를 징계하는 내용(코란 38:44)이므로 진실성을 믿기 어려우나 코란에 욥의 기록이 있는 것은 사실입니다. 코란에는 우리말 '암' 이나 '하먼' 에 해당하는 히브리어 '아멘' 도 들어 있습니다. 따라서 이런 것은 우리가 앞으로 아랍인과 유대인을 만날 경우에 참고해야 할 사안입니다. 우리가 터키인을 형제라고 말하듯이 아랍인들에게도 형제애로 서로 사랑하고, 협력하며, 지구촌의 평화를 위해 힘써야 할 것입니다.

여섯째, 중동 문제의 핵심은 땅 문제와 종교 문제입니다. 특히 유대교와 이슬람은 종교성이 강하고, 그 종교성은 지나칠 정도로 율법적이고, 배타적입니다. 그래서 중동 문제의 해결이 어렵고, 타종교를 가진 사람들은 그들에게 쉽게 접근조차 못하고 있습니다. 그러므로 유대인과 아랍인의 화해는 그들에게 공통점을 찾아주고, 온전한 신앙을 되찾아 주는 길입니다. 그것은 그들의 한 조상인 아브라함과 그 이전의 혈통을 찾아서 함께 손을 잡고, 모두 욥과 같은 신앙의 자세로 돌아가는 것이 아닐까 합니다. 욥은 죄를 지은 것도 아닌데 하나님의 뜻을 따라 자기의 재물과 자녀, 그리고 모든 것을 잃었습니다. 그럼에도 불구하고 욥은 오직 정금 같은 믿음 하나로만 하나님 앞에 섰습니다. 그랬더니 하나님은 욥의 잃은 것을 모두 회복시켜 주셨습니다. 이와 같이 아랍인과 유대인들은 각자가 가진 영토, 민족적 자긍심, 종교적 우월성, 율법과 배타적 감정 등을 모두 버리고, 욥처럼 창조주 하나님 앞으로 벌거벗고 나아와야 합니다. 그렇게 할 때 그들이 사생결단으로 찾고 지키려고 애를 쓰는 그들의 땅(영토)과 바른 종교(진리)도 되찾을 수 있을 것입니다. 이것을 욥의 신앙을 닮은 우리 한국인이 중립적 입장에서 도움을 줄 수 있을 것입니다.

미국인 혈통이면서 한국인의 피가 섞여 있으면, 한국계 미국인이라고 합니다. 반대로 한국인 혈통이면서 미국인의 피가 섞여 있으면 미국계 한국인입니다. 이와 같이 욥은 아랍인, 유대인, 한국인과 혈통의 뿌리가 같습니다. 지금까지 욥의 고향은 아라비아로 알려져 있었습니다. 그러나 더 확실한 것은 욥이 서양 사람이 아니고, 동양 사람이라는 것, 거기에 우리 민족의 계열에 속하는 셈족의 후손입니다. 특히 욥의 믿음과 삶은 한국인을 많이 닮았고, 지역, 혈통 등 모든 면에서 유사점이 많습니다. 욥은 그 시대에 믿음이 가장 좋았던 자이므로 당대의 의인이었던 노아 할아버지의 신앙과 함께 우리 한국인이 배우고 계승해야 할 믿음의 선조입니다. 성경은 노아와 욥을 같은 의인으로 봅니다(겔 14:14).

그러므로 한국인, 그리고 유대인과 아랍인들은 모두 욥과 같은 믿음을 가져야 합니다. 믿음은 있지만 욥의 친구처럼 자기 생각과 변론에만 능숙한 사람이어서는 문제를 해결할 수가 없습니다. 모두가 욥처럼 인종과 혈통, 그리고 자기의 자존심, 재산, 심지어 피붙이 가족까지도 모두 버리고, 오직 여호와 앞에 온전하고 정직한 자세로 다가갈 때 중동의 평화와 세계의 공존은 가능할 것입니다.

10. 성경은 장자권 중심, 한국은 맏아들 우대

우리나라는 예로부터 장남에 대하여 특권이 많았습니다. 현대 민법이 개정되기 전까지 장남은 호주 상속권이 있고, 그에 따른 재산 상속권도 차남보다 많았습니다. 또 부모가 맏이에게는 상속법을 떠나서 실제로 다른 형제보다 재산을 더 많이 물려주었습니다. 그 대신 맏이는 지켜야 할 의무가 더 컸습니다. 우리 속담에 "맏이는 부모 맏잡이다"라는 말이 있습니다. 그래서 아버지가 죽고 나면, 형제들은 맏형을 부모처럼 여기며, 가정을 꾸리고, 질서를 지켜 왔습니다. 이런 경우 어머니도 '삼종지의(三從之義)' 라고 하여 맏아들을 따라야 했습니다. 이것이 전통적으로 행해온 한국의 가부장제 문화입니다. 성경도 이와 유사합니다. 성경은 장자에게 아버지의 권한을 물려줍니다. 특히 재산 상속에서 다른 형제보다 2배의 상속권을 주고 있습니다.

> 어떤 사람이 두 아내를 두었는데 하나는 사랑을 받고 하나는 미움을 받다가 … 둘 다 아들을 낳았다하자 그 미움을 받는 자의 아들이 장자이면 … 반드시 그 미움을 받는 자의 아들을 장자로 인정하여 자기의 소유에서 그에게는 두 몫을 줄 것이니 … (신 21: 15~17)

본문은 재산 상속에서 장자를 특별히 우대하고 있습니다. 이렇게 상속의 규례를 정한 것은 장남과 차남을 구별하여 장자에게 특권을 주며, 일부다처제 사회에서 있을 수 있는 적자와 서자 간의 갈등을 예방하기 위한 것입니다.

그리고 족장시대에 장자는 아버지의 재산 뿐 아니라 가계의 승계, 그리고 종교(제사)적 권리와 의무까지 계승을 합니다. 그리고 출애굽 후에 생긴 제사장 제도에서 장남은 제사장의 자리도 이어 받습니다. 왕조시대에는 왕위가 장남을 통하여 계승됩니다. 이와 같이 구약성경에서 장자는 여러 가지 특권을 부여 받았습니다.

그러나 성경은 장자에게 특권을 부여하지만, 이에 따른 책임과 의무도 따라오며, 그 비중은 상당히 컸습니다. 장남은 아버지의 뜻을 따라 아버지가 지켜온 하나님의 법을 따라 가정에서 영적인 질서를 잡아가야 했습니다. 장남은 가계의 혈통을 잇고, 특별한 경우가 아니면 가업까지 이어야 합니다. 특히 장남은 가정에서 형제들에 대한 책임을 다해야 합니다. 이것이 형제가 가난하여 몸이 팔리고, 땅이 잡히면 값을 치러 풀어주는 것입니다. 이것이 경제적 무르기인 속량입니다. 하나님으로부터 부여받은 장자권은 소중하게 여기고, 장자의 권리와 의무를 이행해야 합니다.

그런데 장남이 이러한 책임을 게을리 하면 하나님은 그에게 장자의 권리를 박탈해 버립니다. 성경상 최초의 장남 가인은 동생을 죽여서 장자권을 박탈당했습니다. 이삭의 장자인 에서는 장자권을 경솔하게 생각하여 팥죽 한 그릇에 그 권리를 동생 야곱에게 넘겼습니다. 아비의 침상을 범한 르우벤은 장자권을 유다에게 넘겨주어야 했습니다.

실제 성경이 말하는 장자의 특권과 유지는 불변의 철칙이 아니었습니다. 오히려 하나님의 말씀에 순종만 잘 한다면, 차자에게도 장자권이 넘어오고, 아니면 장자에 버금가는 복이 돌아옵니다. 성경은 심지어 이방인이나 미천한 신분을 가진 자에게도 말씀에 순종만 하면 장자의 특권을 준 경우가 있습니다. 이게 더 중요합니다. 유대인의 장자를 대표해 온 유다지파와 다윗 왕가도 원래는 장자권이 없었습니다. 요셉은 서자이고 11번째 동생이지만, 하나님의 말씀에 순종하여 다른 형제들보다 2배의 유산을 물려받았으며(창 49:24), 사실상 장자권도 물려받습니다(대하 5:1,2). 성경의 토지 무르기, 곧 희년의 방법론인 속량법에 순종한 보아스는 이방의 기생 아들이면서도 다윗 왕가의 장자권을 계승합니다. 토지 무르기의 의무자인 아무개는 그 의무를 이행하지 않았기 때문에(룻 4:6) 자기에 돌아온 다윗 왕가의 복을 받지 못했습니다. 다말과 룻 역시 미천한 이방 여인이지만, 속량법에 순종하여 유대의 장자권 혈통을 잇고, 그 혈통이 나중에 다윗 왕가를 탄생시킵니다. 예수님은 이 가계를 빌어서 성육신을 하십니다.

성경은 이렇게 장자권을 중시하며, 장자권을 통하여 그 시대에 가정과 사회의 질서를 유지합니다. 그러나 장자권은 절대적인 것이 아니라 말씀을 순종하는 정도에 따라 그 장자권을 언제라도 바꿀 수 있다는 것이 하나님의 뜻이었습니다. 그래서 잠언서는 매를 들어서라도 훈계로 아들을 가르치라고 당부를 합니다(잠 23:13, 29:15). 우리나라도 "매 끝에 효자 난다"고 하면서 자녀 교육에 훈계를 강조했습니다.

구약의 장자권은 신약에서 결국 메시아 예수 그리스도로 이어지고(롬 8:29), 이후 예수님을 믿는 성도들이 모두 장자가 되어 유업의 상속자가 됩니다. 오늘날의 장자권은 교회와 성도들이 그 명분을 이어 받았다고 할 수 있습니다(히 12:23). 그러므로 교회와 성도들은 예수님의 희생으로 부여 받은 장자권을 하나님의 선물로 생각하고, 감사한 마음으로 잘 지켜야 합니다. 성경의 사례처럼 장자권을 부여 받고도 책임을 다하지 않거나 말씀에 순종하지 않으면, 언제든지 받은 장자권을 다시 잃을 수 있음을 명심해야 할 것입니다(히 12:16). 지금은 세계교회, 그리고 한국교회까지 성도들이 줄어드는 추세이기 때문에 하나님의 장자권이 큰 위협을 받고 있습니다.

11. 교회는 음란, 낙태, 이혼을 말려야 합니다.

우리나라는 지금 출산율이 급격하게 떨어지고 있어서 모두가 걱정입니다. 우리나라의 출산율은 세계에서 최저 수준이라고 합니다. 젊은 부부가 아이를 잘 낳지 않아서 인구가 줄어들고, 사회는 여러 가지 면에서 경쟁력이 떨어지고 있습니다. 저가 둘째 아이가 태어난 후부터 정부는 셋째 아이를 낳지 못하게 했습니다. 셋째 아이는 의료보험(건강보험)의 혜택도 주지 않고, 부양가족 수당이나 세금 등에서 불리한 대우를 하겠다고 했습니다. "하나만 낳아도 삼천리는 초만원"이라는 말이 표어로 나올 지경이었습니다. 그래서 저는 셋째를 가지려는 계획을 포기했지요. 지금도 아들이든 딸이든 자상하고, 나긋나긋한 셋째를 하나 더 두었으면 하는 말을 농담처럼 하고 있지만, 이미 그럴 기회는 지났습니다.

1980년 초 정부가 '가족계획' 보다 더 강한 '산아제한' 을 내세우며 낙태를 허용할 때 강원도 예수원의 R. A 토레이 신부(개신교에 속하는 성공회 신부)는 "낙태는 살인이요, 죄악이다"라고 했습니다. 그러면서 그 분은 틈만 있으면 기독인과 비기독인을 불문하고 낙태를 못하게 말렸습니다. 그 때 저는 그 분의 주장이 생명 존중에 대한 원론적인 이야기로만 보고 심각하게 받아드리지 않았습니다. 아마 대다수 기독인들도 저와 동감이었을 것입니다. 그런데 지금은 이 말이 실감이 납니다. 그러므로 교회는 지금이라도 낙태에 대하여 적극적으로 말리고 나서야 합니다. 교회가 성경이 말하는 낙태에 대하여 교회와 사회에 알려야 한다는 뜻입니다.

그러나 교회는 낙태에 대하여 별로 말이 없습니다. 심지어 성경이 낙태에 대한 규정이 없으므로 교회가 성도들에게 낙태를 조건부로 허용하는 것처럼 여기게 만듭니다. 이런 추세는 낙태 금지를 공식으로 표방한 가톨릭도 비슷합니다. 가톨릭교회는 1869년 교황 바오르 9세가 낙태에 대한 교회의 입장을 바꾸고 나서야 비로소 낙태를 금지했습니다. 그럼에도 가톨릭 교인들은 일반인과 같은 비율로 낙태를 하고 있다고 합니다. 이런 결과는 공적으로 발표가 아니라 주로 임산부와 목회자 간 개인 상담, 또는 고회성사에서 확인되고 있습니다. 성경은 낙태를 어떻게 보는지 낙태에 대한 성경 구절을 찾아보겠습니다.

> 〈개역성경, 출 21:22,23〉 : 사람들이 싸우다가 임신한 여인을 쳐서 낙태하게 하였으나 다른 해가 없으면 그 남편의 청구대로 반드시 벌금을 내되 재판장의 판결을 따라 낼 것이니라 그러나 다른 해가 있으면 갚되 생명은 생명으로
> 〈킹 제임스 성경, 출 21:22,23〉 : 만일 사람들이 싸우다가 아이 밴 여인을 다치게 하면 그녀에게 열매가 그녀에게서 나올 때 아무런 피해가 따르지 않았어도 그는 반드시 형벌을 받아야 하리니, 그 여인의 남편이 그에게 청구하는대로 재판관의 판결에 따라 지불해야 할지니 만일 어떤 피해가 따르면 그 때는 생명은 생명으로 갚아야 하며

본문을 비교해 보면 개역성경과 킹 제임스 성경이 서로 다른 곳이 있습니다. 교회는 지금까지 주로 개역성경을 기초로 낙태는 살인이 아니라고 보아 왔습니다. 곧 교회가 낙태 금지에 대하여 소극적 · 방관적 자세를 취해 왔다는 것입니다. 그러나 킹 제임스 성경의 번역은 개역성경과 다릅니다. 킹 제임스 성경은 본문을 태아의 피해가 없더라도 산모에게 가해진 신체상의 피해는 보상을 해야 하며, 태아의 손상은 더 큰 죄라는 뜻입니다. 또 23절에서 만일 태아에게 어떤 피해가 따르면 '생명은 생명으로' 갚아야 하므로 낙태가 살인죄에 해당한다고 보겠습니다.

태아도 엄연한 생명입니다. 그러므로 생명을 죽이는 낙태는 살인에 버금가는 죄입니다. 그러면 장애아에 대한 낙태는 어떨까요? 예수님 제자들이 날 때부터 눈 먼 자를 보고 "이게 누구의 죄입니까" 라고 묻습니

다. 예수님은 "누구의 죄도 아니고, 하나님의 뜻(일)"이라고 했습니다(요 9:3). 그러고 예수님은 즉시 그 눈 먼 자의 눈을 뜨게 해 주셨습니다. 이렇게 볼 때 장애자도 하나님의 뜻에 따른 귀한 생명체이므로 부모가 장애자라고 하여 낙태를 할 수 있는 권한이 주어지지 않았습니다. 하나님은 사람을 태중에서도 살피시는 분입니다(창 25:23). 한 생명의 임신과 출산도 다 하나님의 의중에 있는 것이므로 미리 양수 검사와 같은 방법으로 뱃속의 태아를 감별하여 차별하고, 장애자로 판단하여 태아의 생사에 관여하는 것은 성경적이지 않습니다. 물론 낙태도 그렇습니다. 산모가 위급한 경우와 같이 특별한 경우가 아니면, 낙태는 하지 말아야 합니다.

그리고 지금 우리 사회에서 남녀의 성윤리 의식은 어떻습니까? 물론 교회가 음란 문제에 대해서는 나쁘다는 말을 자주 하고 있습니다. 성윤리의 강조는 교회가 사회에 대해 가지는 관심 중에 첫째 덕목이며, 어쩌면 유일한 부분이라고 할 정도입니다. 그러나 교회가 혼인의 순결을 중시하지 않는 성적 풍조, 남녀의 문란한 성관계는 절제를 하도록 가르쳐야 할 것입니다. 그리고 이렇게 순결성이 훼손된 성관계로 임신을 하면 쉽사리 낙태를 하게 되는데 이런 행위는 단호하게 금해야지요. 남녀의 성적 관계는 순간적인 쾌락을 넘어서 인격적 관계이며, 생명과 직결된 행동입니다. 따라서 교회는 남녀의 성적 관계는 본능적이고 충동적인 쾌감만을 추구할 것이 아니고, 먼저 성에 대한 질서와 책임부터 가르쳐야 할 것입니다.

예를 들어서 개는 소위 '개 같은 행동'을 해도 생명과 관련하여서만, 성적인 관계(교미)를 가집니다. 개는 태어난 생명에 대해서는 끝까지 양육하고, 보호하고, 새끼가 자라서 자립을 할 때까지 책임을 집니다. 그런데 그런 개를 다스리는 사람들이 오늘날 성적인 책임은 어떻습니까? 성을 쾌락의 도구로만 생각하고 즐기기만 하며, 그 결과로 잉태한 생명에 대해서 소홀하거나 무책임한 행동을 하지요. 이것은 고쳐야 합니다. 이혼율도 우리나라가 지금 세계 최고를 향하고 있습니다. 이것도 낙태, 음란과 더불어 금지해야 할 행위입니다.

> 그런즉 이제 둘이 아니요 한 몸이니, 그러므로 하나님이 짝지어 주신 것을 사람이 나누지 못할지니라 하시니(마 19:6).

예수님은 음행한 외에는 이혼을 못하게 하십니다. 그러나 요즈음 우리 사회는 농담을 하다가도 자존심이 상하면 그게 그만 이혼 사유로 커지고, 사업에 실패를 해도 이혼을 고려합니다. 하나님이 짝을 지워 주셨고, 둘이 연합하여 한 몸이 된 결혼을 너무 경솔하게 생각합니다.

이와 같이 성경은 혼음을 금하며, 이혼을 금하며, 낙태를 금하고 있습니다. 물론 이런 것들은 율법적 차원이 아니니 오해하지 마셔요. 낙태(산모의 위험 등), 혼전 성관계, 이혼 등은 경우에 따라 부득이 할 수도 있겠지요. 오늘날 출산율 저하의 큰 원인은 교육과 경제문제이기도 합니다. 저는 그래서 이 문제도 성경이 가르치고 있는 경제문제와 함께 풀어야 한다고 보고 있습니다. 지금의 사교육 문제만 하더라도 실상은 취업문제입니다. 삶에서 가장 크게 위협받는 것이 경제문제이고, 그것이 취업문제와 교육문제로 넘어가기 때문입니다.

우리 민족은 예로부터 낙태를 몰랐고, 검은 머리가 파뿌리가 되도록 같이 살았지 상대가 밉고, 서운하고, 생활능력이 없고, 성격이 맞지 않다고 하면서 이혼을 하지는 않았습니다. 우리 겨레는 혼인에 대한 순결과 정절은 세계에서 일등 국민이었을 것입니다.

그러나 요즈음 젊은이들 혼인 전에 남녀가 너무 쉽게 만나고, 만나서는 무책임한 성관계를 가집니다. 그들은 결혼을 하면 이혼도 쉽게 합니다. 이로써 낙태가 늘어나고, 아니면 태어난 아이들은 부모 사랑을 받지 못하여 문제아가 됩니다. 문제아는 다시 사회문제를 일으켜, 그 부담을 사회가 떠 안아야 합니다. 오늘날 모두가 걱정하고 있는 인구 감소는 이러한 낙태, 음란, 이혼의 조급함과 무책임의 결과입니다.

이러다가 세계에서 기독교는 머지않아서 이슬람에게 주도권을 내어줄 수도 있습니다. 이슬람은 코란에서 낙태를 금하고 또 그것을 생활에서 실천하고 있습니다. 그래서 한 가정에 5, 6명의 자녀는 보통입니다. 이 부분에서 그들은 오히려 성경 말씀을 지키고 있다고 보아야 하겠습니다. 구원과 전도만 가르치고, 생활을 말하지 않는 세계의 기독교는 앞으로 구식 종교[20]인 이슬람에게도 뒤처지는 수모를 당할 수 있을 것입니다. 성경은 낙태, 혼전 간음, 이혼 등을 금하고 있지만, 교회는 이에 대하여 별로이며, 오히려 구식 종교인 이슬람이 성경 말씀을 지키고 있기 때문입니다.

그런데 한국의 고유한 토종문화는 이러한 음란, 낙태, 이혼이 거의 없었으므로 이것만으로도 우리는 생활에서 하나님 말씀을 지켜온 겨레입니다.

---

20) 이슬람을 구식 종교라고 하는 것은 그 종교가 인간의 기본권과 생명권을 박탈하고 있기 때문이다. 그 대표적인 것이 ① 인명 살상의 허용(비무슬림을 종교적 이유로 죽일 수 있음), ② 지나친 성차별(남성 우월의 코란 40장 30절, 여성 할례, 혼인의 불평등), ③ 인간의 기본권을 박탈하는 종교 계율 등을 들 수 있다.

12. 다말은 불륜의 여자가 아닙니다.

다말은 시아버지를 속이고, 시아버지와 간통을 한 여자입니다. 그래서 우리는 보통 다말을 '불륜의 여자' 라고 낙인을 찍어 버립니다. 물론 다말의 행동은 세상 사람들도 다 불륜이라고 할 것입니다. 그런데 이러한 성경 이해는 잘못입니다. 다시 말하면 세상 사람들은 그를 불륜으로 보지만, 하나님은 그를 불륜으로 보지 않았습니다. 오히려 하나님의 뜻을 따른 '순종의 여성' 으로 봅니다. 그래서 그에게 큰 복을 주고, 혈통을 잇고, 가정을 복원시켜 줍니다. 그 복은 다말의 후손을 따라 다윗 왕가가 일어나고, 메시아이신 예수 그리스도가 탄생합니다. 현실적으로 이보다 더 큰 복은 없을 것입니다.

이러한 다말의 행위는 속임을 당한 시아버지까지 그 정당성을 인정하고 있습니다.

> 유다가 그것들을 알아보고 가로되 그는 나보다 옳도다…(창 38:26)

그런데 우리는 다말을 불륜의 여자라고 말합니다. 성경을 보면 대부분 다말의 이야기에는 불륜의 여자로 소제목을 붙이거나 풀이를 해 두고 있습니다. 기독교 TV 방송을 보니 〈성서학당〉 시간에 어느 분(ㅅ목사)의 강의가 창세기 38장에 있는 다말의 이야기이었습니다. 그런데 강의의 제목이 "뜬금없는 불륜의 이야기" 입니다(2010년 1월 6일 11시 CBS 방영). 다말이 불륜의 여자라는 말이지요. 더구나 강의 담당자는 본문 38장의 의미는 "하나님이 장자권을 중요시 하지 않는다는 내용을 전하려는 것" 이라고 풀이합니다.

그런데 필자가 볼 때 창세기 38장의 다말 이야기는 오히려 하나님이 혈통과 장자권을 매우 중시하기 때문에 벌어진 사건으로 봅니다. 그러므로 성서학당의 강의는 장자권을 중시하는 본문 내용과 상반되는 것입니다. 이렇게 강의가 본문 의도와 다르게 전개되니 전체의 내용에서도 맥이 없고, 구름 잡는 이야기로 흘러갑니다. 비중 있는 프로 〈성서학당〉에 유명 강사를 세웠음에도 강의는 이런 정도이니 그만큼 우리가 성경을 잘못 알고 있습니다.

성경은 계대결혼 제도가 있습니다. 이것은 결혼한 여성에게 남편이 죽고, 후사가 없을 때 홀로 남은 여성은 죽은 남편의 형제와 재혼하여 남편의 혈통을 잇는 제도입니다(신 25:5,6). 이 제도가 우리의 풍습에서 보면 불경한 것처럼 보이지만, 성경은 이렇게 해서라도 가족의 혈통을 계속 이어가도록 하고 있습니다. 그리고 성경은 그 혈통을 따라 하나님이 주신 기업을 독립적으로 이어갈 권리도 줍니다. 성경은 남편 없이, 자식도 없이 홀로된 여성의 생존권은 이렇게 지킵니다. 그리고 기업인 토지와 경제의 시스템은 이런 방법으로 유지를 합니다. 성경은 사회 복지제도가 미약한 구약시대에 가장 연약한 약자로 남을 수 있는 '홀로된 여성(과부)' 의 보호를 이렇게 하고 있습니다. 이것이 성경이 말하는 구원의 방법론인 속량(贖良)의 법이고, 제도입니다.

그런데 유다의 아들은 엘, 오난, 셀라 이렇게 셋입니다. 이중 다말은 장남 엘과 결혼을 했는데 엘이 자식도 없이 죽습니다. 이런 경우 둘째 아들 오난이 형수에게 씨를 빌려주어 형 엘의 혈통을 이어주어야 하고, 그 아들로 형의 기업을 상속하게 해야 합니다. 이 경우 장자의 몫은 두 배입니다. 그래서 오난은 이것이 싫었습니다.

> 오난이 그 씨가 자기의 것이 되지 않을 줄 알므로 형수에게 들어갔을 때에 형에게 아들을 얻게 아니하려고 땅에 설정하매(창 38:9)

이 말은 오난이 죽은 형수에게 형의 아들이 생기는 것이 싫다는 뜻입니다. 형이 죽으면 자기에게 돌아올 형의 몫(지분)인 기업이 돌아오지 않기 때문입니다. 그는 형수에게 후사가 없도록 설정을 하게 됩니다. 그러나 이는 하나님이 세우신 제도를 정면으로 거역한 것입니다. 그래서 하나님은 둘째 아들 엘을 죽게 합니다. 그러면 이번에는 셋째 아들 셀라가 그 의무를 행할 차례입니다. 그런데 시아버지 유다는 셀라가 아직 어리다는 이유로 다말을 친정으로 보내고 장성하기를 기다리라고 합니다. 그러나 장성한 후에도 유다는 이 의무를 행하지 않습니다. 유다는 아들과 인연이 끊어진지도 오래되고, 더구나 이방 여자인 다말에게는 혈통과 기업을 이어 줄 마음이 내키지 않았던 것입니다.

이러한 시아버지의 뜻을 간파한 다말은 결국 스스로 길을 찾습니다. 하나님이 인정하신 자신의 혈통과 기업을 여기서 중단시켜서는 아니 됩니다. 자신의 살길도 찾아야 합니다. 그러나 정상적 절차로는 불가능합니다. 그래서 시아버지 유다를 속이고, 유다로부터 바로 씨를 받아 내기로 합니다. 이것이 바로 며느리 다말과 시아버지 유다 간에 벌어진 하룻밤의 정사입니다.

이것은 우리의 예절로 보면 분명히 불륜입니다. 그것도 좀처럼 있을 수 없는 고부간의 불륜입니다. 성경도 근친상간은 아주 나쁜 것으로 정죄합니다(레 18장). 그러나 다말의 행위는 좀 더 넓은 이해가 필요합니다. 성경이 금한 근친상간에도 하나님은 다말의 행위를 인정했다는 것입니다. 시아버지 유다도 다말의 행위가 옳다고 합니다.

> 내가 그를 내 아들 셀라에게 주지 아니하였음이로다…(창 38:26)

이것은 성경이 생활에서 윤리보다 사람의 생존을 우선한다는 것을 알면 바로 이해가 가능합니다. 성경은 길을 가다가 배가 고픈 경우에 근처에 있는 타인의 밭에서 곡식이나 열매를 취해 주린 배를 채울 수 있도록 합니다(신 23:24, 마 12:1). 배가 고픈 다윗은 제사장만 먹을 수 있는 진설병을 먹었지만, 그게 죄는 아니었습니다(삼상 21:1~6). 굶주린 자에게는 예배와 선교보다도 배를 먼저 채워 주라고 합니다(약 2:14~17). 이와 같이 성경은 인간의 생존을 윤리나 종교적 행위보다도 우선한다고 보는 것입니다.

따라서 다말의 행위는 자신의 생존을 위한 부득이한 조치입니다. 시아버지 유다처럼 육체적 쾌락을 위하여 불륜을 범한 것이 아닙니다. 그렇다고 이 남자 저 남자에게 돈을 받고 몸을 파는 창녀는 더욱 아닙니다. 그의 행동은 당면한 생존권을 찾기 위한 것입니다. 그리고 성경이 인정하는 혈통을 잇고, 기업을 찾아 가정을 정당하게 복원시키는 일입니다. 그래서 그는 이런 행위를 당당하게 감행하게 됩니다. 다시 말하지만 그는 이 행위를 통하여 당면한 문제도 해결 받고, 다윗 왕가와 인류의 구원자 예수 그리스도의 가계를 잇는 복까지 누립니다. 그런데 누가 그를 불륜의 여자라고 함부로 말하고 있는가 말입니다.

불륜의 여자임에도 불구하고 하나님은 다말을 용서하셨다고 말하면, 남의 밭에 들어가 이삭을 잘라 먹은 예수님의 제자들은 어떻습니까? 예수님은 도둑질 한 자들도 묵인을 하시고 제자로 데리고 다녔다고 해야 옳지요. 우리는 성경을 부분적으로 보지 말고, 전체로 보아야 합니다. 이와 같이 우리는 성경을 현실적으로 이해하지 못하고, 영적으로만 접근하여 성경이 말하는 많은 부분을 놓치거나 무시하는 경우가 너무 많습니다.

우리는 다말을 "불륜의 여자인데 하나님이 보살피셨다"는 영적 의미는 알고 있습니다. 또 어떤 분들은 오난이 형수에게 행한 설정에서 '오나니' 가 자위행위의 어원이 된 것까지 압니다. 그러나 진작 본문의 중심 주제인 약자의 생존권 보장을 위한 무르기(씨잇기, 토지 재산권 계승 및 보장)는 거의 모르고 있는 것입니다. 속량을 다루는 책 성경을 보고, 구원을 절대시하는 기독인들이 그 구원의 방법인 속량에 대해서는 도무지 모르고 있는 것입니다.

13. 심청은 죽어서 효도, 입다의 딸은 살아서 헌신

한국에는 눈 먼 아버지 심봉사와 효녀 심청의 이야기가 있습니다. 심청은 공양미 삼백석을 절에 바치면 눈을 뜰 수 있다는 스님의 말에 바다에 제물로 던져져서 희생하게 됩니다. 이렇게 인신제사를 드리는 이야기는 유교, 도교, 불교의 영향으로 보입니다. 그런데 이와 비슷한 이야기로 성경에는 딸이 아비를 위하여 희생하는 이야기가 있습니다. 사사시대의 사사 입다와 그의 딸에 대한 이야기입니다.

입다는 사사로서 전쟁에 출전하기에 앞서 하나님과 서원을 합니다. 만약 이번 전쟁에서 하나님이 승리하게 해 주시면, 돌아올 때는 내 집에서 제일 먼저 영접하러 나오는 자를 하나님께 번제물을 드리겠다고 말입니다. 그래서 입다가 전쟁에 이기고 집에 돌아오는데 공교롭게도 그의 사랑하는 딸 입다가 제일 먼저 아비를 맞으며 영접을 합니다.

"아뿔사! 이게 웬일?" 입다는 크게 놀라고 실망합니다. 자기의 사랑하고 아끼는 무남독녀의 딸을 제물로 바쳐야 하기 때문입니다. 입다는 전투의 승리에 대한 기쁨은 사라지고 비통과 절규에 빠집니다. 이에 입다의 딸은 고민 끝에 하나님께 약속한 서원은 지켜야 한다고 하면서 자기가 그 희생물이 되겠다고 나섭니다. 그래서 입다의 딸은 아비의 서원에 따른 희생의 제물이 됩니다.

그래서 대다수의 성경은 "입다의 딸이 번제물로 죽었다"고 번역을 하고 있습니다. 교회는 이렇게 번역한 성경을 그대로 알고, 믿고, 전합니다. 구약 성경에서 번제란 제물을 불에 태워서 드리는 제사이므로 당연히 입다의 딸도 번제물로 죽은 것으로 말입니다. 그러나 과연 하나님이 사람의 목숨을 제물로 받으셨을까요?

하나님은 아브라함에게 100세에 난 아들 이삭을 번제물로 바칠 것을 명하지만, 실제 실행은 하지 않으셨습니다. 하나님은 그렇게 바칠 수 있는 아브라함의 믿음, 곧 순종의 자세만을 번제물로 받고, 사람의 생명은 받지 않으셨습니다. 그리고 하나님은 바알 종교와 같이 인신 제물을 바치는 행위에 대하여 크게 분노하십니다. "나는 이방 종교인들 같이 자녀를 불에 태워 바치는 짓은 명한 적이 없고, 생각지도 아니했다(렘 7:31)"라고 하시면서 말입니다. 이것은 입다의 딸에게도 마찬가지입니다. 사사기 11장의 본문을 자세히 읽어보면 입다의 딸은 번제물로 죽지 않았음을 알 수가 있습니다. 아래는 관련 성구를 표준 새 번역으로 다시 보겠습니다(사사기 11:34~40).

> 입다가 미스바에 있는 자기 집으로 돌아올 때에, 소고를 치고 춤추며 그를 맞으려고 나오는 사람은 바로 그의 딸이었다. 그는 입다의 무남독녀였다. 입다는 자기 딸을 보는 순간, 옷을 찢으며 부르짖었다. "아이고, 이 자식아, 네가 이 아버지의 가슴을 후벼 파는구나. 나를 이렇게 괴롭히는 것이 하필이면 왜 너란 말이냐! 주께 서원한 것이어서 돌이킬 수도 없으니, 어찌한단 말이냐!"
> 그러자 딸이 아버지에게 말하였다. "아버지, 아버지께서 입으로 주께 서원하셨으니, 서원하신 말씀대로 저에게 하십시오. 이미 주께서는 아버지의 원수인 암

몬 자손에게 복수하여 주셨습니다. "딸은 또 아버지에게 말하였다. 한 가지만 저에게 허락하여 주시기 바랍니다. 두 달만 저에게 말미를 주십시오. **처녀로 죽는** 이 몸, 친구들과 함께 산으로 가서, 실컷 울도록 해주시기 바랍니다." 입다는 딸더러 가라고 허락하고, 두 달 동안 말미를 주어 보냈다. 딸은 친구들과 더불어 산으로 올라가서, **처녀로 죽는** 것을 슬퍼하며 실컷 울었다.

두 달 만에 딸이 아버지에게로 돌아오자, 아버지는 주께 서원한 것을 지켰고, 그 딸은 **남자를 알지 못하는 처녀의 몸으로 죽었다**. 이스라엘에서 하나의 관습이 생겼다. 이스라엘 여자들이 해마다 산으로 들어가서, 길르앗 사람 입다의 딸을 **애도**하여 나흘 동안 **슬피 우는 것이다**.

본문은 분명히 입다의 딸이 죽었다고 합니다. 그런데 관련 본문을 킹 제임스 성경과 성경 원문을 참고로 다시 보면 이렇습니다.

첫째 사사기 11장 35절 "처녀로 죽음을 인하여"로 번역한 곳을 "처녀 됨을 인하여" 입니다. 곧 처녀로 죽는다는 말이 아니고, 처녀 몸으로 한 평생을 살아야 함을 슬퍼한다는 뜻입니다. 하나님께 서원을 했으니 한 평생을 결혼도 못하고, 주를 위하여 헌신하며 살아야 한다는 뜻입니다.

둘째, 39절은 "남자를 알지 못하고 죽으니라"의 번역은 "남자를 알지 못하고 끝이 나니라" 입니다. 입다에게는 무남독녀의 귀한 딸, 한창 꽃다운 나이에 그는 하나님에 대한 서원을 위하여 남자를 접하지 못하고 (결혼을 하지 않고), 숫처녀로 평생을 주님만 섬기며 살았던 것입니다.

셋째, 40절에 4일간 "애곡"한 것이 아니라 4일간 "찬양"을 한 것입니다. 37절이 말하는 통곡은 히브리어 "바카"로 통곡을 말하는 것이 맞습니다. 그러나 40절이 통곡이라고 말하는 히브리어는 "티나"인데 이는 통곡이 아니고 찬양, 칭찬, 기념 등의 의미를 가집니다. 특히 4일간 행한 찬양집회는 이스라엘 여자들만이 하는 것인데 처녀의 몸으로 주에게 헌신한 여성 입다의 신앙을 본보기로 삼자는 모임(기념과 행사)의 성격으로 보아야 할 것입니다.

넷째, 하나님 앞에서의 진정한 번제는 제물의 태움이라는 외형의 형식이 아니고, 우리의 희생적 삶입니다.

> 사무엘이 가로되 여호와께서 번제와 다른 제사를 그 목소리 순종하는 것을 좋아하심같이 좋아하시겠나이까 순종이 제사보다 낫고 듣는 것이 숫양의 기름보다 나으니(삼상 15:22) 주께서 나의 귀를 통하여 들리시기를 제사와 예물을 기뻐 아니하시며 번제와 속죄제를 요구치 아니하신다 하신지라(시 40:6)

따라서 본문이 주는 교훈은 우리가 하나님께 올리는 서원은 신중하게 해야 하며, 또 그렇게 하여 서원한 것은 내가 큰 손해를 보아도 지켜야 한다는 것입니다. 그러면 그에 상응한(그 이상의) 복이 내게로 돌아옵니다. 그리고 하나님은 이렇게 우리의 희생을 원하시지만, 그렇다고 목숨까지 제물로 요구하지는 않는 다는 것입니다.

우리 고전에서 효녀 심청은 아비를 위하여 죽었지만(용궁에서만 다시 살고), 성경의 입다는 한 평생 회막지기(?)로 살면서 하나님과 아비를 위하여 헌신을 했습니다. 죽지는 않고 말입니다. 심청이 아비를 위하여 죽은 것은 저자가 유교와 도교, 그리고 불교 등의 영향을 받아서 그 내용을 소설로 쓴 것에 불과하고, 우리의 더 오래된 토종종교에서는 이런 인신제물(人身祭物)이 없었습니다. 70세가 된 부모를 산에 버린다는 '고려장' 이야기도 일제가 만든 것이지 실제로는 없었다고 합니다.

그런데 우리는 입다의 딸을 인신제사의 희생물로 보고 있습니다. 소설에 불과하며, 그것도 임당수에 빠져서 죽은 심청의 경우처럼 말입니다. 우리가 성경의 번제물은 짐승을 태워드릴 제물이라고 하여 살아있는 사람까지 죽음으로 내어 몰았고, 그렇게 이해하며 살아온 것입니다. 기이하다고 하겠습니다.

14. 기독교 장례식, 울어야 하나요? 웃어야 하나요?

기독교인이 초상을 당하면 유족이나 문상객들은 어떻게 해야 하나요? 울어야 하나요? 웃어야 하나요? 아니면 슬픈 표정을 지어야 하나요? 기쁜 표정을 지어야 하나요? 사람의 자연스러운 감정은 부모나 친족이 죽으면 슬픕니다. 이웃의 어른이나 나라의 지도자가 죽어도 마찬가지입니다. 그러므로 장례식은 슬픈 마음으로 고인을 애도해야 합니다. 우리의 전통은 부모나 친족, 아는 사람, 왕이 죽으면 장례식에서 곡을 하며 슬퍼했습니다. 더구나 부모를 일찍 여의면 너무 슬프고, 연세가 많아서 죽어도 평소에 효도하지 못한 것 때문에 죄인 같은 심정으로 탄식을 하며 웁니다. 문상객 역시 초상집에서는 이빨을 보이지 말아야 한다고 할 만큼 슬픔을 표합니다. 왕이 죽었을 때 두 달 석 달의 국상 기간을 두고 애도를 하기도 했습니다. 이와 같이 사람이 죽은 초상집에서의 슬픔의 표현은 지극히 자연적인 것이고, 우리의 풍습이었습니다.

그런데 교회는 어떻습니까? 교회는 예수를 믿은 사람이 죽으면 천국에 갔기 때문에 슬퍼할 일이 아니라고 합니다(천국에 가서 기쁘다는 말이 틀린 것은 아님). 그래서 대부분의 교회는 초상집에서 곡을 하지 못하게 합니다. 어떤 교회는 초상집에서 곡을 하거나 슬픔에 빠져있으면 마귀가 틈을 탄다고 하면서 금하는 경우도 있지요. 어떤 장례식의 메시지는 세상 죄악을 멀리하고, 죽음에서 구원을 얻은 기쁨의 소식만을 강조하여 전합니다. 지루할 정도로 말입니다. 이렇게 되니 예배 메시지는 죽은 자가 살아온 인생에 대한 추억과 귀감이 될 이야기를 거의 할 수 없습니다. 그래서 장례식의 메시지는 죽은 자가 누구인지는 관련이 없이 언제 어디서 들으나 내용이 똑 같습니다. 원론(천국 간 것)만 있고, 각론(삶의 회고)이 없습니다. 과연 이게 성경적인가 하는 것입니다. 장례식에 관련된 성경 본문을 보겠습니다.

> 이스라엘 자손이 모압 평지에서 애곡하는 기간이 끝나도록 모세를 위하여 30일을 애곡 하니라(신 34:8)
> 경건한 사람들이 스데반을 장사하고 위하여 크게 울더라(행 8:2)

성경에는 초상집 장례식에서 구원을 받았으니 기뻐하라는 말은 없습니다. 그 대신 성경은 사람이 죽으면 장기간 애곡하거나 크게 울었다고 합니다. 야곱이 죽었을 때 요셉을 총리로 둔 애굽 백성들은 70일간을 애곡했습니다(창 50:3). 초대 제사장 아론이 죽었을 때 30일(민 20:29), 하늘로 승천하여 장례식도 못한 모세의 죽음에도 백성들은 30일간을 애곡했습니다(신 34:8). 제사장, 사도, 선지자의 3직을 동시에 수행하여 탁월한 지도자였던 사무엘의 죽음에도 백성들은 애곡하였습니다(삼상 25:1) 백성들의 죄로 하나님이 많은 사람을 죽였을 때에도 백성들은 애곡했습니다(삼상 6:19). 신약에서도 성령이 충만하여 죽음을 맞았던 스데반 집사님의 경우에도 역시 같은 성령이 충만한 초대교회 백성들은 크게 울었습니다(행 8:2).

이와 같이 성경은 장례식에서 가족과 백성들이 울었다고 합니다. 성경은 사람의 감정에 순수합니다. 성경에서 상을 당하면 곡을 하며 슬픔을 표한 것은 우리의 토종문화가 그렇습니다. 상을 당하면 상주들은 죄인된 모습으로 애곡하며 슬퍼했습니다. 심지어 잘못된 것이지만, 부모상을 당하면 시묘 살이를 하기도 했고, 가정에서 빈소를 두기도 했습니다. 이것은 잘못이지만, 그만큼 우리는 망자를 애도했습니다.

또 성경에는 남편을 잃고, 가문이 멸문을 당하고, 힘겹게 살아야 할 이방 여인에게도 재기의 기회를 줍니다. 하나님이 제정하신 자비의 법, 속량제도가 그것입니다. 초상으로 멸문을 당한 가정에 후손을 이어주는 계대결혼과 생존권을 보장하여 주는 토지 무르기를 말합니다. 이와 같이 성경은 사람이 죽으면, 슬프게 울고 장례식을 합니다. 그리고 장례식을 마치면 남은 유족은 하나님이 다시 삶의 길을 제시해 줍니다.

기독교는 죽음의 종교가 아니고, 영생의 종교입니다. 기독인의 죽음은 영원한 안식의 장소이자, 하나님이 계신 천국으로 간 것이니 기쁜 일입니다. 그러므로 기독인은 죽음이라는 큰 슬픔에서도 천국이라는 큰 위로를 받을 수 있으며, 슬픔을 딛고 다시 일어설 수가 있는 것입니다.

그래서 기독인은 사랑하는 부모나 친지를 잃어도 마냥 슬픔에만 잠겨 있으면 아니 됩니다. 빨리 슬픔을 이기고 일어서야 합니다. 그렇지 않으면 살아있는 사람마저 슬픔의 함정(마귀의 올무)에 빠져들 수가 있습니다. 부모는 믿음 생활을 잘하여 천국에 있으므로 그 아들도 부모의 뜻을 따라 신앙생활 잘하고, 삶을 충실히 살다 때가 되면 천국에서 부모님을 만나야지요.

이런 뜻에서 교회가 초상집에서 슬퍼하지 말라고 하는 것은 이해합니다. 그러나 성경에 구체적으로, 그리고 여러 곳에 언급되어 있는 곡을 하지 못하게 하거나 심지어 슬픈 기색도 금하며, 슬픔을 당한 집에 기쁨의 메시지만 전하고 있다면 그게 더 문제인 것이지요. 초상집 조사의 메시지가 조객들이 모두 인정할 수 있는 고인에 대한 회고담이나 덕담 한 마디도 없는 경우가 허다하며, 남은 유족에게 소망과 용기를 주는 이야기를 눈높이(나이, 직장, 경제사정 등)에 맞추어 제시를 하지 않습니다. 부모와 가족을 잃어서 슬픔을 당한 장례식 메시지가 아픔도 없고, 슬픔도 없는 4차원의 영혼 이야기만을 퍼붓는 것을 보면, 이게 과연 장례식에 살아 있는 하나님의 메시지가 될 수 있는지 의심스럽습니다. 우리의 토종문화는 장례식에서 곡을 하고 울었습니다. 성경도 구약과 신약 모두에서 그렇습니다. 그러나 대다수 교회는 초상집과 장례식에서 곡을 금하고 있고, 저 세상(구원, 영생, 천국) 이야기만을 하고 있습니다.

15. 성경의 남녀관계는 구별 후 평등으로

우리나라는 예로부터 남성 중심의 사회였습니다. 그러면서 사대부 집안의 남편은 부인에게 존칭을 썼으며, 왕실은 '내명부' 라 하여 여성이 하는 일을 독립시켜서 남성들이 하는 정치와 분리하였습니다. 삼강오륜에서 부부는 유별하라고 했습니다.

그러면 성경은 남녀의 사회적 관계를 어떻게 보고 있을까요? 성경은 남녀가 차별이 없고, 하나님의 속성을 닮은 자녀라고 합니다. 그러면서 성경의 남녀관계는 평등보다 먼저 남녀를 구별부터 하라고 합니다. 성경은 남녀관계를 구별을 전제로 한 평등을 지향한다고 볼 수 있습니다.

남녀는 구별하라

성경은 여자를 남자의 갈빗대로 만들었다고 합니다(창 2:21). 성경은 사람 수를 셀 때에도 어린 아이와 여자는 제외했습니다. 사도 바울이 "여자들은 교회에서 잠잠하라"라고 합니다(고전 13:34). 또 여자는 남자를 가르치는 것과 주관하는 것을 못하게 합니다(딤전 2:10, 11). 오늘날 교회에서 여자는 성도수도 많고, 하는 일도 남자들보다 더 많이 하고 있지만, 권한과 직책에서는 아직 남자에 이르지를 못합니다. 여성은 장로가 되는 것도 역사적으로 얼마 되지 않았고, 아직 장로가 되기는 쉽지가 않습니다. 이런 것을 종합할 때 성경은 여성을 차별하는 것으로 볼 수 있습니다.

그러나 한편으로 남녀가 불평등하던 과거 사회에서 오늘날과 같이 남녀 평등사회로 발전한 것은 그 배후에 기독교가 선도적 역할을 했다고 할 수 있습니다. 미개인처럼 살던 유럽이나 아프리카에서 복음이 전해진 후에야 개화를 하였고, 로마의 절대 왕정과 철권 정치가 예수 그리스도의 복음이 전해진 후 무너졌지요. 신분의 차별이 타파되고, 남녀평등을 주창하는 민주주의의 태동은 기독교가 일등 공신입니다. 이와 같이 성경은 남자와 여자의 지위에 대하여 차별을 하는 것 같기도 하고, 또 한편으로 평등을 추구하는 것 같기도 합니다. 내용과 결과가 서로 상반된 모습 많지요. 필자도 성경을 접한 상당 기간은 그렇게 여겨왔습니다. 그러나 실상은 그렇지 않았습니다.

남녀의 지위에 대한 성경의 입장은 남녀의 구별을 전제로 하고, 그 후에 남녀의 평등을 말하고 있습니다. 여기서 남녀구별은 유교의 부부유별과도 유사한 것입니다. 성경이 말하는 가정과 사회에서의 남자와 여자는 평등에 앞서 서로 '다름'을 알아야 한다는 것입니다. 남자와 여자는 생리적, 신체 구조적, 정서적으로 차이(차별이 아닌 다름)가 있습니다. 그래서 이에 따른 생활과 사회적 역할을 서로 다르게 했습니다. 교회의 역할 역시 그렇습니다. 남자와 여자는 이것부터 알아야 합니다.

대표자 역할은 남자에게 우선권이 있습니다.

먼저 참고로 말씀을 드리면 한국의 전통적 남녀관은 '부부유별(夫婦有別)' 이란 말과 같이 남녀가 구별부터 해 왔습니다. 성경은 공동체의 역할, 특히 대표자의 역할에서 남자를 앞세웁니다. 공동체는 구성원이 두세 사람만 있어도 그 중에 대표자가 필요합니다. 이것은 사회적 필요로 인하여 자연적으로 발생합니다. 그런데 예로부터 사회라는 조직의 첫 출발은 가족 공동체입니다. 이런 경우 성경은 가족의 대표권을 남자가 하도록 했습니다. 이것이 가장제도입니다. 성경은 가족의 대표권, 곧 가장의 역할을 여자보다 남자가 하는 것이 합당하다고 합니다.

> … 남편은 너를 다스릴 것이니라(창 3:16)
> 여자는 일체 순종함으로 조용히 배우라(딤전 2:11)

왜 그랬을까요? 이것은 남녀의 생리적 조건과 사회적 현상을 추적하면 자연스럽게 나타납니다. 여자는 아이를 낳아야 하고, 길러야 합니다. 이것은 남자가 할 수 없는 역할입니다. 그런데 아이의 출산과 양육은 가정 안에서 하는 역할이지요. 대신에 남자는 힘들게 사냥을 하거나 농사를 짓는 일을 담당할 수밖에 없었습니다. 외부의 침입으로부터 가족을 보호도 해야 했지요. 아담은 에덴동산을 나온 후 땀을 흘려야 먹을 것을 구할 수 있었습니다. 그런데 이런 일은 가정 바깥에서 하는 것입니다. 그리고 맹수나 적들의 침입이 있을 시 힘이 센 남자가 우선하여 적과 맞서 싸워야 합니다. 이런 경우 여자는 집 안에서 아이를 보호하고 가정에서 살림살이를 챙깁니다. 집에 누가 찾아와서 만나기를 청해도 남자가 우선하여 나가보아야 합니다. 이런 역할이 바로 대표입니다. 이런 역할의 분담에서 남자가 자연스럽게 조직의 대표권 행사를 하게 된 것이며, 이것은 하나님의 창조원리에 따른 것입니다.

그런데 오늘날 가정에서 남녀의 평등은 잘못 인식되고 적용되는 듯합니다. 성경은 남녀의 구별을 말하고 있는데 오늘날의 가정은 그런 구별이 사라지고 있습니다. 남자도 여자처럼 여자도 남자처럼 살고 있다는 뜻입니다. 사람의 생리적 차이는 남녀의 역할 분담을 필요로 하지만, 사회는 그렇지 않게 흘러가고 있는 것 같습니다. 오늘날 남녀로 구성된 가정(부부)이 조그만 문제로 너무 쉽게 다투고 헤어지는 현상은 이런 차이와 역할의 분담을 경솔하게 생각하기 때문일 것입니다.

다시 말하면 가정에서 여자는 안일을 하고, 남자는 바깥일을 해야 합니다. 외부 침입으로부터 가정을 보호하는 남자의 역할은 성경 말씀이 있기 전에 있었던 자연제도이며, 또 이것은 긴긴 역사를 가지고 있습니다. 간혹 소수 민족에서 모계사회나 모권사회가 있기는 하지만, 그 사회가 발전하지는 못하고 미개한 상태로 남아 있을 뿐입니다. 성경은 이러한 생리적 특성과 역사성을 감안하여 공동체의 대표권을 우선 남자에게 허용한 것으로 볼 수 있습니다. 따라서 남자와 여자의 평등권이 보장되는 현대사회에서도 이러한 생리적 차이와 창조질서에 따른 역할의 차이는 존중되어야 할 사회질서의 한 부분입니다. 이게 존중되는 사회는 더 평화로울 수 있으며, 남자와 여자는 더 자유로울 수 있습니다. 이게 남자와 여자에 대한 성경의 기본 입장입니다.

한국에서 오랜 전통은 전형적인 가부장제이며, 가장은 남자가 했습니다. 이것이 지나쳐서 남존여비라는 잘못된 풍조까지 있었습니다. 그러나 한국은 그만큼 남녀의 지위와 역할에 대하여 분명한 구별이 있었고, 그만큼 성경적이었다고 할 것입니다.

남녀평등과 일부일처제

> 하나님이 자기 형상 곧 남자와 여자를 창조하시고(창 1:27)
> 너희는 유대인이나 헬라인이나 종이나 자유인이나 남자나 여자나 다 주 앞에서 하나이니라(갈 3:28)

물론 성경은 남녀의 역할 차이나 분담이 절대적인 것은 아님을 보여주고 있습니다. 사사시대의 대표는 여자도 있습니다. 왕조시대에 악한 왕이었지만, 이세벨과 같은 여왕도 있었습니다. 남자가 없을 경우 기업의 상속권이 여성에게 있는데(민 27:8) 이는 그 시대의 사회상으로 보면 상당히 진보된 제도입니다. 부계 혈통만 따지는 유대민족의 전통에도 불구하고 성경의 족보는 예수님의 가계를 이어가는 4명의 여성을 당당하게 등장 시키고 있습니다. 사회적 지도자 중에는 여성 선지자도 있습니다. 특히 다말과 룻은 그 시대에 남자들이 잘못하여 끊어 놓은 혈통을 잇습니다. 남자들이 잘못하여 몰락한 가정과 경제를 여성이 복원시켜 놓았습니다. 따라서 성경이 말하는 조직의 역할과 대표자 선정에서 남자에 대한 우선권 행사는 남녀의 구별에 따른 역할의 차이에서 발생한 것이지 그것이 인격의 차별을 뜻하는 것은 아니라는 말입니다.

그리고 성경은 이런 역할의 분담을 떠난 남녀 간의 인격적은 관계는 평등하다는 것입니다. 그 이유는 여러 가지로 검증이 가능합니다. 우선 남녀의 관계를 제일 먼저 다룬 창세기 1장 26절은 하나님의 형상을 따라 남성과 여성이 함께 지음을 받았습니다. 이는 남성과 여성이 모두 하나님의 속성이므로 동일하다는 것입니다. 예수님도 남녀의 결혼에 대하여 이런 말씀(창세기 1장 26절)을 직접 언급하십니다. 남녀는 둘이 연합하여 하나이며 부부는 서로 헤어지지 말라고 말입니다(마 19:4~6). 이 말씀은 남녀나 부부가 동등함을 강조한 말입니다. 사도 바울도 종과 자유자, 남자와 여자는 주 앞에서 하나(갈 3:28)라고 합니다.

구약성경은 족장들과 왕들이 첩을 거느리는 있는 것을 봅니다. 성경은 또 이에 대하여 특별히 금하는 구절도 없는 것으로 보입니다. 그러나 성경은 이것이 그 시대의 사회적 관습에 기인한 것이므로 묵인하는 정도입니다. 물론 성경은 이렇게 거느린 축첩들이 우상을 끌어드리거나 가정의 질서를 문란케 하여 끝이 좋지 않음을 보여 주어 축첩제도가 가진 단점을 가르쳐 주고 있습니다. 그래서 신약성경은 이 축첩제도를 아예 강하게 금하고 있으며, 일부일처제를 의무 규정으로 두고 있습니다. 계대결혼과 기업 무르기를 위하여 형제의 아내를 부부로 맞이하라고 하는 경우도 있습니다. 이것은 남편을 잃은 아내의 가계와 혈통을 보호하기 위한 것이지 축첩제도와는 의미가 다른 것입니다.

이와 같이 성경은 축첩제도를 금하고, 일부일처제를 원합니다. 성경은 결혼을 두고 둘이 한 몸이 되는 것(창 3:24)이며, 그래서 서로 나누지 말라고 합니다(마 19:6). 이는 성경은 간음을 엄금하고 있으며, 예수님은 누구든지 음행의 연고 없이 아내를 버리고 다른 데 장가드는 것은 간음이라고 경고합니다(마 19:9). 그러면서 남편은 아내 사랑하기를 그리스도가 교회를 사랑하여 자신을 내어 줌 같이 하라고 하며, 아내는 남편에게 주께 하듯 순종하라고 합니다(엡 5:25, 22). 이것은 모두 축첩을 금하며, 일부일처제를 표방하는 구절입니다. 남녀에 대한 이런 내용을 종합하면 성경은 창세기 1장에서 하나님의 속성을 지닌 남녀의 평등에서 시작하여 남자와 여자는 가정과 사회에서 역할이 구별되는 개체들이며, 결국에는 주 안에서 평등함을 지향합니다.

그러나 이슬람은 그렇지 않습니다. 이슬람의 경전은 자유를 제약하는 율법(코란)은 있는데 사람을 자유하게 하는 복음이 거의 없습니다. 이슬람 국가들은 아직도 구약시대처럼 남자가 많은 여자를 거느리고 삽니다. 심지어 이슬람 근본주의자들은 여자를 집 밖으로 내보내지도 않습니다. 그래서 여자들은 글을 쓰고 읽을 줄 모르고, 사회와 차단된 채 문맹의 상태로 삽니다. 여성은 성욕마저 없애기 위하여 여성 성기의 일부(클리토리스)를 칼로 도려내는 여성 할례를 행하고 있습니다. 실로 끔찍한 행위입니다. 이와 비교하면 구약 성경은 처음부터 성적 차별을 하는 것처럼 보이기는 하지만, 이러한 규정을 통하여 궁극적으로 남자와 여자에 대한 사회적 역할을 구분하여 분담하게 하고, 그 시대에 필요한 사회적 질서를 유지하며, 상대적으로 약할 수밖에 없었던 여성의 신변을 보호했습니다. 그리고 성경은 신약시대에 오면 궁극적으로 남녀를 모두 동일한 조건에서 해방시켜 자유와 평등을 함께 보장합니다. 이러한 성경이야말로 위대한 책이라 하지 않을 수 없는 것입니다.

16. 성경의 찬양은 북 치고, 장고 치고, 춤을 춥니다.

우리는 교회 예배에서 피아노 반주를 따라서 찬양을 합니다. 오르간 반주도 있고요. 또 찬양단에 소속된 기악 전문가들은 바이올린을 켜고, 플룻을 불기도 합니다. 이와 같이 찬양에 동원된 피아노, 오르간, 바이올린, 플룻은 모두 서양의 악기입니다. 예배 시간에 드리는 찬양에는 동양적이고, 토속적인 우리의 악기는 보이지 않습니다.

미국의 연합장로교 찬송가 346장은 곡이 우리 민요 '아리랑' 입니다. 그러나 한국교회의 찬송가 493장은 곡이 스코틀랜드 민요 '애니로리' 입니다. 이 노래는 사랑하는 연인과의 이별을 아쉬워하는 가사로 꾸며진 일종의 연가(戀歌)입니다.

그러면 성경이 말하는 찬양과 사용되는 악기들은 무엇일까요? 저는 음악에 대하여 잘 모릅니다. 그러나 성경, 특히 구약성경이 말하는 찬양은 성경을 통하여 읽어서 알고 있습니다. 성경의 찬양은 시편 148~150편에서 상세하게 다루고 있는데 이를 소개하면 이렇습니다.

첫째, 성소의 찬양에는 모든 악기가 다 동원 됩니다. 특히 동양과 한국에서 사용하던 악기들이 찬양에 많이 사용되고 있습니다.

> 나팔 소리로 찬양하며, 비파와 수금으로 찬양할 지어다. 소고치 며 춤추어 찬양하고 현악과 퉁소로 찬양을 할 지어다. 큰 소리 나는 제금으로 찬양하며 높은 소리 나는 제금으로 찬양할 지어다(시 150:3~5)

여기서 동원된 악기들은 나팔, 비파, 수금, 소고, 퉁소, 제금 등입니다. 이것은 동양과 한국에서 오래 전부터 쓰던 전통 악기들입니다. 그런데 교회 찬양에 동원되는 악기들은 거의 전부가 서양 악기들입니다. 성경이 찬양을 할 때 사용하라는 동양 악기들은 어디로 갔을까요? 찬양에는 모든 악기 다 동원될 수 있으므로 서양 악기도 있다면 참여를 하는 것은 당연합니다. 그러나 이보다 성경이 직접 언급하고 있는 동양의 악기들은 찬양에 잘 쓰지 않는 것이 문제입니다. 교회가 동양의 악기들을 멀리하니 이런 악기들은 무당이 굿을 하거나 우상을 숭배하는 도구로 쓰이고 있습니다. 안타까운 일입니다.

둘째, 찬양은 춤을 추며 하라고 합니다(시 149:3, 150:4). 그런데 우리의 찬양은 너무 엄숙합니다. 겉으로 보이는 거룩성을 강조하다가 보니 그런 것이 아닌가 합니다. 그래서 교회의 찬양은 악기도 서양 악기, 찬양의 곡도 서양 중심의 가락만 부르고 있습니다.

셋째, 찬양에는 천지만물이 다 함께 합니다. 성경은 사람이 찬양할 때 피조물도 함께 찬양을 하라고 합니다.

> 해와 달아 찬양하며, 광명한 별들아 찬양할지어다. 하늘의 하늘도 찬양하며, 하늘 위에 있는 물들도 찬양을 할 지어다(시 148:3,4).

이 외에도 산과 바다, 불과 우박이 찬양을 하며, 짐승과 새와 나무들까지 찬양을 합니다. 그러나 우리는 건물 안에서만 예배를 드리기 때문에 자연 세계와는 단절된 가운데 찬양을 합니다. 간혹 야외예배라고 하여 자연과 함께 할 수 있는 찬양 기회가 있지만, 1년에 한두 번 정도이며, 그것도 많은 교회들이 하지 못하고 있습니다.

넷째, 찬양은 모든 사람이 함께 합니다. 왕들과 모든 백성들이 한 자리에서 찬양을 합니다. 찬양은 청년, 남자와 처녀, 노인과 아이들이 자리를 함께(시 148:11~12) 하라고 합니다. 이와 같이 찬양에는 성별, 연령, 계급의 차이를 두지 않고 함께 합니다. 그러나 우리는 예배를 학생부 예배, 청년부 예배, 성인 예배로 나누어서 드립니다. 이것이 잘못되었다기보다 아이들과 어른들이 한 자리에서 함께 찬양을 하고, 대화할 기회가 너무 적은 것이 문제입니다.

이와 같이 성경은 찬양을 보더라도 그 방식과 분위기는 천·지·인이 함께 하는 동양적 분위기이고, 동양적 정서에 더 가깝습니다. 그러나 지금의 찬양은 서양적인 것이 거의 절대적이라고 할 만큼 비중이 큽니다.

17. 교회는 한시적이고 제한적인 공동체

(방주교회 · 광야교회 · 초대교회)

교회는 예수님의 핏값으로 세워졌고, 주님의 몸입니다(고전 12:27, 엡 5:23). 교회는 하나님께 예배를 드리는 곳입니다. 또 교회는 구약의 성전을 대신합니다. 그러므로 교회는 구원을 위하여 필요한 조직으로 그 역할이 영원할 것입니다. 기독인 중에서도 구원에는 교회가 필요 없다고 주장하는 소위 '무교회론자' 들이 있습니다. 저는 이런 주장에 동의하지 않습니다. 왜냐하면 하나님은 아담의 때부터 혼자 사는 것을 원하지 않으셨기 때문입니다. 구원은 한 사람 한 사람의 신앙고백으로 받지만, 그렇게 구원을 받는 백성들은 공동체를 필요로 합니다. 하나님은 손과 발이 연합하듯이 믿는 무리들이 모여서 힘을 합치기를 원합니다. 이러한 필요에 의하여 교회가 있는 것입니다. 그러므로 예수 그리스도의 피로 거듭난 사람은 혼자 살지 말고, 가족이나 공동체를 이루어 서로 힘을 합쳐 살아야 합니다.

그러나 저는 교회의 목적이 영구조직은 아니라고 봅니다. 교회는 이 땅에 하나님의 나라가 임하면 역할을 마쳐야 한다는 뜻입니다. 사회적으로 볼 때 교회는 그 기능마저 (종교 역할만) 담당하여 지극히 한정되어 있습니다. 그래서 교회는 하나님 나라를 위한 준비조직에 불과하다고 봅니다. 교회는 하나님 나라를 향한 전진기지이며, 또 한편으로 하나님 나라의 부속기관입니다. 교회는 하나님 나라의 백성들이 바른 삶을 살기 위한 훈련장입니다. 학교가 사회에 필요한 인재를 길러 내듯이 교회는 하나님 나라에 필요한 인재를 길러내고, 필요한 영적 양식을 공급하는 기관입니다. 그래서 교회는 사회에서 임시 조직이고, 제한된 역할만 수행하는 기관입니다.

교회가 임시 조직이고, 제한된 역할만 한다는 것은 교회의 모형으로 보여준 노아의 방주, 이스라엘 백성들이 광야에서 세운 광야교회, 그리고 성령강림으로 조직된 초대교회마저 모두 그렇다고 봅니다.

교회가 노아 방주에서 빠트린 것

> 너는 네 아내와 네 아들들과 네 자부들로 방주에서 나오고 너와 함께 한 모든 혈육 있는 생물 곧 새와 육축과 땅에 기는 모든 것을 다 이끌어 내라 이것들이 땅에서 생육하고 땅에서 번성하리라 하시매(창 8:16,17)

창세기 6장에서 9장까지는 유명한 노아 할아버지의 홍수 이야기입니다. 노아 할아버지는 당대의 의인이었습니다. 인류의 죄악으로 지구상의 모든 생명이 죽어야 하는 홍수 심판에도 노아 할아버지는 하나님 말씀에 순종하여 방주를 짓고 그 안에서 살아남았습니다. 그래서 노아의 믿음으로 건축한 방주와 방주의 역할은 대체로 오늘날의 교회와 같다고 보고 있습니다. 이에 대한 이야기를 간추리면 이러합니다.

① 하나님의 말씀을 거역한 사람들은 모두 죽어야 합니다.
② 노아는 말씀에 순종하여 장기간 방주를 만들었고, 가족들도 방주 사역에 동참하여 마침내 홍수 심판에서 구원을 받습니다.
③ 방주는 물이 새면 배가 침몰하듯이 교회 안에도 세상의 것이 침투하면 교회가 무너질 수 있으므로 세속적인 것을 막아야 합니다.
④ 방주 안이 짐승들의 배설물로 냄새가 나지만 그곳이 살아남을 유일한 장소가 되듯이 교회 안에도 잡음들이 있지만, 그래도 교회는 거룩한 구원의 수단입니다.
⑤ 노아와 가족들이 방주 안에서 짐승에게 먹이를 주고, 배설물을 처리하는 등 관리를 해야 하듯이 교인들도 교회 안에서 봉사를 해야 합니다.

이것이 노아 방주에 대한 기존의 생각들입니다. 그런데 여기서 교회가 교회의 모습을 닮았다고 하는 방주의 이야기를 하면서 대다수 교회들이 빠트리고 있는 것이 있습니다.

방주교회는 동식물도 구원의 대상입니다.

방주에는 동물들도 구원을 받습니다. 하나님은 동물들을 살리기 위하여 축구장보다도 더 큰 방주를 짓도록 했으며, 노아 할아버지와 그 가족들은 이를 위하여 장기간 방주를 만들어야 하는 고통을 겪습니다. 하나님은 본문처럼 방주에서 나오는 동물들에게 생육하고 번성하라는 복을 내리십니다. 노아 할아버지가 방주를 지은 기간은 창세기 6장 3절에 근거하여 120년까지로 보기도 합니다. 이렇게 긴 기간 동안 방주를 지은 것은 노아 할아버지와 그 직계 가족만을 위한 것이 아닙니다. 방주가 8명에 불과한 노아의 가족들만 구원을 받는다면, 크기는 대폭 줄여서 축조 기간도 10년이면 충분했을 것입니다. 그러나 하나님은 짐승들도 살리기 위하여 방주를 축구장보다 더 크게 짓게 하셨습니다. 기간은 120년간이라고 할 만큼 오래 잡아서 동물들의 처소와 동물들이 먹을 곡식과 풀을 저장하는 공간까지 만들어야 했습니다. 그래서 짐승들과 곤충들은 홍수에도 생명을 보존하고, 창고에 든 곡식과 풀은 홍수 후에도 씨가 살아남습니다. 120년의 기간은 세상 사람들이 타락한 생활을 그만하고 하나님께 돌아오도록 권면하는 기간이기도 합니다. 성경이 말하는 영혼의 구원은 단순하지만, 현실의 구원은 이렇게 길고 힘든 여정일 수도 있습니다.

성경에서 생물에 대한 배려는 이 외에도 많이 나옵니다. 하나님은 사람을 짓기 전에 식물과 동물을 먼저 있게 하셨고, 이들을 관리하기 위하여 아담을 지으셨습니다(창 1:26, 2:19). 안식년 농산물은 거두지 말고 들짐승들이 먹도록 두라고 합니다(레 1:7). 예수님은 하나님이 하늘에 나는 새와 아궁이에 던질 들풀마저 먹이시고 귀하게 여기신다고 합니다(마 6:26~30). 이와 같이 교회는 사람만 생각하지 말고 동물이나 자연 생태계에 대해서도 관심을 가져야 합니다. 예수님은 동식물이 습생하고 있는 창조질서를 예로 들어서 하늘의 진리를 쉽게 말씀하십니다.

노아의 방주

이것은 흔히 말하는 환경보호운동가들의 주장처럼 개발이나 자유로운 사용마저 부정하는 것과 같은 율법적 차원이 아닙니다. 최근에 우리나라는 멧돼지가 많아서 농작물의 피해는 물론 등산객을 공격하고 때로는 마을이나 도시 중심까지 내려와서 사람을 놀라게 하고 있습니다. 멧돼지는 범과 늑대 같은 천적이 없어서 마리수가 자꾸 늘고 있으므로 이런 경우 사람이 포획으로 개체수를 조정해 주어야 합니다. 그럼에도 환경보호론자들은 야생 조수의 보호만을 내세우며 손을 대지 못하게 합니다. 이런 방식의 환경보호는 율법적이며, 지나칩니다. 물론 환경을 배려하지 않은 무자비한 개발론자들의 편도 들어서는 아니 되겠지요. 사람의 생명이 귀하면 이 귀한 생명의 양식이 되어주고 지켜주는 동식물들의 존재도 귀한 것입니다. 그러므로 교회는 사람의 구원(그것도 영혼구원)만 말하지 말고, 가끔 동식물의 생명과 창조질서, 그리고 생태계와 환경 등에 대해서도 언급을 해야 합니다. 그런데 오늘날의 교회는 왜 노아의 방주 이야기를 하면서 짐승들의 구원은 빼 버리고, 사람들의 구원만을 말합니까?

방주는 육을 구원하는 교회입니다.

교회라고 하면 우리는 보통 영혼구원을 받는 곳으로만 알고 있습니다. 그러나 노아의 방주는 현실적으로 죽음을 면한 곳입니다. 곧 노아의 방주는 육의 구원을 담당한 교회입니다. 그런데 오늘날의 교회가 육의 문제는 세상 문제라고 하면서 멀리하기 쉽습니다. 그래서 육의 문제에 속하는 정치는 국회가 하고, 경제문제는 정부가, 교육은 학교가, 질병은 병원이, 구제는 복지부가 한다면 교회가 하는 것은 무엇입니까? 교회는 무슨 일을 해야 합니까? 헌금은 어디에 씁니까?

물론 교회가 먼저 해야 할 것은 영혼구원입니다. 헌금을 거두어 선교(구령사업)에 써야지요. 그러나 오늘날 대다수 교회가 영혼문제만 다루고 있습니다. 아니면 조금 더 나아간 교회는 여기에 정신문제나 윤리문제를 더 다룹니다. 그러나 오늘날 대다수 교회가 현실의 경제문제는 거의 말하지 않으며, 눈여겨보지를 않습니다. 이게 큰 문제입니다. 기근을 만난 야곱과 그 아들들이 요셉을 만나 구원을 받는 것은 무엇입니까? 무자식에 무일푼, 더구나 이방 연인으로 사회적 왕따 신분이었던 룻이 보아스를 만나 구원을 받는 것을 보셔요. 이와 같이 성경은 영혼구원만 아니고, 현실 문제도 함께 다루고 있습니다.

방주는 깨끗해서 거룩한 것이 아닙니다.

방주 안에는 짐승의 먹이인 풀과 곡식이 가득 차 있고, 더구나 짐승의 배설물로 냄새가 납니다. 그러나 방주는 생명을 살리는 곳이므로 거룩합니다. 그런데 우리는 교회에서 물리적 환경을 너무 중시합니다. 건물이 웅장하고, 깨끗한 교회 말입니다. 교회는 건물을 잘 지어서 바쳐야만 하나님이 기뻐하시는 것이 아니라 본질(말씀 순종)에 충실해야 합니다. 물론 기독인들도 이런 것은 알고는 있지만, 실천이 잘 안 되고 있습니다. 그리고 우리가 잘 모르고 있고, 실천도 안 되는 부분은 교회 건물의 용도입니다.

한 예로 교회 본당 건물을 예배 외에 행사, 또는 교인이 아닌 외부인들이 쓰는 것이 가능한가 하는 것입니다. 높은 분(목사, 장로 등)이 올라가 설교를 하거나 기도를 올리는 단상에 신을 신고 올라가서 성탄절 성극인 뮤지컬을 할 수 있는가 하는 문제입니다. 본당 건물이 재해를 입은 이재민에게 임시 거처로 제공될 수 있는가 하는 문제입니다. 이웃 관공서에서 부득이한 사유로 인하여 평일에 하루 정도 집회 장소로 교회 본당을 빌려 달라고 할 때 빌려 줄 수 있느냐 말입니다. 이런 경우 대체로 교회 본관은 신성한 곳인데 담배를 피우는 불신자들이 들어올 수 없다고 하면서 거절을 할 것입니다.

그러나 교회 안의 거룩성은 사람을 살리고 유익을 주며, 동식물까지 모든 생명을 살리는데 있지 물리적 환경의 깨끗함에 있지 않습니다. 방주 안은 짐승들이 판을 치고, 냄새가 나고, 먹이 경쟁으로 북새통이겠지만, 그래도 하느님의 명령에 순종한 생명들이 살아 있어서 거룩합니다. 그러나 오늘날 교회 본당은 깨끗하지만, 들어오는 사람과 용도는 극히 제한되어 있습니다. 특히 단상은 구약의 지성소처럼 선택받은 사람만이 올라갈 수 있고, 눈으로 보기에 흠도 티도 없이 깨끗합니다. 그러나 그 단상에 진열된 화분의 나무와 꽃들은 빛을 보지 못하여 생명이 시들고 있습니다.

방주는 일시적 거처입니다

방주 안은 일시적 거처입니다. 물이 걷히고 땅이 드러나면 땅으로 나와야 합니다. 그렇지 않으면 방주 안은 자유가 제약되고, 먹이가 없어서 결국 죽습니다. 방주는 두고 나와야 하며, 방주에서 나온 노아의 아들들은 땅에서 흩어져야 합니다.

그러나 우리는 교회 안에서 머물러 있으려고만 합니다. 교회 안에만 있다가 예수님이 재림을 하면 바로 하늘로 들림을 받겠다는 각오입니다. 세상은 더럽고, 무섭고, 그래서 나가면 때가 묻거나 위험하기 때문에 교회 안에만 있으려고 합니다. 이 현상은 오늘날의 한국교회, 그리고 세계교회 모두가 그렇다고 봅니다. 그래서 진리를 전파하는 교회가 날이 갈수록 쇠하여 가고 있고, 지금은 이슬람에게도 밀려나고 있는 것입니다.

교회는 하나님 나라를 위한 베이스캠프, 곧 전지기지에 해당합니다. 제한적인 공동체가 완전한 공동체인 나라로 진입하기 위해서는 베이스캠프 안에서 나와야 합니다. 방주가 거룩하지만 밖으로 나왔어야 하고, 광야교회가 하나님의 인도함을 따르지만, 그곳에 머물러 있기만 하면 안 됩니다. 그러므로 교회 안에만 머물러 있는(있으려고만 하는) 오늘날 교회, 이제는 교회 밖으로 나와서 하나님의 나라로 진군을 해야 합니다. 그 안에 머물러 있다가는 때가 오면 죽을 수 있습니다.

노아 할아버지는 한국인의 조상입니다.

노아 할아버지는 온 인류의 공동 조상이며, 동시에 우리 한국인의 선조입니다. 노아의 홍수는 세계적 사건입니다. 노아의 홍수 심판은 모든 인류와 생명체에게 미쳤습니다(창 6:13, 7:21~23). 그러므로 홍수 후에 살아남은 노아 할아버지와 그 가족들은 지금 세계 모든 인류의 공동 조상일 수밖에 없습니다. 또 성경은 창세기 10장에서 홍수가 끝난 뒤의 각 민족에 대한 계보와 거주지, 이동 경로 등을 밝히고 있습니다. 그러므로 우리 한국인도 당연히 노아 할아버지의 후손들이며, 홍수 이후 한반도로 이주를 해 왔습니다. 그러면서 세계 인류는 넓게 보면 모두 노아 할아버지의 혈통을 이어받은 한 핏줄이며, 지구촌의 단일 가족입니다.

그러나 교회는 노아 할아버지가 인류의 조상이자, 우리 민족의 조상이라는 말을 하지 않습니다. 노아 할아버지는 당대의 완전한 의인이었으므로(창 6:9) 육적 혈통만이 아니고, 영적 계보인 '믿음 조상' 으로도 아무 손색이 없습니다. 예수님의 족보에는 노아 할아버지도 아브라함과 같이(아브라함보다 먼저) 들어 있습니다. 그런데도 교회는 노아를 우리의 조상으로 보는 데에는 인색합니다. 그 대신 교회가 유대인의 선조인 아브라함을 '믿음의 조상(창 12:3)' 으로 강조하고 있습니다. 노아와 아브라함, 두 분 중에 누가 더 믿음이 좋았을까요? 이것을 따져서 무슨 실익이 있겠습니까? 그러나 그만큼 우리는 노아 할아버지의 후손이라는 이야기는 단절되어 버리고, 유대인의 조상인 아브라함에게로만 쏠려 있는 것이 아쉽다는 뜻입니다. 그래서 우리는 성경에서 유대인만 알고, 우리 겨레의 뿌리와 세계 모든 인류의 혈연적 유대 관계에 대해서는 관심이 없다고(적다고) 할 것입니다. 관심이 있어도 유대인이나 기독인이 아니면 모두 이방인 정도의 신분을 부여하고 있을 뿐이지요. 그래서 세계의 인류는 모두 노아의 혈통으로 한 가족이면서도 서로의 협력보다 남남이 되어 경쟁과 갈등을 키우고 있습니다.

물론 노아의 방주는 현세에 필요한 육의 구원을 담당했고, 오늘날 교회는 영혼과 내세를 위한 구원까지 모두 포함하므로 기능에서 많이 다릅니다. 그러나 이를 다 감안해도 지적한 네다섯 가지는 오늘날의 교회가 알고, 관심을 가져야 할 것입니다.

광야교회는 임시 거처입니다.

교회가 일시적 조직이라는 것은 출애굽 당시의 광야교회도 마찬가지입니다(행 7:38). 광야교회는 출애굽을 하여 가나안 땅의 진입을 앞둔 광야에서 세운 교회입니다. 이 교회는 교인들(이스라엘 백성들)이 순종만 잘 했으면, 길어도 1년 안에는 해체가 될 임시 조직이었습니다. 하지만, 교인들의 불순종으로 그 교회는 광야에서 40년을 머물렀습니다.

그들은 광야에서 새 땅으로 나가기를 두려워하여 불순종을 했습니다. 그래서 광야에서 사막의 악조건을 견디며 40년간 혹독한 훈련을 받습니다. 하나님은 교인들이 광야에서 이곳저곳을 이동하며 훈련을 받게 하기 위하여 성막을 짓게 했습니다. 이게 오늘날 교회의 모형입니다. 그런데 이 교회는 천막으로 지었으며, 옮기기 쉽도록 만든 이동식 성전입니다. 하나님은 이동식 성막을 짓도록 한 것을 보면 교인들이 불순종할 것을 미리 아셨고, 그래서 훈련을 하도록 준비를 하신 것으로 보입니다. 20세가 넘은 성인들은 광야에서 모두 죽었고, 남은 자들도 고된 훈련을 받고서야 정신을 차려서 약속의 땅으로 들어갈 수 있었습니다.

그러나 광야교회가 새 땅으로 진입하지 못하면, 만나와 메추라기로만 살아야 합니다. 교회는 해체하지도 못하고, 늘 존속하면서 말입니다. 그러므로 교회는 교회 밖으로 나아가 삶의 터를 찾아야 합니다. 이와 같이 교회는 하나님의 일을 감당하기 위하여 만든 한시 조직이고, 일시적 거처이며, 임시 수단입니다.

초대교회도 한시 조직입니다.

사도행전 2장에서 성령강림으로 조직된 초대교회도 임시 조직이며 한정된 역할만을 수행했습니다. 여기서는 그 대강만 보고 상세한 것은 2권에서 다루겠습니다.

첫째, 초대교회는 소비와 구제를 일삼는 소비 조직입니다. 그런데 구제는 임시로 행하는 방편이었지 영구적인 생활의 방식은 아닙니다. 성령이 충만한 공동체이지만 구제를 두고 헬라파와 히브리파 간의 갈등이 일어납니다(행 6:1). 아나니아와 삽비라 부부가 땅을 팔아서 교회에 바치는 것에도 문제가 생깁니다. 교회라는 조직은 불안정하거나 한정된 기능만을 수행하고 있기 때문입니다.

둘째, 초대교회는 생산 조직인 기업을 가지지 못했습니다. 국가 조직은 주권, 국민, 그리고 영토가 있어야 합니다. 다시 말하면 하나님의 나라는 땅이 있어야 합니다. 그러나 초대교회는 현실적으로 국가의 구성요소인 땅이 없으니 나라 없는 임시 조직일 수밖에 없습니다. 따라서 오늘날의 교회는 땅을 가지지 못한 비생산조직으로 그 조직은 역할도 한정된 기능 밖에 하지 못합니다.

셋째, 초대교회는 오순절에 세워졌습니다. 오순절은 성경의 3대 명절 중 중간 명절에 해당합니다. 오순절에 세워진 초대교회는 마지막 명절인 초막절로 나아가야 하고, 초막절에 행하는 역할까지 모두 수행해야 합니다. 다시 말하면 교회가 초막절기에 행하는 경제 속량(몸과 땅의 무르기)을 하지 않으면, 한정된 역할만 하고 있는 것입니다. 양식을 내는 땅은 두고 두고 경작을 하며, 생산하고 사용을 해야지 초대교회처럼 팔아서 당면한 구제에 충당할 일이 아닙니다. 초대교회에서 땅의 처분은 당면한 궁핍을 면하기 위하여 부득이했다고 볼 수 있습니다. 그러나 원래 일용할 양식은 구제로 해결하는 것이 아니고, 토지의 경작과 생산으로 해결해야 하는 것입니다. 그러므로 출애굽 당시 이스라엘 백성들처럼 땅은 구성원들에게 다시 분배하고, 구성원들은 그 땅을 직접 경작(또는 사용)하게 해야 합니다. 백성들은 땅이 내는 양식을 스스로 생산할 수 있어야 비로소 궁핍을 영원히 면할 수 있습니다. 그런데 성경을 보면 이런 사역은 초막절기 속량절에 합니다. 그러나 초대교회는 이에 대한 인식이 없었고, 오순절은 이를 행할 수 있는 시기도 아니었습니다.

그래서 초대교회는 영구 해법은 구상도 못하고, 그냥 당면 문제인 구제에 몰두하고 있습니다. 이런 것은 부활절 또는 오순절에만 관심에 편중되어 초막절을 모르고 있는 오늘날의 교회들도 마찬가지입니다. 교회가 하는 경제적 역할은 오직 구제이며, 그것도 약방의 감초처럼 빠지지 않고 하기는 하는데 대다수 교회들은 매우 인색하여서 생색만을 내고 있는 실정입니다.

그러므로 교회는 교회 안에서만 머물러 있으면 아니 되고, 땅이 있는 세상 밖으로 나아가야 합니다. 그리고 교회는 나라의 요건이 충족되면 방주교회나 광야교회가 그러했듯이 해체를 할 각오가 되어 있어야 할 것입니다. 아니면 땅을 되찾은 하나님 나라에서는 지금처럼 극히 한정된 종교 기능만 담당을 해야 합니다. 다만, 지금은 하나님 나라가 충족될 때까지 임시 조직이지만 꼭 필요한 조직이므로 한정된 역할만을 하고 있는 교회를 하나님은 존립시키고 있다고 보아야 할 것입니다.

교회는 사람을 방주로 불러들이고만 있고(전도), 창조주의 땅, 생존의 땅을 알고 다스리는 경제 사역자를 길러서 때가 되면 세상에 내어 보내는 일을 하지 않고 있습니다. 초대교회 창립 이후 이천년이 지나도록 말입니다.

18. 성경은 성전 종교를 바라지 않습니다.

구약의 제사 장소는 제단과 성막입니다.

하나님은 사람이 있는 곳, 가는 곳, 어디든지 때와 장소를 가리지 않고 제사와 경배를 받으시기 좋아합니다. 그러므로 기독교는 제사와 경배의 종교입니다. 성경의 제사는 아벨의 제사(창 4:3)로 시작하여 홍수에서도 살아나 인류의 씨를 이은 노아 할아버지의 제사로 연결됩니다. 노아 할아버지의 제사는 제단에서 드렸습니다(창 8:20) 제단은 돌이나 흙으로 쌓은 것입니다(출 20:24,25). 성경에서 첫 제사는 첫 사람 아담이 에덴동산에서 죄를 지은 후 하나님이 가죽 옷을 입혀 준 일을 말하기도 합니다. 아담이 죄로 인해 바로 죽을 수밖에 없었지만, 하나님은 가죽 옷을 통하여 아담을 살려 두시고, 그에게 근원된 땅까지 주시며 생업을 꾸리게 하셨습니다(창 3:24). 이때 가죽 옷은 짐승이 피를 흘려 희생된 것이므로(음식물이 아닌 다른 용도로 희생) 구약, 신약 전체를 거쳐 이어지는 피의 희생 제사와 연결되고 있기 때문입니다. 아무튼 이렇게 시작한 제사가 믿음의 선조인 아브라함을 통해서도 계속됩니다. 물론 제단 제사입니다. 그런데 제단의 제사는 출애굽 후 광야에서 성막으로 바뀝니다. 구약에서 하나님은 자신에 대한 경배를 이렇게 제단 또는 성막에서 하도록 했습니다. 성막은 사사시대에도 있었던 것으로 보이고, 그때까지도 성전은 보이지 않습니다(삼하 6:17).

성전은 왕궁을 지은 뒤에 생겼습니다.

> 왕이 선지자 나단에게 말하기를 볼지어다 나는 백향목 궁에 거하거늘 하나님의 궤는 휘장 가운데 있도다(삼하 7:2)

성전은 다윗이 여호와의 법궤를 예루살렘(다윗성, 시온성)으로 옮긴 후에 생겼습니다. 왕은 왕궁에 삽니다. 그런데 하나님의 신을 모신 법궤는 왕이 사는 궁보다 못한 성막에 있습니다. 다윗이 법궤의 처소를 자기 거처보다 못한 곳에 두니 마음이 편하지 못합니다. 그래서 다윗은 성전을 지으려고 합니다. 그러나 하나님은 "너희가 나를 위하여 집을 짓겠느냐? 내가 출애굽 때부터 지금까지 집에 있지 않고 장막과 성막에서 있었나니 내가 어찌하여 나의 집을 짓지 않는다고 말했느냐?(삼하 7:6,7)"라고 하면서 성전 건축을 말리고 있습니다. 특히 다윗 왕에게는 피와 전쟁을 이유로 성전 건축을 하지 말라고 하였고(대상 22:8, 열상 5:3), 굳이 지으려면 아들 솔로몬이 짓도록 합니다.

여기서 "굳이"라는 말을 쓴 것은 하나님이 솔로몬에게 성전 건축을 명하신 것이 아니라는 뜻입니다. 하나님이 성막은 지으라고 직접 명을 하십니다. 그러나 성전 건축은 명하지 않으셨습니다. 만약에 성전이 필요했다면 왕궁보다 먼저 성전을 지어라고 하셨을 것입니다. 이와 같이 성전은 왕이 된 다윗의 소망이었고, 그 뜻을 자기는 이루지 못하고 아들 솔로몬에게 부탁을 한 것입니다. 그 배경에는 자기 처소인 왕궁에 비하여 하나님의 처소가 너무 초라하여 마음이 편하지 않았기 때문입니다. 물론 성전 건축은 다윗이 하나님을 높여드리려는 경배 의식이 작용하고 있었습니다. 그래서 하나님은 다윗이 그토록 원하는 성전 건축을 그 아들 솔로몬이 지을 수 있도록 허락을 합니다.

그래서 하나님은 다윗과 솔로몬에게 성전 건축을 허락할 때 몇 번이고 조건을 붙입니다. "너희들이 내 말의 순종하면 그 성전과 집(왕위나 왕국)이 영원히 견고할 것이고, 그렇지 않으면 성전은 남에게 조롱거리가 될 것"이라고 말입니다. 성전 건축 후에도 하나님은 그 성전에 쉽게 들어가지 않으시고, 솔로몬의 간절한 기도와 순종의 서약을 받은 후에 마지못해 들어가시게 됩니다. 열왕기상 8장에 보면, 성전 완공식 직전에 하나님과 솔로몬이 길게 이야기 하는 장면이 있습니다. 하나님이 성전의 입장을 좋게 여기지 않아서(열상 8:21) 솔로몬이 간절한 기도가 있었고, 하나님은 앞으로 말씀을 순종한다는 조건을 붙여서 비로소 그 성전을 승낙하게 됩니다. 이것은 하나님이 왕제도의 승낙을 조건부로 허용하신 것과 맥을 같이 합니다. 왕과 성전은 하나님이 원하지 않지만, 사람이 강하게 원하므로 조건부로 허용을 하는 것이지요. 인간의 잘못은 이런 경험을 통해서라도 배우라는 뜻입니다.

이렇게 솔로몬의 성전은 완성되었습니다. 궁궐은 성전보다 먼저 지었습니다. 성전 건축은 7년 정도 걸렸고, 왕궁 건축은 이보다 두 배에 가까운 13년이나 걸렸습니다. 솔로몬의 통치 초기에 무려 20년을 왕궁과 성전의 건축에 온 힘을 쏟게 됩니다. 물론 솔로몬은 왕정 초기에 일천번제도 드리고, 그래서 지혜가 천하의 열왕보다 뛰어났습니다. 물론 부귀공명도 함께 누렸습니다. 그러나 솔로몬은 왕궁과 성전을 완공한 후 바로 타락의 늪으로 빠지게 됩니다. 궁에는 이방 여자를 첩으로 맞이하고, 그들이 갖고 온 이방신까지 끌어 드렸습니다(열상 11:1~8). 백성들에게는 성전 건축과 왕궁 건축을 위하여 무거운 세금과 힘겨운 노역이 가해졌습니다(열상 12:4). 이로 인하여 솔로몬의 아들 대에서는 나라가 남왕국과 북왕국으로 분열되고 맙니다.

예수님도 성전은 원하지 않으셨습니다.

> 예수께서 대답하여 이르시되 너희가 이 성전을 헐라 내가 사흘 동안에 일으키리라(요 2:19)

백성들의 노역을 통하여 7년간 힘들게 지은 솔로몬 성전은 포로시대에 사라졌습니다. 이 자리에 다시 46년에 걸쳐 건립한 헤롯 성전이 세워졌습니다. 그러나 예수님은 46년에 걸쳐 지은 헤롯 성전을 보고 "이 성전을 헐라 내가 3일 동안 일으키겠노라" 고 말씀하십니다. 이 말씀은 죽은 지 3일만에 부활하실 자신을 일컬으며, 진정한 성전은 건물이 아니라 예수님 자신임을 나타내신 말입니다. 그리고 성경은 예수를 믿는 성도들 한 사람 한 사람이 바로 성전이라고 합니다(고전 3:16, 6:19). 실제로 예수님이 십자가에 운명하실 때 성전에 있는 성소의 휘장은 찢어져 버렸고, 성전은 그 후 로마의 디도 장군의 침입으로 돌 하나도 돌 위에 남지 않고 산산조각이 납니다.

예수님은 성전 안에서 타락한 종교 행위를 징계하였고, 노끈으로 채찍을 만들어 직접 청소까지 하면서 강하게 꾸짖습니다. 제사장과 결탁한 장사꾼들이 성전에서 부당한 방법으로 장사를 하는 환전상을 둘러엎으며 내어 쫓던 사건이 그것입니다. 성전은 '만민이 기도하는 집' 인데 그들은 성전을 '강도의 소굴' 로 만들었던 것입니다(눅 19:46). 이와 같이 예수님은 성전을 원하지 않으십니다.

따라서 지금 우리의 교회들도 호화로운 성전 건축은 경계를 해야 합니다. 세계에서 규모로 열 손가락 안에 드는 큰 교회당이 모두 한국에 있다고 합니다. 이것은 외형상 자랑거리가 될 수는 있지만, 실상은 그렇지 못할 수가 있지요. 그렇게 큰 빌딩을 짓는데 소모한 시간과 에너지만큼 기독교의 본질은 변질될 수 있고, 실제로 그렇게 진행되어 왔기 때문입니다. 유럽에 가보면 대리석으로 호화롭고 경이롭게 지어진 성당들이 텅텅 비어 있는 것을 볼 때 우리도 그렇게 닮아가고 있지 않나 하는 걱정이 앞섭니다. 유럽에서 우뚝 솟은 성전(성당)들이 예배용으로 쓰이기보다 외부 관광객들에게 구경꺼리(관광 명소)가 되어 있었습니다. 관광객들에게 성전의 꼭대기에 올라가는 높이를 따라 관람료가 다른 것을 보면 이게 바로 시장터로 전락한 성전의 모습이 아닐까 하는 생각도 해 봅니다. 그러므로 우리도 하루 빨리 빌딩 종교를 그만두고, 하나님이 기뻐하시는 교회 본연의 자세로 돌아가야 하겠습니다. 성령이 충만했던 스데반 집사님은 성전에 대하여 이렇게 말합니다.

> 다윗이 하나님 앞에 은혜를 받아 … 하나님의 처소(성전)를 준비하게 하여 달라 하더니 솔로몬이 그를 위하여 집을 지었느니라 그러나 지극히 높으신 이는 손으로 만든 집에 계시지 아니하시나니 선지자의 말한 바 주께서 이르시되 하늘은 나의 보좌요 땅은 나의 발등상(발판)이니 너희가 나를 위하여 무슨 집을 짓겠으며 나의 안식할 처소가 어디냐 이 모든 것이 다 내 손으로 지은 것이 아니냐(행 7:46~50)

교회가 백성들의 삶을 생각하지 않고, 높은 빌딩, 호화로운 시설과 장식을 하고, 각종 프로그램과 대규모 행사로 흥청거리며 예산을 다 써버리는 것은 문제입니다. 예수님이 다시 대청소를 하거나 헐어버려야 할 성전이기 때문입니다. 하나님은 호화롭고 위엄을 갖춘 성전보다 백성들의 삶과 함께하며 동행했던 성막을 좋아하시며, 예수님은 잘 지은 성전(예배당)과 형식에 치우친 예배보다 성도들 자신에게 맡겨진 십자가의 고통에 동참하며, 이웃에 대한 관심과 사랑을 베풀기 원하십니다. 그게 하나님의 기뻐하시는 성전제사입니다(히 13:16).

19. 성경은 왕(군주제)을 싫어합니다.

구약과 신약을 보면, 현실 정치는 주로 왕들이 하고 있습니다. 그래서 우리는 군주제도를 하나님이 세운 제도로 생각하기 쉽습니다. 그러나 성경을 면밀히 검토하여 보면 하나님은 군주제를 별로 원하지 않았으며, 심지어 금하고 있다는 사실을 발견할 수 있습니다. 군주제도는 이방 종교인들이 선호하여 채용해 왔던 제도입니다. 사사시대를 보면 하나님은 자신이 왕이므로 군주제도를 싫어하십니다(삿 8:22,23, 9:9~13). 성경은 조직의 운영에서도 대표자의 소수 의견보다는 회중 전체의 의사를 존중하여 열린 공동체를 표방하고 있습니다.

성경의 사사제도는 정치권력이 소수에 집중되는 중앙집권제가 아니고, 오늘날처럼 권력이 분산되는 지방자치제에 가깝습니다. 출애굽 당시의 광야교회와 초대교회도 운영은 대표자(70인 장로와 7인 집사)를 선택하여 역할을 분담시켰습니다. 이것은 오늘날의 공동체에서도 지침이 될 수 있는 교회와 정치의 신본주의적 운영원리라고 하겠습니다.

성경적 조직, "왕은 싫어!"

성경을 보면 아담과 후손들의 사회는 가족 중심의 사회이므로 조직의 리더는 가장이 중심이고, 그 다음 족장시대는 족장이 중심입니다. 그 다음 출애굽을 한 이스라엘 백성들은 모세를 지도자로 삼아 공동체를 운영해 오고 있습니다.

사사시대는 지방의 판관들이 정치, 군사, 행정을 맡았습니다. 이 시기는 출애굽 직후이므로 이스라엘 백성들은 이집트나 이방 나라가 실시하고 있는 군주제도를 얼마든지 수용할 수 있었던 시기입니다. 그러나 하나님은 각 지파 또는 지방의 대표들을 뽑아 사사로 세우고, 이들을 통하여 국가 조직과 지방 행정을 이끌어가고 있습니다. 그리고 제사는 제사장이, 정치나 행정은 사사가 하도록 분담을 했습니다. 성경에서 가정이 중심인 시대는 가장, 족장시대는 족장, 출애굽 후 광야시대는 지도자인 모세, 사사시대는 사사가 하나님을 중심에 모시고 조직을 운영했습니다.

물론 이 제도들은 시행에서 많은 문제를 일으키고 실패를 거듭합니다. 특히 사사시대는 이스라엘 백성들이 나라를 처음 세운 때이므로 아직 정치적 경험이 없고, 의식이 부족하여 혼란을 겼었습니다. 여기에 토착민들이 섬기는 이방신까지 받아드려 영적으로도 타락했기 때문입니다. 우리가 사사시대를 혼탁한 시대라고 말하는 것이 그 예입니다. 사사기는 이때를 두고 "이스라엘에 왕이 없으므로 사람들이 각각 그 소견에 옳은 대로 행하였더라(삿 21:25, 17:6)" 라고 말합니다. 그래서 백성들은 이방이 실시하는 왕 제도를 강하게 요청합니다. 노예로 살았던 애굽도 왕정으로 강성한 국가가 되었고, 지금 곁에 있는 이방 국가들도 모두 왕정을 하니 정치적으로 안정되고, 군사적으로도 강성하니 사람들의 눈으로 보면 왕정이 최고의 정치조직으로 보이게 됩니다. 그들의 눈에는 왕정이 가진 폐단과 왕정보다 더 나은 정치제도가 있다는 것을 보지 못하지요. 물론 백성들은 하나님의 뜻을 살피고, 백성들에게 맡겨진 시대적 소명을 감당하기에도 한계를 보여주고 있습니다.

왕을 간청하는 백성들

> 여호와께서 사무엘에게 이르시되 백성이 네게 한 말을 다 들으라 그들이 너를 버림이 아니요 나를 버려 자기들의 왕이 되지 못하게 함이니라 …. 너희를 다스릴 왕의 제도는 이러하니…. 그날에 너희가 택한 왕을 인하여 부르짖되 여호와께서 너희에게 응답지 아니하시라(삼상 8: 5-18)

사사시대 말기에 백성들은 왕정을 요청합니다. 사무엘은 백성들이 왕정을 요청하면 말려도 보고, 경계도 합니다. 그러나 백성들의 요구가 완강하므로 결국 왕정을 실시하게 되지요. 물론 왕정의 도입은 사무엘이 하나님께 품신하여 승인을 얻었습니다. 하나님은 백성들이 간청하니 그 제도의 약점을 알리고, 너희들이 원하는 군주제를 한 번 해보라고 승인을 해 줍니다. 이스라엘 백성들이 그토록 원한다면, 왕정을 해 보아야 그 약점을 비로소 알고, 내(하나님) 뜻을 깨우치게 될 터이니 말입니다.

이와 같이 이스라엘은 왕정을 도입하지만, 예상대로 왕정은 실패하게 됩니다. 왕들은 하나님이 사무엘을 통하여 경고한 그대로 백성들을 수탈하고 억압하였습니다. 그리고 종교는 왕권을 강화시키고, 절대 권력을 행사하기 좋은 이방신까지 끌어들입니다. 그래서 백성들에게는 영성까지 혼탁하게 만들어 버렸습니다. 구약성경을 보면 유대를 다스린 왕이 남북으로 40여명이 넘지만, 선한 왕은 두세 명 정도에 불과합니다. 나머지는 대부분 이방신을 끌어들여 섬기고, 백성들을 수탈하며, 백성들의 삶을 외면한 왕들입니다.

교회나 정치, 그 운영원리는 어떻게?

우리의 정치나 사회 조직은 그 운영원리를 민주제에 두고 있습니다. 교회도 장로교에서는 장로를 대표로 세운 교회의 운영은 민주제를 바탕으로 합니다. 그런데 지금의 민주 정치는 국회를 보더라도 여당과 야당의 갈등이 너무 심합니다. 때로는 정치가 아니라 싸움판에 가깝습니다. 민주 사회도 서로가 연합하기보다 진보와 보수라는 명목으로 대립합니다. 또 이런 혼란을 중립적 입장에서 지도하고, 조정해야 할 교회는 어떤 모습입니까? 오늘날 교회 역시 진보와 보수, 목사와 장로, 신파와 구파, 기성세대와 신세대간의 갈등이 커지고 있습니다(물론 잘하고 있는 교회들도 있지만). 그러면 성경은 교회의 정치나 조직을 어떻게 보고 있고, 그 운영원리는 어떻게 하라고 하는 것일까요?

기독인들 중에도 상당수는 민주제를 사람이 중심이 된 인본주의라고 하여 그다지 탐탁하게 여기지 않습니다. 교회는 어디까지나 하나님이 중심이 된 신본주의라야 한다는 것이지요. 그래서 일부 교회는 이러한 민주제를 멀리하고, 신본주의를 내세우고 있습니다. 그러나 신본주의를 부르짖는 교회를 보면, 실제로 그 조직의 운영은 신본주의도 아니고, 그렇다고 민주주의는 더욱 아닌 운영을 합니다. 이와 같이 교회의 조직과 운영은 좀 애매한 위치에 있다는 뜻입니다.

일부 교회는 신본주의를 잘못 이해하여 교역자 한 사람 또는 장로나 대표 몇 사람이 교회 운영을 다 합니다. 교회에서 회중들의 의사와는 상관없이 소수가 전권을 행사한다는 뜻이지요. 교역자와 장로는 하나님이 특별하게 세운 지도자라고 하면서 말입니다. 또 회중들은 그게 당연지사인 줄 알고 있습니다. 그래서 성도들은 이러한 교회 운영에 불만이 있어도 적절한 대안을 찾지는 못하고 있습니다.

제가 속한 장로교를 보면 목사와 장로로 구성된 당회가 교회 운영을 맡습니다. 당회가 교회 운영에 전권을 행사하는데 이런 시스템은 초기에 성공을 했다고 볼 수 있습니다. 또 장로제도는 대의제의 일종이므로 교회의 성장과 사회의 민주적 발전에도 기여가 컸습니다. 또 앞으로도 장로제와 같은 대의제도는 꼭 필요한 기구라고 하겠습니다.

그러나 오늘날 장로제도는 이 제도가 오래 계속되다 보니 약점이 있습니다. 지금의 장로제도는 장로가 교회 조직의 대표성을 제대로 수행하지 못하고 있다는 뜻입니다. 장로제가 구약시대의 제사장처럼 종신직에 가까워서 운영에서 장로들이 시대의 변화를 따라잡지 못하고 있는 것이 문제입니다. 이것은 복음시대에 율법화 되어버린 장로제 자체의 문제이기도 하고, 더구나 그 제도에서 권위적이고 경직화 된 운영 방식이 더 큰 문제입니다.

20. 교회는 혈연(가족) 공동체, 운영도 가족처럼

오늘날의 사회는 정치도 교회도 다양성의 시대입니다. 교회 운영 역시 그렇습니다. 각자의 의견이 서로 엇갈려 있고, 그 의견들은 주장이 강합니다. 잘못하면 교회가 사사시대의 혼탁함을 그대로 답습할 수 있습니다. 이런 와중에서 교회는 어떻게 해야 할지 망설이게 됩니다. 이럴 때 교회는 성경이 말하는 바람직한 조직과 운영방식, 그리고 지도 원리는 없는가를 찾아보아야 합니다.

한국에서 소위 대형교회, 영향력이 큰 교회는 십중팔구 한 사람의 카리스마에 의해 운영되고 있습니다. 이것을 좋게 말하면 한 사람의 탁월한 지도력이 교회를 성장시킨 것입니다. 교회이든 국가이든 탁월한 지도자 한 사람이 조직 전체를 발전, 부흥시킬 수는 있습니다. 그러나 이런 조직 운영은 약점을 가집니다. 한 사람의 카리스마에 의한 조직 운영은 업적을 향한 독주의 빌미를 주며, 조직이 한 사람의 역량에만 의존하기 때문에 교인 전체의 창의성이나 장기적 연속성은 취약할 수밖에 없습니다. 그런 교회는 지도가가 바뀌면 바로 혼란이 오기 쉽습니다.

성경은 정치나 사회 등 모든 조직에서 주인은 하나님이심을 선언하고 있습니다. 그래서 조직은 하나님 중심으로 강력하고 일사불란한 운영을 하기 원합니다. 그럼에도 불구하고 성경은 정치에서 제왕적 사고나 왕 같은 스타일은 싫어합니다. 성경은 모든 조직의 운영에서 소수의 독주나 중앙집권을 원하지 않는다는 뜻입니다. 출애굽 당시 이스라엘 주위의 나라들은 모두 강력한 군주제도를 실시하고 있었고, 이 제도가 정착하여 어느 정도 성공을 하고 있었습니다. 그러나 성경은 그런 군주제도를 바라지 않았습니다. 오히려 지금의 정치와 비슷한 민주제나 권력의 분산을 근간으로 한 지방의 분권정치를 원했습니다. 이것이 사사시대의 통치 방식입니다.

사사시대 이전인 광야시대에도 하나님이 모세에게 권력을 집중시키지 않았습니다. 모세에게 모든 책임을 맡기지 않았다는 뜻입니다. 하나님은 지도자 모세에게 대표자들을 선정하여 권리와 책임을 분담시켰지요. 이것이 시내 산에서 율법을 받고 출범한 광야교회가 처음 세운 70인 장로제도입니다(민 11:14~17).

지도자 모세는 가나안 땅을 정복하는 의사결정에서도 12지파의 대표들을 뽑아 현장을 답사하고, 그들을 통하여 의견을 듣고 결정을 합니다.

> 너희가 다 내 앞에 나아와 말하기를 …. 어느 길로 올라가야 할 것과 어느 성읍으로 들어가야 할 것을 우리에게 회보하게 하자 하기에 내가 그 말을 선히 여겨…(신 1:22,23)

이때 출정의 결정은 파견한 대표들의 의견만 듣는 것이 아니고, 회중 전체의 의견을 함께 듣습니다. 모세는 중대사의 결정에서 이와 같이 하나님의 명령을 가감 없이 백성들에게 직접 전달하거나 아니면 장로나 지파별 대표, 그리고 회중 전체의 의사를 들어서 결정합니다. 모세가 독단적으로 지시를 내리지 않습니다. 모세는 하나님이 직접 명하시는 일은 주도적으로 처리하지만, 그 외에는 대화로 풀어간다는 뜻입니다. 모세는 백성들에게 지도자(나기드)의 역할과 대표자의 역할을 충실히 하지만, 왕(몰록)의 역할은 결코 수행하지 않았습니다. 이런 운영 방식은 사무엘에 군주제도를 도입할 경우에도 같았습니다. 지도자는 백성들의 뜻을 따랐습니다.

초대교회 역시 교회 일꾼으로 일곱 집사를 택하는 경우에도 그렇습니다. 사도들이 유능하지만 배고픈 백성들의 필요를 충족시켜주는 일까지 모두 맡아 하기는 역부족입니다. 그래서 교회 내에 헬라파와 히브리파의 갈등으로 문제가 발생하니 교회가 이 업무를 전담할 일곱 집사를 선택합니다. 이때 집사의 선택은 지혜와 성령이 충만한 자 중 백성들의 칭찬을 받는 자로 정합니다. 이에 다시 제비뽑기라는 절차를 거쳐서 일곱 집사를 최종 선발합니다(행 6:5). 이것은 어떤 조직이나 공동체가 일꾼 하나를 선택하는 경우에도 회중들 전체 의견을 듣거나 물어서 한다는 뜻입니다. 이렇게 해도 회중들이 하나님의 뜻을 잘못 판단할 수 있으므로 제비뽑기를 통하여 최종 결정을 하나님께 맡기고 있습니다. 여기서 회중 전체에 의사를 듣거나 묻는 것은 오늘날의 민주주의적 운영 방식을 말하고, 제비뽑기를 하는 것은 이 선택의 최종 결정자도 하나님이시므로 하나님께 의존한다는 뜻입니다. 이것이 신본주의라고 하겠습니다. 또 이것이 열린 교회의 모습일 것입니다. 이것이 현대의 정치나 교회, 그리고 공동체에서도 살아있는 조직의 운영원리입니다.

다시 말하지만, 성경 조직에서 왕이나 주인은 하나님이시고, 사람은 조직에서 지도자나 대표자의 역할만 수행해야 합니다. 그리고 지도자나 대표자는 회중들에게 늘 열려 있는 자세로 조직을 운영해야 합니다. 가나안 정탐 당시 회중 전체의 불신앙적인 판단, 예수님의 십자가 처형 사건에서 유월절 민중들의 오판, 그리고 무법천지를 방불케 했던 사사 시대 등이 모두 조직의 민주적 운영에 대한 실패 사례들이라고 할 수 있습니다. 그래도 성경은 조직 운영을 이렇게 회중 전체의 의사를 존중하는 것이 원칙입니다. 왜냐하면 조직 운영에서 소수의 지배 체제는 비효율적인 면이 있는 다수의 의견 수렴보다 결과적으로 실패가 더 크고, 횟수도 잦았기 때문입니다.

성경적 조직 운영, 민주주의보다 가족주의

그러므로 오늘날 교회 운영에서도 교역자 또는 당회원과 같은 소수의 독주는 성경적이라고 할 수 없습니다. 특히 오늘날과 같이 열린사회에서 과거처럼 개인의 카리스마와 소수의 독주로는 조직이 발전할 수 없습니다. 혹 지금도 몇몇 교회들이 이런 방식을 통해 성장을 하고는 있지만, 이것은 장기로 보면 일시적인 것에 불과하므로 성경적이라고 할 수는 없는 것입니다.

그렇다고 민주주의가 절대적인 것도 아닙니다. 특히 민주주의는 인본주의로 빠지기 쉽습니다. 민주주의는 죄와 약점을 가진 인간들의 순간적인 오해와 감정에 의해 영향을 받고, 집단적 함정에 빠져들 수 있습니다. 이것이 소위 '포퓰리즘(populism)' 이라고 할 것입니다. 성경에서 이러한 실수는 가나안 정탐 시 이스라엘의 백성들의 판단, 예수님이 십자가 형에 회부될 때 유대인들의 판단이 그것입니다.

특히 민주주의는 약점을 가진 사람들의 의견을 결집해야 하기 때문에 '소모적 낭비' 가 많습니다. 그래서 민주주의는 누구 말처럼 "가장 덜 나쁜 제도"라고 하는지도 모르겠습니다. 그러므로 저는 성경이 말하는 조직의 운영원리는 독주(독재)가 아니며, 그렇다고 민주주의도 아니라고 봅니다. 성경적 조직 운영원리는 신본주의가 틀림없이 맞지만, 이를 구현하기는 현실로 어렵습니다.

성경은 교회가 예수님의 몸이라고 합니다. 이는 교회 조직과 역할은 신체의 기구와 같다는 뜻입니다. 눈과 귀, 코와 입 등이 모두 모여서 하나의 신체(조직)를 이루고 있으므로 신체의 각 부위는 각자의 역할만을 하고 있습니다. 또한 교회는 예수님의 피로 거듭난 형제들이 모인 가족 공동체입니다. 저는 그런 의미에서 성경적 조직의 운영원리는 '가족주의' 또는 '공동체주의' 라고 봅니다. 가족의 의사결정은 대화와 소통이며, 항상 열려있는 자세이겠지요. 그러므로 교회 운영은 소수 독주도 아니고, 회의를 많이 하여 소모적 낭비를 초래하는 의회주의도 곤란합니다. 교회 공동체는 그냥 가정의 가족처럼 열린 자세와 대화로 풀어가야 합니다.

성경적 조직과 운영의 방향성

이상을 요약하면 정도는 없지만, 그래도 성경적인 공동체 조직과 운영원리는 다음과 같습니다.

첫째, 조직의 왕 또는 주인은 하나님이십니다. 조직 운영에서 하나님의 뜻은 한두 사람의 소수는 물론이고 공동체의 다수 의견보다도 앞선다는 뜻입니다. 공동체의 운영에서 그게 하나님의 뜻이 확실하다면, 이것은 100명 중 1명이 찬성하고, 99명이 반대를 해도 그것은 하나님의 뜻을 따라 행해야 합니다. 이게 일반적 민주주의 정치원리와는 다른 것입니다.

둘째, 공동체의 전체 의사결정, 특히 중대한 의사결정은 다양한 의견의 수렴이 먼저입니다. 물론 첫째를 보더라도 소수를 무시하지는 말아야 합니다. 이것이 조직의 대의제(간접 민주제) 및 회중 중심제(직접 민주제)일 것입니다. 교회는 평신도가 제일 많으므로 운영의 중심에는 평신도들이 고려되어 있어야 합니다. 우리는 첫째인 하나님의 뜻이 우선이지만, 그 뜻을 모를 경우가 많습니다. 이런 경우 차선책은 공동체 구성원 전체의 다수 의견대로 할 수 밖에 없지요. 그런데 오늘날 정치나 교회를 보면 이 원리를 제대로 지키지 않는 경향이 있습니다. 정치나 교회가 특정 목적의 달성을 위해서는 다수 의견을 무시하거나 다수 의견을 피해가면서 일을 추진하는 경우를 말합니다.

셋째, 둘째의 조건으로도 충족하기 어려운 사안은 첫째 원리와 둘째 원리를 다 같이 고려하는 것입니다. 이것이 제비뽑기입니다. 성경은 집사의 선택과 같이 지도자의 선정, 지파나 개인별 토지를 분배할 경우 제비를 뽑아 최종 결정을 합니다(민 25:55). 이것은 지도자나 땅의 선택에서 하나님의 뜻을 쉽게 구별하기가 어렵기 때문입니다. 어떤 사안의 선택과 결정은 사람에 따라 또 시간에 따라 가치 판단이 달라지는 것이 문제입니다. 이런 때 조직의 바른 선택은 회중 전체의 지지도, 땅은 경작자의 인구수를 고려하는 등 사람이 할 수 있는 절차는 다 거칩니다. 그러나 마지막 결정은 제비뽑기로 하여 그것이 하나님의 뜻으로 받아들입니다.

넷째, 최종의 판단은 하나님이 하십니다. 사람의 결정은 독주이든 의견 수렴을 거친 결정이든 하다보면 결점이 드러납니다. 교회의 운영에서 모든 사람과 조직은 부족할 뿐입니다. 그러므로 교회가 조직 운영에서 의견이 갈리고, 갈등이 생깁니다. 이것이 심할 경우 실력을 행사하거나 법정 투쟁으로 가는 경우가 있습니다. 그런데 이것은 극히 조심해야 합니다. 특히 가족 공동체의 성격을 가진 교회가 이점에서 특히 신중해야 할 것입니다. 법정 투쟁은 가족 단체인 교회가 갈라져서 세상(사법부)에게 판단을 맡기는 것이니 그렇습니다.

아무튼 성경이 말하는 공동체의 운영원리는 첫째 하나님의 뜻, 둘째 회중의 전체 의견, 셋째는 제비뽑기를 통한 하나님의 직통 계시(판단) 등입니다. 이래도 안 되면 다시 하나님의 뜻을 찾는 수밖에 없지요. 이게 성경적 조직이고, 신본주의적 운영원리라고 하겠습니다. 사실 현실 정치나 조직 운영에서도 이보다 나은 제도와 방식은 찾기 어려울 것입니다. 정치, 교회, 모든 사회 조직도 그렇게 되어야 합니다.

사회를 보면 기업 경영은 투자자 중심에서 소비자 중심으로 축이 바뀌었습니다. 학교 교육도 교사 중심에서 학생 중심으로 바뀌었고, 정치나 사회도 정치 관료나 소수 엘리트 중심이 아니고, 다양성을 가진 시민 중심으로 바뀌었습니다. 지금까지 교회는 운영의 구심점이 1인 또는 소수(당회원) 중심이었고, 이런 운영방법으로 성공을 했다고 할 수 있지만, 이제는 교인 전체가 어우러진 평신도 중심의 교회가 되어야 할 것입니다. 그것이 초대교회의 모습이기도 합니다.

성경은 왕과 1인, 그리고 소수의 독주는 싫어합니다. 조직 운영에서 제왕적 사고, 1인 독주의 리더쉽은 군주제도와 지주제도 등을 만들어 세상을 오염시킨 바알 우상이 권장하는 방식입니다.

21. 성경은 도시를 경고합니다.

2010년 초에는 아이티 지진으로 많은 사람이 죽었습니다. 4월에는 중국에 지진이 나서 수천명이 죽었고, 아일랜드에는 화산의 폭발로 유럽의 비행기가 뜨지 못하여 피해가 컸습니다. 최근에는 수해와 태풍 같은 기상 이변도 잦습니다. 또 신종 플루, 사스, A1, 구제역 같은 사람과 가축의 집단적 돌림병들도 많아지고 있습니다. 그래서 사람들은 종말이 다가오는가 하고 염려를 합니다. 그런데 과학자들의 말을 빌리면, 이런 자연 재해와 돌림병은 과거나 지금이나 특이하게 다를 게 없다고 하지요. 지진의 횟수나 강도는 주기적 차이가 있을 뿐 대체로 비슷하다고 합니다. 날씨도 크게 보면 주기적 변화이지 이상 기후는 아니라고 하지요. 그런데 왜 우리의 느낌은 옛날보다 더 큰 기상 이변과 자연재해가 일어나는 것으로 보이고 있을까요?

그것은 자연 현상에 있는 것이 아니고, 사람이 살아가는 방식이 달라서 그렇다고 합니다. 곧 사람들이 한 곳에 밀집해서 살기 때문에 같은 강도의 지진과 기상이변에도 피해는 훨씬 더 크게 발생합니다. 그것이 바로 사람이 모여 사는 도시 문명의 약점입니다. 하나님은 사람들이 모여 사는 도시를 별로 좋아하지 않으십니다. 오히려 사람들이 도시에서 탐하기 쉬운 생활 상태를 경고하십니다.

> 여호와께서 거기서 그들을 온 지면으로 흩으신 고로 그들이 성 쌓기를 그쳤더라(창 11:8)
> 가까이 오사 성을 보시고 우시며(눅 19:41)

성경에 나타나는 최초의 성은 에녹성입니다(창 4:17). 에녹성은 동생을 칼로 쳐 죽인 살인자 가인이 세운 도성입니다. 가인의 후손들은 이 도성을 중심으로 문명을 일으킵니다. 이들의 후손은 농사를 짓기보다 수금과 퉁소, 날카로운 기계를 만드는 직업을 발전시켰습니다. 오늘날로 치면 농업보다 공업이나 서비스업을 발전시켰습니다. 에녹성을 중심으로 인본주의 문명이 발달합니다. 그런데 이 성의 모습은 하나님이 없고 사회는 음란과 살상 등으로 어두운 면이 나타납니다(창 4:23). 여기서 문명이라는 단어 'Civilization', 도시라는 단어 'City'가 탄생합니다. 한편 창세기 5장에서 셋족은 하나님의 성호를 부르며 목축과 농사를 짓는 민족으로 등장합니다. 그 사회는 물질문명보다 정신문화를 발전시킵니다. 여기서 농업은 'Agriculture' , 문화는 'Culture' 라는 단어가 파생하게 됩니다. 문명과 문화는 비슷한 용어이지만, 전자는 물질계가 앞서고, 후자는 정신계가 앞섭니다. 그런데 여기서 뒷날에 문명사회, 곧 하나님 없는 물질문명의 혼탁이 노아의 대홍수 심판을 가져옵니다. 하나님은 자신을 섬기고, 문화를 발전시켜온 자녀들(셋족)까지 가인의 후손들과 섞여서 타락하고 있었기 때문입니다. 이때 홍수로 가인의 후손들과 추종자들은 모두 전멸하였고, 살아난 사람은 노아와 노아의 가족 여덟 명 뿐이었습니다.

그런데 노아의 대홍수 이후에도 시날 땅으로 들어간 후손들은 다시 성 쌓기를 합니다. 물론 성 쌓기의 목적은 여호와 하나님보다 사람의 이름을 내기 위한 것이었습니다(창 11:4). 이것이 바벨탑입니다.

하나님은 바벨탑을 무너지게 하여 성 쌓기를 그치게 했습니다. 그 다음의 성은 애굽이 이스라엘 백성들을 괴롭혔던 국고성 비돔과 라암셋이 있습니다(출 1:11). 가나안 정복 당시는 여리고성과 아이성이 있었습니다. 모두 하나님의 보시기에 좋지 않는 성들이며, 그래서 징벌의 대상이었습니다.

그리고 하나님의 자녀가 가나안을 정벌한 후 새로 세운 시온성(예루살렘)마저 그렇게 좋은 점수를 주지는 못합니다. 왜냐하면 다윗 왕이 하나님의 법궤를 모셔 들이고, 솔로몬이 그곳에 성전을 짓기까지는 좋았으나 그 후에 바로 타락하였기 때문입니다. 그 성에 있는 성전 종교는 이방신을 끌어드려 하나님을 모독하였고, 성에 있는 왕궁은 백성들을 수탈하고, 왕권 탈취와 살상 행위를 그치지 않았기 때문입니다. 그래서 하나님은 가장 기대했던 도시, 예루살렘마저 바벨론에게 함락시켜 버립니다(B.C. 586년).

로마 정부의 식민지 시기에도 예루살렘 성은 하나님을 섬기는 헤롯 성전이 있었습니다. 그러나 예수님은 이 성을 보시고, 우시기까지 하셨지요. 그만큼 도시에는 종교와 정치, 그리고 문화까지 타락해 있었기 때문입니다. 그리고 성경은 미래에도 도시나 성을 중심으로 나타나는 인간의 타락을 경고하고 있습니다(계 17:18, 18:10, 17,24). 이와 같이 성경은 사람들이 모여 사는 도시를 경고하고 있습니다.

하나님은 태초의 천지창조에도 사람에게 땅에 충만하여 그 땅을 다스리라고 했고(창 1:28), 홍수 후에도 땅을 가득히 채워 그 땅에서 번성하라고 가르칩니다(창 9:7). 하나님은 성을 쌓고 도시를 건설하여 모여 살기보다 땅을 고르게 사용 · 관리하기를 원하십니다. 농촌 마을처럼 땅(경작지)을 중심으로 소집단을 이루어서 말입니다. 교회도 땅과 이웃이 공존하는 마을교회가 표준입니다. 그러나 우리는 국민의 90% 이상이 도시에 모여서 살고 있습니다. 옛날에 우리는 땅을 직접 다스리며, 방방곡곡으로 흩어져 살았고 이렇게 모여 살지 않았습니다. 지금 우리에게 보이는 것은 건물, 빌딩, 도로, 자동차, 각종 광고판, 상품들, 모든 것이 문명의 산물인 인공물 뿐입니다. 하나님이 손수 만드신 천연의 땅은 이런 인공물들로 인하여 거의 차단되어 있습니다. 그러면서 도시는 범죄와 음란 등 온갖 문제를 일으키며, 또 그 문제에 직 · 간접으로 얽히면서 살고 있습니다. 하나님이 명령하신 땅(농촌)은 쓸모없는 것처럼 방치를 하면서 말입니다. 아무튼 성경이 말하는 경건한 생활인이 되려면, 도시는 조심해야 할 곳입니다.

22. 성경은 주류(主類)보다 야인(野人), 큰 자보다 작은 자

성경의 지도자는 많이 있지만, 그 중에서도 구약의 선지자, 사사, 그리고 신약에서는 예수님의 제자들을 예로 들 수 있겠습니다. 이들의 신분은 대부분이 농부, 목동, 기생 아들, 사냥꾼, 어부, 세리, 의원 등으로 그 시대의 하층민 출신들입니다. 이들은 하나님이 직접 세운 지도자들이지만, 사회는 그들을 인정하지 않고, 비공식 지도자의 위치에 있었습니다(사사는 제외). 대신에 사회가 인정하는 공식 지도자는 왕과 제사장들이며, 이들은 그 시대에 주류에 해당합니다.

> …약한 자를 들어 강한 자를 부끄럽게…(고전 1:27)

구약성경이 말하는 지도자는 우리가 보통 세 부류로 나눕니다. 지도자는 제사장, 왕, 그리고 선지자입니다. 교회는 이들을 '기름을 부어 세운 사람들' 이라고 합니다. 그런데 세 부류의 지도자 중 선지자는 좀 다릅니다. 제사장과 왕은 지도자로 나설 때 반드시 기름 부음을 받습니다. 기름을 부은 것은 하나님과 그 사회의 구성원들이 공식적 지도자로 인정을 한다는 뜻입니다. 이들의 직분은 세습적이며, 종신직이었습니다. 그래서 왕과 제사장은 공동체의 구성원들은 그가 지도자 되는 것을 모두 알고 있었고, 시간을 두고 공개적으로 지도자의 훈련을 받아왔던 자들입니다. 그래서 왕과 제사장들은 그 시대의 사회에 주류적 역할을 담당했습니다.

그러나 선지자들은 다릅니다. 선지자들의 신분은 주로 농민이나 하층민들이 많습니다. 이사야처럼 공식적 지도자가 있기는 하지만, 대개는 평소에 공동체에서 잘 알려지지 않은 사람들입니다. 사무엘과 같은 한두 사람 외에는 기름 부음을 받은 적도 없는 지도자들입니다. 선지자들은 사회에서 공식으로 인정받은 지도자가 아닙니다. 선지자는 공동체가 공개적으로 세운 지도자가 아니고, 시대적 필요에 의해 하나님이 직접 발탁하여 세운 일꾼들입니다. 선지자직은 왕과 제사장처럼 세습제도 아니고, 종신직은 더욱 아닙니다. 이들은 평소부터 잘 알려진 인물이 아니며, 목초지나 농촌의 초야에 묻혀 있다가 하나님의 부름으로 인해 사회 전면에 등장하는 인물입니다. 이들은 평소에 지도자 훈련을 받기보다 목축을 하거나 농사를 지으며, 자기의 생업에 충실한 사람들이었습니다. 이들의 지도자적 식견은 독학을 하거나 자기 직업에서 얻은 경험 등에서 하나님이 직접 주시는 영감이나 지혜가 더해진 것들입니다. 아니면 사무엘이 은퇴 후 고향(라마 나욧)에서 가르쳤던 '선지 학당'의 출신자들입니다. 이들은 대다수가 그 시대에 비주류들이라고 할 것입니다. 그래서 백성들은 이들이 평소에 선지자인 줄도 모르고 있다가 그의 특별한 능력이나 언행, 기적 등을 보고서야 비로소 하나님의 지도자로 받아드리게 됩니다. 그러나 대다수가 사회로부터 외면과 핍박을 먼저 받습니다. 이와 같이 성경이 말하는 진정한 지도자들은 그 시대에 외면당하기 쉬운 비주류들이고, 야인들이었습니다.

공식적 지도자이기는 하지만, 제사장이나 왕과는 좀 다른 부류가 또 있는데 이들이 사사와 예수님의 제자들입니다. 직업이 모두 농부, 어부, 그 당시로 신분이 별로이던 세리나 의원들 말입니다. 이들도 평소에는 공동체 구성원들로부터 외면과 멸시를 당하던 사람들이지만, 하나님이 부르거나 예수님이 직접 불러 세운 일꾼들입니다. 이들 역시 그 시대에 주류라기 보다는 야인들이었습니다.

이것은 성경에서 하나님의 관심이 그 시대의 지배 계층에 있는 지, 백성들에게 있는 지를 살펴보면 확실합니다. 예수님이 이 땅에 오셔서 부자들과 가난한 자들에 대한 태도를 살펴보아도 역시 그렇습니다. 성경은 지배 계층이나 부자들은 자주 경계를 하거나 꾸중을 하고 있지만, 이에 반하여 약자와 가난한 자, 그리고 백성 전체에 대하여는 꾸중보다 자비를 베푸는 경우가 더 많습니다. 하나님은 고아의 아버지, 과부의 재판장이십니다(시 68:5).

그런데 백성들은 그 때나 지금이나 그 시대의 지도자는 그 사회에 힘을 가진 주류들이라고 알고 있습니다. 그러나 진정한 지도자는 현실적으로 힘이 없었던 비주류나 야인들 중에 있었습니다. 오늘날 교회에서도 주류는 공식 지도자인 교역자와 항존직 직분자들이라고 할 수 있습니다. 그런데 교회의 주류들은 하나님이 비공식 지도자인 야인을 불러 선지자로 쓰는 것을 볼 때 조심해야 합니다. 제사장과 왕들이 하나님을 멀리하고, 백성들을 섬기기보다 오히려 백성들은 외면하거나 억압하며 살았습니다. 그리고 그들은 세습제와 종신직이 주는 신분의 이점만 챙기다가 하나님께 꾸중을 듣고, 시대적 소명마저 그 시대의 야인들이었던 선지자들에게 다 내어 주고 말았으니 말입니다. 지금의 교회 제도에서 한번 안수 받으면(기름 부음을 받으면) 70세까지 자리가 보장되는 성직자와 항존직 직분자들도 조심을 해야 할 것입니다. 이들이 제 역할을 다하지 못할 경우 하나님은 지도자를 바꿀 수 있습니다. 성도들 중에 누구이거나 아니면 교회가 외면하는 사람이 실상은 그 시대에 하나님이 쓰시는 지도자일 수 있습니다. 세상의 정치와 조직, 그리고 오늘날 교회마저도 자기 신분이 주류일 때는 항상 조심을 해야 합니다. 성경이 말하는 진정한 지도자는 주류들보다 야인들이 더 많았다는 사실 말입니다. 오늘날 교회에서 기름 부음을 받은 제사장은 누구며, 왕은 누구입니까? 그리고 선지자처럼 묻혀 있는 지도자는 누구입니까?

23. 최초의 범죄는 경제법 위반

끝없는 인간의 욕망

> 여호와 하나님이 그 사람을 이끌어 에덴동산에 두사 그것을 다스리며 지키게 하시고 여호와 하나님이 그 사람에게 명하여 가라사대 동산 각종 나무의 실과는 네가 임의로 먹되 선악을 알게 하는 나무의 실과는 먹지 말라 네가 먹는 날에는 정녕 죽으리라 하시니라(창 2:15~17)

경제학의 기본적 전제가 "인간의 욕망은 무한한데 이 욕망을 채워 줄 경제적 자원은 한정되어 있다"라는 것입니다. 그래서 경제학의 목표는 무한한 욕망을 가진 인간이 한정된 자원을 어떻게 잘 관리하고, 유익하게 써서 모두가 행복한 생활이 되게 하느냐에 있습니다.

성경에서 첫 사람인 아담의 주요 경제활동은 에덴동산을 지키는 것이었습니다(창 2:15). 동물에게는 이름도 지어주고, 하나님이 창조하여 맡긴 천연 동산을 있는 그대로 관리하고 지키는 것입니다. 창세기 1장에서도 하나님은 사람을 만들고, 사람에게 땅을 정복하고, 관리하며, 동식물을 다스리라고 합니다. 그러면 하나님은 사람에게 땅을 통하여 생산한 식물을 관리의 대가로 제공합니다.

다만, 하나님이 아담에게 금하신 것은 선악과를 먹지 말라는 것이었습니다. 동산 가운데 모든 열매는 먹되 선악과만은 금했습니다. 그러므로 에덴동산의 법은 '동산을 지키라는 계명' 과 '선악과는 먹지 말라' 는 계명 이렇게 두 계명이 있는 셈이며, 이중 금지 항목은 '선악과를 먹지 말라' 는 계명 하나 뿐입니다. 그리고 이 계명은 종교법이라기보다 경제법이었습니다. 하나님은 아담에게 도울 배필도 주시고, 결혼도 시켜 주셨습니다. 에덴동산은 이것으로 족합니다. 사람이 먹을 양식이 충분하며, 이것으로 인간이 땅에서 생육하고 번성할 수 있었습니다.

그런데 문제는 아담 부부가 금지한 선악과에 대하여 욕심이 있었다는 것입니다. 이러한 욕심을 따라 아담 부부에게 사단의 유혹이 들어오고, 하와가 먼저 금지한 선악과를 먹고, 아담도 이를 따라서 먹고 맙니다. 에덴동산은 사람이 먹을 양식이 풍부했습니다. 사람이 먹을 곡식이나 과일의 종류도 다양했습니다. 이것을 사람이 자유롭게 선택하고 먹으며 인생을 즐길 수 있습니다. 이것은 하나님이 사람에게 주신 물질의 선물이었습니다.

땅의 저주와 노동 명령

> 아담에게 이르시되 네가 네 아내의 말을 듣고 내가 너더러 먹지 말라 한 나무 실과를 먹었은즉 땅은 너로 인하여 저주를 받고 너는 종신토록 수고하여야 그 소산을 먹으리라 땅이 네게 가시덤불과 엉겅퀴를 낼 것이라 너의 먹을 것은 밭의 채소인즉 네가 얼굴에 땀이 흘러야 식물을 먹고 필경은 흙으로 돌아가리니 그 속에서 네가 취함을 입었음이라 너는 흙이니 흙으로 돌아갈 것이니라 하시니라(창 3:17~19)

그런데 아담 부부는 하나님이 금지한 그 실과마저 먹어보고 싶었습니다. 경제학의 대전제는 이렇게 인간의 물질적 욕심은 끝이 없다는 것입니다. 에덴동산에 있는 각종의 다양한 열매와 채소들을 두고, 유독 하나님이 금하신 선악과 하나, 그것마저도 인간은 취하고 먹어보아야 하는 욕심을 버리지 못했습니다. 그래서 사람은 선악과를 범하고 맙니다.

이에 하나님은 약속대로 아담 부부를 경제적 조건이 좋았던 에덴동산에서 추방시켜 버립니다. 사람의 탐욕으로 인하여 땅도 사람과 함께 저주를 받게 하고, 엉겅퀴를 내게 하십니다. 땅이 전보다 척박하여졌으므로 땅이 척박한 만큼 사람은 일도 더 많이 해야 했습니다. 인간의 욕망은 무한하고, 이 욕망을 채워줄 자원은 땅이 저주를 받아서 더 줄어들어 버렸습니다. 그래서 사람은 오늘날처럼 땀을 흘려 노동을 해야 먹고 살 수가 있는 것이지요. 경제법을 먼저 어기고, 선악과를 취한 하와는 해산의 고통까지 더해졌습니다. 사람은 자기의 근원된 토지를 경작해야 하고(창 3:23), 그 토지를 효율적으로 이용해야 더 나은 삶을 살아갈 수가 있습니다. 이것이 지금 우리가 사는 세상 경제의 현주소입니다.

그러므로 인간의 첫 범죄는 경제문제입니다. 물론 이 문제는 경제 문제이기도 하고 사회문제이며, 영적 · 종교적 문제이기도 했습니다. 그러나 최초의 범죄는 경제문제가 우선입니다. 선악과도 물질 문제이며, 땀을 흘려야 하는 노동의 문제도 본질은 물질의 경제문제입니다. 사람의 생존과 기본적 욕구 충족은 물질에 있으며, 이 물질은 땅과 그 땅이 결부된 인간의 노동과 직접 관련되어 있습니다. 그런데 교회들은 경제문제를 깊게 생각하지 않습니다. 그 대신 인간의 범죄는 물질 문제이기보다 정신 문제나 종교 문제로만 생각합니다.

그래서 오늘날 교회가 가진 치명적 약점은 성경이 말하는 경제문제를 제대로 이해하지 못하는 것입니다. 세상 문제는 물론 교회의 문제까지도 본질은 인간의 영적인 문제, 아니면 정신문제에 있다고 생각합니다. 물론 성경은 물질(선악과, 땅, 땅의 생산물)과 물질에 대한 인간의 욕망(영적, 정신적), 곧 경제문제와 영적 문제를 함께 지적하고 있습니다. 그러나 오늘날의 교회는 경제문제의 고민은 정부가 해야 할 몫이고, 교회는 이에 대한 책임이 없다고 봅니다. 또한 경제적 걱정은 믿음이 적은 자, 아니면 이방인들이 하는 것이라고 합니다. 어떤 교회는 믿는 자에게 일용할 양식은 하나님이 채워주실 것이므로 경제에 대한 고민은 하지 않는 것이 기독인의 바른 태도라고 하지요. 그 대신 교회는 경제문제의 핵심도 영적 · 정신적인 것이므로 이 문제에만 관심이 집중되어 있습니다. 심히 편중되어 있는 문제의식이라고 할 수 있습니다. 경제(經濟)는 경국제민(經國濟民)의 약자로 나라를 다스리고 백성을 구제하는 것입니다. 이것은 원래 초대교회에 맡겨진 사명이었습니다.

24. 최초의 분업은 제사 갈등으로(가인과 아벨)

가인과 아벨의 제사, 마음인가? 제물인가?

첫 사람 아담은 가인과 아벨, 두 아들을 두었습니다. 두 아들 중 형인 가인은 농사를 지었고, 동생 아벨은 양을 칩니다. 많은 날들이 지나간 후에 때가 되어 형제는 하나님께 제사를 드렸습니다. 그런데 하나님이 아벨의 제사는 받아주고, 가인의 제사는 받아주지 않습니다. 왜 그랬을까요? 이에는 두 가지 상반된 견해가 있습니다.

첫째, 가인의 제물이 열납 되지 않은 것은 제물 자체가 아니라 제물을 드리는 자의 마음이다. 가인은 제사를 드릴 때 하나님에 대한 믿음이 없었고(있어도 바르지 못하고), 아벨은 믿음이 하나님께 향해 있었다. 히브리서에서 "아벨은 믿음으로 가인보다 더 나은 제사를 하나님께 드리므로 의로운 자라 하시는 증거를 얻었으니…(히 11:3)"라는 구절이 이를 증거해 준다. 여기서 믿음이란 제물이 아니고, 마음을 뜻한다고 하겠다. 그리고 이 당시는 제사법이 정해지지도 않았기 때문에 가인이 제사법을 어겼다고 볼 수 없다.

둘째, 마음이 아니라 제물이다. 성경의 제사는 피를 뿌리는 제사인데 가인은 자기가 농사를 지은 곡식으로 제사를 드렸으므로 제사법을 어겼다. 이에 대하여 히브리서에서는 "율법을 좇아 거의 모든 물건이 피로써 정결케 되나니 피 흘림이 없은즉 사함이 없느니라(히 9:22)"라고 하고 있다. 앞에서 제사를 받지 않은 이유가 믿음이라고 한 히브리서 11장 4절의 후반부도 그 믿음은 "…하나님이 예물에 대하여 증언하심이라…"라고 예물을 언급하고 있다.

어느 주장이 맞을까요? 저는 이 문제가 어느 한 쪽으로만 말하기는 어렵다고 봅니다. 제물을 믿음으로만 받는다면, 제물은 처음부터 필요가 없기 때문입니다. 궁극적으로 예수님의 십자가 희생도 필요가 없지요. 제사는 희생 제물이 아니라 회개와 믿음이란 신앙고백만 있으면 되니까 말입니다. 그렇다고 제사를 드리는 제물로만 보아도 문제입니다. 하나님에 대한 속죄는 물질이 아니라 인간의 진정한 회개에서 시작되기 때문입니다. 여기서 전자만 고집하면, 유심론자(唯心論者)로, 후자만 고집하면 유물론자(唯物論者)로 치우치기 쉽겠지요. 실제로 성경을 해석하고 전달하는 많은 분들이 이 둘 중에 어느 한 쪽으로 치우치기 쉽습니다.

그런데 여기서 가인과 아벨의 갈등 문제는 제사법으로만 보지 말고, 사람이 살아가는 경제법을 추가시켜 함께 검토를 해 보면 좀 더 깊이 있는 관련성을 찾을 수 있습니다.

최초의 분업, 서로 나누어서야

첫 형제인 가인과 아벨의 제사문제와 살인사건도 경제를 결부시켜 보면 재미가 있습니다. 첫 사람 아담이 경제적 죄를 범하여 에덴동산에서 추방을 당합니다. 그리고 아담의 근원된 토지를 갈게 하시려고 하나님이 친히 가죽 옷을 입히십니다. 그 후 나은 아들이 가인과 아벨입니다. 그런데 가인은 농사를 지었고, 아벨은 양을 치는 목축업을 했습니다. 형제의 직업이 서로 달랐습니다. 이것이 성경에 기록된 최초의 분업입니다. 성경이 말하는 최초의 직업은 농업과 목축업이 되지요.

그런데 이상한 것은 아벨의 직업이 양을 치는 것입니다. 이 당시 동물은 사람이 먹을 식물(식재료)이 아니었습니다. 그런데 왜 양을 치게 했을까요? 양의 가죽으로 옷을 만들기 위해서입니까? 아버지 아담이 죄를 범한 후로 하나님이 직접 가죽 옷을 입혀 주셨으니(창 3:21) 그렇게 볼 수 있습니다. 그러면 아벨이 양을 길러서 입는 문제는 해결했습니다. 그런데 아벨이 먹을 양식은 어떻게 해결합니까? 또 한편으로 가인은 양식은 해결했지만, 입는 문제는 어떻게 해결 합니까?

여기서 가인과 아벨은 서로 자기가 생산한 곡식과 가축을 주고 받는 거래가 필요합니다. 그래서 가인은 동생에게 먹을 양식을 주고, 받은 양은 잡아서 고기는 하나님께 제물로 불태워 드리고, 가죽은 옷을 지어 입어야 했을 것입니다. 그래야 동생도 형이 준 양식으로 생명을 유지할 수 있습니다. 그러므로 하나님이 양을 치게 한 목적은 제물과 의복 문제를 해결하라는 것이고, 곡식 농사를 짓게 한 것은 양의 식용을 금한 시대에 형제들이 함께 먹고 살라는 의미가 담겨 있는 것입니다. 이것이 경제학에서 말하는 분업이고, 교환경제입니다. 이때 교환을 거래로 보면, 사유재산제와 시장경제가 성립하고, 자선으로 보면 사회주의의 시초인 공유재산제와 정부경제가 성립합니다.

형과 동생은 가축과 곡식이 각자 필요한 물자이므로 서로서로 가진 것을 나누어야 하고, 하나님께 드리는 제사도 함께 해야지요. 그게 하나님에 대한 진정한 믿음이라 할 것입니다. 그런데 가인은 아벨에게 베풀어야 할 경제 의무, 곧 선을 행하지 않았습니다(창 4:7). 하나님은 제사에서 드릴 제물의 종류보다 형제의 생존과 우애에 더 관심이 많습니다. 특히 동물식용이 금지된 시대에 아벨의 생존은 형의 곡식에 의존할 수밖에 없습니다. 형이 동생에게 먹고 살 양식을 주고 그 대신 가축을 대가로 받아서 하나님께 제물을 드리면 서로가 좋습니다. 이렇게 하면 형제는 제사 문제, 식량 문제, 의복 문제가 다 해결됩니다. 하나님은 이런 제사를 원하십니다. 그러나 가인은 내가 동생을 돌보아야 하느냐고 항변하며 제물을 바꾸지 않았습니다. 그래서 하나님은 자비심이 없이 제사만 올리는 가인의 제사를 열납하지 않았습니다.

물론 이것으로 하나님이 가인의 제사를 받지 않은 이유를 다 설명했다고 단정을 하기는 곤란합니다. 그러나 가인과 아벨의 제사문제를 다룰 때 우리가 경제문제를 소홀하게 다루는 것을 지적하지 않을 수 없습니다.

첫째, 가인과 아벨의 제사 문제를 '믿음' 이냐? '제물' 이냐? 이 두 개의 논제로만 해석을 한다는 것입니다. 제사법으로만 보아도 제사는 믿음이라는 신앙고백과 함께 반드시 제물(짐승 또는 예수 그리스도)의 희생이 있어야 합니다. 곧 가인은 믿음이 없이(잘못된 믿음으로) 하나님 앞에 나섰으니 따라오는 제물의 선택에도 잘못을 한 것입니다. 그러므로 믿음과 제물 중 어느 하나만을 고집한다면, 양쪽 모두 잘못이라 할 수 있습니다.

둘째, 가인과 아벨의 제사는 제사법만 말하지 말고, 경제법도 말을 해야지요. 경제법으로 보면 가인과 아벨은 분명이 가축과 곡식을 서로 교환하는 경제 방식을 운영해야 했습니다. 이것은 우리가 인간의 삶의 문제에 대하여 약간의 관심만 가진다면 훤하게 보이는 주제인데 교회가 이 주제를 좀처럼 말하지 않습니다. 이로써 교회는 경제법만 나오면 슬슬 피해 버리지요. 이것이 안타깝습니다.

셋째, 하나님은 제사보다 형제의 우애, 곧 이웃의 사랑을 바라십니다. 물론 하나님은 제사를 먼저 받기를 원하십니다. 그게 하나님의 영적인 질서이니까요. 그러나 하나님은 우리가 신앙생활에서 더 많은 시간과 행동이 제사보다 사람의 사랑으로 향해 있기를 바라십니다.

이것은 부모가 자식들에게 바라는 기대와도 유사합니다. 자식들은 형제나 이웃보다 부모에게 먼저 달려가서 효도를 해야 합니다. 그러나 부모는 자신에 대한 효도보다 자녀들이, 곧 형제들이 서로 다투지 않고, 우애 있게 잘 지내는 것에 더 큰 관심이 있습니다. 제가 보는 하나님은 그런 하나님이십니다. 그런데 교회는 왜 하나님에게만 그렇게 관심이 많고, 사람에게는 관심이 없나요(적나요)? 물론 교회가 사람에게도 관심을 가진다고 말은 하겠지요. 그러나 이것은 아닙니다. 지금 가인과 아벨의 제사문제의 해석을 보더라도 교회는 제사에만 관심을 가지고 이말 저말을 전하고 있지, 사람이 살아가는 삶의 문제, 경제문제는 관심이 없지 않습니까? 교회의 관심은 삶보다는 제사(예배), 물질(경제적 삶)보다는 마음, 세상보다는 교회 안에만 집중(편중)되어 있습니다. 그러므로 같은 성경을 두고도 가인과 아벨의 제사법(마음, 제물)은 보는데 가인과 아벨의 경제법(양식, 분업, 교환)은 보이지 않는 것입니다. 교회가 종교적 기능만 수행하고, 생활은 외면하기 때문입니다.

25. 요셉의 탁월성은 종교보다 생활입니다.

아브라함은 믿음이 좋았고, 하나님이 천사와 겨루어 이긴 야곱의 믿음도 대단합니다. 그러나 요셉은 증조부 아브라함과 아버지 야곱처럼 제단을 쌓은 일도 없고, 기도를 했다는 내용도 없습니다. 종교적 감수성도 좀 그렇습니다. 우리는 독실한 신자이면 이방 종교인과 결혼을 하지 않을 것입니다. 그러나 요셉은 이방 종교의 제사장, 보디베라의 딸(아스닷)과 결혼합니다. 자기의 이름도 애굽식인 사브넷바아라고 고치고 말입니다. 그러나 그는 하나님을 믿는 신앙의 근본만은 버리지 않았습니다. 요셉은 그 결혼을 통하여 종교적 정체성을 잃고, 이방 종교로 넘어간 것이 아니 오히려 이방 여인 아스낫을 구원했습니다. 이렇게 구원받은 자가 아스낫 한 사람 뿐이겠습니까? 성경에 기록은 없지만, 아스낫으로 인하여 애굽 백성들이 더 많은 구원을 받았을 것이 분명하고, 출애굽 시에도 합류를 했을 것입니다(그것이 뒷날 문제가 되기는 하겠지만). 그러므로 이방인과의 결혼은 우리가 장려할 일은 아니지만, 기독인들도 부득이 타종교인과 결혼을 해야 할 경우도 있는데 이 경우 요셉의 행동은 우리가 위로를 받고, 방향을 찾을 수 있는 부분입니다.

그 대신 요셉의 생활은 온전히 하나님께로 향해 있습니다. 생활이 하나님의 뜻을 따라 깨끗하게 살았다는 말이지요. 그러므로 우리는 아브라함과 야곱에게는 믿음을 배워야 하겠고, 요셉에게는 하나님을 향한 생활을 배워야 균형이 잡힌 기독인이 될 수가 있을 것입니다.

요셉은 형제의 불의를 보고 바로 지적을 할 만큼 솔직했습니다(창 37:2). 그리고 형들이 싫어할 수밖에 없는 꿈의 내용까지 솔직하게 말하여 형제들에게 고난을 많이 받았습니다. 형제들이 듣지 않도록 아비 야곱에게 귓속말로 해도 될 터인데 말이지요. 요셉은 관리자로서 자기 직분에 충실한 삶을 살았습니다. 보디발의 가정 총무와 애굽의 총리직 수행이 그렇습니다(창 39:4, 41:37~41). 요셉은 정조관이 확실하고, 투철합니다. 웬만한 남자이면 다 넘어갈 분위기에서도 요셉은 보디발 아내의 간청을 뿌리쳤지요(창 39:7~18). 요셉은 이로 인하여 또 큰 고난을 당합니다. 죄가 없음에도 화를 당하지요. 그리고 요셉은 자기를 팔아먹은 형제를 용서하고, 기근에 처한 그 형제를 구제하여 구원을 베풉니다(창 45:7,8).

물론 이런 내용에 대하여 교회가 성도들에게 열심히 전하고 있기는 합니다. 하지만, 요셉의 행위 중에 교회에서 전달에 소홀한 부분이 있는데 이게 요셉이 행한 경제정책입니다. 교회가 요셉의 탁월한 경제정책을 제대로 소개하지 않는다는 뜻입니다. 요셉은 흉년을 대비하여 곡물을 저장합니다(창 41:35). 요셉은 미래에 닥칠 경제적 재난을 하나님의 계시로 예측하고, 미리 대비합니다. 예측은 하나님의 직접 계시라고 하더라도 그 대비의 비책은 요셉의 지혜라고 하겠습니다. 이것이 오늘날 경제에서 말하는 미래를 위한 저축이고, 재난에 대한 보험의 기능이라고 하겠습니다.

요셉은 기근이 와서 가난한 자에게 곡식을 공급하되 공짜가 아니고, 값을 받고 공급합니다(창 42:3, 47:13~17). 이것은 흉년과 궁핍을 타개하는 방식이 우리가 교회에서 흔히 하고 있는 구제의 차원을 넘었다는 것입니다. 물론 형편에 따라 준비한 곡식은 구제도 하고, 헐값으로 제공도 했을 것입니다. 그러나 경제의 근본은 정부의 구제에 있지 않고, 시장의 교환(거래)에 있습니다. 그런데 요셉은 이렇게 일찍부터 구제보다 경제원리인 시장(市場)의 역할을 알았던 사람입니다. 반면에 오늘날의 교회는 구제는 아는데 시장의 역할은 아주 무지합니다.

마지막으로 제가 가장 강조하고 싶은 것이 요셉의 토지법입니다(창 47:26). 요셉이 세운 토지법은 그 시대에도 탁월하였고, 이 토지법은 아직도 유효하다고 할 만큼 우수합니다. 우리 자본주의 시장경제가 지금도 취해야 할 경제법이라는 뜻입니다. 토지를 정부가 매입하여 백성들에게 적정 사용료(20%)만 받고 임대를 한 것입니다. 임대료 20%는 그 당시 기준으로는 저렴한 편입니다. 그리고 임대료가 토지별 생산성의 고려가 없는 점을 제외하면 임대료는 거의 시장 가격에 가깝습니다. 이것은 오늘날 부동산 문제를 근본에서 푸는 열쇠입니다. 저는 애굽이 부강한 나라가 된 것도 바로 요셉의 이러한 토지정책 때문일 것으로 보고 있습니다. 요셉의 토지정책은 제2권에서 구체적으로 다루겠습니다.

이렇게 요셉은 생활이 성경적이고 탁월했습니다. 그러므로 우리는 아브라함, 이삭, 야곱에게는 종교를 배워야 하고, 그 후손 요셉에게는 생활을 배워야 합니다.

전자는 기능이 한정된 족장시대 필요한 행위들이고, 후자는 왕정시대와 같은 국가의 규모에서 필요한 지혜들입니다. 전자는 오늘날 교회 안에서 강조하는 부분이라 할 수 있고, 후자는 교회를 넘어서 나라와 백성 전체를 살리는 비책입니다. 그러나 오늘날의 교회는 전자에만 관심이 많고, 항상 전자의 행위만을 강조하며, 전하고 있습니다. 교회가 요셉이 행한 시장 경륜과 토지 경제법을 거의 모르고 있습니다.

26. 성경은 지주제도를 원하지 않습니다.

성경은 땅을 팔고 사지 못하게 하여(레 25:23, 열상 21:3) 소유를 금하고 있습니다. 성경은 땅을 상품으로 취급하지 않습니다. 이것 역시 우리가 너무 모르고 있는 부분입니다. 성경은 땅을 시장가치대로 임대만 하라고 합니다(레 25:15,16). 성경은 땅에 대하여 "팔다(마카르)"라는 단어는 사용권 거래에만 쓰고, 소유권 거래는 "주다(나탄, 왕상 21:3, 창 23:11~13)" 라는 단어를 사용합니다. 이것은 우리의 사회 통념에서 보면 생소하지만, 깊이 파고들어 의미를 살펴보면, 이 말에서 창조질서에 따른 과학과 경제적 합리성을 동시에 발견할 수 있습니다. 토지경제 부분에서 성경은 '최첨단을 걷는 경제학' 이라고 할 만큼 과학적이며, 합리성을 가진 제도입니다. 성경은 레위기 25장을 중심으로 토지경제에 대한 독특한 규정들이 있는데 이게 우리의 보편적 상식과 많이 다릅니다. 성경에서 토지경제에 대한 내용은 아주 특이하면서도 합리적이고 과학적인 체계를 갖추고 있다는 뜻입니다.

저가 이 책을 쓰게 된 동기가 성경의 토지경제, 곧 희년법(禧年法)과 속량법(贖良法, 또는 代贖法)을 세상에 알리기 위해서입니다. 사회가 성경의 희년제도를 복음적으로 순종하면 이 세상은 지금보다 훨씬 더 나은 사회를 만날 수 있습니다. 그 사회는 부동산 가격이 지금에 비하여 반값으로 낮아지고, 이에 더하여 각종 세금까지 필요 없는 사회를 만날 수 있습니다. 그러면서 세상은 지금보다 더 자유로운 시장경제이며, 물가상승, 경기의 과열이나 불황, 양극화 현상도 거의 사라질 수 있는 사회입니다. 곧 세상의 구조적 경제문제는 거의 다 해결이 된다는 뜻입니다. 1권은 이러한 희년법에 대하여 소개만 하고, 구체적인 경제 내용은 2권에서 다루겠습니다. 여기서는 레위기 25장이 말하는 희년법에서 우리가 잘 모르는 부분, 또 우리의 일반상식과는 전혀 다른 내용을 소개만 하면 다음과 같습니다.

(1) 성경 : 땅의 쉼이 경제의 시작이다(레 25:1~5).
사람 : 땅의 경작이 경제의 시작이다.

(2) 성경 : 땅은 하나(단수), 하늘은 여럿(복수, 렘 10:12)
사람 : 땅은 여럿(복수), 하늘은 하나(단수)

(3) 성경 : 경제에서 땅은 주어로 쓰인다(땅은 쉬어야 한다. 레 25:2,4).
사람 : 경제에서 땅은 목적어로만 쓰인다(땅을 갈고, 씨를 뿌린다).

(4) 성경 : 경제에서 땅은 능동적이다(땅은 일하고 쉰다. 25:5, 막 4:28).
사람 : 경제에서 땅은 수동적이다(땅은 인간에게 수단이며, 수동적 역할 뿐).

(5) 성경 : 땅은 쉬면서도 일(생산)한다(25:5).
사람 : 사람과 땅은 쉬면 일(생산)을 못한다.

(6) 성경 : 안식년 산물은 땅 자신의 생산물이다(25:5).
사람 : 모든 생산물은 노동 투입과 자본 투자의 결과물이다.

(7) 성경 : 순수 토지 생산물은 만인의 것, 들짐승의 몫이다(25:5).
사람 : 순수 토지 생산물은 땅을 구입한 토지소유자의 몫이다.

(8) 성경 : 땅은 팔리지 않으며, 팔지도 말아야 한다(25:23).
사람 : 땅은 팔고 팔리며, 팔고 사야 한다.

(9) 성경 : 토지가치(지료)만 거래하고, 땅(땅값)은 거래하지 말라(25:14~17).
사람 : 토지가치(지료)를 거래하면, 땅(땅값)도 거래해야 한다.

(10) 성경 : 사람과 건물은 소유할 수 있으나 땅은 소유하지 말라(25:30,45)
사람 : 사람의 소유는 비도덕적이지만, 땅은 소유해야 한다.

(11) 성경 : 땅은 거래한(팔은) 후에도 언제든지 무르기를 할 수 있다(25:24~28).
사람 : 한번 거래한(팔은) 땅은 매입자가 싫다면 무르기를 할 수가 없다.

(12) 성경 : 내가 잡힌 땅은 남이 대신 물러(되사기) 준다(代贖, 고엘, 룻 2:20).
사람 : 내가 잡힌 땅은 내가 무른다(되산다).

(13) 성경 : 땅이 자유하면 희년이 온다(레 25:10,11).
사람 : 사람이 자유하면 그게 희년이다.

(14) 성경 : 희년은 한시적 땅값과 몸값이 0이 되어야 한다(25:28).
사람 : 땅값이 0이면 토지거래는 어떻게? 사회주의 하자는 말인가?

(15) 성경 : 땅을 "팔다(마카르)" 라는 단어는 임대에만 사용한다(레 25:13~17, 룻 4:3).
사람 : 땅을 "팔다" 라는 단어는 소유에만 사용한다.

(16) 성경 : 빚에 잡힌 땅값은 땅이 대신 갚아준다(레 25:28).
사람 : 빚에 잡힌 땅값은 사람이 갚아야 한다.

* 성경은 시장에서 땅값의 발생과 소유를 땅 주인(하나님)이 허용한 적이 없으며, 땅 자신의 물리적 성질마저 이를 거부하므로 사회적 땅값은 영구 헛값만 발생시킨다. 반면에 한시적 지대(地料, 토지생산물)는 땅이 사람에게 주는 공짜 선물인데 이 값은 팔고 사고, 무르기를 하라고 한다.

27. 지도자가 바알 우상을 섬기는 이유

이스라엘 백성들은 하나님을 섬기면서도 실제 생활은 바알을 섬겨 타락하였습니다. 바알은 가정, 사회, 정치, 경제에서 주종관계의 질서를 좋아하고, 특권층에게 부와 권력과 명예를 집중시켜 주는 신이었습니다. 그러나 여호와 하나님은 가정, 사회, 정치, 경제에서 오직 하나님이 주인이시며, 사람은 주의 자녀로 모두가 평등할 뿐이라고 봅니다. 사람이 바알 우상을 섬기는 것은 그 신이 지향하는 역할과 관련이 깊습니다.

> 오므리의 아들 아합이 그 이전의 모든 사람들보다 여호와 보시기에 악을 더욱 행하여 느밧의 아들 여로보암의 죄를 따라 행하는 것을 오히려 가볍게 여기며 시돈 사람 엣바알의 딸 이세벨을 아내로 삼고 가서 바알을 섬겨 예배하고(열상 16:30,31)

이스라엘 백성들은 하나님을 철저하게 믿는 사람들입니다. 애굽의 노예에서 해방될 때는 하나님이 애굽에 내리는 10가지 재앙을 직접 보았으며, 홍해의 기적까지도 실제로 체험한(또는 조상에게 직접 전해들은) 백성들입니다. 또 하나님의 명을 거역하다가 40년간 광야에서 혹독한 훈련을 받았습니다. 그래서 그들은 자손대대로 야훼 하나님에 대한 신념이 철저했습니다. 예수님도 이토록 철저한 이스라엘 백성들의 종교적 신념은 인정을 하고 있습니다(마 7:6).

그런데도 그들은 가나안 땅에 들어가자마자 이방인들이 믿는 우상을 받아드립니다. 여기서 대표적 우상이 바로 바알입니다. 성경은 이스라엘 자손이 여호와의 목전에 악을 행하여 바알들을 섬겼다고 합니다(삿 2:11,13). 이것은 왕조시대에 들어가서도 마찬가지입니다. 솔로몬이 이방여자들을 왕궁으로 끌어드리고, 이들을 통하여 이방신들이 왕궁까지 들어옵니다. 하나님께 일천번제를 드리고, 이에 하나님은 그를 천하의 열왕보다 높여주었지만(열상 11:23), 왕은 이렇게 바로 변심을 합니다.

이렇게 들여온 바알 숭배는 여로보암과 오므리, 그리고 그의 아들 아합과 며느리 이세벨에 이르러 절정에 이릅니다. 이때 엘리야를 비롯한 선지자의 활동이 활발하게 일어납니다. 그러나 바알 우상은 다시 이세벨의 딸 아달랴를 통하여 남쪽 유다로 전해지고, 그 뒤를 이은 유다의 왕들 역시 바알 숭배에 빠집니다. 물론 바알이 전수한 풍속과 제도를 같이 받아드립니다. 간혹 히스기야, 요시아 같은 선한 왕이 나와서 바알 우상을 혁파하려고 애를 쓰지만 역부족입니다. 이러한 바알 숭배로 인하여 이스라엘은 나라가 분열되고, 포로가 되며, 결국 예루살렘이 멸망하게 됩니다.

그러면 그토록 야훼 하나님에 대한 종교적 신념이 강한 특성을 가진 이스라엘 민족이 왜 바알 숭배에 빠졌을까 하는 것입니다. 그 이유는 바알 신이 아주 영특하기 때문입니다.

물론 영특한 것이 아니라 아주 교활한 신이며, 양의 가죽을 덮어 쓴 이리 떼처럼 인텔리형 귀신입니다. 특히 바알은 이방신들 중에도 가정 현실적인 매력(이권)을 보여주는 신입니다. 바알은 추종자에게 종교적 욕구만 충족시켜 주는 신이 아니고, 현실의 욕구 문제를 충족시켜 주는 신입니다. 바알 신은 가정, 정치, 경제에서 실제로 사람들이 요구하는 권력, 재물, 자녀 등에 대하여 답을 제시합니다. 그러면서 궁극적으로는 그 조직을 혼란에 빠지게 하고, 무너지게 하지요.

왕과 귀족들이 바알 숭배를 가장 심하게 하고, 바알이 가르친 제도를 적극 도입한 때가 아합과 이세벨의 통치 시기입니다. 바알 신이 표방하는 현실사회의 특성은 아래와 같은데 이는 야훼 하나님이 가르치는 성경적 내용과 상반되는 것들입니다.

첫째, 총체적으로 바알은 농경사회에서 풍년과 다산을 기약하는 신입니다. 바알은 비를 내리게 하는 신, 자녀가 많은 것이 복인 사회에서 자녀를 약속하는 신입니다. 물론 바알이 그러한 복의 능력을 가진 신은 아니지만, 이 신이 내세우는 역할이 그렇습니다. 바알 신은 태생적으로 어떤 윤리적 의무나 역사적 책임을 가진 신이 아닙니다. 바알은 물질적 풍요와 다산 등, 사람에게 우선적 필요에 대한 욕구를 충족시키는 역할을 담당하는 신입니다. 그러나 하나님은 참신이시기 때문에 신의 존재 의미를 분명하게 가지고 있으며, 역사적이며, 창조질서와 사회적 윤리를 강조합니다.

둘째, 가정에서 바알은 힘을 가진 남성의 편에 서서 남성을 옹호합니다. 바알 신은 남성 신과 여성 신을 분리하여 남성 신의 우월함을 보여줍니다. 그리고 사회적으로 남자는 여자를 축첩으로 거느리고, 여자를 지배하게 하여 남존여비의 사회를 주도하게 합니다.

셋째, 사회에서 바알은 노예제도를 당연한 것으로 봅니다. 성경은 경제적 어려움으로 노동을 팔더라도 그를 종으로 여기지 않고, 한시적 품꾼으로 여기도록 합니다(레 25:39,40). 성경이 말하는 고용(종살이)은 6년만 하면 풀립니다(신 15:12). 그러나 바알을 추종하는 이방 나라는 경제적 곤란으로 팔려온 자를 노예의 신분으로 삼습니다. 그 기간도 특별한 경우가 아닌 한 종신직이며, 노예 신분은 대를 이어 계속됩니다.

넷째, 정치에서 바알은 왕과 귀족에게 권력을 집중시켜 줍니다. 성경에서 하나님이 원하지 않는 군주제도의 도입은 바로 바알이 유도한 왕권의 강화 유혹에서 시작된 것입니다. 성경을 보면 왕이 무거운 세금을 매겨(열상 12:14) 이스라엘을 북 이스라엘과 남 유다로 분열하게 합니다. 역대의 왕들은 백성들의 삶을 보호, 관리하기보다 백성들의 재산을 수탈하였으며, 왕조는 왕권 다툼으로 살생을 그치지 않았습니다.

다섯째, 경제적으로 바알 신의 가장 두드러진 특징은 지주제도의 채용입니다. 바알을 숭배하는 나라는 하나님이 금한 지주제도를 강하게 옹립하고 있다는 것입니다.

> 아합이 나봇이 죽었다 함을 듣고 곧 일어나 이스르엘 사람 나봇의 포도원을 취하려 그리로 내려갔더니(열상 21:16)

아합 왕이 궁궐을 넓히기 위해 나봇에게 왕궁 가까이 있는 포도원을 자기에게 팔 것을 요구합니다. 그러나 나봇은 이를 거절합니다. 그 이유는 야훼 하나님이 왕이라도 백성들의 포도원을 매입하지 못하게 하기 때문입니다(열상 21:3). 그러나 바알을 믿는 아합 왕과 왕비 이세벨은 이렇게 나오는 나봇의 태도를 받아드릴 수 없었지요. 그들은 절대 왕권을 믿기 때문에 왕명을 거절하는 나봇의 태도는 죽어 마땅하다고 생각합니다. 또 그들은 땅을 팔고 사지 못하게 하는 성경, 곧 하나님의 경제법도 불합리하다고 보거나 내키지 않았습니다. 그래서 아합 왕은 나봇을 죄인으로 몰아서 죽여 버리고, 그의 포도원을 빼앗아 버립니다. 이게 바알의 속성인 약육강식의 생활 방식입니다.

바알은 물질에서 성경이 말하는 나눔보다 개인의 욕구를 추구하는 신입니다. 바알은 가정에서 성경이 말하는 일부일처제나 남녀평등보다 축첩제도와 남성지배의 사회를 만듭니다. 바알은 정치에서 성경이 말하는 대의제나 회중 중심의 운영이 아니고, 왕과 소수의 지배 계층에게 권력을 집중시키는 절대 왕권을 강력하게 옹호합니다. 바알은 경제에서 성경이 말하는 토지제도를 멀리하고, 경제적 독점을 가져오는 지주제도에 집착합니다.

이와 같이 성경의 지도자들이 바알을 숭배하는 이유는 현실적 이유에 있었습니다. 남이야 어떻게 살던 나에게 풍요를 보장해 주고, 가정과 정치는 힘을 가진 자가 전체를 지배하고, 경제는 능력 있는 자에게 기업을 몰아주는 지주제도가 지도자들에게는 더 유리하기 때문입니다. 곧 이스라엘에서 지도자들이 바알을 먼저 끌어드린 이유는 그들이 성경이 금한 제도를 더 좋게 여기고, 받아드리기 위해서입니다.

그런데 이러한 바알의 속성과 제도는 지금도 교회 속에 깊숙하게 침투해 있습니다. 우리의 영과 삶까지 지배하고 있는 1인 독주의 제왕적 사고, 물질만능주의나 배금주의가 그것입니다. 그리고 우리는 성경이 금하고 있는 지주제도를 오랜 기간 묵인하거나 오히려 확대 발전시켜 오고 있습니다. 따라서 이런 것은 지금도 우리가 지주제도를 세상에 보급한 바알 신을 알게 모르게 따르고 있다는 증거입니다. 이는 교회가 하루 빨리 쫓아내야 할 가증한 것들입니다.

28. 불을 뿜는 선지자, 바알 제도에 대한 도전

바알 신은 종교적으로 사악한 신이지만, 정치, 경제, 사회 제도에서도 가증한 짓을 하는 신입니다. 선지자들은 이 사악한 신을 멀리하고,

바알 신이 오염시킨 사회의 가증한 제도들을 타파하려고 했습니다.

> 엘리야가 모든 백성에게 가까이 나아가 이르되 너희가 어느 때까지 두 사이에서 머뭇머뭇 하려느냐 여호와가 하나님이면 그를 좇고 만일 바알이 하나님이며 그를 좇을 지니라 하니 백성들이 아무 말도 대답하지 아니하는지라(열상 18:21)

마지막 사사요, 최초의 선지자요, 탁월한 지도자이었던 사무엘은 군주제도의 도입 초기의 인물입니다. 백성들이 군주제도를 원하자 사무엘은 이 제도의 폐단을 미리 알려주고, 도입에 부정적 태도를 취합니다. 선지자의 대표격인 엘리야의 등장도 왕이 지주제도를 파기하는 시기에 등장합니다.

아합이 나봇을 모함하여 죽이고, 하나님이 금하신 포도원을 탈취한 것은 바알의 제도에 따른 것입니다. 바알에 의하면 백성들이 왕의 명령을 어기는 것은 국법을 어긴 것입니다. 그래서 국가 권력은 왕과 소수 귀족들에게 집중되어 있습니다. 그리고 이들은 경제력도 독점을 해야 그들의 권력을 계속 유지할 수가 있습니다. 그런데 경제력 집중은 성경적 토지제도에서 불가능합니다. 성경적 토지제도는 경제력 집중을 불가능하게 만들어 놓았습니다.

가나안 땅 진입할 당시부터 모든 토지는 가족별, 지파별로 균등하게 배분하였습니다(민 26:54~56). 그리고 분배된 토지는 팔고 사지 못합니다(레 25:23). 땅은 시장가치대로 임대만 가능합니다(레 25:16). 임대된 토지는 바로 무르기가 가능하며, 친족이 이를 대신하여 줍니다. 이것은 토지가 소수에게 경제력이 집중되지 않도록 하기 위한 것이며, 그 방법은 치밀하고 철저했습니다.

그런데 아합 왕은 궁 안에서 자기의 나물 밭을 삼을 전답이 부족하여 땅을 더 구입할 필요가 있었습니다. 하나님이 금한 왕과 왕이 살 왕궁이 생기면 규모가 커지니 당연히 전답이 모자랄 수밖에 없지요. 그리고 왕권 강화를 위해서는 이방 나라의 왕들과 같이 땅을 많이 가져야 합니다. 그런데 성경대로 하면 아합 왕에게 토지 매입, 그리고 토지 독점, 이게 자기 뜻대로 되지를 않습니다. 그래서 왕은 성경적 토지제도를 버리고, 바알이 가르쳐 주는 지주제도를 받아드리는 것입니다. 이게 구약에서는 선민 이스라엘 백성들이 우상을 섬기는 계기이고, 나라가 망하는 원인입니다. 물론 오늘날까지 지속적으로 발생하고 있는 세계 천민자본주의의 얼굴입니다.

하나님은 지주제도를 아주 싫어하십니다. 그러나 하나님이 세운 지도자들이 이 제도를 선호하고, 주도적으로 끌어드립니다. 하나님은 이러한 군주제도와 지주제도를 두고 오므리의 율례와 아합 집의 행위라고 하여(미 6:16) 이 당시의 지도자들에게 노를 격발하게 됩니다. 그래서 하나님은 선지자를 불러 세우십니다. 최초의 선지자 사무엘은 군주제도가 시작될 때 불렀고, 대표 선지자 엘리야는 지주제도가 도입 될 때 세워집니다. 그 뒤에도 아모스, 미가 등 많은 선지자들을 불러 보냅니다. 이것은 마지막 선지자 세례 요한의 때까지 계속됩니다(눅 3:1~6). 왕을 정점으로 한 로마의 식민 통치와 이스라엘 종교 지도자들을 통한 경제적 수탈이 예수님의 초림 때에도 계속되었다는 뜻입니다(눅 2:1, 막 12:10, 마 21:13,38).

바알은 풍요와 다산을 상징하는 신으로 지주제도를 강력 옹호하고, 사회에서도 힘을 가진 소수 계층을 앞세우는 제도를 가르칩니다. 바알이 추구하는 종교, 정치, 사회 경제 제도는 다음과 요약할 수 있습니다.

① 종교에서 제사 행위는 음란하고, 살벌합니다. 제사를 음란하게 드리며, 아이를 제물로 바칩니다.
② 가정에서 일부일처제보다 축첩제도를 즐겨합니다.
③ 정치에서 소수가 권력을 독점하는 왕과 왕정을 강하게 지지합니다.
④ 경제에서 소수에게 경제적 지배력을 만들어주는 지주제도를 선호합니다.
⑤ 사회에서 평등한 사회보다 가진 자를 옹호하는 제도를 펼칩니다.

구약시대에는 사무엘과 엘리야, 그리고 예수님 시대는 세례 요한과 예수님이 이런 지배 계층의 만행을 지적합니다. 그리고 이에 결탁한 이스라엘 종교 지도자들의 권력 독점과 경제적 독점을 더 강하게 꾸짖고 있습니다. 그러나 이들은 모두 왕과 추종자들에게 희생되고 맙니다. 세례 요한은 헤롯 대왕에게 죽고, 예수님은 로마 총독부와 결탁한 이스라엘 제사장과 그들의 꼬임에 넘어간 유월절 민중들의 오해로 인해 십자가 처형을 받습니다.

제도상으로 보면 바알이 만들 내었던 반성경적 사회, 곧 소수에게 권력이나 경제력이 집중시키는 제도는 신약시대에 넘어오면서 이제는 거의 성경적 제도로 고쳐졌습니다. 축첩제도나 남존여비의 사회제도, 군주제도와 노예제도 등도 모두 인권의 신장과 민주주의의 도입으로 제도상 해결이 되었습니다.

그러나 아직도 우리 사회에 바알이 오염시켜 놓은 제도 하나가 남아 있습니다. 선지자들이 불을 뿜고, 잘못을 간하다가 무참히 죽었으며, 예수님이 그렇게 경계하고 꾸짖었던 나쁜 제도가 아직도 그대로 있다는 말입니다. 그대로 있는 것이 아니라 구약시대보다 오히려 더 커지고, 더 빗나간 방향으로 발전하여(실상은 타락하여) 왔습니다. 이것이 바로 지주제도입니다. 그리고 이 제도에 수반한 배금주의 사상들입니다. 그러므로 성경을 믿는 교회는 성경이 금하고 있고, 예수님이 경고하시는 지주제도를 성경이 가르치는 제도로 되돌려 놓아야 할 책임이 있습니다. 물론 우리는 사회적 배금주의 사상도 함께 몰아내야 합니다. 이것은 기독인의 사회적 책임이고, 교회가 가진 역사적 사명이라고 하겠습니다.

하나님과 바알 종교가 표방하는 각종 사회제도

종교 사회제도	하나님	바알(Baal)	비고
제사제도	계약과 관계(속죄와 代贖) 구약:짐승, 신약:예수	아침 종교(진노와 만족) (속죄 불능의 우상)	Baal : 음란·人身祭物 야훼 : 代贖祭物
가족제도	일부일처제, 장자대표권제	일부다처제, 적서차별제	바알 : 남녀 차별 야훼 : 남녀 구별(유별)
고용제도	몸값 무르기 품꾼제도	노예제도(인간의 상품화, 도구화)	바알 : 신분의 차별화 야훼 : 신분의 평등 지향
정치제도	사사제도 (지방자치와 권력분산)	군주(君主)제도 (중앙집권과 권력편중)	바알 : 군주가 지배 야훼 : 야훼가 통치
경제제도 (미성취)	토지 무르기와 소작제도	지주(地主)제도 (땅의 상품화, 독점·지배화)	바알 : 부와 소유의 편중 야훼 : 효율과 균형

* 가족, 고용, 정치를 어지럽힌 Baal 제도는 신약시대에 모두 폐지, 성취되었으나 경제제도(지주제도)만은 아직 Baal 제도 그대로 폐지되지 않고, 그 성취의 때를 기다리고 있다.

제2부 : 잃어버린 성경 절기, 땅과 음력과 한가위로

성경에는 3대 안식년인 안식일, 안식년, 희년이 있습니다. 또 성경에는 유월절, 칠칠절, 초막절이라는 3대 절기가 있습니다. 그런데 3대 안식년 중 안식일과 안식년은 구약에서 시행을 했다고 볼 수 있으나 희년은 아직 시행한 흔적을 찾지 못하고 있습니다. 그리고 3대 절기도 유월절은 부활절로, 칠칠절은 오순절 성령강림으로 성취가 되었지만, 초막절을 아직 성취가 되지 않았다고 봅니다. 그런데 이 희년과 초막절의 핵심 내용은 7월 10일 속량절에 있습니다. 곧 속량절을 제대로 지켜야 희년과 초막절을 성취할 수가 있다는 뜻입니다. 그런데 7월 10일 속량절은 한국달력으로 한가위를 4일 앞둔 날로 명절의 준비 기간에 해당하는 8월 11일이며, 전국에서 토지 무르기가 있어야 하는 날입니다. 곧 한국의 한가위는 아직 성취되지 않은 성경의 희년과 초막절이 성취되는 때와 관련되는 날로 매우 뜻 깊은 날입니다.

그러나 아직 우리는 성경의 음력과 토지 무르기를 잘 모르고 있습니다. 서양 사람들이 성경을 양력 중심으로만 풀었고, 희년을 땅의 실체가 없는 하나님과 사람의 이중구조로만 이해를 하여 왔기 때문입니다. 성경은 희년의 목표를 하나님, 땅, 그리고 사람이라는 삼중구조에서 바른 관계를 정립하는 것에 두고 있습니다. 성경은 경제적 실체를 땅과 만물의 창조자인 하나님(神格), 경제적 가치물을 내고 있는 땅(地格), 그리고 그 땅의 관리자로서 사람(人格), 이렇게 세 가지를 주체로 다루고 있다고 했습니다. 이것이 성경이 말하는 신격, 지격, 인격이라는 경제의 삼실체(三實體)이며, 성경의 삼중구조입니다. 그런데 이런 경제적 세 가지 주체 또는 실체를 이해하는데 큰 도움을 줄 수 있는 사상 체계가 우리의 토종문화, 천·지·인의 삼재론(三才論)입니다. 삼재론은 성경이 말하는 땅의 경제적 실체를 구체적으로 인정하고 있다는 뜻입니다.

여기서는 이런 관점으로 성경에는 있으나 우리가 다루지 않거나 모르고 있고, 그래서 실현 되지도 않는 성경 절기의 경제적 내용들(면제년, 희년, 초막절, 땅, 음력)을 찾아보고, 우리의 생활과 관련한 여러 가지 실천 가능성을 검토하여 보고자 합니다.

1. 평소에 면제년과 초막절을 생각해 보셨나요?

면제년은 언제이며, 무엇을 하는 해입니까?

우리는 안식년에 대하여 성경 본문을 읽은 기억도 있고, 교회에서 들어본 적도 있을 것입니다. 그러나 같은 안식년에 지키는 면제년에 대해서는 잘 모르고 있습니다. 간혹 면제년은 대한 성경 구절을 읽어도 이것은 구약에 있었던 제도로 지금은 그 제도가 폐기된 것이라고 여기고 그냥 넘어 갑니다. 면제년은 무시해 버린다는 뜻입니다.

매 칠년 끝에 면제하라(신 15:1)
그들에게 명령하여 이르기를 매 칠년 끝 해 곧 정기 면제년 초막절에 …(신 31:10)

성경은 이렇게 말합니다. 정기 면제년 초막절에 여호와의 율법을 낭독하여 온 이스라엘 백성들에게 듣게 하라고 하십니다. 이때는 남녀는 물론이고, 어린아이, 타국인까지 이 말씀을 듣고 배워서 지켜 행하게 하라고 합니다. 그리고 요단강을 건너 가나안 땅을 들어가서는 이 말씀을 모르는 후손들에게도 듣고 배우게 하라고 하십니다. 그만큼 면제년을 중요시하고 초막절을 중요시 했던 것입니다. 그런데 우리는 이 면제년이 무엇을 하는 것인지 잘 모르고 있습니다. 초막절도 언제, 무엇을 하는 날인지 모르고 있습니다.

먼저 초막절이 언제인지를 말하면 성경달력으로 7월 15일입니다. 우리 음력으로는 팔월 한가위 때입니다. 그리고 면제년은 이런 것을 하는 해입니다. 면제년은 말 그대로 무슨 의무를 면제하여 주거나 자유를 주는 날입니다. 묶인 것이 풀리고, 문제가 해결되는 해가 면제년입니다. 신명기 15장은 이러한 면제년을 다룬 장인데 우리가 관심만 있다면, 신명기 15장을 '면제장' 이라고 이름을 붙일 수도 있었을 것입니다(레위기 23장은 '절기장' 레위 25장은 '희년장' 또는 '자유의 장' 으로 부를 수 있지요). 그러나 이에 대해 관심이 없으니 그렇게 부르는 경우가 없으며, 일반 성도들은 이런 장이 있는 줄도 잘 모르고 있습니다. 신명기 15장을 중심으로 면제년의 지켜야 할 내용을 찾아보면 다음과 같습니다.

첫째, 면제년은 안식년과 같은 해입니다. 따라서 면제년은 땅이 쉬는 해입니다. 면제년은 사람과 함께 일하고, 사람에게 농산물 생산으로 혹사를 당한 땅을 여호와 앞에 쉬게 해주어야 합니다(레 25:4). 곧 면제년은 사람에게 수고하는 땅이 일(경작)에서 해방되어 쉬는 해입니다.

둘째, 사람의 노동이 쉬는 해입니다. 성경은 안식년이 되면 땅을 묵히거나 쉬게 하라고 했지 사람이 쉬라고 하지 않았습니다. 그러나 농경시대에 경작하던 땅을 쉬게 하면 사람도 쉬게 되는 것입니다. 땅이 쉬니 사람도 따라 안식을 얻습니다.

셋째, 면제년은 종살이가 끝나는 해입니다. 성경에서 근로 계약은 6년제입니다(신 15:12). 성경은 가난하여 몸을 팔더라도 종신직은 금합니다. 종은 안식년이 되면 풀어주어야 하기 때문에 종살이의 최장 기한은 6년이며, 아니면 5년, 4년, 3년 그 이하의 기간으로 해야 합니다. 이 경우에도 주인은 종처럼 부리지 말고 품꾼처럼 대해야 합니다. 따라서 성경에서 몸을 파는 거래는 종살이 계약이 아니고, 시장거래이며, 노동시장의 정당한 법률적 계약 관계입니다. 오늘날 야구 선수와 구단, 유명 탈렌트와 소속사간의 전속 계약과 같다고 보시면 됩니다. 계약의 최장 기한은 6년이므로 면제년이 되면 계약이 해제되어 자동으로 자유의 몸이 됩니다. 이렇게 노동 계약이 풀려서 자유의 몸이 되는 것은 땅의 안식과도 자동 연결이 됩니다. 땅이 쉬어야 하므로 노동이 필요 없으니 종살이도 필요가 없지요. 이와 같이 토지의 안식과 노동의 안식은 하나가 되어 그 제도의 실천을 쉽게 하도록 유도하고 있습니다. 그리고 성경은 이때 잡혀 있던 몸만 돌려보내지 말고, 타작마당과 포도주 틀에서 난 것을 풍성하게 주어서 보내도록 합니다(신 15:14).

넷째, 면제년은 갚지 못한 빚이 있으면 탕감해 주어야 합니다(신 15:2). 부채의 변제 기한도 최고 6년을 시한부로 하라는 뜻입니다. 그러므로 남에게 무엇을 빌려줄 때는 이것부터 감안을 해야지요. 이렇게 해도 면제년에 갚지 못하는 부채가 있다면 어떻게 하는가 하는 것입니다.

그것은 채주가 탕감해 주어야 합니다. 성경은 이렇게 하면 채주가 빌려 주기를 꺼리는 경우를 감안하여 반드시 쓸 것을 넉넉하게 꾸어 주고 그가 나에게 호소하지 않도록 하라고 하십니다(신 15:8,9). 물론 이것은 생계에 국한 되는 것이지, 사업에 필요한 자금까지는 아닐 것입니다. 특히 이자가 그렇습니다. 교회가 이것을 잘 모르면 중세 교회처럼 생산자금에도 이자를 금하는 법을 제정하는 우를 범할 수 있습니다. 이슬람은 실제로 오늘날까지 이자와 이윤을 오해하며, 이윤은 허용, 이자는 금하는 경제법을 운영하고 있습니다.[21]

다섯째, 가난한 자를 특별하게 배려해야 합니다. 내 동족이 가난하여 빈손으로 있거든 너는 그를 도와 객이나 우거하는 자처럼 함께 생활을 하라고 합니다(레 25:35).

면제년은 대개 이런 내용을 지켜야 합니다. 그러므로 면제년은 땅과 사람이 일에서 쉬며, 경제적 곤란이나 법률적 문제들이 모두 풀려서 자유를 누리는 해가 면제년입니다. 그리고 성경은 면제년이 7년마다 돌아오므로 혹시 중간에 발생할 수 있는 궁핍의 문제를 해결하기 위하여 중간 삼년 끝에는 구제년을 두고 있습니다. 삼년 말 드리는 십일조는 가난한 자에게 주도록 말입니다(신 14:28). 이렇게 성경은 가난한 자를 위하여 면제년 주기인 7년 기간의 약점까지 배려하여 두었습니다. 이와 같이 면제년은 사회적, 경제적 문제를 사전에 예방하거나 발생한 문제는 해결하는 해입니다.

---

21) 이슬람 율법은 이자를 금한다. 그러나 주식 투자는 허용하고 있다. 이는 회사에서 배당금이 있는 주식 발행은 선하고, 이자가 있는 사채권 발행은 악하다고 보는 것으로 이를 과학적으로 분석하면 코메디를 하는 것과 같은 결과가 나오게 된다.

그러나 성경을 믿는 우리는 어떻습니까? 먼저 유대인들은 이 면제년을 제대로 지키지 않았습니다. 왕과 제사장 등의 지도자들이 먼저 이 법을 어겼습니다(예 34:14). 그래서 선지자들이 일어납니다. 그들은 뒷날 포로로 잡혀가서 고생하고 돌아온 후 학사 에스라를 동하여 이 사실을 깨닫습니다(느 5:10, 10:31). 초막절에 에스라가 읽어주는 성경 말씀을 듣고서야 말입니다(느헤미야 8장). 그들은 면제년을 지키지 않았고, 또 말씀을 들어 본 적도 없어서 면제년이 있는 줄도 몰랐습니다. 이러한 면제년 위반은 그 뒤에도 계속됩니다. 예수님은 주기도를 통하여 빚 탕감과 죄 용서를 같은 조건과 방식으로(마 6:12), 또 빚의 탕감을 비유(마 18:21~35)로 가르치셨습니다. 그러나 당시의 지도자들은 납비 힐렐의 주도로 '프르스볼'[22] 제도를 만들어 면제년이 오면 부채의 탕감을 교묘하게 피해갔습니다.

오늘날 교회도 별로 다를 게 없지요. 오늘날 교회는 이런 안식년과 면제년의 의미를 제대로 전해 주지 않습니다. 구약에 있었던 제도라고 소개만 하거나 아니면 아예 외면해 버립니다. 물론 오늘날은 복음시대로 구약의 율법을 그대로 지킬 의무는 없지요. 그러나 복음시대의 교회도 율법의 형식은 지키지 않지만, 그 의미만은 더 연구하고, 현실적으로 살려나가야 했습니다. 그러나 이것이 너무 부족합니다.

그리고 간혹 일부 교회는 이 땅의 안식년과 빚을 갚는 면제년을 가지고, 교역자에 대한 안식년제에 사용합니다. 교역자들을 업무에서 쉬게

22) "안식년에도 꾸어주라(신 15:9)"는 성경을 왜곡하여 안식년까지 청산되지 않은 채권은 재판소에 넘겨 탕감법 적용을 받지 않게 악용한 제도를 일컫는다. 이는 안식년이 가까워지면 금융의 기능이 마비되는 것을 예방하는 순기능도 했지만, 결국 성경을 어기고 가난한 자를 착취하며, 심한 고리채까지 정당화하는 수단이 되었다.

하여 외국으로 연수를 보내거나 휴식을 하도록 배려하지요. 물론 이것은 좋은 제도입니다. 그러나 안식년과 면제년의 의미를 모른 채 사람들, 특히 선택 받은 자만이 안식을 하고 있는 것이 문제입니다. 안식년은 땅을 쉬게 하는 해이기 때문에 주체가 사람보다 땅이라는 것을 잘 모릅니다. 면제년은 사람들의 빚과 종살이 등 모든 굴종과 결핍의 상태를 해소하고, 자유롭게 하여 쉬는 해입니다. 그런데도 지금의 우리 사회는 이것과 먼 상태입니다. 그럼에도 이를 지적하고 현실적 실현을 위해 힘써야 할 분들이 이에 대한 지적은 일언반구도 없이 자기들만의 안식을 가진다는 것은 이상합니다. 곧 교역자들의 안식이 잘못이 아니라 안식년과 면제년을 전하지 않는 우리의 태도가 잘못이라는 것입니다. 다시 말하지만 안식년은 사람이 쉬는 해가 아니고, 땅이 쉬는 해입니다. 이와 같이 면제년 초막절은 매우 의미가 있는 명절입니다.

2. 희년은 언제이며, 무엇을 하나요?

희년에 대한 교회의 입장

희년이 무엇이며, 날짜는 언제이며, 무엇을 하는 날입니까? 희년에 대하여 대체로 세 가지 정도의 이해가 있을 수 있습니다.

첫째, 희년은 구약에서 50년마다 돌아오는 해이며, 지금은 폐기된 구약 율법의 하나라고 말입니다. 보수 교회는 강해 설교에서 희년법 본문을 만나면 성경에 있으니 빠트릴 수는 없어서 부득이 한번 보고 넘어가는 정도입니다. 그것도 희년제도란 사회적 평등을 위해 정한 것이기는 하지만, 현실적 적용은 어려웠고, 그래서 유대민족이 한 번도 시행한 사실이 없다고 하면서 말입니다. 또 희년을 연구한 상당수 학자들은 이 희년제도가 모세의 율법이 아니고, 훗날 B.C. 6세기경에 제사장이 추가한 문서라고 말합니다. 그래서 신약시대에 희년은 그 의미만 받아드리면 된다고 하고, 이것도 어려운 경제문제이기 때문에 실현에 대해서는 아예 입을 다물어 버립니다. 아니면 진정한 희년은 종말이 와야 가능하다고 하고 끝을 맺습니다.

둘째, 사회정의나 평등을 부르짖는 진보층 그룹에서 이 희년법을 그들의 이념과 운동의 전개 수단으로 삼는 경향입니다. 이들은 희년에 하게 되는 종살이 해방과 토지권 회복 등이 모두 부자의 자비(희생)나 정부의 무상 지원으로 이루어지는 것으로 오해합니다. 이것은 성경이 인정하는 사유재산제를 부정하거나 시장기능을 무시하는 사회주의적 시각이지요. 이들은 희년을 사회주의적 경제 시스템 속에서 이해하고, 방법도 그렇게 하자고 주장을 합니다. 잘못된 성경 이해이고, 진부하고 낡은 생각입니다. 가진 자에게 세금을 많이 부과하여(심한 사람은 토지는 몰수에 준하는 정책까지도) 가난한 자에게 돌려주는 것이 희년의 실현이라고 보는 것이지요. 성경적 희년은 그렇게 하여 성립할 수가 없습니다.

셋째, 대다수는 무관심·무지한 부류들입니다. 희년이란 말은 들었지만, 희년이 무엇인지 알지 못하며 별로 관심도 없는 부류입니다. 오늘날 대다수 교회 성도들이 이런 상태입니다. 그 이유는 교회 대다수 지도자들이 희년에 대해서는 첫째의 입장을 취하고 있거나 입을 다물어버리기 때문입니다. 간혹 희년에 관심이 있어도 그것은 사회주의적 색채가 강한 자들이 주장을 하기 때문에 이념과 방법에서부터 거부감이 먼저 오게 되지요.

그래서 희년은 아직 교회에서 덮여 있습니다. 이러한 경향은 구약교회 유대인들에게도 마찬가지입니다. 유대의 종교 지도자들은 백성들에게 희년을 가르쳐 주지 않았습니다. 그때는 백성들이 성경 말씀(토라)을 가질 수도 없었고, 직접 접하지도 못했습니다. 오직 지도자들이 읽어주는 말씀만 듣고 그게 하나님의 말씀인 줄 알았는데 종교 지도자들은 희년법을 백성들에게 가르쳐 주지도 않아서 지키지도 못했습니다. 물론 이에 대해서는 대천덕 신부님처럼 희년을 지킨 적이 있다는 일부 주장도 있습니다. 그러나 그것은 뜻 있는 소수의 지도자나 희년을 아는 개인이 자발적으로 지켰을 수는 있지만, 국가 전체로 지켰다고 보기는 어렵습니다. 만약에 히스기야 왕의 경우처럼 국가적으로 희년을 지켰어도(사 37:30) 그것은 구약시대의 긴긴 역사 중 한 두 번 정도에 불과하고, 전체적으로는 거의 지키지 않았다고 보는 것이 타당합니다. 곧 유대의 종교 지도자들은 50년마다 선포하게 되어 있는 희년을 선포하지 않았고, 국가적 행사로 지켰던 사례도 없습니다(성경상 근거를 찾기 어려움). 만약에 유대인들이 희년을 지켰으면, 이스라엘이 망할 이유가 없으며, 예수님이 그렇게 노하시며, 성전을 강도의 소굴(마 21:13)이라고 꾸지람을 할 까닭이 없었을 것입니다.

이와 같이 성경에 있는 희년은 구약시대 유대인들이 외면하고, 신약시대 기독인들도 무시하고 있습니다. 그 대신 유대인들은 지금도 먹지 말라는 돼지고기는 금하지만, 팔지 말라는 땅은 더 열심히 팔고 사서 이윤을 취합니다. 기독인들이 남의 것을 탐내지 말라는 십계명은 믿지만, 땅을 팔지 말고 임대만 하며, 임대한 땅을 무르기 하라는 규례는 무시하고, 약자의 가산은 헐값에 취해 버립니다(마 12:40). 이렇게 하나님이 지켜서 복을 받으라고 주신 말씀을 제대로 연구도 해 보지 않고 덮어둔 것이 희년제도입니다. 구약의 유대인과 신약의 기독인이 다 함께 말입니다. 기독인들에게 희년이란 그야말로 '희미한 년(해)' 에 불과합니다.

그러나 희년법은 그대로 제도상으로 흠과 티가 없으며, 완전한 사유재산제와 시장경제입니다.

> 너는 일곱 안식년을 계수할지니 이는 칠년이 일곱 번인즉 안식년 일곱 번 동안 곧 49년이라 7월 10일을 속량절(필자 사역)이니 너는 나팔소리를 내되 전국에서 나팔을 크게 불지며 50년을 거룩하게 하여 전국 거민에게 자유를 공포하라 이해는 너희에게 희년이니 너희는 각기 기업으로 돌아가며 각각 그 가족에게 돌아갈지며(레 25:8~10)

희년은 앞에서 언급한 안식년과 면제년에 해야 할 경제적 조치들을 모두 합니다. 종은 해방되고, 빚은 탕감됩니다. 그러나 희년은 면제년보다 훨씬 더 큰 변화가 있습니다. 면제년보다 더 크고 근본적인 자유가 선포되는데 이것이 땅의 자유입니다.

농경시대나 지금이나 땅은 생존의 터전이요, 생활의 필수적 수단입니다. 땅이 있어야 생업인 농사를 지을 수 있고, 땅이 없으면 내가 살 집을 짓지 못합니다. 땅이 있어야 공장을 짓고, 땅이 있어야 장사도 할 수 있습니다. 학교나 병원도 땅이 있어야 하고, 스포츠나 영화, 관광 등 서비스업도 땅이 있어야 가능합니다. 가상공간의 활용으로 공간이 필요 없다고 말하는 컴퓨터의 부팅과 사용도 땅은 반드시 있어야 가능합니다. 기도는 땅이 있어야 자리를 잡고, 숨을 쉬며, 할 수가 있습니다. 이러한 땅이 희년이 되면 모든 사람에게 고르게 돌아옵니다.

이스라엘 백성들이 가나안 땅을 진입 하면서 제비뽑아 분배된 그 본래의 모습대로 주인에 돌아옵니다. 그래서 노동계약의 만료로 몸이 자유하고, 빚이 사라져 자본이 자유롭고, 내 땅이 돌아와서 기업(직업)의 선택과 자유가 보장됩니다. 나만 그런 것이 아니고, 사회 구성원 모두가 같은 몸의 자유, 빚의 자유, 땅의 자유가 보장되니 그야말로 완전한 자유와 평등을 이룹니다.

그런데 이 땅이 어떻게 돌아오는가 하는 것입니다. 땅을 많이 가진 부자가 자비를 베풀어서 돌아옵니까? 아닙니다. 아니면 공산주의처럼 무상몰수 무상분배로 돌아옵니까? 아닙니다. 나의 자유의사로 계약하고, 나의 생각대로 팔고 사는 시장원리를 따라 돌아옵니다. 원래 종살이도 주인과 근로자의 자유 계약이며, 토지 임대도 사는 자와 파는 자의 자유 의사결정입니다. 다만, 그 기간만 면제년이나 희년을 넘지 못하게 제동을 걸어둔 것에 불과합니다. 이 기간을 넘는 계약은 성경 위반이며, 무효라고 보면 되지요. 곧 성경의 기간 제한은 상위법인 헌법의 역할을 하고, 나머지 계약은 서로 계약자유의 원칙과 시장질서에 따른 사법적 원리로 운영됩니다. 그래서 7년째 면제년이 되면 고용계약(종살이)이 끝이 나고, 49년, 50년째 희년이 되면 토지 임대기간이 만료되어 기업인 땅이 나와 후손들에게 돌아오는 것입니다.

다시 말하지만, 이 방식은 강제나 무상을 전제로 하는 사회주의가 아닙니다. 흔히 희년법 운동가들이 하는 실수, 세금을 앞세우는 정부원리나 가진 자의 자선과도 거리가 멀고, 어디까지나 정당한 시장 거래입니다. 그러면서도 희년은 지금의 자본주의 경제보다 더 자유롭고, 지금의 공산사회나 사회주의보다 더 평등한 사회입니다. 가정은 집을 떠난 사람들(가족)이 돌아오고, 가족 생존의 터전인 기업도 돌아오니 그야말로 기쁨이 충만합니다. 이것이 성경의 경제법이고, 희년법이며, 속량법입니다. 이와 같이 성경의 경제법, 곧 희년제도는 매우 탁월하고, 합리적인 경제제도입니다. 이에 대한 상세한 내용은 2권에 있습니다.

그런데 희년을 아직 제대로 실현한 적이 없습니다. 머리털 하나하나도 다 셀 정도로 율법을 지킨 유대인들이지만, 이 희년법만은 거의 지키지를 않았습니다. 지도자들도 희년법이 나오면 구렁이 담을 넘듯이 슬그머니 넘어가 버립니다.

이러한 사례는 오늘날 교회도 마찬가지입니다. 그리고 세상은 성경에 하라는 희년법은 버리고, 바알이 권하는 지주제도를 온 세상에 전파시키고, 더 강하게 제도화하여 운용해 오고 있습니다.

예를 들어 자동차 매매는 할부제도가 있고, 자동차의 사용에는 리스제도도 있습니다. 그러나 토지 거래만은 거대한 목돈이 들어감에도 불구하고, 매매는 오직 현찰로만 거래하며, 철저한 소유 중심의 사용제입니다. 하나님은 성경에 있는 것은 언젠가 반드시 이루어진다고 하는데(마 5:18) 과연 사람들이 덮어두거나 외면한 희년법을 어떻게 하실지?

3. 맥추절은 초실절이 아닙니다.

우리가 설교를 들어보면 맥추절(칠칠절)을 초실절이라고 거침없이 말하는 것을 흔하게 들을 수 있습니다. 그러나 이 말은 잘못입니다. 맥추절은 성경음력 3월 초순에 있습니다. 그러나 초실절은 1월 중순에 있습니다. 날짜가 많이 다르지요. 엄밀히 말하면 초실절과 맥추절은 7주, 곧 49일이란 시간적 차이를 가집니다. 초실절 후 7주가 되면 맥추절이므로 이 날을 칠칠절이라고 하는 것입니다. 그런데 우리는 7주나 차이가 있는 절기를 가지고, 같은 날이라고 말하고 있고, 또 그렇게 말을 해도 틀린 사실을 모르고 있고, 믿고 있으니 참으로 답답합니다.

성경에서 첫 명절은 초실절이 있는 봄 절기이고, 중간 명절은 맥추절이 있는 초여름 절기입니다. 마지막 명절은 초막절이 있는 가을입니다.

초실절은 첫 절기로 그해 처음 익은 보릿단 한 단을 제사장에게 가지고 가서 하나님 앞에 제사를 드리는 날입니다.

> 이스라엘 자손에게 고하여 이르라 너희는 내가 너희에게 주는 땅에 들어가서 너희의 곡물을 거둘 때에 위선 너희의 곡물의 첫 이삭 한 단을 제사장에게로 가져갈 것이요. 제사장은 너희를 위하여 그 단을 여호와 앞에 열납되도록 흔들되 안식일 이튿날에 흔들 것이며(레 25:10, 11)

성경에서 초실절은 1월 절기이며, 계절로는 봄입니다. 보리는 가을에 파종하여 늦은 봄에 거두는데 한 해에 땅에서 처음 수확하는 곡물입니다. 그런데 초실절은 1월 중순, 우리 음력은 2월 중순에 있습니다. 우리 음력으로 2월은 보리의 수확 시기로는 좀 빠른 것 같지요. 그러나 이스라엘은 지중해성 기후로 수확 시기가 우리보다 한 달 정도 빠른 것으로 추정됩니다. 같이 심어도 수확은 보리가 밀보다 빠릅니다(출 9:31, 32).

그리고 긴긴 겨울을 굶주린 백성들은 초실절 행사를 마쳐야 보리를 수확하여 궁핍을 면할 수 있기 때문에 이날은 가능한 일찍 잡아야 합니다. 그래서 초실절은 우리보다 조금 빠른 1월(한국은 2월) 중순에 있습니다. 아직 덜 익은 보리라고 하더라도 이날이 오면 하나님께 보릿단을 바치는 의식을 치러야 사람이 비로소 수확이 가능하기 때문입니다.

그러면 초실절이 정확하게 언제일까요? 성경상 초실절은 유월절 지난 첫 주일입니다. 유월절은 1월 14일입니다. 성경상 첫 유월절은 안식일, 곧 토요일이었습니다. 그런데 본문 말씀을 보면 보릿단을 드리는 수확물 제사는 안식일 이튿날입니다. 유월절 기간으로 안식기간이지만, 수확은 노동과 관련되는 것이니 안식일 다음 날 행사를 하는가 봅니다. 그런데 안식일 이튿날은 신약시대에 주일이 됩니다.

곧 구약의 초실절은 오늘날 주일에 지키는 절기입니다. 이로부터 정확하게 7주 후에 드리는 맥추절도 주일에 지키는 절기입니다.

이렇게 보면 안식일을 토요일로 지키는 유대인들에게도 실상은 오늘날의 주일을 절기로 지키고 있었습니다. 하나님은 이런 사실을 미리 감안하여 절기를 정한 듯 보입니다. 그러나 유대인들은 오늘날까지 유월절이나 속죄일이 주일과 겹쳐지는 것을 피하기 위하여 달력을 인위적으로 조정하고 있는데 이것은 알고 보면 좀 우스꽝스러운 것입니다. 왜냐하면 하나님이 명절(초실절과 맥추절)을 주일에 지키도록 정해 주었음에도 그 날을 피하려고 발버둥을 치고 있으니 말입니다.

이것이 성경을 보는 인간의 무지입니다. 이런 과오는 옛날 유대 지도자나 오늘날 교회도 별로 다를 게 없습니다.

맥추절은 3월 초순, 곧 초실절로부터 7주 후 주일입니다. 보리와 밀 추수를 다 마치고 하나님께 감사의 제사를 드리는 날이 맥추절입니다. 성경은 이 날을 처음 익은 열매를 드리는 날이라고 말하고 있습니다(출 23:16, 민 28:26). 그런데 맥추절 첫 열매는 초실절 첫 열매와 의미가 다르다고 보아야 합니다. 왜냐하면 맥추절은 시기상으로 첫 곡식을 거둔 지 50여일이나 지난 때이므로 이날의 예물을 첫 열매로 보기는 어렵습니다. 두 절기는 수확의 시기에서 차이가 너무 크지요.

성경을 보면 첫 열매에 대한 단어도 혼용하고 있는데 엄밀히 말하면 초실절과 맥추절은 조금 다릅니다. 초실절 첫 열매는 첫 이삭 '레쉬트(로쉬)'로 '처음'과 '우두머리'라는 단어를 쓰고, 맥추절 첫 열매는 '빅쿠르(박카르)'로 '새로운 수확물'을 뜻합니다. 그래서 초실절 첫 열매는 그야말로 땅에 나는 첫 곡식을 말하고, 맥추절 첫 열매는 그냥 햇 곡식을 뜻합니다. 전자는 처음(first)이라는 뜻이 강하고, 후자는 새 것

(new)이라는 의미에 무게를 둡니다. 묵은 곡식이 아니고, 그 해의 곡식, 곧 햇살, 햇보리 햇밀과 같은 개념이지요. 수확한 그 해의 햇곡 전체 말입니다. 아니면 무화과와 같은 첫 과일을 말한다고 보아야 할 것입니다(민 28:26,). 이 시기는 첫 번째 무화과가 익는 계절입니다(호 9:10, 미 7:1). 다시 말하지만 초실절은 보리나 밀을 수확하기 전에 미리 바치는 제사 절기이고, 맥추절은 밀과 보리의 수확을 다 마친 후에 햇곡을 첫 과일과 함께 바치는 감사의 제사입니다.

그러므로 '맥추절' 을 '초실절' 로 부르는 것은 잘못입니다. 맥추절은 밀과 보리 등 땅에 나는 햇곡식을 드리는 절기입니다. 맥추절은 그냥 성경에 있는 그대로 맥추절, 아니면 七七節로 불러야 합니다. 굳이 색다른 용어를 쓴다면 '初實節(첫 곡식 수확절)' 이 아니라 '新實節(햇곡식 수확절 또는 첫 과일 수확절)' 이어야 합니다. 이것은 다음 말하는 부활절을 연관시켜 보면 분명하게 다름을 알 수가 있습니다.

4. 부활절과 초실절은 같은 날, 같은 주일

초실절은 신약의 부활절입니다. 맥추절은 신약의 성령강림절입니다. 그러므로 성령강림절을 부활절이라고 할 수가 없듯이 맥추절을 초실절이라고 할 수가 없습니다.

> …너희의 곡물을 거둘 때에 너희 곡물의 첫 이삭 한단을 제사장에게 가져갈 것이요 제사장은 너희를 위하여 그 단을 여호와 앞에 기쁘게 받으심이 되도록 흔들 것이며 안식일 이튿날 흔들 것이며(레 23:10,11)
> 안식후 첫날 이른 아침 아직 어두울 때에 … 돌이 무덤에서 옮겨 간 것을 보고(요 20:1). 그러나 이제 그리스도께서 죽은 자 가운데 다시 살아 잠자는 자들의 첫 열매가 되셨도다(고전 15:20)

구약에서 유월절 지난 첫 주일(안식일 이튿날)이 초실절입니다. 이 날은 예수님이 부활하신 날입니다. 예수님은 유월절 하루 전에 십자가에 매달려 죽으셨고, 안식일(토요일)은 무덤에서 쉬고, 주일날 아침 일찍 부활하셨습니다. 그래서 예수님은 모든 죽은 자 가운데 살아나서 잠자는 자의 첫 열매가 되신 것입니다.

이 부활절의 의미는 세 가지 정도로 요약될 수 있습니다. 먼저 부활절은 유대인들의 첫 명절인 유월절이 신약적으로 성취된 날입니다. 유대인들이 애굽의 노예 생활에서 해방된 날이 유월절입니다. 그래서 유대인들은 그때를 기리며, 이날을 민족의 기념일로 철저하게 지킵니다. 출애굽 당시 이날은 미리 잡은 양의 피로 인하여 이스라엘의 백성들은 하나님의 진노를 면하고, 애굽을 탈출할 수 있었습니다. 물론 누룩 없는 빵을 먹는 무교절도 이때 같이 지킵니다. 그래서 예수님은 이 절기를 따라 십자가에 희생되고, 죽음에서 부활하여 유월절을 계승하였습니다. 이와 같이 역사적으로 유월절은 유대교의 출발점이라면, 부활절은 기독교의 출발점이 됩니다.

그 다음 부활절은 유월절 양의 피를 대신하여 친히 십자가 달려서 인간의 죄를 사해 주신 날과 관련이 있습니다. 유월절 양의 피는 이스라엘 민족의 굴종과 죽음을 면하게 해 주었지만, 부활절 예수님의 피는 모든 인류의 죄를 사해주고 영생의 길로 인도합니다.

유월절 양의 피는 예수님의 보혈로 대체, 계승, 확대되어 완성된 것입니다. 예수님이 십자가에서 희생되던 날, 지성소의 휘장이 찢어져 버림으로 양을 바치는 구약의 제사는 끝이 납니다. 이제 더 이상 피 흘림의 제사는 필요가 없으며, 오직 영원한 대속자 예수 그리스도를 믿기만 하면 모두가 구원을 얻는 것입니다.

그 다음 부활절은 백성들이 보릿고개(춘궁기)를 넘길 수 있도록 첫 열매를 거둘 수 있는 날입니다. 바로 이날이 구약의 초실절이지요. 길고도 추운 겨울과 춘궁기를 지나면서 추위에 떨고 굶주린 백성들에게 보리의 첫 수확은 그야말로 희소식입니다.

보리의 첫 수확이야말로 당면한 기근과 죽음을 면할 수 있는 생명줄과도 같지요. 그런데 성경은 이 초실절이 지나야 보리 추수의 기쁨을 누릴 수 있습니다. 부활절 역시 먼저 고난의 십자가를 지나야 구원의 기쁨을 맞습니다. 예수님은 이렇게 자신의 십자가 사건도 자연의 계절을 통하여 겪는 인간의 고난(궁핍)과 기쁨의 시기를 맞추어 활용을 합니다.

긴긴 겨울과 보릿고개를 이기고 첫 열매의 기쁨을 주는 초실절이 있듯이 예수님은 인간에게 온갖 고통을 당하며 십자가에 희생되었고, 바로 그날을 따라서 인류의 참 소망으로 부활의 기쁨을 주신 것입니다. 그래서 첫 열매 거두는 날, 바로 그날 부활하여 잠자는 자의 첫 열매가 되신 것입니다(고전 15:20).

하나님은 계절을 처음 시작하는 봄을 따라 달력을 만드시고, 땅의 첫 곡식을 거두는 시기를 따라 첫 명절인 유월절과 부활절을 제정하십니다. 그러면서 유월절, 무교절, 초실절은 신약에서 부활절 하나로 모두 통합되고 완성된 것입니다.

하나님은 이렇게 명절 하나만 보더라도 자신의 창조질서인 계절과 직접 연결시켜 놓습니다. 창조질서와 구원질서가 하나로 관통을 하지요. 참으로 위대하신 하나님이시며, 진실로 미쁘신 예수님이 아니십니까? 이토록 성경은 탁월합니다.

5. 쪼개진 명절 오순절은 4월 초파일 주일입니다.

번역부터 빗나간 날짜의 오류

이제 성경이 말하는 두 번째 명절로 넘어가겠습니다. 제가 2009년 여름 어느 행사 전문 기관이 맡아 하고 있는 수련회 장소를 방문하여 초등부 어린이를 가르치는 내용을 보고 깜짝 놀랐습니다. 출애굽에 대한 내용인데 이스라엘 백성들이 홍해를 건너서 시내산까지 오는 애굽의 탈출 과정을 가르치고 있었습니다. 홍해가 갈라지고, 이스라엘 백성들이 바다를 육지 같이 건너는 사건을 실감나게 가르치는 것은 좋았습니다. 그런데 이스라엘 백성들이 시내산 주위(광야)에 도착한 날을 홍해를 건넌지 90일만이라고 가르치고 있었습니다. 그것도 아이들에게 잊지 않도록 두세 번을 "90일!, 90일!" 을 반복, 강조하면서 가르치고 있었습니다. 저는 깜짝 놀랐습니다.

집에 돌아와서 급히 성경을 찾아보니 글쎄 성경이 그렇게 번역되어 있었습니다. 시내 광야에 도착한 날과 관련된 출애굽기 19장 1절을 최근에 새로 번역한 대한성서공회 개역개정판(2005년)과 종전 성경을 비교하여 보겠습니다.

> 이스라엘 자손들이 애굽 땅을 떠난 지 삼 개월이 되던 날 그들이 시내 광야에 이르니라(출 19:1) -2005년 개역개정-
> 이스라엘 자손이 애굽 땅에서 나올 때부터 제 삼 월 곧 그 때에 시내 광야에 이르니라(출 19:1) -1962년 개역성경-
> In the third month, when the children of Israel were gone forth out of the land of Egypt, the same day came they into wildness of Sinai(EXDUS 19:1) -KJV-

두 번역을 비교하여 보면 날짜에서 틀리거나 애매한 부분이 있습니다. 먼저 개역개정은 달에 있어서 '3월' 을 '3개월' 로 잘못 번역하였습니다. 그래서 이 성경을 본 전문가가 어린이들을 가르치면서 90일을 그렇게 강조하며 가르치고 있는 것입니다. 두 번째로 성경의 달은 기수도 서수로 표현하고 있는데 이 때 날짜를 조심해서 이해해야 합니다. 성경은 7월(티스리)을 '일곱번째 달' 이라고 하는데 이것은 혼동하기 쉽지요. 1월부터 일곱 번째 달은 7월이 맞지만, 4월부터 일곱 번째 달은 '7월' 이 아니고, '10월' 이 되기 때문입니다.

이런 점에서 2005년 개역개정판이 달을 서수로(일곱째 달) 번역한 것은 성경대로 한 것이라 틀린 것은 아니지만, 성도들의 이해에는 오해의 소지가 있습니다. 성경 원어가 달을 서수(일곱번째 달)로 표현해도 번역은 기수(칠월)로 했던 종전의 번역이 더 무난한 것 같습니다. 그리고 마지막으로 날짜에서 제가 볼 때 출애굽기 19장 1절의 '제 삼월 그 때' 는 3월 3일로 봅니다. 3월 3일은 3이 반복되기 때문에 3일은 '그 때(the same day)' 라고만 기록한 것으로 보입니다. 이렇게 보면 이스라엘 백성들은 출애굽을 한 지 50일, 홍해를 건넌지 49일만에 시내산에서 율법을 받은 것입니다.

물론 70인 역 성경에서는 출애굽기 19장 1절의 '그날' 이 제3월 '첫째 날(1일)' 로 되어있다고 합니다(톰슨 성경 주석, 1985, 112쪽). 그러면 시내산에서 율법을 받는 날은 홍해를 떠난 지 50일(또는 만 49일)이 되지 못하므로 더 많은 연구가 필요합니다.

다만, 홍해를 떠난 지 90일(삼개월)만에 시내 광야에 도착했다는 지금의 성경 번역은 사실과 너무 맞지 않습니다. 성경 번역은 최근에 가까울수록 사실에 더 부합해야 할 것입니다. 그러나 이렇게 더 멀어지고 있으니 우리가 그만큼 성경의 절기나 날짜에 대하여 오해가 많다는 것을 번역들이 보여주고 있습니다.

쪼개진 중간 명절

성경의 두 번째 명절은 셋째 달인 3월 절기입니다. 이날도 성경은 초실절과 부활절처럼 의미가 크고, 그날의 의미도 체계적이고, 정확하며, 정밀합니다.

> 안식일 이튿날 곧 너희가 요제로 단을 가져온 날부터 세어서 칠 안식일의 수효를 채우고 제 칠 안식일 이튿날까지 합 오십 일을 계수하여 새 소제를 여호와께 드리되 … 이 날에 너희는 너희 중에 성회를 공포하고 … 대대로 지킬 영원한 규례니라(레 23:15~21)
> … 곡식에 낫을 대는 첫날부터 칠주를 계수하여… (신 16:9). 맥추절을 지키라 …(출 23:16)

이날이 오늘날 교회가 즐겨 부르는 오순절입니다(행 2:1). 오순절은 50일만에 돌아오는 명절이라는 뜻입니다. 그런데 이날은 유난히 절기에 대한 이름이 많습니다. 본문에서 보듯이 출애굽기는 이날을 맥추절이라고 하고, 신명기는 이날을 칠칠절이라고 합니다. 신약에서 이날은 성령강림절이 됩니다. 명절 이름이 오순절, 맥추절, 칠칠절, 성경강림절 4가지입니다. 이 외에도 교회는 이날을 교회의 생일로 보기도 합니다. 그런데 안타까운 것은 오늘날의 교회가 같은 날, 같은 절기인 성령강림절과 맥추감사절을 따로 지키고 있습니다. 이것이 문제입니다.

명절 이름이 여러 개인 것은 그처럼 명절의 의미가 다양하고 풍부하다는 점도 있지만, 한날에 있는 명절이 서로 다른 날로 양분되어 지켜지고 있고, 그 의미마저 퇴색되고 있는 것이 안타깝다는 뜻입니다. 이날의 의미를 살펴보겠습니다.

첫째로 이날의 의미는 50일도 있고, 49일도 있습니다. 그런데 오순절 50일은 유대인이 즐겨 사용하는 안식일(토) 기준입니다. 오순절

(Pentacost)은 구약성경에 없는 말이며, 이에 해당하는 히브리어 "샤브옷"은 7을 뜻하므로 칠칠절을 의미합니다. 유대인들이 주일보다 안식일을 더 중시하니 이런 용어가 일반화되어 사도행전 2장 1절은 유대인의 명절 오순절로 표기한 것으로 보입니다. 하지만 칠칠절은 안식일 이튿날 기준으로 49일이므로 이날은 주일입니다. 이것은 오늘날 기독교의 날짜 기준이기도 하지요. 안식일을 매우 중시하는 구약시대에도 이미 신약시대의 주일을 기준으로 한 절기와 날짜가 있어 왔다는 것이 큰 의미를 가집니다. 그것도 초실절 주일부터 칠칠절까지 장장 49일간을 말입니다. 칠칠절이라는 이름은 구약의 오순절이 신약의 성령강림으로 성취될 것을 미리 예상한 절기라고 하겠습니다.

둘째로 이 날은 시내산에서 신의 강림이 있은 날입니다. 그리고 십계명을 받은 날입니다. 출애굽 당시 이스라엘 백성들은 성력 3월 3일(3월 그날) 경 시내산에 도착했습니다(출 19:1). 그리고 3일을 예비하여 몸을 청결케 한 후 3월 6일경 시내산에 신이 강림하였습니다(출 19:20). 이때 시내산은 구름이 빽빽하고, 천지가 흔들리며, 우뢰와 번개, 나팔 소리가 진동했습니다. 오순절 성령이 강림한 초대교회와 모습까지 비슷하지요. 이스라엘 백성들이 1월 14일에 홍해를 건넜으므로 이 날까지는 약 50일이 됩니다. 이날 모세가 여호와로부터 직접 받은 것이 돌비에 새긴 십계명입니다. 이날은 원래 칠칠절입니다.

셋째로 이날은 초실절로부터 7주, 곧 49일째 날로 칠칠절이자 맥추감사절입니다. 이날은 밀과 보리 수확을 마치고, 햇곡식과 처음 익은 과일을 여호와께 바치며, 안식일로 즐기는 날입니다.

넷째로 이날은 추수에 대한 규례를 확인하는 날입니다. 레위기 23장 22절에 추수를 할 경우 다 베지 말고 가난한 자들을 위하여 얼마를 남겨

두라는 규례가 있습니다. 그런데 이것은 이미 추수가 끝나고 나서 지키는 절기인데 성경이 그렇게 말하고 있습니다. 그러므로 이것은 백성들이 절기를 지키면서 가난한 자를 위한 규례를 확인하고, 배려하라는 의미로 보입니다. 실제로 신명기 16장 11절은 칠칠절 절기에 네 자녀와 가난한 자들(노비, 레위인, 객, 고아와 과부)을 함께 하며, 먹고 즐기라고 합니다.

다섯째, 이날은 신약시대 초대교회에 성령이 강림한 날입니다. 마가의 다락방에 불의 혀 같이 성령이 임했습니다(행 2:1~3). 시내산을 진동시킨 신의 강림이 이번에는 마가의 다락방에 임한 것입니다. 예수님의 몸으로, 우리의 신앙고백으로 세운 교회가 오순절 성령 강림으로 능력을 받아 세상을 향해 출범을 한 날입니다. 시내산에서 받은 십계명이 이제는 성령의 법으로 대체되고, 성취되었습니다.

여섯째, 이날은 초대교회 백성들이 자기의 소유를 다 내어놓고, 함께 하는 유무상통의 소비경제를 실현한 날입니다(행 2:42~47).

일곱째 이날 출발한 초대교회는 백성들에게 칭찬을 받았습니다(행 2:47, 5:13).

이렇게 보면 오순절은 구약과 신약을 연결시켜주는 가교의 역할, 이스라엘을 비롯한 인류의 구원사적 역사, 추수에 대한 감사를 드리는 경제적 의미, 율법을 성령의 법으로 바꾸는 언약의 갱신 등 다양한 의미를 가진 명절입니다. 특히 추수와 같은 물질의 나눔인 경제적 사건과 성령의 강림과 같은 정신적 사건이 한 날 한 시에 일어났습니다. 이는 사람에게 물질적인 부분과 정신적은 부분은 필수적 요소이고, 하나이므로 상호 분리시킬 수 없다는 것을 하나님이 날짜와 사건을 통해 보여 주고 있습니다.

그런데 교회는 어떻습니까? 성령강림절은 부활절 후 49일째 지키므로 초실절과 칠칠절을 정한 성경과 날짜가 일치합니다. 이때가 초기 칠칠절 기준으로 성력 3월 6일경 주일이므로 우리 음력으로는 4월 7일경 주일이 됩니다. 불교에서 정한 석가탄신일이 사월 초파일인데 그 하루 전 7일이 칠칠절이므로 주일은 초파일과 거의 같은 시기가 됩니다. 원래 석가탄신일은 기독교의 성탄절처럼 날짜를 모른다고 합니다. 그런데 석가탄일과 성령감림절이 날짜가 비슷하니 기이하지요. 아무튼 맥추절과 성령감림절은 같은 날입니다. 그러나 한국교회는 맥추절을 성령강림절이 지난 한두 달 뒤인 7월에 지킵니다. 농사철과 보리 추수가 끝나는 시기를 맞춘 것입니다. 이날은 교회가 추수보다 헌금을 드리는 것에 의미를 두고 있으니 보리 추수를 마친 때가 적합합니다. 신약시대의 교회가 굳이 구약을 따라 절기의 날짜까지 맞출 이유는 없기 때문입니다. 그러나 이에는 다음과 같은 의문이 남습니다.

교회가 물질계와 정신계를 분리시켜 버렸다는 것입니다. 날짜는 성령강림절과 맥추절을 분리하더라도 의미는 사람의 정신계와 물질계를 함께 다루어야 합니다. 그래야 교회, 또 종교나 사회가 어느 한 쪽으로 치우치지 않습니다. 그런데 우리는 이날을 분리해 지키면서 맥추절이 오면 헌금에 대한 이야기만 하고 지나갑니다. 추수와 경제에 대한 이야기는 하지 않습니다. 추수를 할 경우 가난한 이웃을 위하여 곡식 일부를 거두지 말고 남겨 둬야 하는 이야기(레 23:22), 룻이 보아스의 자비로 남겨둔 이삭을 주워 생계를 이어가는 이야기(룻기 2장), 이날은 성중에 거하는 노비와 객, 고아와 과부 등 가난한 자들과 함께 먹고 즐기는 날이라는 이야기(신 16:11), 초대교회가 오순절 성령을 받은 후 사유재산까지 다 내어놓고 코이노니아를 한 이야기(행 2:43~47, 4:32) 등을 거의(어떤 교회는 전혀) 하지 않습니다. 교회가 이렇게 물질계를 버리고, 정신계만 다루니 진작 이날이 오면 할 말이 없어서 하나님이 우리를 구원하신데 대한 영적인 감사 이야기만을 퍼붓습니다. 엄밀히 말하면 이런 이야기는 부활절에 해야 할 내용입니다. 한편으로 오순절 교회는 이날이 오면 성령의 강림과 은사만을 강조하지요. 오순절 성령 강림과 같은 장(사도행전 2장)에 있는 같은 성령이 행하는 코이노니아, 곧 물질의 교통은 입을 다문 채 말입니다.

그런데 성경은 구약과 신약 전체로 볼 경우 이날을 정확하게 한날로 지키고 있습니다. 그리고 지금은 농경시대가 아니기 때문에 굳이 보리 추수의 시기를 맞출 이유도 없습니다. 그래서 성령강림절과 맥추절은 같은 날, 같은 의미로 지키는 것이 더 성경적일 것 같습니다. 우리의 심령에 성령을 충만하게 하시는 하나님은 땅을 통한 물질도 충만하게 주신다는 것입니다. 이날 받은 방언과 치유의 은사만 중요한 것이 아니고, 헌금만 말하는 것이 아닙니다. 신명기의 말씀대로 또 초대교회의 물질 교통에서 보듯이 이날은 경제적 이야기를 하고, 그 경제의 법도 순종해야 비로소 이날을 바로 지키는 것입니다. 그러나 교회는 맥추절과 성령강림절을 갈라 버렸습니다. 그래서 맥추절은 '감사절' 이나 '헌금절' 로 변하였고, 성령강림절은 성령의 '은사절' 로 바뀌었습니다. 그래서 저는 중간 명절 오순절이 절반으로 쪼개진 명절이며, 내용마저 절반만 전하거나 알고 있는 '반쪽 절기' 라고 부릅니다.

교회(또는 믿음 공동체)를 중심으로 보면, 유월절이나 부활절은 과거의 명절이고, 오순절은 현재의 명절입니다. 그리고 다음에 말하는 초막절은 미래의 명절입니다. 현재의 명절을 바로 지켜야 미래의 명절인 초막절로 나아갈 힘을 얻을 수 있을 것입니다.

6. 속죄일은 속량절로

> 7월 10일은 속죄일(속량절, 속일, 속하는 날)이니 너는 나팔 소리를 내되 전국에서 나팔을 크게 불지며(레 25:9). 7월 10일은 속죄일이니 너희에게 성회라 너희는 스스로 괴롭게 하며 여호와께 화제를 드리고(레 25:27). …7월 곧 그달 10일에 너희는 아무 일도 하지 말고…이는 너희에게 큰 안식일인 즉 너희는 스스로 괴롭게 할지니 영원히 지킬 규례라(레 16:29~31)

성경은 음력 7월 10일(한국달력 8월 11일경)이 '큰 안식일' 이라고 합니다. 그런데 이날의 명절 이름은 무엇이며, 무엇을 하는 날입니까? 이날은 안식일인데 하나님은 백성들에게 '스스로 괴롭게 하라' 고 합니다. 그것도 다섯 번이나 거듭거듭하여 강조를 합니다(레 16:29,30, 23:27,29,32).

우리는 이날을 보통 일년에 한 번 돌아오는 대 속죄일이요, 금식일이라고 합니다. 물론 그렇게 해야 하는 날이 맞습니다. 이날은 먼저 하나님께 1년간 지은 큰 죄를 회개하고, 용서를 받는 날이기 때문입니다. 그러나 속죄일은 금식을 하며 속죄의 제사만 드리는 날이라고 생각하면 그것은 큰 잘못입니다.

저가 이렇게까지 말하는 이유는 이렇습니다. 먼저 이날을 속죄일이라고 하는데 그 속죄일이라고 하는 단어 안에는 "죄"라는 말이 없습니다. 그리고 금식을 하라는 뜻도 들어있지 않습니다. 이날은 그냥 무엇을 '속(贖)하는 날' 이라는 뜻으로 경제 용어인 "속(贖)" 이라는 말과 때를 나타내는 "날" 이라는 단어만 있습니다.

이날에 해당하는 단어는 히브리어로 "욤 키프림" 입니다. 여기서 "욤" 은 날을 의미하고, "키프림(키푸르, 코페르의 복수)" 은 '덮다', '갚을 치르다', '속전을 지불하다' 는 뜻을 가진 명사입니다. 이 단어는 경제적 거래의 의미로 쓰였습니다. 이날은 시기로도 가을이며, 1년 중 농사를 다 마친 절기입니다. 초실절 보리부터 시작한 추수가 포도 열매를 따기까지 모든 추수를 다 마치고, 이날을 맞지요. 우리가 가을에 벼를 거두고 나면, 바로 그 논에 밀과 보리를 갈듯이 이스라엘도 그 해의 추수를 다 마치면 다시 다음 해의 농사인 보리와 밀을 파종하는데 이날은 그 직전에 오는 절기입니다. 그래서 그동안의 고용 관계를 유지해 온 계약도 새로 하고, 농지 등의 토지 거래도 이때를 기하여 하게 됩니다. 농경시대에 고용계약과 토지거래는 한 해의 농사를 마무리 하고, 다시 농사를 시작하는 시점이 되는 이때가 적기입니다.

그래서 그동안 해야 할 큼직한 자본거래(토지, 노동, 빚 등의 거래)는 이날을 기점으로 행하고 끝을 맺습니다. 성경은 이렇게 날짜 하나만 보더라도 창조질서(자연친화적)에 부합하고, 합리적이며, 아무 무리가 없습니다. 하지만, 같은 음력이라도 이슬람의 절기는 계절과 아무런 상관이 없다고 했습니다.

특히 7년마다 돌아오는 면제년 이날은 채무에 대한 상환기한이 만료되어 지루하고 힘들었던 빚을 다 갚은 날입니다. 이날은 가난하여 팔려간 몸이 6년간의 노동 제공으로 값을 다 치르고, 자유롭게 풀려나는 날입니다. 희년을 맞는 이날은 남에게 빚과 이자 지급의 담보물로 잡힌 토지가 기한 만료로 풀려납니다. 빚의 담보로 잡힌 토지는 토지 자신의 생산물로 그 빚을 다 갚고, 본래의 경작주에게 돌아옵니다. 이것은 모두 정상적 상거래(교환거래)이며, 시장거래로 값을 다 치르는 날입니다.

그러나 이날은 정상적인 상거래만 행하는 것이 아닙니다. 6년 또는 면제년까지 다 갚지 못한 빚은 채주가 면제를 해 주어야 하는 날입니다.

고용계약과 토지 임대의 계약도 마찬가지입니다. 고용계약과 토지의 담보 거래는 기한 전에라도 이날 누가 대신하여 남은 값을 치러주면 자유의 몸이 되고, 자유의 땅이 되어 돌아옵니다. 이것이 성경이 말하는 무르기입니다. 형제가 종으로 팔렸으면, 형편이 나은 형제나 친척이 대신 값을 치르고 풀어 줍니다(레 25:48). 팔린 토지 역시 그렇습니다(레 25:24). 바로 이날 값을 치르고 풀리게 됩니다.

이것은 형제나 친척의 자비에 의해 공짜로 자유의 몸이 되는 것이기 때문에 시장경제에서는 특이한 거래라고 할 수 있습니다. 이것이 속죄일에 행하는 속량입니다. 그러므로 이날은 경제적으로 모든 거래를 청산하고, 갚아야 할 값을 다 치른 날이지요. 그러므로 7월 10일 이날은 '속죄일' 이라기보다 '속량절' 이라고 불러야 옳습니다. 이날은 성경이 스스로 괴롭게 하라고 거듭거듭 강조하는 것은 금식의 의미도 있지만, 더 진정한 이유는 큰 값을 실제로 지불하거나 큰 경제적 의사결정을 해야 하는 날이기 때문입니다. 빚을 다 갚거나 면제하여 주어야 하고, 형제의 몸값을 지불해 주고, 거액의 토지도 무르기를 해 주어야 하니 이에는 큰 희생이 따라오게 됩니다. 내가 가진 재물은 모두 하나님이 주신 선물이므로, 주신 선물(재산)을 하나님의 뜻을 따라 제대로 사용했는지를 돌아보아야 합니다. 지금까지 가난에 처해 있던 자들은 자유의 몸이 된다고 기뻐하기 전에 하나님 앞에서 남에게 빚을 지고, 몸을 팔고, 땅을 잡혀야 했던 행위가 부끄러운 일이므로 재를 뿌리고 탄식을 하며 회개를 해야 하겠지요. 또 부자들은 값을 치러 나의 죄를 사해 주시는 주의 은혜를 생각하면, 형제가 궁핍에 처해 있을 때 도와주어야 할 것입니다. 그런데 이러한 면제와 무르기에 인색하였다면 역시 이날 재를 덮어쓰고 회개를 해야 합니다.

한번 더 강조하면 속량은 면제년이나 희년이 되지 않더라도 7월 10일 속량절이면 언제든지 할 수가 있습니다. 이스라엘 백성들이 매년 돌아오는 속량절 하나만이라도 말씀대로 지켰다면 면제년과 희년은 없어도 경제적 자유를 되찾을 수 있습니다. 다시 말하면 면제년과 희년은 속량절이 되어도 스스로 값을 치르거나 누가 대신하여 값을 치러줄 대속자(친척이나 이웃)가 없을 경우에 유효한 제도입니다. 평소에 자유를 얻지 못한 몸과 땅은 임대(계약) 기한이 만료되어야 풀리게 되니 그렇습니다. 그러므로 평소에 속량절을 제대로 지킨다면, 면제년과 희년은 이미 목적을 달성했으므로 큰 의미가 없다는 뜻입니다.

성경의 속량절! 이날은 사람의 죄도 속하지만, 빚도 속하고, 몸도 속하고, 땅도 속하고 모든 것을 속하고 바르게 하는 날입니다. 그래서 이날은 죄만 속하는 '속죄일' 이기보다 모든 죄와 물질을 함께 속하여 자유하게 하고 바르게 하는 '속량절' 이 훨씬 더 적합합니다. "욤 키프림" 이라는 글자의 뜻을 보더라도, 또 이날 하라고 하는 성경의 말씀을 보더라도 이날은 속죄일이 아니고 속량절입니다.

7. 속량절은 종교인이 버린 절기

오늘날의 교회와 옛날 옛적의 유대교마저도 이날은 속죄일로만 알고 있습니다. 그래서 이날은 늘 금식을 행하며, 제사만 지내고 있습니다. 하나님 앞에 사람의 죄만 속하고, 경제적 속함은 아무 것도 하지 않는다는 뜻입니다. 왜 그렇습니까? 그 이유는 유대교회의 종교 지도자가, 또 오늘날의 교회가 그렇게만 전하거나 가르치고 있기 때문입니다.

그래서 유대교는 속량절(속죄일)에 행하는 무르기와 값 치르기를 하지 않았고, 오늘날의 교회는 초대교회가 보여준 소유를 나누는 물질교통은 거의 하지 않으며 생각마저 없습니다. 그래서 오늘날의 경제와 사회는 성경이 가르친 속량절의 의미를 따라가기보다 오히려 반대로 가고 있습니다. 경제나 사회에서 빚의 크기와 토지의 독점 정도가 줄거나 사라져가는 것이 아니라 더 커지고 있기 때문입니다. 속량절 무르기로 0이 되어야 할 땅값(100% 영구 채권 · 채무)이 지금은 눈덩이처럼 커지고 있습니다. 이에 동반하여 지금은 사회적으로 빚에 불과한 주식, 선물(先物, futures)이 천문학적으로 커지고 있습니다. 물론 이 값은 실물이 없는 빚에 불과하므로 그 값은 모두 가계 부채나 국가 부채로 나타나고, 사회는 인플레이션으로 대처하고 있습니다. 그래서 이사야 선지자는 속죄일 금식에 대하여 이렇게 외칩니다.

> 이르기를 우리가 금식하되 어찌하여 주께서 보지 아니하시오며 우리가 마음을 괴롭게 하되 어찌하여 주께서 알아주지 아니하시나이까 보라 너희가 금식하는 날에 (오락을 구하며 온갖 일을 시키는도다)
> **( ) 안의 필자 사역 : (너는 너희의 기쁨을 찾으며, 모든 너희의 노역자를 억압하는도다)*
>
> 보라 너희가 금식하면서 논쟁하며 다투며 악한 주먹으로 치는도다 너희의 오늘 금식하는 것은 너희 목소리로 상달케 하려 하는 것이 아니니라.
>
> 이것이 어찌 내가 기뻐하는 금식이 되겠으며 이것이 어찌 사람이 자기의 마음을 괴롭게 하는 날이 되겠느냐 그의 머리를 갈대같이 숙이고 굵은 베와 재를 펴는 것을 어찌 금식이라 하겠으며 여호와께 열납될 날이라 하겠느냐
>
> **내가 기뻐하는 금식은 흉악의 결박을 풀어 주며 멍에의 줄을 끌러 주며 압제(억압)당하는 자를 자유케 하며 모든 멍에를 꺾는 것이 아니겠느냐**
>
> **또 주린 자에게 네 양식을 나눠 주며 유리하는 빈민을 집에 들이며 헐벗은 자를 보면 입히며 또 네 골육을 피하여 스스로 숨지 아니하는 것이 아니겠느냐(사 58:3~7)**

금식의 진정한 의미는 이웃을 돌보고, 값을 치러 주라는 말이지요. 금식은 속량절에 하는 대표적 종교 행사인데 이 행사의 결과가 바로 그 날 함께 해야 하는 값 치르기입니다. 구체적으로 옷을 찢고 재를 뿌린 회개를 하고 나면, 친족은 남의 수중에 묶여 있는 친척의 몸과 땅은 값을 대신 지불하여 흉악의 결박을 풀어 주며, 이웃은 갚지 못한 빚(멍에의 결박)을 탕감해 주어야 합니다. 이게 금식의 목적입니다. 물론 여기서 말하는 속량절 속량에 대한 경제적 의미는 오늘날 우리가 지향하는 시장경제의 이념을 벗어나지 않습니다. 곧 성경이 말하는 속량이란 자본주의 경제의 기초인 사유재산 원리와 시장의 원리를 그대로 따른다는 뜻입니다. 속량의 대상을 보면, 가난한 생활로 부득이하게 진 빚이나 특수한 경우에 갚지 못한 부채를 면제하여 자유를 주는 것은 시장원리가 아니고 자비심에 따른 공짜입니다. 그러나 그 외에 경제적 자유는 모두 시장원리에 따라 값을 치릅니다. 팔린 몸은 남이 대신 값을 치루거나 아니면 계약 기한의 만료로 풀립니다. 잡힌 땅도 마찬 가지입니다.

그런 면에서 흔히 희년법 운동가들이 부르짖는 사유재산의 몰수, 강제성을 띈 세금 징수와 같은 사회주의적인 접근 방식과는 근본에서 다릅니다. 또 팔린 몸과 땅에 대하여 무르기가 있는 것, 속량절의 속량으로 부채와 땅값이 사회에서 사라지고 없다는 점에서 오늘날의 자본주의와도 아주 다릅니다. 오늘날 자본주의는 없애야 할 땅값은 없애지 못하고 오히려 그 값이 천문학적 숫자로 부풀어 있고, 그래서 가정과 기업의 부채는 이에 비례하여 산더미처럼 커지고 있습니다. 그러나 성경이 말하는 속량의 경제는 땅값과 부채가 완전히 소멸되어 0이 되는 것입니다. 성경이 말하는 속량의 경제법과 세상의 경제법은 이렇게 전혀 다르지요.

이와 같이 속량절의 속량은 죄 사함을 받아서 영적인 자유를, 십계명을 지켜서 도덕적 잘못이 없으니 도덕적(법적) 자유를, 그리고 경제적 예속 관계도 소멸하였으니 경제적 자유까지 모두 누리도록 하나님이 정해놓은 날입니다. 성경의 속량절은 이렇게 탁월합니다. 그러나 본문에서 이사야 선지자가 지적한 것처럼 유대교의 종교 지도자와 백성들은 이러한 속량절 의식을 지키지 않았습니다. 이것은 오늘날의 신약시대의 교회도 마찬가지입니다. 아니 유대교의 때보다 더 심하게 왜곡되어 있습니다. 우리는 예수님이 가르치신 '주기도' 에 대해서도 그 기도의 본문(마 6:12, 눅 11:4)이 말하는 '빚' 과 '사함' 에 대한 말은 뜻을 찾아 볼 수가 없으며, 단어마저 사라지고 말았습니다(그 대신 잘못한 사람을 용서한다는 추상적 표현만 남아 있음). 속량절은 구약의 유대교와 오늘날의 교회가 다 같이 버린 절기입니다. 속량절은 경제적으로 해야 할 일이 더 많은 날인데 종교인들이 이런 것을 가르치지 않았습니다. 그러므로 교회는 속량절을 다시 찾아 회복해야 영적 질서가 바로 잡히고, 세상 문제도 따라서 풀리게 될 것입니다.

8. 속량절 아사셀(보낸 염소), 살리려는 하나님과 죽이려는 사람들

제1부에서 입다의 딸이 살아있음에도 제물(번제물)이라는 단어가 나오니 "죽었다" 고 번역하거나 이해하여 왔다고 했습니다. 그런데 이와 비슷한 이야기가 속량절에도 있습니다. 하나님이 살려 둔 염소(아사셀)를 사람들은 절벽으로 끌고 가서 떨어뜨려 죽이는 것 말입니다.

속량절은 대제사장이 지성소에 1년 한번 들어가서 백성 전체의 속죄를 위하여 드리는 큰 제사가 있습니다. 아마도 이 제사가 너무 크고 중요하기에 이름마저 속량절 대신 속죄일로 바꿔버린 것 같습니다. 이때 백성들을 위하여 드린 제물과 관련하여 두 마리의 염소가 나옵니다.

> 두 염소를 위하여 제비를 뽑되 한 제비는 여호와를 위하고 한 제비는 아사셀을 위하여 할지며 … 아사셀을 위하여 제비 뽑은 염소는 산 채로 여호와 앞에 두었다가 그것으로 속죄하고 아사셀을 위하여 광야로 보낼지라(레 16:8~10).

두 마리 염소 중에 제비를 뽑아서 한 마리는 백성들의 죄를 대신하여 제물로 죽습니다. 나머지 한 마리는 산 채로 두었다가 사람이 없는 곳에 (자유롭게) 놓아줍니다. 이것이 '아사셀' 입니다. 그런데 사람들은 살아 있는 염소, 아사셀이 제물을 죽이는 제사와 관련되고 있으니 의문을 가지면서 논란거리가 되고 말았습니다. 더구나 아사셀은 백성들의 허물과 실수를 짊어지고 광야에 버려져야(?) 했기 때문에 더 이해가 어려운 부분입니다. 그래서 이 구절은 해석의 난제가 되어 아직까지 소위 '난해 구절' 에 속해 있습니다. 아사셀에 대한 학자들의 주장을 살펴보면 이렇습니다.

먼저 아사셀은 히브리어 '레아자젤' 이라는 단어와 관련시켜 죄에 대한 '전적인 제거' 라고 해석합니다. 아사셀은 백성들의 허물과 실수를 짊어졌으므로 이 염소가 광야에서 버려지거나 죽게 되면 백성들의 죄가 그것으로 완전히 제거 된다는 것입니다. 그러나 이 말은 백성들의 죄로 이미 한 마리의 염소가 희생되어 속죄의 제사를 마친 후이므로 잘못입니다. 여호와에 대한 인간의 속죄 제사는 먼저 죽은 염소의 희생으로 족합니다. 물론 전적인 제거가 죄 문제 외에 삶의 문제까지도 무두 제거한다는 의미라면, 해석은 달라질 수도 있겠습니다.

두 번째, 아사셀은 '아잘렐' 이라는 단어에서 찾아내어 '악령' 이라고 합니다. 위경인 에녹서(8:1, 9:6)에도 아사셀을 악령이라고 합니다. 그러나 에녹서는 레위기 본문보다 훨씬 후대에 나온 책이므로 아사셀에 대한 사회의 일반적 오해를 그대로 믿고, 전승시킨 것에 불과합니다. 그러니까 위경이지요.

셋째, 랍비 전승을 비롯한 유대의 제사장들은 아사셀을 또는 '아자즈엘(바빌로니아 탈무드)', 곧 '바위 절벽'으로 이해했다고 합니다. 그래서 그들은 아사셀을 광야로 끌고 가서 절벽에 떨어져 죽게 했습니다. 속죄는 제물이 죽어야 유효하니까 그렇게 이해하고 행해 왔던 것입니다. 한국의 국어대사전(금성출판사, 1991년, 1912쪽)에도 아사셀은 "유대의 광야에 산다는 악령, 속죄의 날에 제사장 아론은 백성들의 죄를 대신 진 염소를 그의 앞으로 보냈다."라고 되어 있습니다. 사전에 죽인다는 말이 없어 다행이지만, 아사셀을 악령으로 소개한 것은 그만큼 사람들이 그렇게 생각을 했다는 뜻의 반영이기도 합니다.

아사셀에 대한 우리의 대다수 이해는 이렇게 염소를 죽이는 제물이 아니면 악령으로 알고 있습니다. 저는 교회에서 이런 말을 자주 들었습니다. 예수님의 십자가 사건을 말하면서 꼭 아사셀 염소를 예로 들어서 "구약에서 아사셀 염소가 우리의 허물과 죄를 뒤집어쓰고 절벽에서 떨어져 죽으면 우리 죄가 사해지듯이 예수님이 우리 죄를 감당하기 위하여 십자가에서 죽으셨다"는 비유입니다. 그래서 아사셀 염소는 예수님의 십자가 사건을 소개할 때면 약방의 감초처럼 등장을 했습니다.

그런데 제가 본 성경에는 아사셀을 죽인다는 말을 찾아 볼 수가 없었습니다. 죽였다는 말은 없는데 왜 유대인들은 이 염소를 실제로 (절벽에 떨어뜨려) 죽게 했을까? 혹시라도 입다의 딸이 죽지 않았는데 희생제물이 나오니 살아있는 처녀를 죽었다고 생각하고 번역을 하듯이 아사셀 염소도 속죄의 제사 행사에 들어 있으니 죽음과 연관시키는 해석을 하고 있는 것이 아닐까 말입니다.

아사셀은 살아서 자유를 찾는 염소

그런데 최근 발행한 성경과 주석 등에서 그 의문의 실마리를 조금씩 풀어 주고 있습니다. 왜냐하면 최근 해석들은 아사셀(azazel)이 '염소'를 뜻하는 '에즈(az)' 와 보냄을 뜻하는 '아젤(azel)' 의 합성어라고 밝히고 있기 때문입니다. 이에 따르면 아사셀은 말 그대로 '보낸 염소' 입니다. 저는 아사셀이 속량절 속죄 행사 다음에 있는 행사와 관련이 있다고 봅니다. 곧 아사셀은 우리가 속량절 제사 후에 해야 하는 무르기와 관련이 있지 않을까 하는 것입니다. 그러면 아사셀은 '보낸 염소' 이므로 죽음을 향한 염소가 아니고, 무르기로 자유를 얻고, 새로운 삶을 찾아 나서는 염소로 볼 수 있습니다. 그 이유는 이렇습니다.

① 아사셀은 본문의 말 그대로 '보낸 염소' 이며, 하나님이 살려 둔 염소입니다. 이와 유사한 사례는 같은 레위기 제사법에서 찾을 수 있습니다. 레위기 제사법은 죽이는 제물과 살려두는 제물이 있습니다. 레위기 14장 7절과 53절에서 피부병에 치유된 자가 제사를 드릴 때는 두 마리의 새가 필요합니다. 그 중 한 마리는 잡아 피를 흘려 속하고, 나머지 한 마리는 산 채로 날려 보냅니다. 이것이 병이 나은 자의 정결의식입니다. 이와 같이 속량절 두 마리의 염소도 그 중 한 마리는 여호와를 위하여 죽고, 나머지는 한 마리는 아사셀을 위하여 산 채로 놓아주는 것입니다. 여기서 놓아준다는 말은 '쉐라흐' 이며, 이 말은 욥기 39:5에서도 가축을 놓아 자유하게 하거나 풀어주는 뜻으로 쓰이고 있습니다. 이와 같

이 아사셀은 목적이나 용도가 모두 생명을 죽이는데 있는 것이 아니라 살리는데 있습니다. 학자들은 살아 있는 새를 부활하신 예수님을 상징한다고 합니다. 살아 있는 새가 부활의 예수님을 상징한다면 아사셀 염소도 부활하신 예수님을 상징한다고 해야 할 것입니다. 그런데 학자들은 보내는 새는 부활하신 예수님, 보내는 염소 아사셀은 인간의 죄를 지고 골고다 언덕으로 끌려가서 죽는 예수님을 상징하는 것으로 봅니다. 비슷한 제물과 사건에 해석은 죽음의 상징과 부활의 상징으로 정반대가 되니 무엇인가 어색하지요.

② 아사셀 의식은 인간에게 삶의 문제를 해결하는 상징적 행사일 것입니다. 여호와를 위하여 죽은 염소는 죄로 인해 죽어야 하는 우리의 모습입니다. 그러나 살아있는 아사셀은 속죄로 거듭난 사람의 모습입니다. 죄로 죽은 것은 과거사에 해당하는 것이고, 죄 사함을 받은 사람도 앞으로 있을 삶의 문제는 스스로 풀어야 할 과제입니다. 동료 염소의 죽음으로 인해 깨끗해진 아사셀 염소는 광야에서 인간의 예속에서 풀려 해방을 받습니다. 그러나 그 염소는 오아시스와 도피처(염소는 생물의 특성상 바위 절벽이 제일 안전한 곳임)를 만나면 사는 것이고, 불행하게도 도피처도 없는 곳에서 사자나 다른 맹수를 만나면 죽는 것입니다. 이것은 사람이 죄를 속하는 제사만으로는 삶의 문제까지 온전할 수가 없고, 삶의 문제는 우리 스스로 해결을 해야 비로소 온전할 수 있다는 것과 같습니다. 그러므로 하나님은 속량절 아사셀을 통하여 우리에게 이런 교훈을 가르쳐 주고 있습니다.

③ 아사셀은 사람들 간에 있을 수 있는 채권과 채무, 곧 인간 상호 간에 진 빚을 속해야 한다는 뜻입니다. 속량절은 죄를 속하는 것 외에도 값을 치러 남에게 진 빚을 속하고, 팔려간 몸을 속하고, 잡혀있는 땅을

속해야 합니다. 이것은 모두 삶의 현장에서 인간의 약점인 사람의 허물과 실수로 발생한 것들입니다. 그래서 이 약점에서 발생한 무르기 문제를 해결해야 죄 사함 받은 몸이 경제적 자유까지 회복합니다. 속량절은 죄를 속하는 종교의식과 값을 치러 빚을 속하는 경제의식까지 겹쳐져야 그날이 온전하게 됩니다. 그래서 두 마리의 염소 중에 한 마리는 죄 무르기로 죽고, 나머지 한 마리는 빚 무르기를 위해 살아남는 것입니다. 하나님이 제사법에서 아사셀(보낸 염소)을 둔 이유는 죄를 속하는 제사보다(또는 제사 못지않게) 그날 제사를 마친 후 해야 할 무르기(경제 속량)에 관심을 가지라는 뜻일 것입니다. 아사셀에 등장하는 '속함(키푸르)' 과 '놓음(쉐라흐)은 두 단어 모두 목적이 온전한 자유의 회복에 있습니다.

염소는 사람에게 보호를 받고 사는 가축이지만, 자연 상태의 염소는 사람의 간섭과 보호를 떠나서 무인지경의 들판으로 가야 온전한 자유를 얻습니다. 속량절 무르기도 이와 비슷합니다. 속량절은 속죄 제사로 영적인 자유만 회복하는 것이 아니라 빚, 몸, 땅과 같은 물질 문제와 환경까지도 모두 무르기로 되찾아야 온전한 자유를 얻을 수 있는 날이기 때문입니다. 이것이 속량절이고, 희년입니다. 우리가 속량절 무르기를 매년 하게 되면 희년은 50년이 아니라 매년 돌아올 수 있다고 했지요.

하나님이 가나안 땅에 들어가면서 모든 백성들에게 동등한 유업을 주고, 자유와 평등을 누리도록 해 주었습니다. 그러나 시간이 지나면서 사람들은 서로 간에 빚을 지게되고, 몸과 땅은 무르기를 해야 했습니다. 이것이 인간의 허물과 실수들로 인한 것이므로 아사셀은 그 허물과 실수를 짊어지고, 삶의 현장인 광야로 갑니다. 아사셀은 자기를 옥죄는 고삐가 풀리기는 했지만, 안전한 장소와 물과 풀이 있는 땅을 찾아야 온전한 생명과 자유를 누릴 수 있습니다. 아니면 구원을 받아도 바로 맹수를 만나 죽거나 살아도 힘들게 살아야 합니다. 그러므로 사람이나 생명체는 모두 구원과 자유가 동시에 필요합니다. 하지만 살아있는 염소는 언제인가는 죽습니다. 이게 사람의 일생입니다. 그래서 하나님은 우리에게 영생을 허락하신 것입니다. 이것이 아사셀, 곧 보낸 염소, 속량의 염소, 자유의 염소입니다. 아사셀은 죽이는 염소가 아니고, 하나님이 속량절 무르기로 온전하게 살리려는 염소입니다.

속량절의 뜻과 속량의 염소

구분	속량절	속량의 염소	피부병 정결	비고
제사법	지성소의 대속죄 (죄 무르기)	죽어서 죄를 사하는 염소(레 16:9)	피부병의 정결로 죽는 새(레 14:6)	과거를 청산
경제법	빚·몸값·땅값·무르기 희년 선포일	살아서 자유를 찾는 염소(레 16:10)	미래의 삶을 위해 날아가는 새 (레 14:7)	미래를 예표

속량절(속죄일, 욤 기프림) : 무르기로 죄값, 빚값, 몸값, 땅값이 0이 되는 날

9. 초막절 초막 살이와 땅의 재인식

초막절을 위하여

> 이스라엘 자손에게 말하여 이르라 7월 15일은 초막절이니 여호와를 위하여 7일 동안 지킬 것이라(레 23:34)

초막절은 속량절이 지난 5일 후에 지키는 축제일입니다. 속량절은 남에게 진 부채나 자본에 대해 값을 치르는 날인데, 이는 팔린 몸과 잡힌 땅을 값의 지불로 자유를 찾는 날입니다.

그러므로 초막절은 온전한 경제적 자유를 얻은 후에 지키는 명절입

니다. 초막절은 성경이 말하는 희년법과 속량법을 따라 경제적 속량을 마치고 즐기는 명절입니다. 성경의 희년법과 속량법은 레위기의 무르기 규례를 따라 잡힌(팔린) 땅과 몸은 항상 무르기를 하라고 합니다(레 25:24~27, 47~53). 이 법은 안식년이나 희년이 아닌 경우에도 적용이 됩니다. 백성들이 이 법을 잘 지키기만 한다면 무르기는 오히려 평년이 더 낫습니다. 안식년은 7년마다, 희년은 49년이나 50년이 되어야 돌아오고 그때 가서야 자유를 얻지만, 무르기는 매년 할 수가 있기 때문입니다. 그래서 희년법과 속량법은 매년 속량절이 되면 무르기를 하도록 허용을 해 놓은 것입니다.

물론 무르기를 해 줄 대속자도 경제적 형편이 어렵다면 할 수가 없으므로 강제 규정은 아닙니다. 그러나 무르기는 형편이 되면 물론이고, 형편이 어렵더라도 피하기보다 적극적으로 시행을 했어야 할 규례입니다. 이게 잡힌 자를 풀어주고 눌린 자를 자유하게 하는 때입니다(사 61:1~3, 눅 4:18,19).

그러나 평년의 무르기가 잘 안되면, 그 문제는 안식년과 희년이 되어야 가능합니다. 모든 억압은 안식년과 희년이면 자동으로 풀려 버립니다. 안식년이 오면 땅은 이때부터 6년간의 경제적 수고를 마치고 쉽니다. 종은 기간만료로 풀립니다. 부채도 기간만료로 사라집니다. 가난한 자가 생활에서 지게 된 빚이 안식년까지 갚지를 못하면 자동으로 소멸해 버립니다. 그래서 안식년은 면제년입니다. 그런데 이것은 정부가 나서서 공짜나 강제로 풀어주는 것도 아니고, 누구의 자선이나 특혜로 풀리는 것은 더욱 아닙니다. 모두 임대의 계약기간이나 거래의 기한 만료로 인하여 자동으로 풀립니다.

초막 살이와 토지경작의 금지

> 너희는 매년 7일 동안 초막에서 거주하되 이스라엘에서 난 자는 다 초막에서 거주할지니 이는 내가 이스라엘 자손을 애굽 땅에서 인도하여 내던 때에 초막에서 거주하게 한 줄을 알게 함이니라(레 23:42,43)

그러면 초막절이 오면 왜 7일간 초막 살이를 해야 할까요? 왜 이 시기에 땅은 1년간 경작도 못하고 묵혀두어야 했을까요? 물론 초막 살이는 선조들이 애굽에서 나와 임시로 살던 광야생활을 기념하는 의식이며, 안식년은 땅을 쉬게 하는 수단입니다. 그러면 이 외에 다른 뜻은 없었을까요? 하나님은 이스라엘 백성들이 이 법을 잘 지킨다면 복을 줄 것이고, 잘 지키지 않으면 화를 내리겠다고 경고를 하십니다. 이 경고는 희년법이 있는 레위기 25장 다음 장인 26장에 있습니다. 특히 레위기 26장에서는 한 장 전부가 이 규례의 순종에 대한 축복과 불순종에 대한 경고를 다루고 있습니다. 이것은 하나님이 이미 사람들이 이 법을 잘 지키지 않을 것을 알고 이렇게 당부를 하신 것입니다. 특히 땅을 무르는 토지법을 지키지 않을 것을 알고 계셨습니다. 유대인들은 성경에 있는 희년법과 속량법을 거의 지키지 않았습니다.

그래서 하나님은 이스라엘 백성들에게 초막절 7일간 초막 살이를 경험하도록 하십니다. 7일간의 초막 살이는 선조들이 애굽에서 나올 때 광야에서 40년간 초막을 치고 고생하며 살던 생활을 되돌아보는 것입니다. 종에서 해방은 되었지만, 땅이 없을 경우 겪어야 할 고통을 말입니다. 물이 없는 목마름, 양식이 없는 굶주림, 그리고 거처할 집이 없는 생활의 서러움, 노예 생활의 고통 등을 몸소 체험하여 보라는 것이지요. 그게 땅이 없기 때문에 선조들이 겪은 고통이었습니다. 그래서 지금도 개인과 국민 전체를 막론하고 땅이 없으면 이런 고통이 다시 오게 되므로 서로서로 무르기를 하여 그 고통을 없애 주라는 뜻입니다. 이와 같이 초막절 7일 동안의 초막 살이는 백성들에게 성경이 말하는 속량법의 의미와 가치를 깨우쳐 주는 것입니다.

그러나 매년 하게 되는 초막 살이에도 불구하고 속량법의 의미를 잘 모른다면 이제는 땅의 묵힘을 통하여 무르기를 하도록 권장합니다. 왜냐하면 평소에 실행하지 못한 무르기는 땅을 계속 경작할 경우 더 어렵습니다. 부자들은 경작년이면 땅을 경작할 종이 필요하고, 경작할 전답도 더 필요하기 때문입니다. 따라서 평소에도 하기 싫은 무르기는 하지 않게 됩니다. 평소에 잡힌 것을 무르는 날이 속량절이지만, 또 한편으로 면제년이나 희년이 아닌 날은 땅과 몸을 다시 팔고 사들이는 거래일이기도 합니다. 그래서 이날은 오히려 땅과 몸이 계속 팔려나가는 날이 되어 속량절과는 상반된 날이 되어 버릴 수도 있습니다. 그래서 하나님은 아예 면제년과 희년은 토지의 안식을 선포하여 땅과 몸이 경작에 동원이 되지 못하게 해 두었습니다.

시장경제에서 땅과 몸은 경제 사정에 따라 필릴 수도 있고, 또 그렇게 해야 시장이 돌고, 경제가 돌아갑니다. 경제학적 용어로 그렇게 해야 토지와 노동이 시장을 통하여 배분이 된다는 뜻입니다. 그러나 이를 방치하면 생존의 터전인 땅과 몸이 장기로 팔려 버려서 굴종의 상태가 계속됩니다. 그래서 희년법과 속량법은 시장과 경제도 원만하게 운영하고, 굴종의 상태도 풀어가는 양면성을 모두 감안하여 강구를 한 장치입니다. 경제생활에서 모든 거래는 자유로워야 하고, 그 거래에서 묶일 수 있는 땅과 몸도 자유롭게 풀릴 수 있어야 자유가 보장될 수 있기 때문입니다. 이와 같이 희년법과 속량법은 그 시대에 현실적으로 타당한 법이며, 탁월한 제도이었습니다. 속량절을 위하여, 또 초막절을 진정한 축제일로 삼기 위하여 하나님은 속량절인 그날 땅의 경작을 멈추게 하시며, 축제 기간에는 힘들게 초막 살이까지 시키십니다. 참으로 신실하신 하나님이시요, 그 신실하신 하나님이 제정하신 속량절과 초막절은 얼마나 좋은 명절입니까?

10. 감사만 있고, 추수는 사라진 추수감사절

> 너는 … 세말(연말연시)에 수장절(수확절)을 지키라(출 34:22)
> 또 모세가 그들에게 명하여 이르기를 매 칠년 끝 해 곧 면제년의 초막절에는 온 이스라엘이 여호와 앞 그가 택하신 곳에서 모일 때에 이 율법을 낭독하여 온 이스라엘로 듣게 할지니 곧 백성의 남녀와 어린이와 네 성읍 안에 거류하는 타국인을 모으고 그들에게 듣고 배우고 네 하나님 여호와를 경외하며 이 율법의 모든 말씀을 지켜 행하게 하고 도 너희가 요단강을 건너가서 차지할 땅에 거주할 동안에 이 말씀을 알지 못하는 그들의 자녀에게 듣고 네 하나님 여호와 경외하기를 배우게 할지니라(신31:10-13)

속량절은 교회가 버린 절기라는 것에 대하여 좀 더 살펴보겠습니다. 속량절은 가을에 있습니다. 농경시대를 생각하여 보셔요. 땅이 내는 곡식인 보리의 추수부터 시작한 1년 농사가 가을이 되어야 모든 추수를 다 마치게 됩니다. 그래서 농사와 관련된 몸(노동)과 땅이 자유를 얻게 되는 시기는 이때가 가장 적합합니다. 그래서 성경은 이때를 따라 몸과 땅을 자유하게 하는 속량을 행하고, 마지막 명절을 지키라고 합니다. 이게 성경의 초막절입니다.

그런데 한국교회는 초막절 행사가 없고, 대신에 추수감사절이 있습니다. 한국교회가 지키는 추수감사절은 11월 첫 주일입니다. 이것은 미국이 정한 추수감사절 행사입니다. 그러므로 오늘날 교회가 행하고 있는 추수감사절 행사는 성경에 있는 것이 아니고, 미국의 절기를 빌려온 것입니다.

이날은 강대상 앞에 각종의 과일을 차려놓고, 하나님께 추수에 대한 감사예배를 드립니다. 의식이 미국식이라도 성경적 내용과 일부 부합하는 면이 있습니다. 청교도들은 미국 땅에 발을 처음 드려놓고, 새 땅에 적응하기 위하여 온갖 어려움을 겪고서야 수확의 기쁨을 맞았고, 그 기쁨의 증표로 이 감사의 절기를 지켰기 때문입니다. 초막절은 하나님께 추수에 대한 감사의 제사가 있어야 하므로 이런 면에서 추수감사절 예배는 성경적입니다. 그러나 이날의 행사를 보면, 감사의 예배 외에 성경이 말하는 이날의 의미는 거의 없습니다. 그 이유는 이렇습니다.

교회가 추수감사절 행사에서 추수와 경제에 대한 이야기를 거의 하지 않습니다. 이것은 맥추감사절에 맥추(보리와 밀 추수)에 대한 이야기를 거의 하지 않는 것과 같은 맥락입니다. 물론 지금은 농경시대가 아니므로 추수에 대한 이야기를 하지 않는다고 볼 수 있습니다. 그러나 성경이 말하는 추수는 단순한 추수만을 말하는 것이 아니고, 한 해의 살림살이에 대한 경제적 총결산의 뜻을 가지고 있습니다.

그러므로 저가 말하는 추수란 교회가 경제에 대한 이야기를 하지 않는다는 말입니다. 교회마다 다소 다르겠지만, 오늘날 교회는 이날의 이야기가 대부분 이렇습니다. 이날의 이야기 처음과 끝이 모두 영혼 구원에 대한 하나님께 감사, 부모님께 감사, 교회 선생님께 감사 등 '감사'라는 말뿐입니다. 특히 예수 그리스도의 구원에 대한 감사가 대부분이지요. 이런 이야기가 전체의 90%를 넘습니다. 그리고 나머지 10% 정도는 서론 부분에서 미국 청교도의 이야기를 한참 합니다. 그리고 추수감사절은 성경의 초막절과 유사하다는 한두 마디입니다.

물론 이날 영혼 구원에 대한 감사, 부모에 대한 감사, 스승에 대한 감사 이야기를 할 수가 있습니다. 그러나 영혼 구원에 대한 감사는 평소에 해야지요. 굳이 절기를 따라 한다면 영혼 구원에 대한 감사는 부활절에 해야 합니다. 부모와 스승에 대한 감사라면 그것은 가정의 달과 스승의 날이 있는 5월에 해야지요. 그러나 추수감사절 이날만은 농사를 짓든 농사를 짓지 않든 농사에 대한 이야기를 해야 합니다.

이날은 경제적 결산일이므로 어른들에게는 지난 한 해의 살림살이에 대한 회고와 경제적 수고에 대한 위로를 해야지요. 성경적 관점에서 본 국가 경제의 현실과 평가도 간단하게 해야 하지요.

그리고 농사를 짓지 않더라도 땅과 직접 관련한 농사가 나의 생명을 지탱하여 주는 양식이며, 육신의 배를 불려 주는 물질임도 다시 확인을 해야 합니다. 사람의 노동이나 자본의 투자가 양식을 내는 것이 아니고, 땅이 양식을 내는 사실 말입니다. 아이들에게는 농사가 무엇인지, 밥의 재료인 벼가 어떻게 자라는지 창조주→땅→모→벼→쌀→밥→몸의 물질적 흐름을 가르쳐 주어야지요. 특히 사람이 먹는 쌀밥은 사람과 땅이 협력하여 내는 양식이라고 가르쳐 주어야 합니다. 이날 이야기가 하나님이 먹을 양식을 주신다고만 말하지 말고, 또 인본주의자들처럼 사람(농부)의 수고(땀)만이 곡식을 나게 한다고만 말하지 말고, 땅도 있어야 곡식도 있을 수 있음을 말해 주어야 합니다. 땅의 경제적 역할 말입니다. 곧 추수감사절은 하늘, 땅, 사람을 같이 말해야 합니다. 이것이 바로 한국의 토종문화인 천·지·인의 삼재론 사상입니다.

그리고 이날은 속량절에 해야 하는 빚 청산과 토지 무르기 문제를 반드시 제기해야 합니다. 추수감사절이 구약의 초막절을 대신할 수 있는 신약적 성취가 되려면, 초막절을 바로 알아야 합니다. 초막절의 서막이

5일 전에 지키는 속량절이며, 이날은 빚과 몸과 땅이 먼저 자유를 얻고 지키는 절기임을 말해 주어야 합니다.

그런데 이날은 추수와 경제에 대한 이야기가 거의 없고, 더구나 땅과 빚에 대한 이야기는 전혀 없고, 추상명사인 감사만 전합니다. 이것은 감사의 남발입니다. 그래서 맥추감사절과 추수감사절은 경제적 내용인 맥추도 없고, 추수도 없고, 감사만 있는 날입니다. 이렇게 추수감사절은 성경에도 없으며, 시기도 다르고, 특히 성경과는 현저하게 다른 미국의 절기를 교회가 즐겨 지키고 있습니다. 성경을 서양에서만 풀었고, 복음이 미국을 통해서 들어 왔기 때문일 것입니다.

11. 성경의 절기와 개신교의 절기

너는 매년 3차 네게 절기를 지킬지니라(출 23:14)

앞에서 말한 명절에 대하여 좀 더 정리를 할 필요가 있습니다. 성경의 시간과 공간, 그리고 경제생활을 이해하려면 먼저 절기를 알아야 하기 때문입니다. 그리고 오늘날 우리가 교회에서 지키는 절기도 이와 직접 관련이 있기 때문입니다. 성경상의 절기는 크게 3대 명절이 있고, 작게는 7대 절기가 있습니다. 레위기 23장에 구체적으로 언급하고 있는 유월절, 무교절, 초실절, 칠칠절(맥추절, 오순절), 나팔절, 속량절(속죄일), 초막절을 말합니다. 이 중에 유월절, 칠칠절, 초막절을 3대 명절이라고 합니다.

유월절은 성경달력으로 음력 1월 14일이고, 무교절은 이튿날 1월 15일부터 7일간, 초실절은 유월절 지난 첫 주일입니다. 그래서 이 절기는 크게 보면 유월절기에 포함됩니다. 또 1월에 지키는 것이므로 1월 절기입니다. 유월절기는 그 해에 제일 먼저 지키는 시작의 명절입니다. 그리고 칠칠절은 초실절로부터 49일째 지키며, 3월 초순(3월 5, 6일경) 주일입니다.

이것은 3대 절기에 중간에 지키는 절기이므로 중간 명절에 해당합니다. 그 다음 마지막 명절은 7월 15일 지키는 초막절입니다. 이 마지막 명절 초막절을 바로 지키기 위하여 7월 1일은 나팔절, 7월 10일은 속량절로 지킵니다. 그러므로 나팔절과 속량절은 크게 보면 초막절기에 포함되며, 7월에 지키는 명절이므로 7월 절기라고 합니다.

이상의 3대 절기를 내용별로 요약하면 다음과 같습니다. 참고로 말씀을 드리면 이 책은 3대 절기에서 지키는 제사 규례는 언급하지 않았습니다. 이 책은 성경에 있지만 우리가 평소에 잘 모르고 있는 것만 다루고 있고, 제사법은 평소에 교회가 열심히 다루고 있으므로 이미 식상할 정도로 잘 알고 있다고 보기 때문입니다.

(1) 유월절기

유월절기는 1년 중에 처음 맞는 1월 절기로 유대인들이 가장 중시하는 명절입니다. 이날은 신약에서 부활절로 성취가 되었습니다. 유월절, 무교절, 초실절, 부활절은 아래와 같은 의미로 요약할 수 있습니다.

① 선민이 지킬 첫 명절입니다.

② 1월에 지키는 봄의 절기입니다.

③ 양고기, 무교병(누룩 없는 떡), 쓴 나물(땅이 낸 첫 채소)을 함께 먹는 날입니다.

④ 애굽의 노예로 살다가 하나님의 인도로 해방(구원)이 된 날입니다.

⑤ 땅의 첫 열매를 얻은 날입니다. 보리 추수를 시작하는 날입니다.

⑥ 보릿고개(춘궁기)를 면한 날입니다.

⑦ 예수님이 고난 받고, 죽으시고, 부활하신 날입니다.

그러므로 유월절기는 한 해의 시작인 봄에 지키며, 이스라엘 백성들이 홍해 세례로 구원을 받은 날입니다(고전 10:2). 그리고 땅이 내는 보리 추수를 시작하여 춘궁기를 면하는 날이기도 합니다. 그런데 신약에서 이날을 따라 예수님이 십자가에 희생되고 죽음에서 부활을 하셨습니다. 구약의 유월절기에 대한 여러 가지 내용과 의미를 모두 계승하고, 혁파하여 완성시킨 날이 신약의 부활절입니다.

(2) 칠칠절기

① 칠칠절기는 중간 명절로 3월 초순 주일날 지킵니다. 그래서 이 절기는 신약에서 성령강림절로 성취되었습니다. 성경에서 칠칠절과 오순절은 같은 날이고, 또 요일도 주일로 같은 날입니다(실제 시행일은 유대교와 기독교가 조금씩 다름).

② 이날은 선민 이스라엘의 중간 명절이며, 3월에 지키는 초여름 명절에 해당합니다.

③ 이날은 이스라엘 백성들이 애굽에서 홍해를 건넌지 50일이 되는 날입니다.

④ 이날은 시스라엘 백성들이 시내산에서 신의 강림을 목격한 날입니다

⑤ 이날은 시내산에서 율법(십계명)을 처음 받은 날입니다.

⑥ 이날은 이스라엘 공동체가 광야교회(행 7:38)로 출발한 날입니다.

⑦ 보리 추수와 밀 추수를 마치고, 하곡 추수에 대한 감사를 드리는 날입니다.

⑧ 이날은 가난한 자를 위해 이삭을 남기는 추수의 규례를 확인하는 날입니다(레 23: 22)

⑨ 이날은 나의 가족 모두가 가난한 자들(노비, 레위인, 객, 고아와 과부 등)과 함께 먹고 즐기는 날입니다.

⑩ 이날은 초대교회에 성령이 강림하신 날입니다.

⑪ 이날은 소비 공동체(네것 내것 없는 공동체)에 불과하지만, 초대교회가 유무상통의 경제로 구성원 모두가 평등한 경제를 실현한 날입니다.

이렇게 구약의 칠칠절은 신약의 성령강림절로 성취가 되었습니다. 그 날짜와 주일마저 정확하게 같습니다. 참고로 말씀을 드리면, 초대교회는 경제적으로 임시 조직인 소비 공동체입니다. 정규 조직은 생산 공동체(네 것 내 것 있는 공동체)로 장기 조직인 하나님의 나라와 같은 국가 조직입니다. 이렇게 생산 공동체로 평등 경제까지 실현을 할 수 있는 날은 3대 절기의 마지막 명절인 초막절입니다.

(3) 초막절기

① 초막절은 안식월이라 할 수 있는 7월 절기의 명절이고 3대 명절 중 마지막 명절입니다.

② 7월 절기는 경제적 설날인 나팔절, 모든 것을 무르는 속량절(속죄일), 그 다음에 오는 마지막 큰 잔칫날인 초막절, 이렇게 세 절기를

합하여 부르는 것입니다.

③ 가을 잔치이며, 모든 추수를 마치고 하나님께 추수에 대한 감사의 예배를 드리는 날입니다.

④ 신분을 떠나 모든 백성들이 한 자리에서 여호와의 말씀을 읽고, 듣는 날입니다(신 31:10, 느 8:2).

⑤ 7일간 들판으로 나아가 초막을 짓고, 광야의 초막 살이를 경험하는 기간입니다. 안식년과 희년의 이날은 땅이 쉬는 해로 천연의 피조물이 자유를 얻는 날입니다.

⑥ 면제년의 이날(속량절)은 남의 손에 묶인 종이 계약기간 만료로 해방이 되는 날입니다.

⑦ 희년의 이날은 남의 손에 들어간 땅이 계약기간 만료로 해방이 되는 날입니다.

⑧ 면제년과 희년의 이날은 채무의 변제기한 만료로 빚이 사라지는 날입니다.

⑨ 모든 백성들이 자유의 몸으로 자기의 분깃(기업)에 돌아와 절기는 명절입니다.

⑩ 면제년과 희년이 아닌 평년에도 속량법을 지키면, 초막절은 희년과 같은 상태가 될 수 있는 날입니다.

3대 절기는 대강 이러합니다. 또 성경의 3대 절기는 시간적으로 구원받은 백성이 생활을 통하여 앞으로 하나님과 함께 미래로 나아갈 방향을 제시하기도 합니다. 성경의 3대 절기를 시간적 관점에 따라 내용과 방향을 정리하면 다음과 같습니다.

성경 절기(달력)가 말하는 시간의 영적 흐름

구약	(1) 유월절기 ⇒	(2) 칠칠 · 오순절기 ⇒	(3) 초막절기(7월절기)
	①유월절(1월 14일)	칠칠절(초실절 후 7주째)	⑤나팔절(7월 1일)
	②무교절(1월 15일)	④맥추절(하곡추수종결일)	⑥속량절(7월 10일)
	③초실절(유월절기 첫주일)	오순절(50일째)	⑦초막절(7월 15일)
신약	(1) 부활절(춘분보름주일)	(2) 성령강림절(칠칠절)	(3) **절(성취 안됨)
	시작(홍해) ⇒	진행(광야, 교회) ⇒	결산(새 땅, 나라)
	봄(1월, 첫열매, 성취)	초여름(3월, 성취)	가을(7월, 미성취?)

개신교의 절기에는 성경과 다른 것이 있어서 고쳐야 할 부분이 있는 것 같습니다. 예를 들면 예수님의 고난과 십자가의 희생을 기리는 사순절은 46일간을 지키는 데 이런 기간은 성경적으로 볼 때 어색합니다. 사순절 46일은 고난의 40일과 주일의 6일을 합친 기간입니다. 예수님의 고난과 십자가 희생의 슬픔을 기리는 사순절기에 주일은 또 예수님의 부활을 기리는 기쁜 날이라고 하여 제외를 시키다보니 이런 날짜 계산법이 나왔습니다. 슬픔(고난)의 기간에 기쁨의 날(부활)이 서로 겹쳐서 혼란을 주고 있습니다. 46일간은 절기를 지키기에도 너무 길고 지루합니다. 이것은 의식을 중요시하는 천주교의 작품입니다.

예수님의 고난과 희생을 기리는 기간은 '고난주간'이라고 따로 있습니다. 또 성경은 이 고난주간의 날짜와 사역들이 분명하게 기록되어 있습니다. 따라서 예수님의 십자가 고난과 희생을 기리는 절기는 사순절보다 고난주간이 더 성경적이고, 지키기에도 좋다고 봅니다. 그러므로 사순절은 의식을 중시하는 성당에서 지키도록 두고 우리는 고간주간만이라도 제대로 지켰으면 합니다. 고난주간의 예수님 사역은 복음서 전체에서 1/3이 넘을 만큼 많고, 특히 경제 부분은 이 기간에 집중적으로 다루고 있습니다. 그러므로 고난주간 동안 행한 예수님의 구체적 사역,

곧 경제 사역은 사순절 기간만큼 길게 잡아서 경제법을 집중적으로 보아야 할 것입니다. 예수님이 십자가 형틀에 달린 이유도 제사법보다는 현실 경제법 논쟁에 있었다고 할 수 있습니다(상세한 것은 2권에서 다룰 예정임).

또 앞에서 언급한 맥추절과 성령감림절도 어색합니다. 앞에서 본 대로 성탄절 역시 실제와는 너무 거리가 멉니다. 전체로 보아 교회의 절기는 양력의 24절기와 음력의 보름날을 기준으로 정하는 것이 쉽고 좋을 것 같습니다. 예를 들어서 부활절은 춘분이 가장 가까운 날의 보름날, 초막절(한가위)은 추분이 가장 가까운 날의 보름날을 말합니다. 이것이 성경이 절기와 달력으로 말하는 창조질서로 자연 계절과 종교력, 양력과 음력이 서로 조화를 이룰 수 있기 때문입니다.

12. 초막절도 지켜야 할 절기입니다.

> 예루살렘을 치러 왔던 열국 중에 남은 자가 해마다 올라와서 그 왕 만군의 여호와께 숭배하며 초막절을 지킬 것이라. 천하만국 중에 그 왕 만군의 여호와께 숭배하러 예루살렘에 올라오지 아니하는 자에게는 비를 내리지 아니하실 것인즉 만일 애굽 족속이 올라오지 아니할 때에는 창일함이 있지 아니하리니 여호와께서 초막절을 지키러 올라오지 아니하는 열국 사람을 치시는 재앙을 그에게 내리실 것이라. 애굽 사람이나 열국 사람이나 초막절을 지키러 올라오지 아니하는 자의 받을 벌이 이러하니라. 그 날에는 말방울에까지 여호와께 성결이라 기록될 것이라 여호와의 전에 모든 솥이 제단 앞 주발과 다름이 없을 것이니 예루살렘과 유다의 모든 솥이 만군의 여호와의 성물이 될 것인즉 제사 드리는 자가 와서 이 솥을 취하여 그 가운데 고기를 삶으리라 그 날에는 만군의 여호와의 전에 가나안 사람이 다시 있지 아니하리라(슥 14:16~21)

> 명절 끝 날 곧 큰 날에 예수께서 서서 외쳐 가라사대 누구든지 목마르거든 내게로 와서 마시라(요 7:37)

성경이 말하는 3대 절기 중 유월절과 칠칠절은 성취가 되었습니다. 그러나 마지막 명절은 아직 성취가 되지 않고 있습니다. 왜 그럴까요? 초막절은 성경이 말하는 토지경제 곧 희년법과 속량법이 직접 연결되어 있습니다. 레위기 25장에서 하나님은 사람들에게 희년법과 속량법을 잘 지킬 것을 당부합니다. 이 법의 순종을 위하여 무르기를 하는 속량절과 초막 살이를 하는 초막절, 그리고 땅의 경작을 금지하는 안식년까지 두었습니다. 그리고 레위기 26장은 사람들이 만약에 이 법을 지키지 않으면, 하늘에서 비를 내리지 않을 것이라고 경고를 합니다.

그러나 사람들은 이 초막절의 내용적 순종을 거부합니다. 이스라엘 백성들은 초막절이 오면 제사만 지내고, 축제의 행사만 하고 있지 이 절기의 다음 코스인 속량절 무르기는 하지 않았습니다. 곧 유대인들은 희년법과 속량법을 진정한 절기로 지키는 초막절은 없었다는 뜻입니다.

그런데 소개한 본문 말씀은 스가랴 선지자가 초막절에 대하여 예언한 것입니다. 스가랴 선지자는 초막절이 미래에도 지켜야 할 명절이라고 말합니다. 미래의 초막절은 남은 자이긴 하지만, 세계의 모든 민족이 지킨다는 것입니다. 초막절을 지키는 민족은 복을 주고, 이 절기를 지키지 않는 자들에게는 하늘에서 비를 내리지 않겠다고 하십니다. 그리고 그러한 열국들에게는 모두 재앙을 내리겠다고 하십니다.

이 말은 바로 희년법과 속량법을 제정하면서 법의 순종에 따른 복과 불순종에 대한 화를 주겠다는 레위기 26장의 내용과 일치합니다. 여기서 비를 내리는 복이란 초막절 이후에 내리는 이른 비를 뜻할 것입니다.

신약에서 예수님은 초막절에 누구든지 목마른 자는 내게 와서 마시라 나를 믿는 자는 성경에 이름과 같이 그 배에서 생수의 강이 흘러내릴 것이라고 하십니다(요 7:38,39). 초막절을 제대로 지키면 하나님은 자연계를 통하여 하늘에서 비를 주시고, 우리의 영혼에 성령을 듬뿍 부어주시겠다는 뜻입니다. 그러므로 모든 명절, 특히 3대 명절의 마지막 절차로 지키는 초막절이야 말로 가장 큰 날이며, 감격의 날이 될 것입니다.

또한 이 날은 이 세상에 가나안 사람들이 다시는 있지 않을 것이라고 합니다. 여기서 가나안 사람은 무슨 뜻인지 확실하지 않습니다. 그러나 "가나안" 이란 원래 어원이 "상인" 이고 "장사꾼" 을 뜻합니다. 그러면 장사꾼들은 모두 악하며, 없어져야 합니까? 그렇지는 않습니다. 먹을 쌀과 입을 옷, 타는 차, 그리고 우리가 필요로 하는 온갖 서비스들은 분업과 교환을 통하여 생산되고 유통이 되어야 합니다. 모든 재화와 서비스는 팔고 사야하며, 이것을 위해서 전담하는 상인들이 꼭 필요합니다.

그러므로 여기서 말하는 장사꾼들이란 이런 실물을 팔고 사는 상인들을 말하지는 않는다고 보아야 합니다. 여기서의 장사꾼들은 성경이 매매를 금지한 가증한 것들을 팔고 사는 장사꾼들로 보아야 합니다. 바로 실물과는 아무 관련이 없는 헛물, 곧 순수 금융상품들을 팔고 사서 자본이득(capital gain)을 취하는 상인들입니다. 먼저 바알 우상이 가르쳐 준 대로 땅을 인간의 소유물로 취급하고, 상품으로 만들어 적극적으로 팔고 산 장사꾼들입니다. 성경이 가르쳐 준 50년 시한부 가격을 바알이 유혹한 영구가격으로 바꿔치기를 한 상인들 말입니다.

여기서 장사꾼들은 계시록 18장이 말하는 가증한 매매물은 말하는데 성경이 매매를 직접 금지한 토지에서 시작하여, 세계가 투기장이 되어 대공황을 몰고 왔던 주식, 지금은 선물(先物)까지 포함합니다. 선물 역시 실물이 없는 헛것(종이 문서나 바코드에 불과)을 상품으로 위장하여 팔고 사는 야만적 상거래입니다. 세계의 금융시장을 흔들고 있는 헤지펀드를 아시나요? 선물거래는 금, 석유, 곡식, 그리고 주식과 채권 같은 특정 상품의 가격(실물은 없고 실물의 가격)만 팔고 사는 종이 상품인데 이 거래는 사회에서 도박보다 더 나쁜 영향을 줍니다. 선물시장은 앞으로 날씨(일기예보)도 팔고 살 수 있는 상품으로 만든답니다. 계시록 18장 13절은 사람의 영혼까지 거래를 한다고 경고하는데 이는 오늘날 도깨비 시장과 다름이 없는 선물거래의 죄악을 말하는 것 같습니다. 그러나 성경은 그러한 시장이 하루만에 망한다고 하지요. 주식시장과 금융시장에서 종종 겪는 위기는 바로 이런 경고의 예표입니다. 그런데 때가 오면 다시는 그런 상품을 사는 자가 없을 것이라고 합니다(계 18:4~11). 이게 진정한 초막절이 오면 지구상에서 사라져야 할 상품들이고, 이것을 팔고 사는 가나안 장사꾼들이라고 하겠습니다.

그러므로 우리는 성경이 말하는 희년법과 속량법, 그리고 이를 시행하는 절기인 속량절과 초막절을 주목해야 합니다. 그리고 이날은 지켜야 합니다. 누구든지 이날은 지키면서 이날이 주는 경제적 복을 누리며 살아야 합니다.

13. 최후의 심판과 추수할 때(?)

초막절은 성경의 3대 절기 중 마지막 명절입니다. 다시 말하지만, 3대 절기 중 유월절은 부활절로, 칠칠절은 성령강림절로 성취가 되었습니다. 그러나 마지막 절기 초막절은 성취가 되지 않았습니다. 성경 어디에 봐도 구약의 초막절이 신약에 성취된 흔적을 찾아보기 어렵습니다. 만약에 제가 앞에서 언급한 바와 같이 성탄절이 초막절이라면, 구약의 초막절은 신약에서 일부가 성취되었다고 할 수 있습니다. 그러나 초막절이 성탄절과 일치하여도 이날이 구약의 초막절이 성취되었다고 보기는 어색합니다. 왜냐하면 성탄은 시작이기 때문에 3대 절기가 유월절(또는 부활절)에서 시작하여 초막절로 향하여 점진적으로 성취되고, 완성되어 가는 절기의 절차상으로 맞지 않기 때문입니다.

3대 절기에서 마지막 완성의 의미를 가진 초막절은 시작의 절기인 부활절 뒤에 와야 합니다. 그런데 초림과 관련된 아기 예수의 탄생일은 초막절기일 것이라는 추정을 한 바 있습니다. 그러나 예수님의 탄생일이 초막절기라고 해도 그날은 부분적 성취이지 온전한 성취로 보기는 어렵습니다. 왜냐하면 예수님의 탄생은 초림을 나타내며, 구체적 사역은 부활로 끝을 맺었기 때문입니다. 예수님의 탄생과 부활은 두 사건 모두가 초자연적인 것으로 큰 사건이긴 하지만, 탄생은 시작이며, 구원은 첫 열매에 불과합니다. 그러므로 초막절의 온전한 성취는 예수님의 탄생이나 부활 사건보다 더 큰 사역과 관련이 있을 것입니다. 물론 이것이 예수님의 재림 사건이 될지 아니면 재림 이전에 있을 어떤 큰 사건(천년왕국 ?)인지 우리는 잘 모릅니다.

한편, 성경은 늘 추수할 시기를 마지막 때라고 하거나 한 주기의 마지막으로 봅니다. 이에 대하여 예수님은 보리(밀)와 독보리(독새풀)의 비유에서(마 13:24~30), 세례 요한은 알곡과 쭉정이로(마 3:12) 최후의 심판은 추수할 때라는 것을 가르쳐 주었습니다. 계시록에서도 마지막 때와 관련하여 추수를 언급합니다(계 14:14~16). 이것은 시간의 사이클(주기)에서 추수 절기는 모두 한 기간(시대)의 마지막 때, 그리고 다시 새로운 기간(시대)의 시작을 뜻하는 분기점이 됩니다.

그런데 성경의 마지막 절기는 초막절입니다.[23] 그리고 성경의 3대

---

23) 초막절 이후에도 아달월 보름날 지키는 부림절이 있고, 마카비 혁명 기념일인 수전절이 있지만, 이는 유대인들에게만 적용되는 기념일로 본다.

절기가 모두 추수와 관련되어 있는데 초막절은 추수 중에서도 마지막 추수로 최종 결산기에 해당합니다. 곧 성경의 초막절과 성경의 마지막 심판의 때인 추수기는 의미가 일치하고 있습니다. 그러나 이 말은 성경이 말하는 마지막 심판, 곧 세상의 종말이 바로 초막절에 온다는 뜻은 아닙니다.

예수님이 종말의 때는 도적같이 임한다고 했기 때문이지요(마 24:36~42). 그러므로 성경이 명시적으로 밝힌 초막절은 같은 성경이 묵시적으로 밝힌 종말의 날과 시기상 같은 날이라고 단정 지을 수는 없는 것입니다. 다만 날짜를 떠나서 두 가지의 때는 성경적으로나 영적으로 의미는 비슷하다는 점입니다. 그러므로 우리는 마지막 절기인 초막절과 성경이 말하는 마지막 때는 다음과 같은 의미를 두고 유의해야 할 것입니다.

첫째, 초막절은 마지막 추수와 마지막 절기로 성경이 말하는 추수기의 종말 사상을 많이 닮았습니다. 그러므로 우리는 초막절과 종말의 때가 어떤 관련이 있는 지, 또 하나님이 이때를 어떻게 섭리하실 지 우리는 잘 모르지만, 그 날을 두렵고 떨리는 마음으로 예비하고 있어야 합니다. 신약에서 초막절은 아직 성취도 되지 않았는데 그 내용은 종말의 때와 너무 닮아있기 때문입니다.

둘째, 구약의 초막절이 미래의 종말과 때와 시기에서 직접적으로 관련이 있느냐 없느냐는 그다지 중요하지 않습니다. 중요한 것은 마지막 때 심판의 자리에서 설 우리의 신앙적 자세입니다. 이것은 앞에서 밝힌 바와 같이 초실절에서 맥추절, 그리고 초막절까지 우리가 지켜야 할 여러 가지 규례들을 제대로 순종을 했느냐가 관건이 될 것입니다. 그것은 경제적으로 보면 이웃에게 나눠주기를 힘쓰고, 특히 재산까지 내어놓는 물질 코이노니아를 행하여 왔느냐가 문제입니다. 이것은 오순절 성령강림에 보여준 초대교회의 소유물 코이노니아에서 시작하여 구성원 모두가 자기 기업과 재산을 찾아가는 초막절의 기업 무르기까지의 전 과정에 대한 순종을 뜻합니다. 특히 몸값과 땅값을 치르는 희년법과 무르기(代贖)법의 순종여부가 관련이 클 것으로 보입니다. 이것이 절기의 온전한 순종입니다.

셋째, 지금도 초막절과 종말의 때는 이단들이 들끓고 있는 부분입니다. 그들은 거의 대부분이 이때에 대하여 날짜와 종교적 의식을 중요시합니다. "예수님이 몇 월 며칠에 오신다"라고 하면서 날짜와 시간을 정하여 예배를 드리며, 대기하는 집단들이 있습니다. 어떤 곳은 부활절은 유월절과 같은 날에 지켜야 한다면서 구약의 절기에 매여 있는 부류들도 있습니다(부활절과 유월절은 같은 날이 아님). 그들은 절기에 행해야 할 예배나 종교적 의식은 알아도 그 때 지켜야 하는 경제적 내용의 순종에 대해서는 거의 모르고 있습니다. 부활절은 구약의 유월절이 성취된 날이기도 하지만, 더 정확하게는 안식일 이튿날, 곧 오늘날 주일이 되는 초실절이 성취된 날입니다. 그리고 유월절은 종교 행사와 관련이 크지만, 초실절은 경제 행사와 관련이 큽니다. 그래서 부활절은 지금처럼 음력(보름 기준)과 양력(춘분 기준), 부활의 날까지 모두 감안하면 주일에 지키는 것이 더 정확하고, 내용과도 부합합니다. 그리고 신약에서 절기에 대한 순종은 내용만 충실하면, 날짜는 그다지 중요하지 않겠지요. 날짜에 매이면 이는 율법에 빠지는 것입니다(갈 4:11,12). 그럼에도 이들은 부활절을 유월절에 지켜야 한다고 고집을 하지요.

이러한 이단의 행동은 기성교회들의 책임이 큽니다. 기성교회는 이들이 마지막 때를 말하면 날짜와 때는 사람들이 모른다는 성경 구절을 따라 이들을 이단이라고 규정하기를 좋아합니다. 그러나 그 이상의 진전은 없습니다.

기성교회가 이단의 침투를 막으려면 그들이 모르고 있는 초막절과 종말에 대한 경제적 순종을 지적해 주어야 할 것입니다. 다시 말하면 기성교회는 종말의 때에 대하여 그때를 예비하는 예배만 드립니다. 성도들에게 "깨어 있어라"는 말만 하고 있지, 그때를 준비하는 경제의 실제적 내용은 없다는 뜻입니다.

특히 성경이 말하는 희년과 무르기에 대한 경제적 대비는 전무한 상태입니다. 3대 절기에 대한 교회의 관심은 부활절과 오순절에만 있고, 초막절은 날짜마저 모릅니다. 그나마 지키는 절기의 의미도 종교 행사에만 치중하고, 경제적 내용은 없습니다.

14. 성경의 3대 절기와 한국의 한가위

성경의 3대 절기에 행하는 종교 행사(제사)와 경제 행사는 모두 속량절 무르기가 있는 초막절에 절정을 이루고, 최종적으로 완성됩니다. 물론 안식년, 면제년 희년의 실현도 모두 마지막 절기인 속량절과 초막절 안에 들어 있습니다.

그런데 이러한 성경의 3대 절기가 모두 우리가 잘 모르고 있었던 음력을 사용한 명절들입니다. 음력은 우리 겨레가 쓰던 달력입니다. 그리고 이러한 3대 절기의 구체적 행사는 모두 땅이 내는 생산물의 추수와 직접 연결이 됩니다. 하나님이 땅을 통하여 사람이 추수할 곡식을 내는 것 말입니다. 이것은 창조질서에서부터 나타나는 하나님, 땅, 사람의 삼중구조인데 우리가 예로부터 중시한 천·지·인의 삼재론 철학을 실제적으로 담아놓고 있습니다.

더 특이한 것은 3대 절기 중 마지막 명절 초막절이 바로 우리 한가위와 하루 차이로 같은 날이며, 같은 보름절기 행사입니다. 그리고 한가위라는 말과 날의 의미가 초막절의 영적인 의미와 경제적 의미는 물론 지금까지 덮여있는 경제과학과 자연과학적 사실까지 설명을 하여 주고 있습니다(구체적 내용은 이 책 3부에 있음). 그러면서 3대 절기 중 두 명절은 성취되고, 마지막 명절인 초막절은 우리에게 절기의 경제적 순종을 요구하며, 그 성취의 날을 기다리고 있습니다.

초막절은 미래에 성취될 날인데 이날은 예수를 영접한 사람에게 성취될 것입니다. 성경은 진리이며, 성경이 예언하고 계시한 모든 말씀은 반드시 이루어진다고 합니다(마 5:17,18).

그러므로 성취되지 않은 초막절은 미래의 성취를 생각하면 우리의 마음을 부풀게 합니다. 초막절이 우리 한가위와 같은 날이니 말입니다. 더구나 초막절은 죄값, 몸값, 땅값, 빚값이 모두 사함을 받아서 0이 되는 날이니 더 가슴을 벅차게 합니다. 이와 같이 성경의 초막절과 한국 한가위는 예사롭지 않은 날입니다.

만약에 말씀이 육신이 되어서 우리 가운데 초막을 친 날이 한가위(한가운데의 날) 가 있는 초막절기가 된다면, 이날은 더 큰 의미가 있을 것입니다. 말씀의 시작과 절기의 마지막, 알파와 오메가가 한날이며, 그날은 또 끝이 아니라 한 가운데 있는 날이기 때문입니다. 예수님은 이 날이 가장 큰 날이며, 누구든지 목이 마르거든 내게로 와서 마시라고 하십니다(요 7:37).

초막절과 한가위의 날짜 비교

연도	2006	2007	2008	2009	2010	2011	2012
초막절(Succot)	10.7	9.27	10.14	10.3	9.23	10.13	10.1
한가위(秋夕)	10.6	9.25	9.14	10.3	9.22	9.12	9.30

유대인들은 하나님에 그들에게 지키라고 준 초막절을 제대로 지키지 않았습니다. 그들은 초막절의 예비일이라고 할 수 있는 속량절을 종교적으로만 지키고 경제적으로는 지키지 않았기 때문입니다. 그들이 지키지 않는 것은 바로 희년과 토지 무르기입니다. 그래서 그들은 무르기 최종 완성자 예수 그리스도마저 알아보지 못하고 배척하거나 십자가에 못을 박은 사람들입니다. 지금도 그들에게 예수님의 영접은 쉽지가 않으며, 앞으로 특별한 계기가 있어야 가능할 것입니다. 그러나 한국인은 국민의 일부에 그치지만, 신교와 구교를 합쳐 1천만 명이 넘게 예수님을 구주로 영접하고 있습니다. 또 성경의 초막절과 같은 날을 한가위 명절로 삼아서 유별나게 지켜오고 있습니다.

그러므로 한국의 한가위는 초막절의 신약적 성취와 관련하여 우리에게 의미가 깊습니다. 물론 이날을 예수님의 재림과 직접 관련을 짓는 것은 아니므로 오해 없으시기 바랍니다. 초막절이 아직 성취가 되지 않았고, 앞의 두 명절이 정확하게 성취되는 것으로 보아 초막절은 반드시 성취될 터인데 이날이 바로 우리 한가위와 같은 날이 되는 것을 성경에서 확인하고 있을 뿐입니다.

이렇게 성경의 절기들은 영적이고, 현실적입니다. 방식은 다양하고, 내용은 충실하며, 과학적이고, 빈틈이 없습니다. 성경의 3대 절기를 요약 정리하면 다음과 같습니다.

성경의 3대 절기

계절	구 약		신 약		비 고
1월 절기 (봄)	시작 과거	유월절(1/14) 무교절(1/15) 초실절(첫주일)	부활절 (춘분 보름 후 첫주일)	성 취	1월 보름절기, 출애굽 시작일, 땅의 첫열매, 보릿고개 넘긴날, 부활의 첫열매(초실절=부활절) * 룻의 귀환
3월 절기 (여름)	중간 현재	칠칠절(칠주 후) 맥추절(3/6 경) 오순절(50일째)	성령강림절 (부활절 7주 후)	성 취	초실절 후 7주후, 부활절 후 7주후, 맥추감사일, 성령강림일, 율법을 받은 날, 초대교회 출범일 * 룻이 보아스를 만남
7월 절기 (가을)	완성 미래	나팔절(7/1) 속량절(7/10, 속죄일) 초막절(7/15)	성탄절(?) 미래 명절(?) 모든 민족이 지킬 명절 (슥 14:16)	미 성 취	경제적 신년이 시작 됨 모든 것(죄,빚,몸,땅)을 속하고 자유케 하는 날, 성탄절 추정, 가장 큰 날(요 7:37) * 룻이 기업을 찾은 날
	한국	음력과 삼재론 (상고시대부터)	한가위 (신라 초기)	?	가운뎃날, 초막을 치는 날 (가운데는 끝이 아니고 중간)

초막절 성경달력 7/15 ≒ 한국음력 8/16 ≒ 한가위 대보름 절기
3대 절기 : ①유월절(성취) → ②오순절(성취) → **③초막절(미완성 상태)**
3대 안식일 : ①안식일 → ②안식년 → **③희년(불순종 상태)**
나라의 3대 요소 : ①주권 → ②사람 → **③땅(무지한 상태)**
∴ 희년(속량절, 토지 무르기)을 지켜야 가장 큰 날 초막절을 만날 수 있다.
성경의 초막절과 한국의 한가위는 같은 날, ③의 미완성 상태가 성취될 날(?)

3부 : 성경으로 찾는(은) 한국의 토종문화

성경으로 한국의 토종문화를 찾는 이유

3부는 성경에 있는 한국의 역사와 우리의 문화를 찾고 있습니다. 하나님은 예로부터 세계에서 우리 민족을 좀 다르고 은밀하게 지켜온 것으로 보입니다. 그 이유는 성경에서 우리 한국과 한국인을 지칭하는 내용들이 많이 숨겨져 있다고 보기 때문입니다. 그리고 이제 한국교회도 성경으로 우리의 종교와 역사, 그리고 문화를 찾아볼 때가 되었습니다. 제가 성경으로 우리의 역사를 찾는 이유는 다음과 같습니다.

첫째, 한국 역사 특히 상고사에 대한 진실을 찾기 위해서입니다. 우리의 상고사에 대한 기록은 거의 대부분이 없거나 있어도 사실과 달라서 오해하고 있는 부분이 많습니다. 그런데 우리 역사의 진실을 찾는데 성경이 도움을 줄 수 있을 것으로 보입니다. 성경은 모든 인류가 이 지구상에서 한 조상을 뿌리로 하여 각기 다른 민족을 이루어 살고 있다고 하기 때문입니다.

인류의 모든 족속을 한 혈통으로 만드사 온 땅에 거하게 하시고 저희의 연대를 정하시며 거주의 경계를 한 하셨으니(행 17:26)

역사란 사람이 살아온 사실을 있는 그대로 보여주는 것입니다. 역사는 사람이 어떤 의도를 가지고 만든 드라마가 아닙니다. 그런데 구원을 다룬 성경 역시 사람이 만든 드라마가 아니고, 있었던 사실을 그대로 기술한 책입니다. 성경은 하나님이 인류의 모든 족속을 한 혈통으로 만드시고 거주와 경계를 정하셨다고 합니다. 그러므로 성경에서 한국과 관련이 있을 것으로 보는 기록이 실제로 한국의 역사나 문화에 어떻게 미치고 있는지 그 관련성을 찾아보아야 합니다.

특히 성경의 기록(역사)을 진리라고 믿고, 예수 그리스도를 유일한 구세주로 믿는 기독인들은 모두 자기 민족과 역사의 뿌리를 성경에서 찾아야 합니다. 그것은 모든 민족의 역사와 문화의 뿌리는 성경에 있으며, 구원의 유일성도 성경에 있다는 것이 기독인의 신앙고백이기 때문입니다. 그러므로 성경에 있는 한국의 역사와 문화는 그것이 비록 실낱같이 희미한 물증이라고 하더라도 그 개연성만 있다면 지푸라기를 잡는 심정으로 찾아내고 연구를 해야 합니다. 그것이 성경을 진리라고 믿고, 진실을 추구하며, 민족을 비롯한 만민에게 구원을 외치는 기독인의 바른 자세일 것입니다.

둘째, 우리 것을 찾기 위한 것입니다. 우리의 종교와 역사, 그리고 문화는 외세(중국, 일본, 서양)와 외래종교(불교, 유교), 그리고 외래문화(한자, 일어, 서구 문명) 등에 의해 영향을 많이 받아왔습니다. 그래서 이러한 영향을 받기 전에 있었던 순수한 우리 것이 무엇인지를 찾아보려고 합니다. 이것은 우리 것만 찾고 지키려는 국수주의에서 나온 말이 아니고, 우리의 것을 찾아야 남의 것도 이해하고, 수용할 수 있다는 의미입니다. 위로부터 비치는 빛은 하나지만, 그 빛을 받아 살아가는 사람과 생명체들은 각기 제 나름대로 특색을 가진 개체들입니다. 구세주로부터 구원을 받은 백성들은 모두 하나님의 자녀로 하나지만, 모든 사람은 각자 자기가 속한 조국과 겨레가 있고, 나라마다 생활 방식이 다르며, 독자적인 문화를 갖고 있습니다.

> 만국이 빛 가운데로 다니고 땅의 왕들이 각기 자기 영광을 가지고 그리로 들어오리라(계 21:24)

하나님은 획일적인 것보다 다양한 것을 좋아하십니다. 그래서 하나님은 지구촌 사람들이 모두 한 가족이라고 하더라도 민족, 국가, 개인, 집단은 다 각각의 특성을 가지도록 창조를 했습니다. 이것은 사람 뿐 아니라 한낱 미물에 불과한 벌레 하나까지도 그렇습니다. 그러므로 우리 겨레는 우리의 뿌리와 문화를 찾아서 우리의 옷을 입고, 우리의 언어로 창조주 하나님께 영광을 돌려야 합니다. 서양 기독인은 서양문화로 살지만, 한국 기독인은 한국문화로 살아야 합니다. 그런데 성경이 말하는 생활 방식은 우리의 전통적인 생활문화와 닮은 점이 많습니다. 그래서 성경에서 우리가 예로부터 전해오는 우리의 것을 찾아보려고 합니다.

셋째, 우리 겨레의 장래를 위한 것입니다. 우리 겨레는 모두가 하나님이 베푸시는 구원을 얻고 복을 받으며 살아야 할 것입니다. 그리고 나아가서 세계의 열방들까지도 다 함께 구원을 받을 수 있도록 노력해야 하겠습니다. 우리는 제국처럼 남의 나라에 대하여 우월감을 가지거나 욕심을 내지 말아야 합니다. 우리는 남을 지배해서도 아니 되고, 우리는 오직 세상 사람들을 예수 그리스도의 마음으로 섬기고, 사랑하여 모든 이웃이 함께하는 지구촌 공동체를 이루어 나가야 합니다. 성경이 말하는 한국의 역사와 문화를 바로 찾는 작업은 이러한 목적에 기여하기 위한 것입니다.

먼저 결론부터 말하면 이 땅에 불교와 유교가 들어오기 전 한국의 토종종교는 하나님을 믿는 제천신앙이었으며, 이것은 미래의 마지막 때와도 관련이 있을 것으로 보입니다. 성경으로 찾는 우리의 토종문화에 대한 주요 내용을 먼저 말씀을 드리면 대체로 다음과 같습니다.

① 우리는 건국의 이념이 개천사상을 가지고 있으며, 상고시대부터 제천행사를 가져왔고, 백성들 한 사람 한 사람 심중 깊은 곳은 하나님의 영성을 간직하고, 성호 하나님을 간절하게 또는 알게 모르게 불러왔습니다.

② 우리는 처음부터 '올이랑(아리랑)' 이라는 세계 최초의 찬송가를 부르며, 올메(아라랏)니아에서 동방으로 또 동방으로 이곳 한반도까지 이주해 온 겨레입니다.

③ 우리는 거대한 고인돌로 돌 제단을 세우고, 하나님께 제사를 드려 온 겨레입니다. 말씀의 순종자로 당대의 의인이셨던 노아 할아버지도 제단을 쌓고 제사를 드렸습니다. 우리는 영적으로 '믿음의 조상' 아브라함의 후예지만, 혈통적으로는 의의 조상 노아의 후손들입니다.

④ 우리는 소아시아나 중동이 원산지인 무궁화를 한반도까지 심고 가꾸고 전파해 온 겨레입니다. 세계인들은 무궁화를 "샤론의 꽃(Rose of Sharon)" 으로 불러 주고 있습니다.

⑤ 고구려의 건국이념은 '다물' 인데 '다물' 은 '땅을 무르다' 는 순수 우리말이며, 성경의 '토지 무르기' 와 용어의 의미가 같습니다. '다물'

은 "땅을 가득 채우라(땅의 번성과 충만)"는 성경 말씀을 따라 우리 겨레가 동방으로, 동방으로 이동한 것과 관련이 있으며, 우리의 옛 영토를 되찾기(復舊土) 위한 구호였습니다.

⑥ 우리 한국어는 우랄알타이어 또는 알타이어족에 속하는데 이는 우리 겨레가 소아시아(터키) 지역에서 동방으로 이동해 왔음을 증언합니다. 그리고 한국어는 바벨탑 사건 이전에 있었던 원시 원형 언어로 아담과 노아 할아버지가 쓰던 언어와 같다고 보고 있습니다. 한글은 하늘, 땅, 사람이라는 삼재(三才)의 조합으로 만든 글자입니다.

⑦ 우리의 명절 한가위는 성경의 미래 명절인 초막절을 가장 정확하고, 그리고 충실하게 설명하고 있습니다. 초막절은 미래를 내다보는 명절인데 이게 우리 한가위가 설명할 수 있다는 것은 하나님이 우리 겨레에게 남긴 각별한 선물이고, 미래에도 큰 의미를 가진 절기라고 할 수 있습니다.

⑧ 특별히 한국의 토종종교와 문화에 속하는 삼신사상과 삼재론은 성경의 편중된 이해와 적용을 바로 잡아주고, 그 중에서도 삼재론이 말하는 땅의 실체적 인식은 희년법의 바른 이해와 현실적 실현에도 큰 도움을 줄 수 있을 것입니다.

앞으로 이 책은 이러한 관점에서 제 나름대로 증거들을 검토해 볼 것입니다. 그러나 저가 아직 이 부분에서 초보 단계이므로 책의 내용은 가설이며, 곳에 따라 소설 같은 부분들도 들어 있습니다. 그리고 성경 속의 한국인에 대한 신학적 근거는 〈또 하나의 선민 알이랑 민족(예루살렘. 2005)〉이라는 책을 쓰신 유석근 목사님의 견해를 많이 인용하고, 그 외에 성경과 한민족에 대하여 남다른 관심을 보여 온 성공회 대천덕(R.

A, Torrey) 신부님과 창조사학회(김성일 장로)의 의견을 참고하여 저의 생각을 담았습니다.

1. 한국의 토종종교, 신바람 나는 신명 "오, 하나님!"

한겨레는 예로부터 성호 '한울님!' 을 불러 온 겨레

나의 하나님, 나의 하나님 …(시 22:1)
하늘에 계신 주여 내가 눈을 들어 주께 향하나이다(시 123:1)

모든 사람은 명목상의 종교가 있든 없든 종교성을 가지고 있습니다. 이것이 한두 사람의 사적인 종교가 아니라 국민 대다수가 공통적으로 가지는 종교가 있을 때 그것은 '민족종교' 에 해당합니다. 또 이러한 민족종교가 아주 옛날부터 이 땅에서 인간의 역사와 함께 해 왔다면 그 종교는 '토종종교' 라고 하겠습니다. 지금은 우리나라에 기독교, 불교, 그리고 유교 등이 섞여 있어서 우리의 민족종교나 토종종교가 어느 것인지 모르고 있습니다.

그러면 우리 겨레의 토종종교는 있었을까요? 있었다면 그 종교는 무엇일까요? 우리나라 국민이면 누구나 이런 의문을 가지기 마련입니다.

우리의 토종종교는 불교가 아닙니다. 불교는 삼국시대 후기(고구려 소수림왕 2년, 기원후 372년)에 들어와 고려시대에 국가적 종교가 되었기 때문입니다. 유교도 물론 토종종교가 아닙니다. 유교는 중국에서 들어와서 조선시대에 국가의 통치 이념이자 생활 윤리가 되었습니다.

불교는 원래 종교라기보다 철학에 가깝지요. 유교도 불교와 같이 종교가 아닌데 뒤에 샤머니즘과 조상제사를 결부시켜 종교의 행세를 하고 있는 것에 불과합니다. 불교는 원산지가 인도이며, 유교와 사직단 제사의 발원지는 중국입니다. 그러므로 불교와 유교는 외래문화이지 우리의 토종종교가 아닙니다.

그러면 우리 겨레의 토종종교는 조상신을 모시는 조상제사입니까? 그렇지 않습니다. 한국의 조상제사는 중국에서 들어와서 유교, 특히 주자학과 함께 전국으로 전파된 외래문화입니다. 중국에서 들어온 조상제사의 기원은 원래 살아 있는 문중 어른(종손)이나 황제에 대해 극진한 예우로 드린 경배의식(큰절을 올리는 의식)이었습니다. 그러다가 뒷날 조상을 신격화하는 형태로 변질되어 우리나라에 들어 왔지요. 그러면 우리 겨레의 종교는 해, 달, 그리고 바위나 고목나무를 보고 복을 비는 샤머니즘이었을까요? 이것도 결코 아닙니다. 그것은 우리의 종교가 범신론, 다신론과 같은 샤머니즘이 아니라 이보다 더 신실하고, 강인했던 유일신 사상의 집단적(또는 국가적) 종교의식이 있었기 때문입니다.

모든 사람의 심성은 원래 종교성을 가집니다. 그러므로 사회에서 겉으로 나타나는 특정 종교가 없다면, 자연신과 같은 샤머니즘이 바로 그 사회의 주된 종교라고 해야 하겠지요. 그러나 우리 겨레는 처음부터 자연물이나 특정 형상을 숭배하는 샤머니즘이 아니고, 뚜렷하게 드러나는 유일신 사상의 집단적 종교의식이 있었습니다.

그것은 바로 하늘에 살아계시는 유일신 하나님께 드리는 제천행사였습니다. 우리 겨레의 시조로 보는 단군의 직함은 바로 하늘에 계신 유일신 하나님께 제사를 드리는 제사장 직분이었습니다.

또한 우리 겨레는 아주 다급할 때, 무척 슬플 때, 한 없이 기쁠 때, 본능적으로 하나님을 찾고 부르는 관행이 있습니다. 우리 겨레는 그 사람의 종교가 부처 앞에 절을 하는 불교 신자이든 조상신을 섬기고 제사를 지내는 조상신 숭배자이든 모든 사람은 다급할 때 급히 찾는 신이 있었습니다. 그 신은 바로 "아이고, 하ᄂᆞ님!" 하면서 창조주 하나님을 찾고 부르지요. 누구든지 "아이고, 부처님!" 또는 "아이고, 조상님!"이 아니고, "아이고, 하ᄂᆞ님!(또는 하ᄂᆞᆯ님!, 한알님!)" 입니다. 이것은 우리의 원래 종교가 하나님을 믿어왔던 민족적 증거입니다. 우리나라 국민 개개인의 심성 깊은 곳에는 하나님이라는 성호가 유전 인자처럼 들어있기 때문에 급할 때, 슬플 때, 기쁠 때, 자기 종교와 관계없이 본능적으로 "하ᄂᆞ님!"이라는 성호가 튀어나오는 것입니다. 자동차에 숨겨둔 에어백이 위급할 때 튀어나오듯이 말입니다.

요즈음 드라마 방송을 보면 위급하거나 위기가 닥칠 때 부르는 신의 이름을 "하나님!" 대신 "오 마이 갓!"이라는 외래어를 사용합니다. 아니면 "하나님! 부처님!"이라고 두 가지 신칭을 함께 부르는 장면이 종종 목격되고 있습니다. 이것은 "하나님!"이라고 하면 방송이 시청자들에게 특정 종교(기독교)에 편향된 방송을 한다는 항의를 듣다보니 이를 피하기 위하여 나온 궁여지책입니다. 다시 말하면 방송에서 이런 신의 이름이 나올 분위기이면, 우리 겨레는 당연히 "오, 마이 갓"이 아니고 "오, 하ᄂᆞ님!"을 부르고 찾았다는 뜻입니다. 경상도 사람들은 예로부터 하늘을 "하-ᄋᆞᆯ(ᄒᆞ-알)"[24], 신명을 "하-ᄋᆞᆯ님(ᄒᆞ-알님)"으로 자연스럽게 불러왔습니다.

이렇게 드라마가 우리 겨레가 자연스럽게 부르는 신의 이름 "하나님"을 두고, 외래어까지 사용하면서 "오 마이 갓! 이라고 하거나 아니

---

24) 한치윤(韓致奫,1765~1814) · 한진서(韓鎭書)가 지은《해동역사》 방언편에 "하늘"은 "天曰漢捺"이라고 한다. 여기서 "漢捺(한날)"은 "한ᄂᆞᆯ"의 한자 표기이므로 유일신 여호와는 하늘(한ᄋᆞᆯ 또는 하ᄂᆞᆯ)에 계신 "한ᄋᆞᆯ님(하나님 또는 하느님)"이 된다.

면 신의 이름은 이것도 아니고 저것도 아닌 "하나님 부처님"을 동시에 부르고 있으니 우스꽝스럽지요. 하지만, 이런 사실은 오히려 우리의 토종종교가 창조주 하나님을 믿는 신앙이라는 것을 대변하여 주고 있습니다.

왜냐하면 우리 겨레는 신의 이름을 외래어로 부르거나 위급할 때 하나님과 부처님을 동시에 부르면서 신의 가호를 빌었던 겨레가 아니기 때문입니다. 우리 겨레는 신의 이름을 외래어로 부를 만큼 주체성 없는 겨레가 아니며, 신의 이름을 "하나님, 부처님"이라고 하면서 두 가지 신을 함께 부르며 복잡하게 살아온 겨레가 아니기 때문입니다.

이와 같이 우리의 토종종교는 불교가 아니고, 유교도 아니며, 더구나 조상제사도 아니고, 저급한 잡신들을 믿는 샤머니즘도 아니었습니다. 우리의 토종종교는 오직 하늘의 하나님, 그것도 살아서 역사하시는 유일신 하나님을 믿는 믿음이었습니다. 이제 우리가 확인할 것은 우리가 불러온 하나님이 과연 성경이 말하는 그 유일신 여호와 하나님이 맞는가 하는 것입니다. 한국의 토종종교, 아득한 옛날부터 극진하게 드리던 제천의식, 지금도 우리 겨레가 다급할 때 간절하게 찾게 되는 그 하나님의 실체가 무엇인가 말입니다.

외국인 선교사도 인정하는 토종종교, "하나님!"

그런데 우리가 믿고 있는 '하나님'이 바로 성경이 말하는 여호와 하나님이라는 사실(견해)이 토종종교를 연구한 외국 선교사들에 의해 먼저 알려지기 시작했습니다. 일찌기 마테오 리치는 〈천주실의〉에서 유교가 부르는 상제(上帝)는 성경이 말하는 절대자 하나님과 같다고 했습니다. 외국 선교사가 우리나라에 들어와서 처음 사용한 여호와의 신명은 최초의 세례자이며, 성경 번역자이던 이수정의 글을 보더라도 "신(神)"이라고만 하였고, 한문성경은 "상제(上帝)"나 "천제(天帝)"로 불렀습니다. 그러나 신은 용어이지 신의 이름이 아니므로 그냥 히브리 식으로 "여호와"로 부르자고 하는 이들도 있었습니다. 그러나 선교사들이 우리의 민족 종교에 관심을 보이면서 연구를 하다가 보니 한국인은 성경이 말하는 유일신 하나님을 믿고 있다는 사실을 알게 되었습니다.

그래서 한국인이 부르는 이름 그대로 "하나님"을 신명으로 결정했습니다. 그런데 이 "하나님"이란 말은 예수님이 우리에게 주기도를 통해서 직접 가르쳐주신 바로 그 거룩한 신분, "하늘에 계신 우리 아버지, 천부(Heavenly Farther)"에 가장 부합하는 명칭기도 합니다. 이와 같이 우리 겨레는 예수님을 알기 전에 예수님이 직접 가르쳐 줄 하나님을 정확하게 알고 있었습니다.

한글 성경은 1882년 로저 선교사에 의해 누가복음이 먼저 나왔는데 이때 여호와의 신명은 "하놀님"(1982년 판 "하느님", 1883년 판 "하나님")으로 처음 불리게 되었습니다. 이와 같이 우리 겨레의 토종종교는 유일신 하나님을 믿는 신앙입니다. 이에 대하여 한국에 기독교를 전한 초기 선교사들이 증언을 보겠습니다.

> 헐버트라는 미국의 선교사는 …. "오늘날 한국인들이 생각하고 있는 순수한 개념으로서의 종교관은 외래적인 의식과는 아무런 관련이 없고, 원시적인 자연숭배와도 거리가 먼 '하느님'에 대한 믿음이다. '하느님'이라는 어휘는 '하늘'이라는 단어와 '주인'이라는 단어의 합성어로서 한자의 '천주(天主)'에 해당하는 것이다. 모든 한국인들은 이 하나님이 우주의 '최고 주재자로'라고 믿고 있다."
>
> {Honer B, Hulbert, 〈대한제국 멸망사〉, 신복룡 역, 집문당, 1999, 469~470쪽(유석근, 알이랑 민족 252쪽, 재인용)}

강화도 머리산(頭岳) 참성단

강화도 옹암교회는 '마리산 부흥회'를 54년간(1915~1969) 이어왔고, 부흥회 마지막 날 한 사람이 돌 한 개씩을 지고, 이고, 산을 올라가 일제가 없애려던 참성단을 보수하며, 그 단을 지켰다.
(출처 : ① 유석근, 알이랑민족회복운동, ② 고왕인, 〈불멸의 민족〉)

[지난 1906년에 헐버트(H. B. Hulbert) 선교사는 강화도 마니산의 천단(天壇)을 방문하고 그 감격을 이렇게 술회했다. "그 역사의 유구함이란 의심할 여지가 없다.…기초석과 한두 곳만 살펴봐도 그것이 극히 오래되었음을 곧바로 알 수 있다. … 상단부는 보다 늦게 건축된 것이 분명하나, 심지어 그것도 우리의 가장 유서 깊은 유럽의 건축물보다 더 오래 되었다. … 이 정상의 제단 위에 서서 구름을 이 험한 바위 봉우리로 몰아오는 바닷바람을 맞으며, 아브라함의 시대에 단군이 여기 서서 제단을 쌓으며 하나님과 만나는 모습을 상상해 본다. … 4,000년의 의미를 이해하려고 애쓸 때 나의 마음은 녹아내린다." 또 그는 "한국인들은 철저히 유일신론자들이며 이 존재에게 돌려지는 속성들과 능력들은 성경의 여호와와 너무 잘 일치하여, 외국 선교사들은 거의 보편적으로 기독교를 가르치는 데 사용하기 위해 이 말(하나님)을 수용했다"라고 말했다.]

(H. B. Hulbert, The Passing of Korea(New York, 1906), P. 288 이정석(풀러신학교 조직신학 교수), "타종교에 대한 전도와 평화의 사명", 두란노, 목회와 신학, 2005년 3월. 재인용

[또 1910년에 언더우드(H. G. Underwood) 선교사도 이렇게 기록했다. "서울 북서쪽에 천단(참성단)이 있는 아름다운 숲이 있다. … 매년 2번씩 황제는 … 실로 국가 전체를 대신하는 대제사장으로서 하늘에 제사를 올린다. 이런 정기적 제사 외에도 법률의 중요한 변경이나 왕위가 바뀔 때 지체 없이 이 제단에 와서 정당한 의식을 수행함으로써 천신에게 그 변화를 보고하고, 황제의 취임 서약도 여기에서 이뤄졌다고 말할 수 있다. … 천

단은 어디나 비교적 낮고 단순히 흙과 돌로 수축돼 있으며, 대개 하나 혹은 두 벽으로 된 담 안에 있고 들어가는 계단은 점점 높아지면서 완전히 하늘만 보이는 곳에 있다.

최고신이 예배되는 이 담 안을 보면, 그 거룩한 목적에 완전히 적합하다고 느낄 수밖에 없다. 여기엔 예배자의 감각에 슬며시 들어와 위대한 경배 대상으로부터 주의를 앗아갈 아무 것도 없다. 장중한 석조 건축도 없고 거대한 아치나 색유리도 없으며 성화가 그려진 벽이나 조각품도 없다…하늘의 파란 천장이 이 성전의 유일한 지붕이고 바람결에 속삭이는 거대한 소나무들이 기둥들이며 별들은 그 촛불, 새들은 그 성가대원들, 꽃 덮인 풀밭은 그 포장된 길이다. 여기에 선 사람은 어린 아이와 같은 믿음과 단순함으로 그의 아버지와 창조자에게 가장 가까운 길을 직감적으로 찾았을 것이다." 이 '하나님 신앙' 은 모든 종교를 초월하여 최고신으로 간주되고 중대한 문제가 발생하면 어떤 종교에 속해 있든지 모두 '하나님' 에게 기도했다.]

H. G. Underwood, The Religions of Eastern Korea(New York, 1910), pp.115~117. 이정석, 위의 자료, 재인용

이와 같이 우리의 전통종교를 연구한 초기의 외국 선교사들은 한국인들이 유일신을 믿으며, 이는 선교사들이 기독교 보급을 위하여 말하는 여호와와 일치한다고 말하고 있습니다. 그래서 우리 겨레는 강화도 마니산에 있는 참성단를 비롯하여 거대한 고인돌 제단까지 제사를 드리는 장소에는 어떠한 우상도 존재하지 않습니다. 그리고 제단의 위치도 산 정상이거나 주위의 높은 언덕입니다. 제단에 놓인 제물의 위에는 하나님이 계신 하늘만 있고,[25] 사람이 만든 어떤 상이나 자연의 물체도 없는 것이 특징입니다. 이것이 우리 겨레가 하나님만 섬겨왔다는 증거입니다. 자연신을 숭배하는 샤머니즘은 제단이 바위나 고목나무와 같은 피조물 밑에 있습니다. 그러나 우리의 제단은 피조물 위에 있습니다.

그리고 지금 흔히 쓰고 있는 "산신제"라는 말은 잘못된 것입니다. "산신제"는 본래 "산에서 올린 삼신제"로 높은 산 정상에 올라가 삼위

---

25) 하나님이 하늘에만 계신 것이 아니지만, 무소부재(無所不在)의 하나님을 우리 겨레는 이렇게 불러 온 것 뿐이다. 예수님은 하나님 아버지는 하늘에 계신다는 표현을 쓰고 있다.

일체 하나님에게 드리던 산정제사인데 뒷날 시조신과 조상제사가 들어오면서 와전된 것이기 때문입니다. 그러면 우리의 토종종교 '하나님'이 과연 성경이 말하는 삼위일체 여호와 하나님이 맞는지에 대한 신학적 근거는 더 깊은 논의가 필요할 것입니다. 결론부터 말하면 토종종교 하나님은 신학적으로도 여호와와 하나님과 일치한다는 말씀을 먼저 올립니다.

토종종교 하나님은 삼위일체 여호와 하ᄂᆞ님

성경의 삼위일체 하나님은 설명이 어려운 부분입니다. 기독교 내에서도 삼위일체의 학설은 인정하는 쪽과 부정하는 쪽이 오래 동안 격한 대립이 있고서야 비로소 정설로 받아드린 것입니다. 곧 A.D. 325년 '니케아 종교회의' 까지 아리우스파와 반 아리우스파(주로 아다나시우스파)의 논쟁과 대립을 말합니다. 오늘날 신학자나 전문가들도 이 삼위일체는 쉽게 설명하지 못하며, 신앙고백의 차원으로 미루는 경향이 있습니다. 그런데 한국 겨레는 이보다 훨씬 먼저인 건국 초기부터 하나님의 이해를 삼신일체의 하나님으로 이해하고 있었습니다. 이에 대하여《환단고기》〈태백일사〉가 〈표훈천사〉의 말을 인용하여 이렇게 말하고 있습니다.

> 대시(大始)에 위 · 아래 · 사방은 일찍이 암흑으로 덮여 보이지 않더니 옛 것은 가고 지금은 오니 오직 한 빛이 있어 밝더라. 상계(上界)로부터 삼신(三神)이 계셨으니 곧 한분의 상제(上帝)시라 주체(主體)는 일신(一神)이요, 각각 신이 따로 있음이 아니며 쓰임은 곧 삼신(三神)이라.
>
> (중간 생략)
>
> 생각하건대 삼신(三神)을 천일(天一)이라고 하고, 지일(地一)이라 하고, 태일(太一)이라고 한다. '천일(天一)' 은 조화(造化)를 주관하고, 지일(地一)은 교화(敎化)를 주관하고, 태일(太一)은 치화(治化)를 주관하느리라.

창조주 하나님은 한 분이시지만 삼신이 계시며, 각 신은 따로 있는 것이 아니라 주체는 한 분이시며, 쓰임은 삼신이라는 것입니다. 이에 대하여 유석근 목사님은 "우리 겨레의 삼신사상은 삼위일체의 신앙을 공개적으로 인정한 아다나시우스파의 신조와 정확하게 일치한다"[26]라고 합니다.

앞에서 언급했듯이 창세기 1장 26절과 27절에서 하나님이 "우리"라는 말을 쓰고, 신명을 "엘로힘" 이라는 복수명사를 쓴 것은 삼위일체 하나님을 뜻하는 것이며, 이것이 우리 민족의 고유 신앙인 삼일신 사상과도 일치하고 있는 것입니다.

삼신에서 천일(天一)은 '하늘의 하나님', 곧 하늘에 계신 하나님이시며(마 6:9). 천지를 창조하신 하나님을 말합니다(창 1:1). 그래서 천일의 역할은 조화주(造化主)라고 합니다. 태일(太一)은 태(太)가 사람을 뜻하므로 '사람의 하나님' 이십니다. 하나님은 사람을 하나님의 형상을 닮게 창조하셨습니다(창 1:27). 또 하나님이 스스로 사람이 되시고, 그래서 사람을 구원하십니다. 이 말은 예수님의 역할을 뜻한다고 볼 수 있습니다. 태일의 역할은 치화주(治化主)인데 이는 세상을 다스리는 역할이므로 만왕의 왕이신 예수님의 속성입니다. 그 당시에 이미 신이 사람이 되시고, 사람을 구원하는 신의 역할을 이해하고 있었습니다.[27] 지일은 '땅의 하나님' 이십니다. 여기서 땅은 천지만물이나 세상을 뜻합니다. 지일의 역할은 교화주(敎化主)입니다.

---

26) 유석근, 또 하나의 선민 알이랑 민족, 예루살렘, 2005. 268쪽.

27) 성경은 하나님이 사람이 되신 성육신 사건을 말하고 있으나, 단군을 숭배하는 특정 종교는 태일(太一)을 사람이 신이 된 것으로 해석하여 단군을 신으로 숭배하고 있다.

여기서 교화는 성경이 말하는 성령 하나님의 역할을 말합니다. 요한복음 14장 26장에서는 "보혜사 곧 아버지께서 내 이름으로 보내실 성령 그가 너희에게 모든 것을 가르치시고, 내가 너희에게 말하는 모든 것을 생각나게 하시리라."라고 하는데 이것은 우리 민족이 이해한 지일, 곧 교화의 역할을 말합니다.

여기서 저는 기존의 신학이나 교회가 성경이 말하는 '땅의 하나님'에 대한 이해가 매우 부족하다는 것을 지적하고 싶습니다. 하나님은 천지창조에서 땅을 사람보다 먼저 창조하셨습니다. 그러고 사람이 먹을 양식을 땅이 내도록 합니다. 그리고 사람에게는 그렇게 창조한 땅을 관리하고 지키게 합니다. 또 땅은 아담이 타락한 후에도 사람과 함께 저주를 받습니다. 이와 같이 땅은 하나님의 창조사역에서부터 스스로 식물을 생산하며(경제활동을 하며), 인간의 생육과 번성, 그리고 사람의 타락과 저주에까지 함께 합니다. 곧 땅은 창조주 하나님과 관리자인 사람이 함께 합니다.

예수님은 성령의 인도를 따라 가난한 자에게 기쁜 소식을 전하게 하시려고 희년(열납의 해)을 선포하셨습니다(눅 4:18). 여기서 희년은 땅을 해방하여 백성들에게 경제적 자유를 주는 날입니다. 예수님에게 임한 성령의 역할은 땅과 사람을 구원(속량)하여 자유하게 하는 것이었습니다.

그럼에도 교회는 땅의 이해가 매우 약합니다. 교회가 하나님과 사람에 대해서는 구체적인 주제를 가지고 다루고 있지만, 성경이 말하는 사람과 땅에 대해서는 논의의 주제로 설정할 가치를 느끼지 않았으며, 성도들은 관심마저 없기 때문입니다.

그러나 우리 겨레는 개국 초기부터 '땅의 하나님(地一)'을 이해하고 있습니다. 천지창조이든 한 나라의 시작이든 모든 시작은 하늘이 먼저 열리고, 땅이 있으며, 그리고 사람이 하늘과 땅 사이에서 살고 있다는 사실 말입니다. 우리 겨레의 삼신사상인 天一, 地一, 太一은 바로 성경이 말하는 신의 세 가지 속성에 따른 창조사역과 구원사역을 신앙적으로 표현한 것입니다. 이와 같이 우리 겨레는 전능자 하나님의 이해를 天一, 地一, 太一의 지존자로 믿고, 그 역사하심은 天・地・人이라는 삼재(三才)의 역할로 인식을 했던 것입니다. 이것은 성경이 말하는 신의 세계인 천계(天界), 인간의 세계인 세상(世界), 그리고 천지만물의 존재인 물질계(物質界)를 모두 관통하는 사상과 일치합니다. 예수님이 태어날 때 천사가 전해준 소식은 "지극히 높은 곳에서는 하나님께 영광이요, 땅은 평화, 사람에게는 기쁨"이었습니다. 예수님의 탄생에 대한 기쁜 소식은 하늘의 하나님, 세상의 모든 사람, 그리고 물질계인 땅과 그 부속물이 모두 함께 합니다.

이렇게 우리 겨레는 유대인들이 이해하지 못하고, 아직 기독교인들도 쉽게 설명할 수 없는 '엘로힘' 하나님과 그 하나님의 창조세계(하나님, 땅, 사람)를 정확하게 이해하고 있는 것입니다.[28] 참으로 놀라운 일입니다. 우리는 예로부터 유일신 여호와 하나님을 신실하게 믿어왔고,

---

28) '하나님(또는 하느님과 하늘님)'이란 말은 천체(사물)의 하늘에 대한 존칭어가 아니고, 임금을 '나랏님'이라고 하듯이 하늘에 계신 유일신 여호와의 인격(신격)을 나타내는 말이다. 또 우리 문헌에는 하나님을 한자로 그냥 '천(天)'이라고 한다. 그런데 '경천애인(敬天愛人)'이란 말은 "하늘(천체) 공경, 사람 사랑"이 아니고, "하나님(신격체 또는 인격체) 공경, 사람 사랑"이라는 뜻이다. 이와 같이 '제천행사'란 천체의 하늘에 대한 제사가 아니고, 하늘에 계신 하나님에 대한 제사를 말한다. 성경에서도 여호와 하나님을 그냥 '하늘'이라고 표현한 경우가 있다(창 19:24, 시 50:6, 눅 15:21). 히브리서 기자도 "하늘의 부르심(히 3:1)", "하늘의 은사(히 6:4)", "하늘보다 높이 되신 자(히 7:26)"라고 하여 하늘을 인격체나 신격체로 기록하고 있다.
한편 영어는 천체의 하늘이 'sky', 천국이나 추상적 공간은 'Heaven(or heaven)'으로 나타낸다. 고대에 한자로는 천체, 추상적 공간, 천국(天界)을 모두 '天'으로 표기하고 있다.

또 하나님에 대한 믿음이 심성 깊은 곳에 잠재하여 있어서 이 나라에 불교와 유교가 들어오고, 잘못 알고 있는 조상제사까지 지내고 있어도, 우리는 제천사상이라는 잠재 신앙을 가지고 있는 것입니다.

그래서 이 나라에 기독교가 다시 들어와도 정착을 하는데 성공을 했다고 볼 수 있습니다. 그러나 이웃 중국은 천자(天子), 일본은 천황(天皇)이라고 하면서 왕을 신의 자리에 두었기 때문에 선교가 성공하지 못했다고 합니다.

그리고 지금까지 말한 우리 겨레의 고유 신앙인 삼신사상과 성경의 삼위일체에 대한 더 깊은 이해를 필요로 하신다면, 유석근 목사님의 〈또 하나의 선민 알이랑 민족〉에 상세하게 설명되어 있으므로 그 책을 참고하시기 바랍니다.

2. '아멘' 은 우리말 '아암' 과 '하먼' 으로 추정

> "자기 아비와 어미를 천히 여기는 자는 저주를 받으라" 할 것이요, 모든 백성은 말하기를 아멘 할지니라(킹 제임스 성경, 신 27:16)

본문은 모세가 신명기 설교문을 통해 부모를 멸시하지 말라고 한 성경 구절입니다. 부모에게는 공경하라는 뜻이지요. 그런데 이 구절에서 소개된 히브리어 말 중 3개의 단어가 우리말과 소리와 뜻이 모두 같습니다. 먼저 '아비' 라는 단어입니다. '아비' 는 히브리어로도 '아바' 나 '아비' 입니다. 유대인들은 아버지를 부를 때에 '아바(Abba)' 라고 부르는데 한국어의 '아빠' 와 흡사한 것입니다. 예수님께서는 겟세마네 동산에서 마지막 기도를 드리실 때 하나님을 '아바' 라고 부르셨습니다.

"가라사대 아바 아버지여 아버지께는 모든 것이 가능하오니 이 잔을 내게서 옮기시옵소서" (막 14:36)

그런데 더욱 놀라운 것은 유대인들이 다른 사람에게 자신의 아버지를 가리켜 말할 때에는 '아비(Abbi)' 라고 부른다는 것입니다. 그리고 우리가 어머니를 '어미' 라고 하는데 히브리어도 같은 발음의 '엠' 이나 '어미' 입니다. 그 단어의 사용은 '아브' 나 '아비' 와 같습니다. 이것은 십계명에서 네 부모를 공경하라고 할 경우에도 단어는 "네 '아비' 나 '어미' 를 공경하라" 입니다.

그 다음 본문에서 "부모를 멸시하면 저주를 받을지어다" 에서 이 말을 받아드리는 뜻으로 하는 말은 히브리어로 '아멘' 입니다. 우리가 기도를 마칠 때에도 "예수님 이름으로 기도합니다." 하고 '아멘!' 으로 마칩니다.

그런데 이 말도 우리말과 거의 같습니다. 어떤 진술이나 사실을 긍정할 경우 우리는 '아무렴, 그렇지' 라고 합니다. 경상도 방언에서 남의 말을 옳다고 긍정하는 말은 '아~암' 또는 '암' 입니다. 그리고 대화 중에 상대방의 말을 적극적으로 인정하거나 옹호하는 경우 '하먼' 이라고 합니다. 이와 같이 히브리어 '아멘' 과 우리말 '아~암', '암', '하먼', '아무렴' 은 발음이 약간 다를 뿐 소리와 뜻이 모두 같습니다.

그리고 이 본문이 말하는 의도는 부모의 대한 공경에 대한 것인데 우리는 부모 공경을 세계 어느 민족보다 중시해 온 백성들입니다. 그래서 우리는 일찍부터 '동방예의지국' 이라는 말을 들어왔지요. 유대인들도 성경의 십계명을 따라 부모를 공경하며 살았습니다. 그러나 성경을 보면 유대인들은 롯의 딸들이 아비를 속이고 간음을 하며, 야곱의 장남 르우벤은 아비의 침상을 더럽혔습니다.

사무엘의 아들들은 아버지의 뜻을 어기고 제사법을 어겼습니다. 다윗 왕의 아들 압살롬은 아버지에게 반역을 했습니다. 유대인들은 우리처럼 부모 공경을 중시해 온 겨레이지만, 그래도 이권 앞에서는 불효를 한 경우가 종종 나타납니다.

우리도 조선시대에 이방원의 난과 후삼국시대에 견훤의 아들 신검이 반역을 했습니다. 그러나 전체적으로 보아 우리 겨레가 불효한 경우는 유대인보다 적었다고 할 수 있습니다. 효의 지나친 사례이겠지만, 우리는 부모가 죽으면 부모 산소 옆에서 3년 상을 치를 만큼 부모 공경을 나타내기도 했습니다. 따라서 성경이 지키라는 부모 공경의 계명 준수는 우리가 유대인들보다 못하지 않았으며, 오히려 더 잘 지켜왔습니다. 이와 같이 신명기 27장 16절 말씀에서 찾은 성경과 우리 겨레의 관련성은 부모를 부르는 단어와 소리가 같고, 부모를 대하는 내용(공경)마저 가장 잘 맞아 들어갑니다.

이렇게 성경과 한국, 유대인과 한국인은 비슷한 점이 있습니다. 최근 우리 역사, 특히 상고사에 관심을 가진 분들은 우리 겨레의 초기 문화가 옛날 메소포타미아 지역에 살았던 슈메르인의 문화와 닮은 점이 있음을 말하고 있습니다. 히브리어와 슈메르 문법을 연구하고, 이 부분에 정통한 조철수 박사님은 그의 저서 〈한국신화의 비밀〉에서 울산 천전리의 암각화에서부터 견우직녀, 단군신화(실상은 왕검신화), 주몽과 왕건의 탄생, 심청전 등의 설화가 모두 메소포타미아 지방의 신화(신화소)에서 옮겨온 것이라고 했습니다. 그는 우리의 원시 한글 가림다 문자도 중국 유대인들이 사용하던 히브리 문자에서 왔다고 했습니다.

그런데 히브리 문자가 가림다의 영향을 받았을 수도 있으므로 어느 것이 맞을지는 아직 모르지만, 아무튼 두 나라는 이렇게 언어까지 유사점을 가지고 있습니다. 성경을 보며 한국과 이스라엘의 역사와 문화를 살펴보면, 사실 여러 가지 점에서 유사점을 발견할 수 있는데 그 점을 간추려보면 다음 표와 같습니다.

한국과 이스라엘의 닮은 점

공통요소	한국	이스라엘	비고
지리적 위치	극동의 작은 나라 (강대국의 전략적 요충지)	중동의 작은 나라 (강대국의 전략적 요충지)	그래도 오랜 역사를 가지고, 보호·유지된 나라
민족적 수난	900여회의 외세 침략, 임진왜란, 병자호란, 일제강점기, 남북분단과 동족상잔(6·25)	이집트의 노예, 이방인에게 수 차례 침입 당함, 바벨론 포로, 남북분단, 오랜 식민지, 국권상실	그래도 단일민족과 선민사상으로 민족의 정통성을 유지해 온 나라
달력과 명절	음력 사용, 정월 대보름 (정월보름), 한가위(음력 8월 보름)	음력 사용, 부림절 (아달월 보름=한국 정월 보름), 유월절(보름), 초막절(한국 한가위 보름)	음력과 보름날을 중시하는 명절
풍속	상을 당하면 곡을 한다. 흰옷 모시옷, 베옷을 입는다 댕기 머리 남아선호와 족보 존중 경배시 또는 어른에게 큰절을 한다.	상을 당하면 곡을 한다. 세마포와 베옷을 입는다. 머리를 땋는다. 남아선호와 족보 중시 제사 또는 어른에게 땅바닥에 대고 큰절을 한다.	백의민족과 단민사상 (단일민족사상) 세마포와 선민사상
유사 용어	아비, 어미, 암과 하먼, 아무렴, 안녕	아비, 엠, 아멘 샬롬(안녕)	하나님(올) = 엘로힘 = 아르(엘)
기질 및 특성	우수한 두뇌(IQ 세계 1위), 주관적·감정적 요소가 강함	우수한 두뇌(노벨상 최다 수상국), 서정시를 좋아한다.	정서적 판단은 강하고, 객관적 판단은 약한 편이다.
현대 정부수립	1948.8.15	1948년 5.14	자주 독립이기보다 우방의 도움으로

3. 성경과 한국, 한국인의 뿌리는?

한국인의 뿌리는 어디서?

초등학교에서부터 배워 온 우리 역사는 민족의 기원을 《삼국유사》에 기록된 단군(檀君이 아닌 壇君)에서 시작합니다. 고조선의 시조는 단군이며, 단군의 후손들이 우리 겨레라는 것입니다. 이때를 기원으로 고조선의 건국은 기원 전 2,333년경으로 잡고 있습니다. 그리고 《삼국유사》의 저자 일연 스님은 단군을 곰이 여자로 변하여 낳은 아들이라고 하여 단군(실제는 왕검)을 신화적 존재로 엮어놓고 있습니다. 그러나 단군은 신화적 존재가 아니라 제사장을 맡은 직분의 명칭이며, 이 직분에 따라 직무를 수행한 제사장들은 고조선시대에 제사와 정치를 맡은 지도자로 역사의 실존 인물들로 보아야 합니다.

한편으로 《환단고기》에 따르면 우리 겨레는 이보다 더 오래된 나라, 환국(桓國)이나 신시시대(神市時代)가 있었다고 합니다. 환국은 시베리아 바이칼호 주변에서 발원하여 만주 벌판과 한반도, 그리고 중동까지 진출했습니다. 그 시기는 고조선보다 훨씬 앞서 있고, 지금부터 1만전까지로 잡고 있습니다. 그래서 우리가 세계에서 가장 먼저 나라를 세운 민족이라고 주장하지만, 학계에서 인정을 받지는 못하고 있습니다. 그래서 사학계는 이런 주창자들을 '재야 사학자(또는 민족 사학자)' 라고 부릅니다. 반면에 재야 사학자들은 전통적 사학자를 가리켜 강단에 서는 학자들이라고 하여 '강단 사학자' 라고 부릅니다. 그러면서 서로 자기들이 민족의 역사에 대하여 정통이라고 말합니다. 이것이 우리 겨레의 기원에 대하여 지금까지 서로 양립된 주장들입니다.

그런데 우리 민족의 뿌리는 단군신화도 아니고, 그렇다고 《환단고기》의 기록과도 별개인 성경에서 그 근거를 찾아 낼 수 있다고 봅니다. 성경에서 인류의 시조는 아담입니다. 그리고 아담의 후손들은 노아의 대홍수에서 모두 죽고, 노아와 그 자녀 등 여덟 명만이 살아남았습니다(창 7:23). 지금의 모든 인류는 여기서 시작하여 세계 열방으로 나뉘었습니다(창 10:19,32). 그러므로 성경 기록에 따르면 대홍수 후 인류의 시조는 노아 할아버지입니다. 따라서 성경을 사실로 믿고 있는 사람들은 당연히 자기 민족의 뿌리를 성경에서 찾아야 합니다.

그리고 이런 견해에 대하여 비기독인들도 자기 민족의 기원에 대한 언급이 있는 문헌(성경)이 있다면, 아량을 가지고, 관심을 가져보는 자세가 필요합니다. 특히 역사가들은 역사와 종교는 학문에서 별개의 영역이므로 종교적 선입관을 버리고, 성경 기록이 말하고 있는 내용에 대하여 사실여부를 살펴보는 것이 바른 태도입니다. 이런 태도는 성경 기록을 진리로 믿는 기독인도 마찬가지입니다.

불교 · 유교(조상제사)와 중국식 · 일본식 · 한자문화는 토종이 아닙니다.

지금 우리가 알고 있는 우리의 상고사, 특히 삼국시대 이전의 우리 역사는 외래종교와 외세의 영향으로 크게 훼손되어 있습니다. 먼저 종교로는 불교와 유교, 외세로는 일본과 중국, 그리고 문화로는 한자, 일본문화가 우리 것을 크게 왜곡시켰습니다. 우리의 옛 역사를 이웃인 강국들(일본과 중국)이 왜곡시킨 것은 설명하지 않아도 독자들이 아실 것입니다. 그 예가 사학자들이 상고사 연구에서 경전과도 같게 여기는 《삼국사기》와 《삼국유사》가 대표적입니다. 앞의 책은 김부식이 사대주의적 관점에서, 뒤의 책은 일연 스님이 불교적 색채를 가지고 기록한 책입니다.

조선시대에는 유교를 국교로 삼으면서 우리의 상고사 문헌들을 샤머니즘이라고 수거해 버렸습니다. 또 일본은 우리의 상고사에 대한 책들을 5회에 걸쳐 수거하고 소각했습니다. 일본인 어용사학자 금서룡(今西龍, 이마니시류, 1875~1932년)은 한국 역사를 연구한 사람이나 실상은 역사를 침략 수단으로 날조한 사람입니다. 우리는 중국을 상국으로 여겨왔기 때문에 그나마 남아있는 책들은 중국의 구미에 맞춘 사대주의 사관의 책들입니다. 그런데 지금까지 사학의 주된 흐름은 이러한 책들과 관점들이 지배를 해 왔습니다. 지금의 성경 해석을 서양사상이 주도하듯이 말입니다.

이에 더하여 우리는 불교와 조상제사를 전파한 유교(특히 주자학)를 말하지 않을 수 없습니다. 이들은 외래종교이며, 이것이 우리의 순수한 토종문화를 크게 훼손시켰다는 것입니다. 여기에 우리 동이족이 만든 것으로 보이는 한자까지 중국어가 되고 보니 한자가 다시 우리나라에 들어오면서 오히려 우리의 언어와 문화까지 누락시키거나 왜곡시켜 버렸습니다. 예를 들어서 우리가 '배달민족' 이라고 할 때 '배달' 을 한자 '倍達' 로 쓰니, 우리가 너무 오래 동안 그 말은 뜻도 모르고 살았습니다. 한가위도 한자 '嘉俳' 가 한가위의 순수한 의미를 잃게 했습니다. 세계가 우리나라를 'Korea(실제는 Corea)' 라고 부르고, 우리는 그 단어가 쓰기에도 어려운 한자 '고려(高麗)' 에서 온 줄은 알고는 있지만, 고려라는 말은 어원을 모르고 있습니다. 한자로 표기한 조선(朝鮮)도 마찬가지입니다.

특히 우리의 상고사에 대한 기록은 모두 사라지고 없으니 한자로 기록한 중국의 사료에 의존합니다. 이때 중국 사람의 선입견과 우월감을 가진 강대국의 사심과 편견으로 자기들 편의대로 기록한 한자 용어는 우리의 역사를 뜻도 모르게 만들어 버립니다.

그러므로 이제는 우리가 불교, 유교, 일본, 중국, 한자(넓게는 일본어 포함), 이렇게 크게 다섯 가지 정도의 외래문화로 인하여 잃어버린 우리 역사를 바로 찾아야 할 것입니다. 여기에 성경이 큰 몫을 할 수 있다는 것이 저의 생각입니다.

《환단고기》와 고서 등에 나타난 역사(상고사) 기록들

《환단고기》는 1911년 계연수(桂延壽)가 편찬한 것인데 그동안 모르고 있다가 1980년 이후 번역하거나 재출간하여 세상에 내어놓은 것입니다. 이것은 우리나라 초기 역사, 상고사를 다룬 책입니다. 이 책은 단군 이전의 환인(桓因)과 환웅(桓雄)의 이야기를 담은 삼성기, 단군의 47대 행적을 기록한 〈단군세기〉, 〈북부여기〉, 그리고 신시시대부터 고려시대까지 역사와 종교를 담은 〈태백일사〉 등으로 엮어져 있습니다. 또 《환단고기》는 아니지만 이와 유사한 고서들은 1675년에 북애자(北崖子)가 지은《규원사화(揆園史話)》, 대야발(大野勃)이 8세기경에 편찬한 《단기고사(檀奇古史)》등입니다. 저는 역사 전문가가 아니라서 이런 책들의 내용과 상고사에 대하여 깊이 있게 논할 입장은 아닙니다. 그러나 우리 겨레의 토종문화와 역사를 이해하는 단서나 관점은 필요하다고 보고, 이 책들에 기록된 내용들을 점검해 보니 제 나름대로 다음과 같은 시사점을 발견할 수 있었습니다.

① 하늘에 계신 하나님, 곧 삼신 상제, 하나님께 제사를 드렸다는 내용이 많다.
② 우리나라 옛 영토는 지금의 한반도만이 아니고, 시베리아를 기점으로 양즈강, 산둥반도, 연해주까지라고 한다.
③ 우리의 역사가 5천년이 아니고, 이보다 훨씬 더 긴 1만년이라고 한다.
④ 고서들 간에는 내용의 불일치 부분, 시대에 맞지 않는 내용들이 있다.
⑤ 고대의 샤머니즘, 곧 무속적 내용도 들어 있다. 고조선의 기록에서 간혹 시조신에 대한 제사도 들어있고, 자연신을 숭배한 흔적도 보이고 있다.

먼저 필자의 견해를 밝히면 ①과 ②는 신빙성이 매우 높으며, ③과 ④는 반신반의하는 입장, ⑤는 미신이므로 이것이 역사적 사실일지라도 연구는 하여두고 버려야 할 문화(퇴폐적 사상)라고 보고 있습니다.

우선 우리의 초기 역사가 하나님께 제사를 드리는 종교가 있었고, 영토는 시베리아 북방까지로 아주 넓었다는 ①과 ②에 대하여 보겠습니다. 이러한 역사적 인식은 우리 상고사에 대한 전통(공인) 역사에서도 그 사실을 쉽게 발견할 수 있습니다. 그 예로 1992년 교육과학기술부(교육부)가 '국사편찬위원회' 에 의뢰하여 지은 중학교 국사(상권) 교과서에는 우리나라 상고사에 대하여 이렇게 기록하고 있습니다(교과서에 실린 상고사 부분을 필자가 발췌 요약).

〈선사시대〉 우리나라에서 구석기 시대는 70만년 전, 신석기 시대는 6,000년 전에 시작하였다. 선사시대의 종교는 인간 생활에 영향을 끼치는 해, 달, 별, 강, 동물, 식물에 영혼이 깃들어 있다는 자연 숭배 신앙을 가지고 있었다.

〈역사시대〉 고조선의 건국은 B.C. 2333년으로 보며, 이 당시 사회를 이끌어 가는 지배자는 하늘의 아들로 부르면서 종교와 정치를 아울러 지배하였다. 고조선 건국과 최초의 지배자는 단군왕검이며, 단군왕검은 '종교와 정치를 함께 지배하는 사람' 을 뜻하는 말이다. 나라가 발전하면서 여러 국가로 나뉘었는데 한반도 북부는 부여, 고구려, 옥저, 동예가 있었으며, 남부에는 삼한이 있었다. 부여는 12월에 영고라는 제천행사를 가졌고, 고구려는 10월에 동맹, 동예는 10월에 무천이라는 제천행사를 가졌다. 삼한시대에 천신제사를 맡은 종교적 지도자를 '천군' 이라 하였고, 천군은 '소도' 라는 신성 지역을 맡아 주관하였다. 고조선 시대 유적의 특징으로는 고인돌, 돌널무덤, 선돌, 비파형동검, 세형동검, 청동 거울, 민무늬 토기, 움집 등이 있는데 고인돌은 한반도 거의 모든 지역에서 발견되고, 돌널무덤은 만주와 한반도에 널리 분포되어 있다.

이러한 교과서의 내용에서 선사시대를 보면, 한반도에서 구석기 시대는 70만년 전, 신석기 시대는 6,000년 전이라고 하며, 이 당시 사회의 주된 종교는 자연숭배로 보고 있습니다. 성경이 밝히고 있는 천지창조와 인류의 출현 시기는 우리가 알 수 없습니다. 다만, 아담의 장남인 가인의 생활로 보아 그 시대를 추정할 수 있습니다. 가인이 죄를 짓고 하나님을 떠날 때 그 땅에는 이미 많은 사람들이 살고 있었습니다(창 4:14,15). 또 가인이 동방의 놋 땅으로 이주하였고, 거기서 자손들이 번창하였으므로 그 후손들이 한반도까지 와서 생활을 했을 것입니다. 가인은 하나님께 죄를 짓고, 하나님을 떠난 족속이었으므로 그 후손들의 신앙은 해나 달을 숭배하는 자연숭배로 전락을 했을 것입니다. 성경에 보면 이러한 생활은 노아 홍수 이전에 하나님을 떠난 세상 사람들이 살던 것과 같은 모습입니다(창 6:2).

학자들의 연구에 의하면 노아의 홍수가 나기 이전까지는 선사시대에 속하며 지구상에는 많은 인류가 살았다고 합니다. 학자들 중에는 홍수 직전 인구를 30억 명까지 추정하기도 하지요. 그러나 성경은 가인의 후손들이 홍수에서 다 죽어 멸절했으므로 한반도 역사는 그 후에 새로 시작하는 역사입니다. 한반도에서 새로 시작하는 역사가 단군왕검의 시대를 말하며, 보통 이때부터 역사시대의 시작으로 봅니다.

예를 든 중학교 역사 교과서를 보더라도 우리나라 역사시대의 시작은 최초의 건국과 초기 민족의 토종종교가 하나님에 대한 제사와 관련되고 있습니다. 우리나라의 개국 시기는 B.C. 2333년경으로 보는데 이 당시의 역사 기록은 하늘에 계신 삼신 하나님께 제사를 지내는 것부터 시작하고 있습니다. 시조 왕검의 직함이 '檀君' 인데 본래 명칭은 '壇君' 으로 제사장 신분이었습니다. 《삼국유사》는 '檀君' 을 제사와 관련된 '壇君' 으로 표기합니다. 종교와 정치가 분리되지 않았고, 정치는 제사에 종속되어 있었습니다. 왕을 지칭하는 우리말 '임금(또는 임검)' 도 원래는 정치보다 제사를 드리는 제사장에 더 부합한 명칭입니다. 임금의 역할은 종교와 정치를 겸하고 있었지만, 후세의 사가들은 정치만을 부각시켜 최고 통치자를 왕이라고만 부르기를 좋아합니다. 예를 들어 신라 3대 지도자인 유리 이사금은 왕이 아니지만, 사가들은 그를 왕이라고 부르고 기록합니다. 특히 제천행사는 백성들이 함께 모여 하나님께 제사를 지내고, 춤과 노래를 즐겼다는 것으로 보아 상고시대의 우리 종교는 특정 신분에 한정된 것이 아니고, 백성들이 함께 제사를 드리고, 즐기는 국가 단위의 거국적 종교이었습니다.[29]

고등학교 교과서에 표시된 동이족과 고조선의 세력권

29) 우리나라의 제천의식에 대한 기록은 중국의 사서 《삼국지》 〈위지, 동이전〉 한조에도 있다.

常以五月下種訖, 祭鬼神, 群聚歌舞, 飮酒晝夜無休. 其舞 數十人俱起相隨, 踏地低昻, 手足相應, 節奏有似鐸舞. 十月農功畢, 亦復如之. 信鬼神, 國邑各一人主祭天神, 名之天君. 又諸國各有別邑, 名之爲蘇塗. 立大木, 縣鈴鼓, 事鬼神. 諸亡逃至其中, 皆不還之,

– 언제나 오월에 파종을 하는 과정이 끝나게 되면 귀신(天神의 중국식 표현)에게 예배를 드리는 제식이 있게 된다. 사람들이 무리를 지어 모여 노래를 부르고 춤과 노래가 밤과 낮으로 쉬지 않고 계속된다. 추는 춤은 수십명이 일어나서 서로를 따라가는 식으로 펼쳐지는데, 땅을 딛는 발의 동작이 서로 주고 받는 형태이다. 그리고 마디마디를 끊어 연주하는 음악이 뒤따른다. 농사가 끝이 나는 시월에는 또 위에서 설명한 것과 동일한 제식이 있다. 이들은 하나님에 대한 깊은 신앙심이 있고, 나라의 읍마다 제각기 하나님(天神)을 예배를 주관하는 사제 한사람을 두는데 이 사람을 이름하여 天君이라 하고, 별읍을 소도라고 한다. 별읍에는 솟대(大木)를 세워놓고 그 위에 방울과 북을 걸어 놓고 귀신을 예배한다. 망명해 온 사람들이 별읍에 들어오게 되면 그 사람들은 돌려보내지 않는다. –

그리고 우리의 영토는 지금의 한반도만이 아니고, 만주를 비롯하여 북방에 더 넓은 지역이 있었다는 것을 전통 사학자들도 부정하지 못합니다.

왜냐하면 역사편찬위원회가 쓴 중학교 교과서에서도 한반도에 있는 돌널무덤이 만주에도 널리 분포되어 있다고 기록한 것을 보면, 만주지역과 한반도는 같은 겨레가 살아 왔음을 인정하고 있다는 뜻입니다. 또 전통 사학자들은 고구려의 시조 주몽이 북방 영토의 수복을 위하여 연호를 다물(復舊土 사상)로 사용한 것도 알고 있습니다.

최근에는 만주와 중국 북부, 그리고 시베리아까지 우리 겨레가 살아온 흔적들이 유물로 계속 발견되고 있습니다. 따라서 전통 사학이 우리 영토가 지금의 한반도보다 더 넓은 지역이었음을 사실로 인정해야 하는 것은 시간의 문제로만 보입니다. 또한 고대에 중국 역사를 주도하거나 큰 영향을 끼쳐왔고, 아시아 대륙의 동쪽 끝에 해당하며, 광대한 해안지역에 분포하여 살던 동이족(東夷族)이 바로 우리 겨레라는 것도 속속 밝혀지고 있습니다.

따라서 《환단고기》와 고서들이 말하는 우리의 토종종교가 제천신앙이며, 상고시대 우리 영토는 만주와 시베리아 지역까지 미쳤다는 것을 정통 사학자들도 받아드려야 할 것입니다.

《환단고기》에 실린 〈단군세기〉를 보면, 고조선을 통치한 단군이 모두 47대라고 하면서 그 지도자의 치적들이 기록되어 있습니다. 그리고 〈단군세기〉는 역대 단군들이 하늘에 제사를 드리거나 기도를 올린 사실을 20여 회에 걸쳐 기록해 두고 있습니다. 특히 고조선의 시조 단군왕검의 천신제사는 상세하게 다루고 있습니다.

왕검의 아버지는 단웅이고 어머니는 웅씨 왕녀이며 신묘년 5월 2일 단목[30] 밑에서 태어났다. (중략) 무진년(B.C. 2333년) 요도 당 때 단국으로부터 아사달 단목에 이르니 온 나라 백성들이 받들어 천제의 아들로 모시게 되었다. (중략) 무리들과 더불어 삼신님께 제사를 올렸는데 지극한 신의 덕과 성인의 어진 마음을 함께 갖추었더라. 마침내 능히 하늘의 뜻을 받들어 그 다스림이 높고 크고…, 그를 임금으로 삼아 단군왕검이라 하였다.

무오 51년(B.C 2283년)에 제천단(祭天壇)을 마리산(摩尼山)에 쌓게 하였으니 지금의 참성단(塹城壇)이 바로 그것이다. (중략) 경자 93년(B.C 2241년) 나라 안에는 큰 모임이 있었으니 시월 상달이면 하늘에 제사 지내고 백성들 모두 기쁨에 넘쳐서 환호하며 스스로 즐겼다.

본문을 보면 단군왕검이 나라를 처음 열 때에는 하나님께 드리는 제사로 시작하고, 나랏일의 대부분을 제사에 치중했음을 알 수가 있습니다. 또 백성들은 단군왕검을 "천제(하나님)의 아들로 모시게 되었다"는 말로 비추어 백성들 절대다수의 지지로 제사장에 추대가 된 것으로 보입니다. 우리 겨레가 세운 최초 지도자는 다른 나라의 지도자들처럼 무력으로 무리를 지배하고 통치한 것이 아니라 백성들로부터 추대된 지도자입니다.

이것은 국가에서 지도자는 있어도 왕이 없었던 성경의 사사시대의 통치 방식과 비슷한 면이 있습니다. 하나님은 원래 군주제도보다 이런 형태의 정치를 원하셨습니다(삼상 8:7). 그리고 본문에서 보는 바와 같이 단군은 삼신께 제사를 드린 제사장이었지 신은 아니었습니다. 그런데도 단군 숭배자들은 단군을 삼신의 한 분으로 신격화하여 숭배하고 있으니 이해하기 어렵습니다. 《환단고기》의 번역자 임승국님도 단군교

---

30) 단목(檀木)은 한자의 뜻만으로 '박달나무'로 알고 있지만, 단(檀)은 나무가 아니고 '밝은 땅'의 한자 표기이므로 "밝은 땅의 나무"로 풀이해야 할 것이다. 같은 책 《환단고기》에서도 〈삼성기(하편)〉는 이 나무를 신단수(神壇樹)나 단목(壇木)으로 표기하고 있다. 그런데 단목은 제단 둘레에 심었다는 환화(桓花), 곧 무궁화를 말한다고 볼 수 있다. 이렇게 보면 단군 역사에 나오는 신단수(神檀樹)나 단목은 박달나무가 아니라 무궁화일 수 있는데 아직은 더 많은 연구가 필요한 부분이다.

도의 이런 행위를 교조적 도그마라고 합니다.[31]

2세 단군 부루는 신축 원년(B.C. 2240년) 봄가을로 나라 안을 두루 살피시고 하늘에 제를 올려 예를 다하였고, 이때 '어아가' 를 불렀습니다. '어아가(於阿歌)' 는 '천악(天樂)' 이라고도 하며, 평소 참성단에서 제사를 드릴 때 부른 노래입니다(환단고기, 태백일사, 소도경전본훈). 그리고 어아가는 병사들이 출병을 할 때 사기를 높이기 위해 부른 노래이기도 합니다(환단고기, 고구려국 본기). 이 노래는 천악이라고 했으므로 오늘날 하나님께 드리는 찬송가에 해당할 것입니다.

3세 단군 갸륵은 원시 한글인 가림다(또는 가림토) 창시자 을보륵과 신시개천의 도에 대한 가르침과 천신제사에 대하여 이야기를 한 기록이 길게 나와 있습니다. 그리고 천신제사에 대한 기록은 4세, 5세, 6세 단군에 걸쳐 계속 나오며, 단군 47대까지 약 20회 정도입니다.[32] 47대 단군의 기록을 꼼꼼하게 살펴보면 제사를 지낸 기록과 국가 통치자(실제는 제사장, 기록은 왕으로 표기)들의 치적이 비례하고 있습니다. 역대 단군들의 행적에 제사를 지낸 기록이 많으면 그만큼 나라도 융성하였고, 그렇지 않던 단군은 등극과 붕어한(죽은) 사실과 날짜 기록만 짧게 남아있습니다. 고조선시대는 시조인 단군이나 치적이 높은 왕들에 대한 경배, 곧 인신제사에 관련된 기록도 5회~6회 가량 나타납니다.

---

31) 임승국, 한단고기, 정신세계사, 1986년, 36쪽.

32) 《환단고기》 〈단군세기〉에 나타나는 천신 및 삼신에 대한 제사는 다음과 같다(연도는 기원전임) 1세 단군 : 2333년, 2283년, 2241년, 2세 단군 부루 : 2240년, 3세 단군 갸륵 : 2185년, 4세 단군 오사구 : 2137년, 5세 단군 구을 : 2084년, 6세 단군 달문 : 2049년, 11세 단군 도해 : 1891, 1864년, 13세 단군 흘달 : 1763년 14세 단군 고불 : 1716년(기우제), 18세 단군 위나 1583년(애환가), 21세 단군 소태 : 1286년, 24세 단군 연나 : 1160년, 28세 단군 해모 971년(치병기도), 30세 단군 내휴 : 911년, 33세 단군 감물 : 818년, 44세 단군 구물 425, 424년, 45세 단군 여루 342년(기우제), 47세 단군 고열가 : 238년.

최초의 기록은 단군왕검이 붕어하신 후 백성들이 부모님 돌아가신 듯 단군님께 기(旗)를 달고 조의를 표한 것으로 시작합니다. 2세 단군 부루의 죽음에는 백성들이 심히 통곡하고 단(壇)을 설치했다고 합니다. 11세 단군 도해는 대시전(大始殿)을 짓고 환웅의 영정을 모신 기록이 있습니다. 그런데 이런 기록으로 고조선시대에 인신제사(人神祭祀)를 했다고 단정 짓기에는 다음과 같은 의문점들이 있습니다.

첫째, 단군왕검이 죽은 후 백성들이 처음 행한 예절은 깊은 애도로 조기(弔旗)를 세우고 경배를 한 정도입니다. 이에 대한 기록을 보면 이렇게 되어 있습니다.

> 1세 단군이 경자 93년(B.C. 2241년) 3월 15일 붕어하시니 백성들은 부모님 돌아가신 듯 단군님의 기(旗)를 받들어 모시고, 아침저녁으로 함께 앉아 경배하며 마음 속에 잊지를 못하더라.

이 기록으로 보아 이것을 인신제사로 보기는 어렵습니다. 여기서 경배란 말의 한자 '경배(敬拜)'가 제사에 해당하는 절을 했다고 보기도 곤란합니다. 백성들이 기를 받들고 앉아서 경배했다는 것으로 보아 절이라기보다 오늘날 국민의례에서 있는 '국기 향배(向拜)'와 비슷한 수준의 의식으로 보입니다. 절은 앉아서 할 수가 없지요. 우리가 이순신 장군을 보고 그 분의 업적을 기리듯이 그냥 앉아서 단군의 업적을 칭송하고, 기리는 정도로 보아야 할 것입니다.

둘째, 2세 단군은 제사에 필요한 단(壇)을 세우고, 11세 단군이 대시전(大始殿)을 짓고, 환웅의 영정(초상화)을 모신 것도 오늘날 나라에 공을 세운 자들의 기념관과 비슷한 것으로 보입니다. 물론 기와 단의 설치가 뒤에 가면 지도자들이 개국시조(환인, 환웅, 단군)를 신처럼 받들고 제사를 지냈다는 기록이 있으므로 하나님에 대한 제사가 인신제사로 바뀌어 가는 과정을 충분히 엿볼 수는 있습니다.

셋째, 환인, 환웅, 단군과 같은 개국시조에 대한 숭배와 제사 행위의 기록도 있는데 이것은 특정 종파의 종교적 의도에 따른 것으로도 볼 수 있겠습니다. 단군교는 인간 왕검을 신(국조신)으로 숭배하고 있는 종교입니다. 그런데 단군은 하나님께 제사를 드리는 제사장이었지 신으로 숭배를 받을 대상이 아니었습니다. 그런데 최근 밝혀진 《환단고기》나 상고사에 대한 고기들은 주로 단군을 국조신으로 모시는 단군 숭배와 관련된 인사들에 의해 출간되었습니다.[33]

넷째, 그 외에 일신(日神), 월신(月神), 화신(火神), 목신(木神), 토신(土神) 등 천체의 자연계를 숭배하는 기록도 간혹 보이고 있으므로 샤머니즘의 풍속을 엿볼 수 있습니다. 그러나 이것은 잘못된 신앙이므로 버려야 합니다. 다만, 이러한 실수(우상숭배)는 지금도 하나님을 믿는 종교 집단 안에서도 있을 수 있는 사례들입니다. 성경을 보면 하나님에 대한 믿음이 강했던 야곱도 창세기 31장 19, 20절에서 아내(라헬)에게 이방인 신상인 드라빔의 소지를 용인한 적이 있지 않습니까? 출애굽 때에 초대 제사장인 아론은 금송아지 우상을 만들어 백성들이 숭배를 하게 합니다(출 31:1~6). 사사시대와 왕조시대는 지도자와 백성들 거의 대다수가 바알 숭배에 빠집니다(열상 19:18). 그런데 유대인들에게 나타나는 이런 형태의 우상숭배를 가지고, 유대인 전체가 지켜온 하나님에 대한 유일신 사상을 부정할 수 없습니다.

---

33) 단군을 첫 국가 제사의 대상으로 삼은 시기는 조선시대 태조 12년(1412년)이며, 대종교(단군교)는 일제시대에 민족의 주체성을 확립하기 위하여 창시되었다(허호익, 단군교와 기독교, 기독교서회, 2003, 60쪽), 대종교는 이때부터 일본 역사보다 앞서는 단군의 역사성을 강조하며, 단군을 국조신으로 숭배하기 시작하였다.

이와 같이 우리나라의 종교도 상고사 일부에서 나타나고 있는 국조 단군신 숭배와 자연신 숭배(샤머니즘) 등의 기록들이 있지만, 그것만 가지고 우리 겨레가 오랜 기간 전통적으로 지켜온 종교인 삼신 하나님 사상과 제천의식을 부정할 수 없을 것입니다.

《환단고기》와 같은 고기들에 나타난 단군들의 치적으로 본 고조선 시대의 신앙은 국조신에 대한 인신제사, 자연숭배가 들어있기는 하지만, 전체적으로 보면 우리의 토종종교는 하나님을 경배하는 제천신앙이었습니다. 우리 백성들은 건국 초기부터 유일신 하나님에 대한 두터운 신앙심이 이어져 왔고, 이것이 고려시대 불교가 들어오기 전까지 우리 겨레를 지켜주는 정신적 지주였던 것입니다. 이러한 제천신앙은 기독교의 신앙과 일치하며, 기독인이 아니라도 우리 겨레의 심성 깊은 곳에 숨어있는 잠재적 종교이고, 사상이며, 보편적 심리(정서)입니다.

우리는 예로부터 하늘에 제사를 지내는 민족이므로 건국 이전의 때는 그 시기를 신시시대(神市時代)라고 불렀지요. 그리고 제사는 하늘이 확 트인(하늘을 가린 곳이 없는) 높은 산이나 만주 · 시베리아 벌판같이 넓은 들판의 언덕 위에서 제사를 지냈기 때문에 제사장 임금을 "밝달 임금"이라고 했습니다. 《환단고기》와 고기에 등장하는 최초의 국명을 환국(桓國)이나 단국(檀國)으로 부른 것이나 나라의 지도자를 환인(桓因), 환웅(桓雄) 또는 단웅(檀雄), 단군(檀君)으로 부른 것은 모두 하나님이 계신다고 믿고 있는 "환한 하늘"과 "밝은 땅"을 나타내기 위한 것이었습니다.[34]

---

34) 《규원사화》에 의하면 '단군'은 '밝달 임금'이라는 뜻으로 '단국(壇國)'의 임금(원래 임검)이며, '군장(軍長)'을 말한다. 《환단고기》〈태백일사〉〈신시본기(神市本紀)〉에 보면 "自天光明謂之桓自地光明謂之檀", 곧 하늘로부터 내려온 밝음을 '환(桓)'이라 하고, 하늘의 밝음이 땅에 비친 것을 '단(檀)'이라 하여 환(桓)은 하늘을 의미하고, 단(檀)은 땅을 의미한다.

여기서 유달리 '밝음'을 강조하는 것을 보고, 우리 겨레가 태양신을 섬긴 것이라고 오해하는 사람도 있습니다.[35] 최남선의 불함문화가 오해의 대표적 사례입니다. 그리고 이 당시의 우리 겨레의 영성 상태는 초기에 동방으로 이주할 때 신앙이 벨렉 계열보다도 좋았고, 고조선 건국 후에도 초기는 신앙심이 투철했습니다.

그러나 단군왕검이 죽은 후부터는 시조인 단군왕검을 추앙하여 그를 기리는 기를 만들고 단군 부루는 단을 설치하기도 합니다. 그래서 단군 후기에 오면 환인, 환웅, 단군을 모시는 사당을 세우고 인신(人神)으로 숭배를 한 흔적이 있습니다. 물론 이러한 것도 앞에 보듯이 단군은 제사를 지내는 제사장이었지 제사를 받을 대상이 아닌데 그렇게 기록된 것은 특정 종교와 관련한 기록일 수 있습니다.

아무튼 이러한 국조의 숭배와 인신제사를 모두 감안하여도 그 당시의 영성 상태는 하나님을 믿는 제천신앙이었습니다. 그것은 오늘날 하나님을 믿으면서도 교황을 절대시 하고, 마리아상을 두는 가톨릭의 영성과 비슷하다고 보겠습니다. 오늘날 가톨릭은 교황의 말에는 오류가 없다고 하여 황제의 말을 절대시하며(교황무오설), 성모 마리아에 대한 동상을 만들어서 경배의 예를 올립니다.

---

35) 우리 겨레가 섬긴 천신(天神)은 천체의 하늘을 뜻하는 자연신 숭배(샤머니즘)로 보는 경우가 많다. 앞으로 연구 관제이지만, 우리가 섬긴 하늘신은 고대의 이집트, 중세의 로마, 현재의 일본과 같이 태양신 숭배와 다르며, 중국이 사직단에서 행한 토지신 숭배와도 다르다. 태양신을 섬기는 이집트의 라신은 여러 잡신들이 있으며, 로마의 태양신도 아폴로신, 제우스신이 있고, 일본의 태양신은 신사를 비롯한 잡신들을 함께 숭배한다. 그리고 중국의 사직단 제사는 토지신(社), 곡식신(稷), 그리고 용을 함께 섬긴다. 그러나 한국의 천신은 삼신일체 유일신(삼일신) 사상이다(다만 단군 숭배자들은 삼신을 천신, 지신, 인신으로 변질시켜 삼신일체를 다신연합체로 왜곡시켰음). 한국인에 있어서 하늘에 대한 보편적 외경심은 특정 천체가 아닌 추상적 공간(허공)에 대한 것인데 성경에서 하늘(샤마임)은 대다수가 천체의 하늘(sky)보다는 추상적인 창공(heaven)으로 기록한 것과 유사한 면이 있다.

가톨릭은 여기에 조상제사까지 허용합니다. 그러면서 가톨릭은 종교적으로 여호와 하나님을 믿고 있습니다. 그러므로 구약시대에 유대인이 금송아지 우상을 만들고, 바알신을 섬겨서도 하나님은 그들을 선민으로 여겨 왔다면, 또 오늘날 카톨릭이 마라아상을 만들고 교황을 신성시 하여도 그들에게 하나님을 믿는 믿음이 있다면, 우리 겨레의 토종 종교는 인신제사나 샤머니즘이 일부 들어 있기는 하지만, 전체적으로는 유일신 여호와 하나님을 믿는 제천신앙이었습니다.

《환단고기》등 고서의 역사적 가치에 대하여

《환단고기》와 《규원사화》등에 대한 위서 논쟁에 대해서 제 사견을 밝혀 두고자 합니다. 이러한 책들은 정통 사학자들처럼 위서라고 부정만 하기보다 먼저 책의 내용들을 객관적 입장에서 충분한 연구부터 할 필요가 있다고 봅니다. 그래서 인정할 것은 인정하고, 잘못된 부분은 바로 잡아야 하겠지요. 따지고 보면 전통 사학자들이 정설로 보는 《삼국유사》나 《삼국사기》에도 사실과 다른 부분은 얼마든지 찾아낼 수가 있습니다. 《삼국유사》에서 태백산(백두산)을 지금의 묘향산이라고 잘못 기록한 것이 하나의 예가 되겠지요. 단군의 즉위 연도는 《삼국유사》, 《규원사화》, 《제왕운기》가 각자 다르며, 재위 기간도 모두 다릅니다.

저는 상고사에 대한 이러한 기록들을 보면, 오늘날 방송에서 사극을 보는 것과 비슷한 느낌을 받습니다. 사극이 시청자들의 구미를 맞추기 위해 역사적 사실들을 이용은 하되 그 사실을 재미있게 각색하거나 연출하여 드라마를 만들고 있습니다. 그래서 사극의 내용은 실제와 다르거나 과장된 부분이 많지요. 그러나 이런 사극에서도 역사의 실체는 존재하고 있고, 그 실체를 찾아낼 수가 있습니다. 곧 사실과 다르게 각색하고 연출된 사극마저 그 역사적 가치는 있을 수 있으므로 《환단고기》 등의 기록이 그럴 것이라고 봅니다. 따라서 이 책들이 말하는 기록에 대하여 먼저 그 진실과 역사적 가치를 찾아내는 작업이 우선일 것입니다.

어아가(於阿歌)는 고조선의 찬송가(天樂)

지난 2007년 SBS TV가 드라마 '연개소문' 을 방영한 바 있는데 이때 연개소문이 왕 앞에서 노래를 부르면서 왕에게 탄원을 드리는 장면이 있었습니다. 그 노래가 바로 우리 겨레가 신시 이래로 제천 행사에서 불렀던 '어아가(於阿歌)' 입니다. 앞에서 2세 단군 부루가 신축 원년(B.C 2240년)에 봄가을로 나라 안을 두루 살피시고 하늘에 제를 올려 예를 다하였고, 이때 천악(찬송가)으로 '어아가' 를 불렀다고 합니다. 어아가가 실린 《환단고기》 〈단군세기〉는 이렇게 말하고 있습니다.

> 신시(神市) 이후로 하늘에 제사 드릴 때마다 나라 안 사람들이 많이 모여 함께 노래 부르며, 화합하고, 어아가(於阿歌)를 노래로 하여 감사하는 것을 근본으로 삼았다. 신(神)과 사람(人이) 화합하고, 어디서나 이를 법으로 삼으니

어아가(於阿歌) : 상고시대에 제천행사에서 부른 천악(찬송가)

어아, 어아!
우리 하나님의 크나 큰 은혜(은덕)이시니!
배달의 우리들(겨레) 영원토록 잊지 마옵소서

於阿於阿我等大祖神大恩德
倍達國我等皆百百千千勿忘

어아, 어아!
선한 마음 큰 활 되고, 악한 마음 과녁(표적)이라
우리 모두 큰 활이니 화살처럼 한 마음이라

於阿於阿善心大弓成惡心矢的成
我等百百千千人皆大弓絃同善心直矢一心同

어아, 어아!
우리 모두 큰 활처럼 하나 되어
수많은(중다한) 악의 과녁 꿰뚫어 버리리라
끓는 물 같이 착한 마음에 눈 같이 (녹는) 나쁜 마음

於阿於阿我等百百千千人皆大弓一衆多失的貫
破沸湯同善心中一塊雪惡心

어아, 어아!
우리 모두큰 활처럼 굳센 한 마음이니
배달나라 영광이로다.
영원무궁 크신 은혜(은덕) 하나님시여! 하나님이시여!

於阿於阿我等百百千千人皆大弓堅勁同心倍達國光榮
百百千千大恩德我等大祖神我等大祖神

어아가에서 '하나님'이라고 번역한 한자는 '대조신(大祖神)'입니다. 그래서 대종교는 이를 국조 단군으로 보고 있고(한배검이라는 호칭), 이에 영향을 받은 사가들은 대조신을 조상신으로 번역하는 경우도 있습니다. 그러나 이런 번역은 단군 숭배자들이 종교적 목적을 가지고 그렇게 번역을 한 것이므로 왜곡된 것입니다. 그 이유는 이러합니다.

첫째, 어아가는 신시 이래, 단군왕검이 탄생하기 전부터 하늘에 제사를 드릴 때 백성들이 부른 노래이며, 신과 사람이 화합하는 뜻으로 부른 노래입니다. 하늘에 제사를 올리며, 하나님과 사람의 화합을 기원하는 노래에서 조상의 칭송은 어색합니다.

둘째, 어아가를 기록한 《환단고기》의 저자도 같은 책에서 대조신(大祖神)은 삼신 상제라고 실체를 분명하게 밝혀두고 있습니다. 《환단고

기》〈태백일사〉〈소도경전본훈〉은 이렇게 말하고 있습니다.

신시의 음악을 공수(貢壽)라 하거나 혹은 공수(供授)라고 하기도 하고 또 두열(頭列)이라고도 한다. 무리는 둘러서서 줄지어 합창으로써 삼신으로 하여금 크게 기쁘시게 하고, 나라가 번영하고 민심이 윤택해질 것을 빌었다. 《백호통소의(白虎通疏義)》에서는 조리(朝離)라고 했고 《통전악지(通典堊志)》에서 주리(侏離)라 하였고, 《삼국사기》는 도솔(兜率)이라고 한다. 대저 즐겁고 건강하기를 신에게 기도하고 순리에 따라 족함을 안다는 뜻이 있음이라. 단군 부루 때 어아의 악(於阿之樂)이 있었으니 대저 신시의 옛 풍습으로 삼신을 맞는 노래이었을 것이다. 가로대 대조신(大祖神)은 삼신이라고 부르고, 하늘의 주재자이시다.

셋째, 같은 책 〈고구려국본기〉에서도 어아가는 천악이라고 하며, 참성단 제사에서 부른 노래라고 합니다. 천악(天樂)은 오늘날 찬송가에 해당할 것입니다. 하나님께 올리는 장소인 참성단에서 부른 천악이 사람에 대한 숭배란 있을 수가 없습니다.

광개토경호태황은 공이 융성했고 덕이 성스러워 어느 왕보다도 탁월했다. 사해 안에서 모두 열제라 칭한다. 나이 18세에 광명전에서 등극하며 하늘의 음악(天樂)을 예로써 연주했다. 군진(軍陣)에 나갈 때는 병사들로 하여금 어아가를 부르게 하고 사기를 북돋았다. 말을 타고 순수하여 마리산 참성단에 올라 역시 하늘의 음악을 사용하여 삼신에게 천제를 올렸다.

廣開土境好太皇隆功聖德卓越百王 四海之內咸稱烈帝 年十八登極于光明殿禮陳天樂 每於臨陣使士卒歌此於阿之歌以助士氣 巡騎至摩利山登塹城壇親祭三神亦用天樂

이와 같이 어아가는 신시 이래로 천제를 드릴 때 백성들이 함께 모여 부르던 노래였습니다. 이것이 고구려 19대 광개토왕 때까지는 전해지고 있었습니다. 광개토대왕은 삼신 상제님에게 천제(天祭)를 드릴 때, 병사들의 사기를 북돋우고자 할 때도 어아가를 불렀습니다. 이와 같이 우리 백성은 예로부터 하나님을 경배하며, 찬송을 불러온 겨레입니다.

4. 노아 할아버지에서 찾는 성경적 민족사관

> 방주에서 나온 노아의 아들들은 셈과 함과 야벳이며, 함은 가나안의 아비라 노아의 이 세 아들로부터 사람들이 온 땅에 퍼지니라(창 9:18,19) 이들은 그 백성들의 족보에 따르면 노아 자손들의 족속들이요 홍수 후에 이들에게서 그 땅의 백성들이 나뉘었더라(창 10:32)

성경은 우리 겨레의 뿌리를 어떻게 보고 있을까요? 성경은 모든 민족이 노아 시대에 발생한 대홍수 이후 나뉘었다고 말합니다. 그러므로 우리 한국인의 뿌리는 노아 할아버지로부터 찾아야 합니다. 성경상으로 모든 인류의 시조는 첫 사람 아담이며, 그 다음으로 모든 겨레의 두 번째 시조는 노아 할아버지입니다. 첫 사람 아담의 후손들은 대홍수 때에 모두 죽었고, 노아 부부와 자녀들만이 살아남았기 때문입니다. 홍수에서 살아남은 사람은 노아 부부와 그의 세 아들(함, 야벳, 셈), 그리고 세 아들의 며느리, 이렇게 8명입니다.

따라서 세계의 모든 민족은 노아를 시조로 하는 하나의 가족 공동체입니다. 노아의 후손들은 홍수 후에 여러 족속들로 나뉘어졌는데 우리 겨레의 뿌리는 이때 나누어진 여러 열방 민족들 중에서 다시 찾아야 합니다. 이것이 성경적으로 보는 우리 겨레의 뿌리를 찾는 역사의 시작입니다.

다시 말하여 한국인은 일연 스님이 기록한 삼국유사처럼 신화적 존재이거나 곰의 후손은 아닙니다. 이것은 지금까지 우리가 잘못 배워 온 역사입니다. 그리고 단군 숭배자들이나 재야 사학자들의 주장처럼 우리 조상은 하늘에서 직접 내려온 신의 아들도 아닙니다. 우리의 선조인 단군들은 신화적 존재가 아니라 실제 인물로 하나님의 선택(또는 인정)을 받은 지도자들로 보아야 하기 때문입니다. 그리고 단군왕검은 홍수 후에 살아남은 노아 할아버지의 후손들 중 한 분이라고 보아야 합니다. 다시 말하면 우리는 왕검을 역사적 실존 인물로 보고, 선조로 간주할 수는 있으나 이 분이 신의 아들이라고 하거나 신과 동일한 신분으로 숭배의 대상으로 믿는 것은 잘못입니다. 그것은 우리가 우리의 역사를 우리 스스로 왜곡하는 행동입니다.

그리고 한국인의 뿌리에 대하여 한국교회가 아직 잘못 이해하는 부분이 있습니다. 우리 조상은 예로부터 단군신화와 같은 신화적인 역사를 가지고 있고, 샤머니즘에 젖어 살았던 겨레로 하나님을 모르던 백성이라는 생각 말입니다. 그리고 삼국시대에 불교가 들어오고, 조선시대에는 유교가 들어와서 우리나라의 종교가 되었으며, 최근(조선 말기 또는 해방 이후)에야 기독교 복음이 들어와서 우리나라 사람들이 비로소 하나님을 알게 되었다는 추리를 말합니다. 그러나 이런 생각은 성경적이라 볼 수 없지요. 왜냐하면 성경적으로 볼 때 우리는 믿음이 좋았던 노아 할아버지의 직계 후손이 분명하기 때문입니다.

우리는 셈족의 후손

> 셈은 모든 에벨 자손의 조상이요 형은 야펫(야벳)이라, 그에게도 자녀가 출생하였으니(킹 제임스 성경, 창 10:21)

우리 겨레는 성경상으로 노아 할아버지의 후손입니다. 그런데 노아는 셈, 함, 야벳의 세 자녀가 있었고, 이들이 민족을 이루어 세계로 흩어졌습니다. 여기서 세 형제는 각자 어디로 갔는지 정확하게 확인할 수 없습니다. 그러나 학계의 일반적인 견해는 함이 이집트와 아프리카, 남아시아 쪽인 남방으로 내려갔고, 야벳은 유럽으로 갔으며, 셈의 후손들은 아시아인(중동, 근동, 극동)이 되었다고 봅니다. 이 견해에 따르면 우리는 히브리 민족과 같은 계열인 셈족입니다. 여기까지도 학자들의 의견은 대체로 일치하고 있습니다.

그런데 세 자녀들 중 셈이 하나님의 복을 가장 많이 받았고, 후손들도 영적으로 크게 번성을 한(할) 것으로 추정이 됩니다(창 9:26,27). 반면에 아비의 허물을 말했던 함은 문제가 많았던 족속, 니므롯과 가나안의 조상이 되지요. 이들이 바벨탑 사건을 주도합니다(창 10:12). 성경은 셈이 에벨의 모든 자손의 조상이라고 하는데, 이 말은 노아와 셈족의 영적 계보가 셈의 삼대 후손인 에벨 계통으로 직접 이어지고 있음을 뜻하고 있습니다(창 10:21). 그래서 노아 할아버지의 영적인 직계 혈통은 셈과 그 후손인 에벨로 바로 이어지고 있습니다.

아담 → 셋 → (생략) → 노아 → 셈 → (아르박삿, 셀라) → 에벨

한국인은 욕단의 후손일 가능성

노아와 셈의 혈통을 이어 받은 에벨은 두 형제를 낳았습니다. 두 형제는 형 벨렉과 아우 욕단입니다. 홍수 후 모든 민족이 세계로 흩어졌는데 하나님에게 가장 인정을 많이 받았다고 보는 노아의 직계 후손은 셈과 셈의 후손 에벨로 계보가 이어지고 있습니다. 그리고 에벨의 혈통은 두 아들, 곧 벨렉과 욕단으로 이어집니다. 그런데 벨렉과 욕단의 형제는 여기서 다시 나누어집니다(창 10:25). 물론 벨렉은 히브리 민족으로 오늘날 유대인들의 조상이 됩니다. 셈족은 모두 아시아 지역에 살게 됩니다. 그런데 벨렉의 아우 욕단은 어디로 갔을까요? 영적으로 노아의 영적 직계 혈통을 이어받은 욕단과 그 후손들은 어디로 갔을까요? 이에 대하여 성경은 이렇게 말합니다.

그들이 거하는 곳은 메사에서부터 스발(새팔)로 가는 길의 동쪽 산이었더라(창 10:30)

여기서 메사는 어디며, 스발은 어디일까요? 지금까지 '스발'은 아라비아 지역이라고 보아 왔습니다. 이게 지금까지의 주류에 속하는 서양 신학의 관점입니다. 이에 대하여 〈또 하나의 선민 알이랑민족〉의 저자 유석근 목사님은 '스발'이라는 지역을 이렇게 봅니다.

"그러므로 욕단이 아라비아로 가서 아랍 부족의 선조가 되었다고 착각하는 성경 연구가들은 '메사'와 '스발'의 위치를 결코 찾을 수 없다. 한결같이 그들은 메사와 스발이 어디인지를 알 수가 없다고 말한다. 그럴 수밖에 없다. 아라비아 주변에는 그런 곳이 과거에도 없었고, 지금도 없다. … 그리고 본문은 욕단의 거주지가 동방 산지라고 하는데 아라비아는 본문이 의도하는 동방이 아니다. 왜냐하면 그곳에는 산지가 없기 때문이다."

이렇게 본 유석근 목사님은 '스발'이 '시베리아'라고 합니다. 그리고 메사는 이란 북동부에 있는 지금의 '메사드(미슈하드)' 지역이라는 추정입니다. '스발'은 영어로 'Sephar', 히브리 발음으로 '새팔(새파르)'이며, 오늘날 만주와 시베리아 지역을 일컫는다고 합니다.[36] '새팔(시베리아)'은 우리말 '싀볼(새벌=새 땅)'이라고 하지요. 유석근 목사님에 의하면 우리 민족은 노아의 홍수 후 아라랏 산지에서 출발하여 이란 고원, 중앙아시아를 거쳐 이주하다가 바아칼호가 있는 시베리아 지역에 먼저 정착한 것으로 봅니다. 저도 유석근 목사님의 견해와 같이 우리 민족이 홍수 후 아라랏 산지에서 아시아 대륙의 동쪽 끝으로 이동해 온 것으로 보고 있습니다.

---

36) 창세기 10장 30절의 '스발' 또는 '새팔'은 우리말 '새벌'의 변형으로 '새'는 '새 것(new)', '벌'은 '서라벌', '달구벌'과 같이 '벌판'을 나타낸다. 그리고 시베리아의 우리 옛말은 '시비리'이며, 북한은 아직도 조선말 사전에서 '시베리아'를 '씨비리'로 표기하고 있다(사회과학 출판사, 1992).

그 이유는 노아 할아버지 시대 이전 사람들은 땅을 정복하고, 충만하라는 창조명령(창 1:28)을 어기고, 한 지역에서 집단적 도시를 이루고 살다가 타락하여 홍수로 전멸하였습니다. 그리고 홍수 후에도 하나님은 거듭거듭 창조명령과 똑 같은 땅의 충만(가득 채움)을 명하고 있기 때문입니다.

> 너희는 생육하고 번성하며 땅에 가득하여 그 중에서 번성하라 하셨더라(창 9:7)

우리 겨레는 노아의 대홍수 후 하나님이 "땅을 채우고 번성하라"는 하나님의 명령을 따라 아라랏에서 땅 끝을 찾아 동방으로, 또 동방으로 이주하였습니다. 그래서 대륙의 끝인 오늘날의 한반도에 정착하여 살게 된 것입니다. 우리가 아직 확실한 증거는 없지만, 우리나라의 개국시조로 보는 단군왕검도 이런 성경적 역사의 흐름과 맥락 속에서 찾아야 합니다. 이것이 성경적 민족사관이라 할 것입니다.

고대 문헌을 보면 우리 민족인 동이족의 생활 분포는 중국 양즈강 유역에서 산동반동에 이르는 중국 동해안의 영역을 모두 포함하며, 연해주까지 우리의 생활권이었습니다. 지도를 놓고 보면 이 지역은 아시아(또는 유라시아 전체) 대륙의 동쪽 끝이며, 광대한 해안지역입니다. 우리 겨레가 유독 해안지역을 따라 살았던 이유가 무엇일까요? 그것은 "땅을 채워서 그 중에서 번성하라"는 하나님의 지상명령에 순종하여 땅 끝을 찾아서 동으로, 동으로 이주해 왔다는 증거입니다. 바다가 있어서 더 나아가지 못하는 곳이 땅 끝입니다. 그리고 하나님을 경배하는 산정제사는 백두산을 선택했습니다. 왜냐하면 시베리아와 만주, 남쪽은 중국의 산둥반도, 북쪽은 연해주 등 대륙의 북동쪽(땅 끝) 지역에서 제사를 드리기에 가장 적합한 곳을 백두산으로 보았기 때문일 것입니다.[37] 백두산의 원래 이름은 '한밝메(한붉뫼)'인데 정상은 나무가 없어서 하늘이 열려 있기 때문에 제사를 드리기 좋은 곳입니다. 또 백두산은 노아 할아버지가 제사를 드렸던 아라랏 산을 닮았습니다. 그래서 우리 겨레는 아라랏 산에서 하나님께 올려드렸던 노아 할아버지의 산정제사를 백두산 산정에서 드리고, 거기서 개국을 선포했다고 볼 수 있습니다. 이때 처음 제사장을 맡은 직분이 단군이며, 백성들에게 추대를 받은 지도자는 왕검으로 볼 수 있습니다. 다시 말하면 개국 당시 우리 겨레의 영적인 중심지는 환한 하늘이 가장 가깝고도 넓게 보이는 백두산이며, 정치적 중심지는 시베리아와 만주 벌판이 밝고 넓은 하나의 지역으로 보이는 아사달이라고 할 수 있습니다.

이러한 관점은 우리 겨레가 시베리아 바이칼호 주변에서 발원했다는 재야 사학자들의 주장과도 일치하는 면이 많습니다. 다만, 이들은 성경의 기록(홍수 후 동방 이동)을 모르거나 무시하고, 우리 겨레가 시베리아에서 출현하여 세계에서 제일 먼저 나라를 세웠다고만 보고 있습니다. 또 성경 기록과는 다르게 우리 겨레가 시베리아에서 중앙아시아나 중동, 그리고 세계로 퍼져나갔다는 주장을 하고 있습니다. 국수주의적 관점이 강하지요. 이러한 주장에 따르면 우리 겨레의 이동 경로는 아라랏에서 중동, 그리고 시베리아의 방향으로 보는 성경적 관점과는 역방향이 됩니다.

37) 중국 산서성에 있는 오대산(五臺山)은 해발 3,058m로 백두산(2,740m)보다 높다. 그러나 동이족 또는 중국 황제가 드린 산정제사의 장소는 태산(泰山, 해발 1,545m)이었던 것을 보면, 오대산은 환경이 산정제사에 적합하지 않았던 곳으로 보인다. 오대산은 그 대신 불교가 들어와 지금까지 불교 성지가 되어 있다.

다만, 우리 겨레의 정착지로 보는 시베리아(스발) 지역은 성경 기록과 재야 사학자들의 주장이 일치하고 있습니다. 그러므로 이 문제는 서로의 주장을 내세우고 대립하기보다 객관적 입장에서 상호 협력하며, 먼저 연구부터 해야 할 사안입니다. 그 이유는 우리도 언제인가 우리가 잃어버렸던 옛 역사와 땅을 다시 찾아야 하기 때문입니다. 또 진실은 연구를 하면 할수록 밝혀지기 마련입니다. 그러므로 서로가 종교와 사상적 감정은 제쳐두고, 진실을 찾기 위한 노력을 해야 할 것입니다.

초기 한민족은 유대인보다 더 신실한 믿음의 소유자

에벨의 큰 아들 벨렉은 유대인의 조상입니다. 한편으로 에벨의 둘째 아들 욕단은 그 행방을 잘 모르며, 최근에야 한국 민족의 조상으로 추정들을 하고 있습니다.

세계에서 하나님에 대한 믿음이 제일 좋았던 것으로 보이는 유대인들을 보십시오. 그 당시 노아의 후손으로 우리와 같은 혈통이지만, 유대인들은 하나님을 반역한 바벨탑 사건에 참여합니다. 힘을 써 땅을 정복하여 채우고 다스리며, 거기서 생육하고 번성하라는 하나님의 말씀보다 입지 조건이 좋은 시날 평지에 모여서 안주하며, 살기를 원했습니다.

그들은 산을 넘고 고개(우랄산맥, 파미르 고원, 천산산맥, 알타이산맥)를 넘는 우리와 함께 하기보다 먼저 평지에 정착하여 평안하게 살기를 바랐습니다. 그래서 그들은 함과 가나안의 후손인 니므롯 무리들과 함께 하나님이 진노하실 바벨탑 쌓기에 동참을 합니다. 그들은 바벨탑 사건 후에도 갈대아 우르에서 우상을 섬기는 민족이었습니다(창 11:28,31). 그들은 기근으로 하나님이 아브라함에게 주신 가나안 땅을 두고, 애굽으로 갔다가 400년간 노예 신세가 된 적도 있습니다.

유대 민족은 가나안 땅 정착 후에도 경제생활은 성경의 법보다 이방 제도를 따르고, 우상숭배에 빠집니다. 그들은 우상숭배로 남의 나라에 포로로 잡혀갔고, 결국 20세기 중반까지 나라마저 잃었던 민족이었습니다. 그들은 자기들이 믿는 하나님의 아들 예수 그리스도를 부인하며 죽였고, 아직까지 메시아 예수님을 모르고 있습니다. 이와 같이 유대인들은 신앙심이 투철한 것 같지만, 실책이 많습니다.

유대인들은 하나님이 특별히 아브라함을 불러 세웠고(창 12:1), 위험의 순간순간마다 하나님이 직접 관여하여 구원을 베풀어 주었기 때문에 오늘날의 유대인과 이스라엘이라는 나라가 있는 것입니다. 하나님은 유대인들을 통하여 진리의 성경을 주시고, 인류의 구원자 예수님도 그들의 혈통을 따라 탄생하게 하십니다. 이것이 하나님이 유대인들을 쓰시는 이유입니다.

반면에 우리 겨레는 하나님의 명령을 따라 노아 할아버지의 가르침을 따라 동방으로 이주를 한 민족입니다. 우리 겨레가 초기에는 영성도 벨렉 계열보다 나았습니다. 그 예는 우리 겨레가 비옥한 시날 땅으로 돌아가지 않고 고행의 이동을 계속한 것, 바벨탑 축조에 동참을 하지 않은 것, 그 뒤에도 벨렉 계열처럼 특정 지역(갈대아 우르)에서 우상숭배를 한 흔적이 없다는 것입니다. 그리고 지금이라도 유대인들은 받아드리기 어렵지만, 우리는 국민 상당수가 이미 예수 그리스도를 영접하였고, 앞으로도 그럴 수 있다는 점을 들 수 있겠습니다.

유대인의 계보

노아 ⇒ (셈 · 에벨) ⇒ 벨렉 ⇒ 아브라함 ⇒ 다윗왕가 ⇒ **예수 그리스도**의 탄생 ⇒ /복음 거부(예수를 메시아로 보지 못해 아브라함의 계보에서 탈락)

한국인의 계보

노아 ⇒ (셈 · 에벨) ⇒ 욕단 ⇒ 단군의 계보 ⇒ 왕조의 연속 ⇒ **예수 그리스도**의 복음 ⇒ 복음 수용(메시아 예수를 믿음으로 아브라함의 계보를 계승)

우리는 노아 할아버지의 직계 후손입니다.

유대 민족의 영적인 조상은 아브라함입니다. 그리고 아브라함의 영적인 계통을 따라 인류의 구원자이신 예수 그리스도가 탄생을 합니다. 그러므로 기독인들의 영적 계보는 모두 아브라함의 계통을 따릅니다. 성경에서 아브라함의 후손들은 영적인 복이 허락되고(창 12:1~3), 진리의 성경을 기록하게 하셨으며, 구원자 예수님도 아브라함의 계보를 따라 나셨기 때문입니다. 이는 부정할 수 없는 사실입니다.

> 믿음으로 노아는 아직 보이지 않는 일에 경고하심을 받아 경외함으로 방주를 준비하여 그 집을 구원하였으니 이를 말미암아 세상을 정죄하고 믿음을 따르는 의의 상속자가 되었느니라(히 11:7)

그러나 여기서 분명히 짚고 넘어갈 부분이 있습니다. 우리 겨레의 육적인 조상은 아브라함이 아니라는 것입니다. 우리 겨레의 육적인 조상은 아브라함이 아니라 노아 할아버지로 보아야 할 것입니다. 물론 노아 할아버지는 홍수 후 혈통을 이어온 모든 인류의 조상입니다. 그러나 한국인은 육적 혈통만이 아니고 노아 할아버지가 가진 신앙의 정통성까지 계승을 하고 있다는 뜻입니다. 이게 자랑스러운 일입니다. 그 이유는 이렇습니다.

첫째, 우리는 땅을 채우고 충만하라는 하나님과 성경 말씀을 따라 동방의 이주를 감행한 민족입니다. 노아 할아버지는 말씀에 순종하여 100년이 넘게 걸린 방주를 짓는 고통을 감수했고, 우리 겨레는 역시 말씀에 순종하여 땅을 찾고, 채우기 위하여 역시 100년이 넘도록 고달프고 힘겹게 동방으로 이주를 감행했습니다. 노아 할아버지는 홍수 후에도 350년 간 더 생존했고, 알메니아 유징겔리에서 살았습니다. 그러므로 노아 할아버지도 후손들은 시날 땅과 같은 한 지역에만 모이지 말고, 넓은 지경과 땅의 끝을 찾아서 동방으로 떠나가기를 바랐을 것입니다.

둘째, 우리 겨레는 유대인들처럼 바벨탑 사건에 동참하지 않은 것으로 봅니다. 이 당시 생존한 노아 할아버지가 바벨탑 건축에 동참하지 않은 것이 분명하며(당대의 의인이기 때문에), 우리도 노아 할아버지의 뜻을 따라 함의 후손 니므롯이 사는 시날 땅에는 머무르지 않은 것으로 보입니다.

셋째, 바벨탑 사건 후에도 초기의 우리 겨레는 우상을 섬기지 않았습니다. 그러나 유대인의 선조인 아브라함의 가족들은 우상이 우글거리는 갈대아 우르에서 살았습니다.

넷째, 하나님이 보시기에 노아는 당대의 의인이었습니다. 그러나 아브라함은 좀 다릅니다. 아브라함은 하나님이 불러서 믿음의 조상으로 세우기는 했지만, 인격적으로 의인이라기보다 결함을 많이 가진 사람이었습니다. 아내를 누이라고 속였고, 기근이 오면 주신 땅을 지키기보다 피하려고 했으며, 특히 하나님을 의심하여 여종 하갈을 취해 이스마엘을 낳습니다. 이것이 뒷날 가족 분쟁의 원인이 되고, 오늘날까지 중동 문제의 뿌리가 되고 있습니다. 아브라함의 이런 부족함은 99세까지도 나타나며(창 17:1), 100세에 태어난 아들 이삭을 제물로 바치는 순종이 있은 후에야 비로소 성숙한 신앙인이 된 것으로 보입니다.

그러나 우리 겨레의 생활 신앙은 이러한 아브라함의 생애보다 하나님이 의인으로 불러준 노아 할아버지의 생애를 더 닮았습니다. 이 말은 우리 겨레는 노아 할아버지처럼 의인이라는 뜻은 아니고, 삶이 아브라함보다 노아 할아버지의 모습을 닮았다는 뜻입니다. 하나님이 주신 새 땅을 찾아서 험산준령을 넘으며 동방으로, 동방으로 이주한 우리 겨레의 초기 신앙은 장기간 힘들게 방주를 지었던 노아 할아버지의 모습을 닮았습니다. 큰 일(방주 건축 또는 험산준령을 넘는 동방 이동)에 동참하지 않은 사람들이 볼 때 이런 일은 무모하고 우직하다고 할 만큼 우리 겨레는 말씀에만 순종을 했으니까 말입니다. 또 이동 중간에서 사람 이름을 내기 위해(창 11:4) 바벨탑을 쌓거나 갈대아 우르와 같은 곳에서 우상을 섬긴 적이 없습니다. 우리는 동방으로 이주하기에 바빠서 그렇게 할 시간과 여유마저 없었습니다.

그러나 아브라함의 후예인 유대민족은 선조들이 동방 행진을 중도에서 포기하고, 지리적으로 가까운 서방을 택하였으며, 더구나 시날 땅으로 들어가 바벨탑 사건에 동참합니다. 그들은 그 후 다시 갈대아 우르에서 우상을 섬겼습니다. 그래서 하나님은 우리 겨레보다 타락하기 쉬운 아브라함을 먼저 불러 구원을 베푸시고, 유대인들을 지키며, 믿음을 보존하게 하십니다. 하나님은 셈, 에벨, 그리고 그 후손인 우리 민족과 유대민족 모두에게 복을 약속하셨기 때문입니다(창 9:26).

다섯째, 유대인들은 아브라함의 육적 혈통인 예수 그리스도를 인정하지 않고 있습니다. 그러나 한국인은 현재 신교, 구교를 합쳐 1천만 명이 넘게 예수 그리스도를 구주로 영접하고 있습니다. 또한 예수님의 탄생은 아브라함의 혈통과는 영적인 관련이 없습니다. 예수님은 성령에 의하여 동정녀 마리아의 몸을 빌어서 탄생을 하기 때문입니다. 성경에 나타나는 아브라함의 계보도 그것이 믿음의 계승이라는 영적 계보이지 육적인 계보라고 볼 수 없습니다. 곧 창세기 12장 1절에서 3절에 약속한 아브라함의 후손에 대한 축복은 예수 그리스도를 영접하는 모든 사람이 받는 것이지, 육적 혈통을 따라 받는 것이 아닙니다(갈 3:7~14).

따라서 성경상의 우리 민족은 아브라함의 계열이기보다 노아의 계열에 속하면서 궁극적으로 아브라함의 영적인 계보인 예수 그리스도에 대한 믿음까지 계승을 하고 있다고 보는 것이 더 타당합니다. 곧 우리 민족은 육적으로 '당대의 의인' 이었던 노아의 계열이고, 영적으로도 '믿음의 조상' 인 아브라함의 계열에서 난 구원자 예수 그리스도까지 영접을 하여 복을 받은(을) 민족입니다.

이를 종합하면 아브라함은 결함이 많지만, '믿음의 조상' 입니다. 하나님이 그 민족을 따라 영적인 구원을 베풀고, 성경을 주시며, 메시아를 탄생시킵니다. 이게 유대 민족입니다. 그러나 노아 할아버지는 당대의 의인으로 '의(순종)의 조상' 입니다. 하나님은 노아를 따라 방주를 짓게 하여 육의 구원을 베풀고, 그 후손을 따라 성경 말씀을 바로 이해하여 순종하게 하며, 궁극적으로 메시아를 영접하고, 세계 열방에 구원의 복음을 전하게 합니다. 이게 바로 우리 한국 민족이 될 것으로 보입니다.

믿음의 조상 아브라함의 계보

믿음의 조상 아브라함 ⇒ 영적 계보 계승 ⇒ 메시아 탄생 ⇒ / 메시아 거부

의의 조상 노아의 계보

의(손종)의 조상 노아 ⇒ 육적 계보 계승 ⇒ 메시아 영접 ⇒ 메시아 전파

성경과 한민족

이와 같이 노아의 후손들인 우리 겨레에게도 노아 할아버지가 믿었던 하나님을 신실하게 믿으며, 역사를 이어온 사람이 얼마든지 있었고, 이에 대한 역사적 근거도 찾을 수 있는 것입니다. 다만 하나님의 특별하

신 계획에 따라 아직 성경 역사의 전면에 나타나지는 않고 있습니다. 따라서 우리는, 그리고 한국교회는 우리 겨레의 역사를 노아의 홍수시대부터 바로 찾아야 합니다. 우리 겨레가 살아온 지역도 마찬가지입니다. 우리나라는 삼국시대에 불교가 들어와서 고려시대에 불교국가로 되었고, 조선시대에 유교국가가 된 것이 사실입니다. 그러나 그 이전에 우리의 종교는 무엇인지에 대한 고민과 연구가 있어야 합니다. 저는 이때의 종교가 노아 할아버지가 믿고 순종해 왔던 여호와 하나님에 대한 신앙, 곧 오늘날의 기독교에 해당한다는 생각입니다. 물론 이에 대해서는 앞으로 성경적(또는 신학적)으로 근거를 살펴보아야 하고, 역사적 접근과 과학적 검증 방법 등으로 진실을 밝혀나가야 할 것입니다.

아무튼 우리는 곰의 후손이 아니고, 하나님에 대한 신실함 하나로 대홍수에도 살아남은 노아 할아버지의 후손들입니다. 이게 성경적이며, 또 기독교적이고, 바른 역사관이라고 할 것입니다. 그리고 한국인의 뿌리 찾기에 대한 한국인의 바른 인식이고, 태도입니다. 저는 하나님이 앞으로 성경, 과학, 그리고 역사적 근거 자료들을 통하여 이런 사실들을 하나하나 입증해 줄(갈) 것으로 봅니다.

성경적으로 우리는 노아 할아버지의 후손입니다. 이것은 창세기 9장 19절과 10장 32절 말씀을 통하여 우리에게 알려주는 것이므로 확실한 것입니다. 우리가 성경을 진리의 책으로 믿는다면, 성경이 기록한 이러한 역사의 기록도 함께 인정을 해야 합니다. 성경은 믿는데 노아 할아버지가 우리(모든 인류)의 조상이라고 하는 성경의 기록은 믿지 않는다면 그게 이상하며 잘못된 것입니다. 그러므로 우리 겨레의 역사와 문화는 이런 관점에서 시작하여 보기로 하겠습니다.

5. 제사장 단군과 왕검신화는 별개입니다. (壇君 = 天君 = 제사장)

단군역사와 왕검신화의 구분부터

단군의 실체에 대해서는 많은 연구가 필요한 부분입니다. 그러나 우리는 먼저 단군을 연구함에 있어서 전제부터 바꾸어야 하겠습니다. 단군에 대한 역사와 신화를 구분부터 하는 것을 말합니다. 예를 들어서 우리가 신라의 시조 박혁거세에 대해서는 역사와 신화를 구분하고 있습니다. 박혁거세가 신라의 시조라는 기록은 역사에 속하고, 박혁거세가 박처럼 생긴 알에서 탄생했다는 말은 신화에 속합니다. 전자는 있을 수 있는 역사의 범주이고, 후자는 있을 수 없는 픽션이며, 거짓입니다.

우리가 단군에 대한 이해도 이런 관점으로 접근을 해야 하겠습니다. 단군이란 역대에 고조선 사회를 다스렸던 직함의 명칭입니다. 그리고 단군은 한 사람이 아니고 1천년에서 2천년 동안 고조선을 다스린 여러 명의 지도자 전체를 말합니다.

그러나 단군신화는 그 중 초대 단군이었던 왕검 한 사람에 대한 신화입니다. 전자는 역사에 속하고, 후자는 개인적인 신화일 뿐입니다. 우리는 이렇게 접근 방식에서 역사와 신화를 구분부터 하고, 그 기록의 사실관계를 알아보아야 하겠습니다. 그런데 지금까지 연구들을 살펴보면 단군에 대해서는 이 초보적인 구별도 하지 않고 있습니다. 박혁거세는 역사와 신화를 구분하면서 단군왕검은 왜 이런 구분도 하지 않았을까요? 지금까지 논의되고 알려진 내용만 보더라도 단군은 다음과 같을 사실을 확인할 수가 있습니다.

첫째, 단군은 제사를 드리는 제사장이었습니다. 단군이란 사람의 이름을 말하는 고유명사가 아니고, 보통명사로 제사장의 직분을 뜻합니다.《삼국유사》는 단군을 '壇君' 으로 표기합니다.[38] 그리고《환단고기》는 단군이 제사를 주관하는 우두머리라고 합니다. 단군이란 '천군' 으로도 부르는데 우리말로는 그냥 '임금(또는 임검)' 이라는 직분을 말합니다.

> 단군은 또한 천군이라고 하니 제사를 주제하는 우두머리다
> (檀君亦曰天君主祭之長也)
>
> 《환단고기》〈태백일사/신시본기〉(임승국 역, 한단고기, 정신세계사, 1989. 184쪽)

둘째, 단군은 한 분이 아니고 여러 분입니다. 아직 확실하지 않지만, 단군은 고조선과 삼한시대에 걸쳐 47대까지 1천년에서 2천년 이상을 제사장과 사회 통치의 직무를 수행했습니다. 우리나라는 초기에 적어도 1천년에서 2천년 이상을 하늘에 제사를 올리는 제사장이 나라를 다스린 사회입니다.

셋째, 단군은 왕(王)이 아니고, 군(君)이었습니다. 이 말은 고조선 사회를 이해하는데 큰 의미를 가진 용어입니다. 국가나 사회를 왕이 다스린 것이 아니고, 백성들의 대표가 다스린 것입니다. 이것은 고조선 사회가 군주제도가 아닌 대표제 정치를 했다는 추정을 가능케 하는 부분입니다.《환단고기》를 보면, 초대 단군은 백성들이 추대했다고 하고, 정치는 신라와 같이 화백(和白)회의가 있었다고 하는 것이 이런 사실을 방증합니다. 이것은 성경에서 사사시대에 제사장과 사사를 중심으로 나라를 다스린 것과 유사합니다. 왕이 등장하는 군주제도는 이방인들이 즐겨하던 정치제도입니다.

---

38) 단군은 제사장과 통치를 겸한 사회적 지도자를 뜻한다(제정일치). 단군의 한자 표기는 대부분 '밝달(밝은 땅)임금' 의 의미를 가진 '檀君' 으로 표기하지만,《삼국유사》는 제사장을 뜻하는 '壇君' 으로 표기하고 있다. 나라의 최고 통치자를 '王' 으로 표기하지 않고, '君' 으로 표기한 것도 정치보다 제사에 더 큰 비중을 두었다.

단, 성경의 사사시대는 정치와 제사(종교)가 분리되어 있었지만, 고조선 사회는 정치와 제사가 통합되어 있는 것이 다릅니다. 그러나 하늘에 계신 하나님께 제사를 드리는 종교가 사회를 지배한 것, 나라를 왕(몰록)이 아니라 지도자(나기드)나 대표자가 나라를 다스린 것 등이 같다고 하겠습니다.

단군에 대하여 이렇게 확인된 사실, 세 가지만을 가지고도 우리는 세계에서 자랑할 만한 민족적 긍지를 가질 만 합니다. 우리는 예로부터 또는 건국 초기부터 유일신 하나님만을 믿으며, 적어도 1천년~2천년 이상이라는 오랜 기간을 하나님을 섬기는 겨레이었기 때문입니다. 또한 백성들의 지도자는 나라를 다스림에도 무력이나 철권 정치를 한 것이 아니고, 백성들의 뜻을 존중하며 정치를 했기 때문입니다. 이것이 우리 겨레가 오랜 옛날부터 전해 내려온 토종종교이고, 정치문화입니다.

그러나 단군신화는 사실 초대 단군인 왕검에 대한 개인 신화인데 이것은 있을 수 없는 사실입니다. 단군에 대하여 잘못 알려진 사실을 간단하게 소개만 하면 다음과 같습니다.

① 환인의 서자 환웅이 하늘에서 내려왔다는 것, 곰이 웅녀가 된 것, 단군왕검이 1,500여년 통치하고, 1,908세에 산신이 되었다는 《삼국유사》의 기록은 역사가 아니고 신화이다.

② 《환단고기》에서 단군왕검은 고조선의 우두머리로 추대를 받고, 먼저 삼신 하나님께 제사를 드렸다고 한다.[39] 같은 책 〈한국본기〉와 〈신시본기〉에는 환인과 환웅도 삼신께 제사를 드린 사람이다. 삼신 하나님께 제사를 드린 사람들이 제사를 받는 신(三神의 하나)의 위치에 설 수가 없다.

③ 단군 숭배자들은 환인 · 환웅 · 단군을 삼신의 일체로 보는데 이것은 기록상 4,800년, 1,500년 이상의 시차가 있는 인물들이다. 환단고기의 역자(임승국, 36쪽)도 단군 숭배자들이 "환인 · 환웅 · 단군이라는 세 사람을 (동시적) 일체로 보는 것으로 교조적, 수리적 도그마이다"라고 평을 하고 있다.

---

39) 임승국 역, 한단고기, 56쪽.

④ 단군신화 연구자들은 삼신으로 환인을 天神, 환웅을 地神, 단군은 人神으로 나눈다. 또 어떤 연구는 환인과 환웅은 천신, 환웅의 아내 웅녀는 지신, 단군은 인신이라고 하여(허호익, 단군신화와 기독교, 118, 125쪽), 환웅은 천신인지 지신인지도 분명하지 않다. 이것은 단군 숭배자들이 사물(땅)과 사람을 신격화한 것을 연구자들이 그대로 인용한 것에 불과하다. 웅녀는 곰이 여자가 된 것을 말하므로 곰(熊)을 땅의 옛말인 검(地)으로 해석하여 토지신이라는 주장은 신화적 의미로도 근거가 약하다.

⑤ 초대 단군왕검이 태어나기 전에 환웅이 개천하여 신시(神市)를 세웠으므로 개국공신은 단군이 아니고, 환웅이다. 환웅이 하늘에서 내려왔다는 기록도 사실로 볼 수 없다. 기록상으로 단군왕검은 개국시조가 아니고, 고조선의 시조에 해당한다.

단군과 조(祖)에 대한 오해와 이해

우리는 '祖' 라는 한자를 조상제사의 대상인 육친의 할아버지를 뜻하는 글자로 알고 있습니다. 그러나 祖는 하나님을 뜻하는 글자 '示' 의 부수에 '且(또한 차, 공경할 저)' 가 붙인 글자입니다. 그래서 祖는 육친의 조부를 뜻하는 且보다 하나님을 뜻하는 示가 중심이며, 생명의 시초(始初)와 근본(根本)을 뜻합니다. 그러므로 육친의 조상은 제사의 대상이 아니고, 원래 하늘 아버지 또는 하나님으로부터 파생한 단어입니다. 15세기에 중국 거주 유대인들의 회당이었던 청진사의 현판에도

> 教學合尼山人物本乎天祖[40]
> 가르침이 니산(공자의 고향)과 합하여 사람은 하나님(하늘 조상)에
> 본을 둔다(필자 해석).

라는 글이 있는데 '天祖' 라고 하여 하나님에 대해 祖를 쓰고 있습니다. 시간적으로도 조상제사는 제천의식이 변질한 것으로 후대의 풍습이고, 祖는 조상제사가 있기 전부터 사용하던 글자입니다.

---

40) 조철수, 고대 메소포타미아에 새겨진 한국신화의 비밀. 김영사, 2003, 368쪽.

한자 示를 부수로 하는 글자를 찾아보면 거의 모든 글자가 하나님과 직접적으로 관련이 있는 제사(神, 祭祀), 복(福, 禧), 기도(祈禱, 祝), 화(禍) 등과 관련이 있습니다. '祝' 은 하나님(示)께 제사를 올리는 장자권(兄)을 뜻하듯이 '祖' 도 하나님 또는 하나님을 닮은 시조나 하나님께 제사를 올리는 조상을 말합니다. 이에 비해 종(宗)은 집(宀)을 부수로 하므로 하나님을 인공의 집(宀)에 끌어드린 종교를 뜻하며, 좀 더 후대에 나온 글자입니다. 솔로몬 성전 이후 성전 종교로 변한 유대교가 이에 해당합니다.

그러므로 《환단고기》 〈삼성기〉에 나오는 삼신과 관련된 '祖' 와 어아가에서 나오는 大祖神의 '祖' 는 이렇게 보아야 할 것입니다.

〈삼성기 하편〉 九桓皆以三神爲一源之**祖**主蘇塗
- 구환이 모두 삼신을 한 뿌리의 **시조(祖=시초=근본)**으로 삼고, 소도를 관리하고 -

〈단군세기〉 어아가(於阿歌) 百百千千大恩德我等**大祖神**我等**大祖神**
- 영원무궁 크신 은혜(은덕) **하나님시여! 하나님이시여!** -

여기에 나오는 祖는 삼신 그 자체를 근본 시조로 삼고 제단이 있는 소도(蘇塗)를 관리했다는 기록이며, 大祖神은 《환단고기》에서 본 바와 같이 하늘의 대주재자이신 삼신 하나님을 뜻하는 글자였습니다. 그러므로 상고사 문헌에 간혹 나타나는 三神에 대한 祖의 표현은 제사를 받을 사람(특히 단군왕검)을 말하는 것이 아니고, 제사를 드릴 사람이나 제사를 받는 하나님을 뜻합니다.

祖는 뒷날 상당한 시간이 지나서도 태조, 세조와 같이 육친의 혈육보다 시초나 으뜸, 큰 업적을 남긴 사람에게 사용을 했습니다. 그 대신 육친이 할아버지는 조부, 증조부, 고조부라고 하여 '부(父)' 를 많이 사용했습니다.

우리가 쓰는 '할아버지' 란 말도 처음은 하나님, 곧 '하늘 + 아버지' 또는 '한 + 아버지(큰 + 아버지)' 로 부르면서 사용한 말입니다. 이렇게 보면 한아버지는 바로 삼신 하나님이신 '삼신 할배' 와도 관련이 되겠지요. 그러면 '삼신 할매' 라는 말의 어원도 실상은 '삼신 할배' 에서 바뀐 말로 볼 수 있습니다. 생명의 주관자는 삼신의 큰 할배이신 하나님 아버지이십니다. 그런데 아기를 낳는 산모, 출산을 도와주는 산파, 낳은 아기를 키워주는 양육자까지 모두가 여성입니다. 그래서 자연스럽게 가정과 여성계(왕궁의 내명부나 안방 문화 등)의 의미가 강조되어 '삼신 할배' 가 '삼신 할매' 로 바뀐 것입니다. 우리 문화에서 출산은 물론 아기의 양육은 여성의 전담 역할입니다. 남성이 관여할 수가 없어요. 우리 종교에서 여성신이 거의 없는데 이런 연유로 '삼신 할매' 라는 여성신이 등장합니다. 원래 하나님에 대한 제사에서 三神(삼위일체의 유일신)은 뒷날 조상제사에서 山神(山의 신)의 위치를 차지한 것처럼 가정 출산의 경우 하나님이 産神(출산의 신)의 역할을 하면서 삼신 할배가 삼신 할매(여성신)로 변한 것입니다.

한국교회의 단군에 대한 태도

단군에 대한 기존의 기록들은 사실로 받아드리기 어려운 부분들이 많습니다. 특히 단군왕검이 곰의 아들이라는 신화는 사실이 아닙니다. 이 신화는 노아의 홍수 때에 우리 선조들은 곰과 범이 사람과 함께 방주 안에 있었고, 홍수 후에는 사람과 함께 나와서 한반도까지 번식을 해 왔다는 사실이 구전으로 전해지면서 《삼국유사》를 쓴 일연 스님에 의해 동물 신화로 연출, 각색된 것으로 볼 수는 있겠습니다. 시베리아와 한반도에 사자는 거의 없고, 곰과 범이 많았는데 도중에 범은 사람을 멀리하여 숲으로 떠나고, 곰은 더 오랜 기간 사람과 동행을 했을 것입니다. 그러나 곰이 사람이 되어 왕검을 낳았다는 단군신화는 있을 수 없습니다. 그러므로 홍수 후 곰과 범, 그리고 각종 동물들과 함께 한반도까지 이주해 온 노아의 후손들은 누구냐 말입니다. 이게 우리 역사에서 말하고 있는 단군의 직분자들 또는 단군 계열의 사람들인 것입니다.

그러므로 일부 기독인들이 가끔 단군 흉상을 훼손하여 말썽이 되고 있는데 이는 좀 경솔한 행동입니다. 단군은 실존 인물일 수도 있는데 말입니다. 단군의 신분은 분명히 하늘에 제사를 드리는 제사장이었고, 그 직책은 성경이 말하는 하나님께 제사를 드린 제사장의 역할입니다. 물론 대종교나 증산교, 불교 신자들처럼 단군의 신상에 대하여 절을 하거나 경배를 하며, 신으로 받들어 모시는 것은 잘못입니다. 이는 성경이 엄격하게 금하는 우상숭배입니다. 기독교는 죽은 부모의 신상에 대해서도 어떤 신통력을 믿거나 절을 하지 않습니다. 그런 측면에서 단군 흉상의 철거를 이해는 하지만, 그렇더라도 우리의 조상일 수 있고, 하나님의 제사장 신분이었는데 좀 자제를 해야 하겠지요.

저는 단군 흉상에 대한 기독인의 자세는 이순신 장군의 동상을 대하는 것과 같아야 한다고 봅니다. 한국 기독인들은 이순신 장군의 동상을 보고 절을 하지 않으며, 그렇다고 그 동상을 훼손하지도 않습니다. 그것은 동상에 대하여 누가 절을 하는 것과 관계없이 기독인이 지켜야 할 태도입니다. 단군 흉상에 대한 기독인의 자세도 이렇게 해야 하겠습니다. 그게 기독인의 바른 신앙이며, 또 대다수 국민에 대한 일반적 정서까지 함께 고려하는 지혜라고 하겠습니다. 기독교가 혁파해야 할 대상은 단군 흉상이 아니고, 이러한 흉상을 보고 절을 하며, 신격화하는 인간의 잘못된 의식과 행동입니다.

그러므로 한국교회는 이제 단군을 다시 보아야 하겠습니다. 단군의 제사장과 왕검신화, 그리고 인간 왕검에 대한 신격화를 구분해서 다루는 것부터 시작해야 할 것입니다. 고구려를 건국한 주몽에 대한 기록이 다 맞지는 않습니다. 특히 주몽이 알에서 태어났다는 기록은 거짓입니다. 그러나 우리는 주몽을 역사적 인물로 받아드립니다. 단군 역사도 이와 같다고 보아야 할 것입니다. 주몽의 기록에 오류가 있듯이 단군의 기록은 더 오래된 것이므로 오류가 있습니다. 그러나 주몽과 단군왕검은 실존 인물이고 역사적 사실로 보아야 합니다.

그러나 단군은 신화에서 시작하고, 죽어서도 산신이 되었다고 하며, 그 후에도 숭배자들이 생기고 있어서 주몽과는 다릅니다. 그래서 교회가 영적으로 경계를 하는 것은 옳습니다. 다만, 단군(壇君)은 우리말로 '임금' 이라는 제사장의 직분이었고, 그것도 한 사람이 아니라 47대에 걸쳐서 1천년에서 2천년이 넘도록 제사장 직분을 수행했다는 기록이 있는데도 이를 제대로 검토 한번 하지 않고, 선입관만을 가지고, 배척만 하는 것은 옳지 않습니다. 그러므로 한국교회는 우리 민족이 아라랏에서 이곳 한반도까지 어떻게 이동해 왔으며, 그것이 우리의 초기 사회, 곧 단군이 다스렸다는 고조선시대와 어떻게 연결되는 지에 대한 연구를 진지하게 해야 할 것입니다. 아니면 교회가 노아의 홍수는 아라랏에서만 있던 지역적 사건이며, 우리 겨레의 동방 이동과는 아무 관련이 없다는 신학적, 역사적 근거를 내어 놓아야 하겠습니다. 흙 속에 감추어진 진주는 찾아서 캐내고, 사용해야 보석입니다. 성경이 말하는 역사적 진실도 캐내야 보물입니다. 그런데 성경의 보물은 깨끗한 곳에만 있지 않고, 더럽고 미천한 환경 속에 숨어 있습니다. 그래서 숨은 보물은 캐내어 예수 그리스도의 보혈로 씻어 보아야 정결한 보물인지 아닌지 판명이 될 것입니다. 이제 한국교회도 이 땅에 숨어있는 값진 진주(역사와 문화)를 찾아 나설 수 있기를 바랍니다. 보물이 있는 환경이 더럽다고 탓하기보다 캐내어 깨끗하게 보존하고 유익하게 사용해야 합니다.

6. 우리말 '하늘(天)'과 '땅(地)'의 어원 찾기

'하늘'은 두 글자, '땅'은 된 소리

우리 겨레의 기원과 관련하여 먼저 짚고 넘어갈 부분이 있습니다. 그것은 바로 아주 옛날부터 사용할 수밖에 없다고 보는 하늘과 땅에 대한 어원입니다. 그런데 우리는 아직 하늘의 어원과 땅의 어원을 잘 모릅니다. 우리말에는 많이 쓰는 단어일수록 한 글자(낱자)가 많습니다. 해, 달, 별은 한 글자입니다. 얼굴에 있는 눈, 코, 입, 귀, 목도 한 글자입니다. 물, 흙, 돌, 쌀, 밥, 국 등도 그렇습니다. 그런데 예로부터 많이 사용했을 용어가 분명한 '하늘'은 왜 한 글자가 아니고 두 글자일까요? 저는 오래 전부터 이런 의문을 가져왔습니다. 해, 달, 별은 처음부터 외자로 불러왔는데 어떻게 해서 해, 달, 별이 있는 공간은 '하늘'이라고 하여 두 자로 불렀을까 말입니다. 그리고 그 어원을 살펴보아도 사람마다 의견이 다르고, 주장들을 살펴보아도 쉽게 납득이 가지 않았습니다.

'하늘'과 '하나님(하느님)'의 어원은 '올' -유석근 목사님의 견해-

〈또 하나의 선민 알이랑 민족〉이라는 책을 쓰신 유석근 목사님은 '하늘'의 어원을 '알(올)'이라고 합니다. 여기서 올은 하늘의 모양을 닮은 생명체, 곧 '알(卵)'을 의미합니다. 물론 유일신 하나님에 대한 우리 민족의 원시 원형 언어도 '올'이라고 합니다. '올'은 생명을 탄생시키는 생명의 모체요 근원이므로 그렇게 불렀다고 합니다. 다만 우리 한국인은 그 'ᄋᆞᆯ' 이 크고, 근본인 실체이기 때문에 앞에 크고 바르며, 근본(중심)이 되는 뜻으로 관형사 '한' 을 붙여서 사용하여 '한ᄋᆞᆯ' 이 되었다고 합니다.[41] 그리고 '한ᄋᆞᆯ' 은 하늘에 계시는 신에 대한 존칭어 '님' 이 붙어서 '한ᄋᆞᆯ님(하느님)' 으로 된 것이라고 합니다. 이 부분의 대체적 어형의 변화는 한ᄋᆞᆯ님 → 하ᄂᆞᆯ님 → 하ᄂᆞ님 → 하나님(하느님)이 된 것입니다. 곧 한ᄋᆞᆯ님은 하늘에 계신 유일신 여호와 하나님을 뜻합니다.

그리고 유석근 목사님은 'ᄋᆞᆯ' 이라는 단어에서 유래하여 우리의 민요, 아리랑이 불려졌다는 견해입니다. '아리랑' 은 원어로 'ᄋᆞᆯ이랑' 이며, 그 뜻은 '엄마랑, 누나랑' 이라는 말과 같이 "ᄋᆞᆯ과 함께", 곧 "하나님(하느님)과 함께(with God)" 라는 뜻으로 보고 있지요.[42] 또 하나님을 지칭하는 우리말 'ᄋᆞᆯ' 이 성경에서는 하나님 '엘' 과 '엘로힘' 이며, 유일신 여호와 하나님을 나타낸다고 합니다. 성경의 여호와 하나님과는 크게 빗나가 버린 이슬람에서도 신의 이름은 '알(아르)' 인데 원래 우리말 'ᄋᆞᆯ' 에서 파생된 것이라고 보지요. 또 지금은 터키 영토에 속한 아라랏 산은 본래 알메니아의 영토에 속했고, '알메니아' 는 아라랏 산 'ᄋᆞᆯ메

---

41) 유석근 목사님은 하늘의 어원을 '알' 을 쓰고 있으나 필자는 우리 옛말이 'ᄋᆞᆯ' 이므로 그대로 'ᄋᆞᆯ' 로 쓰며, 또 여호와를 "하느님" 으로 표기하지만, 저는 "하나님" 으로 부르고 있다. 이는 《해동역사》에서 "天日漢捺", 곧 "천(텬)은 '한ᄂᆞᆯ(漢捺)' 이다" 라고 했고, 한글의 첫 기록으로 볼 수 있는 문헌(박인로의 蘆溪集)에서도 '하ᄂᆞ님' 으로 표기하고 있고, 기독교에서 신칭을 대부분이 '하나님' 으로 쓰고 있으며, 어원이 'ᄋᆞᆯ→ᄋᆞᆯ님→한ᄋᆞᆯ님' 으로 변했으면 '하나님' 이란 발음이 무난하기 때문이다.

42) 그리고 필자는 'ᄋᆞᆯ' 과 '알' 은 어원이 같지만, 'ᄋᆞᆯ' 이 '알' 보다 큰 의미를 가진다고 본다.
ᄋᆞᆯ = 알(씨, 근원) + 얼(사상, 정신) + 울(누리, 우주, 우리) ⇒ 삼위일체 또는 天地人의 주재자이신 하나님
ᄋᆞᆯ = 엘 + 엘로힘 + 알(아르) ⇒ 유대교, 기독교, 이슬람이 함께 쓰는 용어
하늘의 어원이 '한ᄋᆞᆯ' 이라는 견해는 그 외 서정범 교수(전경희대학교 국문학과 교수, 전한글어원학회 회장)가 있고(서정범 전집 어학편, '語源의 세계'), 최남선, 양주동, 안호상 박사도 비슷한 견해(ᄋᆞᆯ=울)를 가지고 있다.

(ᄋᆞᆯ의 산)' 에서 유래한 순수 우리 이름이라는 것입니다('-니아' 는 국가라는 뜻). 성경에서 노아의 방주가 닿은 지명 '아라랏' 은 아직도 어원이 분명하지 않은데 어원은 방주가 닿은 'ᄋᆞᆯ메' 와 관련이 있을 것입니다.

'아라랏' 은 영어로 'Ararat' 인데 이 말은 'ᄋᆞᆯ(ar, 아르)' + 'ᄋᆞᆯ(ar, 아르)' + '에서(at)' 라고 보면, 'ᄋᆞᆯᄋᆞᆯ에서' 가 되겠지요. 아라랏(Ararat)은 곧 우리말 'ᄋᆞᆯ메에서(알메에서)' 라고 말입니다.[43)]

'ᄋᆞᆯ' 과 관련된 용어들(메아리, 알터, 알터 마을, 난생설화)

우리가 주위에서 'ᄋᆞᆯ' 은 하늘, 한ᄋᆞᆯ님은 하나님, 'ᄋᆞᆯ이랑(하나님과 함께)' 이 '아리랑' 으로 변한 것을 대변해 주는 것을 두세 가지 근거로 찾을 수 있을 것 같습니다. 우선 산울림의 소리 '메아리' 입니다. '메아리' 는 어원이 '메(ᄆᆡ)ᄋᆞᆯ이' 인데 우리가 산(메)을 향하여 "야호~"라고 소리치면 되돌아오는 소리를 말합니다. 이때 'ᄋᆞᆯ' 은 산의 신령을 뜻하고, 산신령이 응답하는 소리가 '메아리(메ᄋᆞᆯ이)' 인 것입니다. 산신령의 소리, '메ᄋᆞᆯ이' 가 뒷날 '메아리' 로 바뀐 것과 같이 우리의 민요, 'ᄋᆞᆯ이랑' 은 훗날 '아리랑' 으로 바뀐 것입니다. 그러므로 우리 민요 아리랑은 하나님께 올려 드린 찬송가입니다.

그 다음은 '알터' 입니다. 우리나라 높은 산 꼭대기 큰 바위에는 인공적으로 돌우물 구멍을 파 놓은 곳이 상당수 있습니다. 이것이 알터이며, 축조 연대는 청동기시대로 추정합니다. 이것을 우리나라 학계에서는 여성 성기를 연관지어 '성혈(性穴)', 어떤 이는 용의 알을 닮았다고 '용알터' 라고 하지만, 정식 학명은 컵을 뜻하는 'cup-mark' 입니다.

---

43) 터키어로는 아라랏을 '아르 다으' 곧 '아르 산' 이라고 부르고 있다.

알터는 바위 구멍을 파서 빗물을 저장한 시설로 추정합니다. 알터는 보통 기도처나 제단이 있던 장소로 봅니다. 알터(용알터)는 산 정상, 또 주위에는 고인돌이 발견되는 곳이 많아서 제단일 가능성이 큽니다. 하나님에 대한 제사는 산 정상에서 드렸고, 정상은 물이 귀하므로 빗물을 받아둘 돌우물을 파고, 하늘에 제사를 드릴 때 사용하면서 그곳을 '알터(하나님의 제단)' 라고 불렀다고 말입니다. 한편으로 알터의 돌우물은 배수구가 있는데 제사에서 짐승의 피를 흘리는 것과 관련짓기도 합니다.[44]

경상북도 고령읍 양전리에는 '알터 마을' 이 있습니다. 그곳 바위에 정교하게 새겨 조각한 청동기시대의 암각화가 있는데 이 마을은 그 당시 천단(天壇)이 있던 소도(蘇塗)로 추정하며, 암각화는 종교 행사와 관련된 그림으로 보고 있습니다. 이와 같이 알터는 기도처 또는 제단과 관련이 많으므로 알터의 '알' 은 제사의 대상인 한울님, '터' 는 장소이므로 하나님께 천제를 드리는 제단에 대한 순수 우리말로 볼 수 있습니다.

크게는 알타이산맥의 어원도 알터와 관련이 있겠지요. 그러나 학계는 아직 체계적 연구가 없어서 알터의 기원도 모르며, 민간에서는 돌우물 알터가 여성 성기를 닮았다고 하여 다산의 상징물로 보고 있을 뿐입니다.

또한 우리 역사에서 삼국시대의 시조들은 난생설화가 많습니다. 고구려의 주몽, 신라의 박혁거세, 가야의 김수로왕 등이 모두 알에서 태어났다고 하지요. 이것은 성경에서 지도자(제사장, 왕, 선지자)를 하나님이 세우듯이 우리 민족의 지도자도 하나님이 선택하신 것으로 볼 수 있

---

44) 노승대, 바위로 보는 우리 문화, 도서 출판 무한, 1999, 59~63쪽.

습니다. 이때 우리는 하나님을 '올(神)'로 불렀으므로 올이 선택한 지도자 이야기를 구전으로 들어오다가 뒷날 '알(卵)'에서 태어났다는 기록을 했다고 보는 것입니다.45) 이것은 《삼국유사》와 같이 난생설화를 기록한 후세의 사가들이 하나님을 몰라서 한 실수이거나 아니면 의도적으로 내용을 왜곡시켰기 때문일 것입니다.

하나님의 어원을 '알'에서 찾는데 대한 상세한 논의는 유석근 목사님의 책 〈또 하나의 선민 알이랑 민족, 예루살렘, 2009년〉를 참고하시기 바랍니다.

'땅'의 어원은 '다'와 '스탄'(stan) -필자의 사견-

그리고 저는 땅을 오랜 기간 연구한 한 사람으로서 '땅'이라는 단어에서 'ㄸ'의 된소리가 마음에 걸렸습니다. 토지경제에 대한 글을 많이 쓰는 저로서는 컴퓨터에 글을 쓸 때마다 쓰는 단어 '땅'자는 shift 키를 눌러 주어야 제 글(땅)이 나오고, 그렇지 않으면 '당'이라는 글자만 찍힙니다. 이와 같이 많이 쓰는 단어에 쓰기 쉽고, 듣기에도 부드러운 단어 '당'을 두고, 굳이 된소리 '땅'을 택하여 부르게 되었을까 말입니다. 그래서 저가 땅의 어원을 두고 오랜 기간 의문이 있어 왔습니다.

그런데 제가 찾아 본 '땅'은 어원이 '다', '셔다', '싸(따)', '쌍'에서 변한 것이었습니다. 그 예로 1527년 조선시대 어린이 한자 교육서 《훈몽자회(訓蒙字會)》에서는 '지(地)를 '다'라고 적어놓고 있습니다.

---

45) 가야국 김수로왕에 대한 천강난생신화(天降卵生神話) -《삼국유사》〈가락국기〉-
3월 어느 날 하늘의 명을 받아 많은 사람들이 구지봉(龜旨峰)에 올라가 하늘에 제사를 지내고 춤추고 노래하자 하늘에서 붉은 보자기에 쌓인 금빛 그릇이 내려왔는데 그 속에는 둥근 황금색의 알이 여섯 개 있어, ...제일 먼저 태어난 아이의 이름을 수로라 하였다고 한다. 주민들은 수로를 가락국의 왕으로 모셨고, ...천신의 명을 받아 배를 타고 바다를 건너온 아유타국(阿踰陀國)의 왕녀인 허황옥(許黃玉)을 왕비로 맞이하였다.

이보다 더 오래된 말로 "다물"이라는 단어가 있는데 다물은 고구려의 건국이념으로 "땅을 무르다(되찾다)"의 뜻을 가진 순수한 우리말이었습니다.[46] 다물은 잃어버린 우리 겨레의 옛 영토를 되찾자는 뜻입니다. 그리고 아직 확실하지 않지만, 한글의 옛글에 해당한다고 보는 '가림다' 라는 문자도 있는데 이 이름이 다른 곳에서는 '가림토(가림土)' 로 부르고 있습니다. 여기서 '다' 는 우리말, '토(土)' 는 한자이므로 '다' 와 '땅(土)' 은 같은 말임을 알 수가 있습니다.

땅의 어원과 관련하여 국어사전에서 땅의 고어를 찾아보면, '**ᄯᅡ**' 또는 '**ᄯᅡᇰ**' 으로 나와 있습니다.[47] 한자의 기초서인 천자문에서도 '지(地)' 의 훈을 "따 지"라고 하여 '따' 로 불렀습니다. 그러므로 땅은 처음에 '다' 에서 다 → 셔다 → **ᄯᅡ** → 따 → **ᄯᅡᇰ** → 땅으로 변한 것을 짐작할 수가 있습니다.

또한 《해동역사》의 방언 편에는 '天曰漢捺(천왈한날)', '地曰須大具(지왈수대구)' 라고 하여 하늘은 '한날', 땅은 '수대구' 라고 하는데 이것은 땅을 '스당', '스탄', '**ᄯᅡᇰ**' 으로 불려왔음을 알 수 있습니다. 왜냐하면 같은 책에서 '川曰加具(천왈가구)' 라고 하여 '가구(加具)' 라는 글자는 '강' 을 말하므로 한자 '구(具)' 는 'ㅇ' 받침의 역할을 하기 때문입니다. 곧 '수대구' 는 '스당', '**ᄯᅡᇰ**' 이 됩니다.

그러면 왜 땅을 '**ᄯᅡᇰ**' 으로 불렀을까요? 그 의미는 엉뚱하게도 중앙아시아의 국가 이름인 '~스탄' 에서 찾아볼 수가 있습니다.

---

46) '다물(多勿)' 은 '옛 땅을 되찾는다(復舊土)' 는 뜻의 고구려 말이며, 관련 기록은 다음과 같다.
삼국사기 권13〈고구려본기〉동명성왕편 : 宋讓以國來降 以其地爲多勿都 封宋讓爲主 麗語爲復舊土爲多勿

47) 국어대사전(금성출판사, 1991, 885쪽)에 소개된 땅의 고어
① '**ᄯᅡ**' : 地는 **ᄯᅡ**이니〈月釋序 18〉 ▷ㅎ체언, ② '**ᄯᅡᇰ**' : **ᄯᅡᇰ**을 ᄑᆞ고 묻고져 ᄒᆞ더니〈東國新孝子圖 1 : 1〉

중앙아시아는 우즈베키스탄, 카자흐스탄, 기르키스탄, 파키스탄 등 7개국의 이름이 모두 ~스탄으로 불립니다. 그런데 'stan' 은 영어의 'land' 처럼 '땅' 또는 '나라' 라는 의미인데 원래의 뜻은 '서다(셔다)' 입니다. 물론 '서다' 는 특정 지역에서 立, 停止, 시작 등의 의미를 가집니다. '서다' 는 과거형 '섰다' 가 되면 소리는 '섯따' 로 된소리가 납니다.

그리고 영어의 'stan' 은 더 기본적인 단어가 'sta(서다)' 이며, 이 말과 관련된 단어는 영어에서 많이 찾아볼 수가 있습니다. 어떤 장소나 지역에서 '머물다' , '서다' , '출발하다' 와 관련된 단어가 영어 어근으로 'st' 또는 'sta' 입니다. stay(머무르다, 정지), stand(서다, 세우다), station(역, 말이나 기차가 서서 갈아타는 장소), stage(무대), start(출발), stop(정지) 등이 모두 'sta' 또는 'st' 라는 말이 들어있습니다.[48]

우리말로 땅의 어원인 '서다' 와 '**짜**' 는 영어의 'sta' 와 발음과 뜻이 모두 비슷합니다.

〈발음〉 '**짜**' : 자음은 'ㅆ' , 모음은 'ㅏ'

'sta' : 자음은 'st, 모음은 'a'

48) [스탄 (-stan)은 페르시아 말로 '서 있는 곳' 이란 뜻에서 '사는 곳, 땅' 이란 뜻으로 쓰이게 된 단어입니다. 그래서 구소련 독립국들의 의미는 각 겨레가 사는 곳이란 뜻이 됩니다. 즉 우즈베키스탄은 우즈벡 민족이, 카자흐스탄은 카작 민족이, 그리고 투르크메니스탄은 투르크멘 민족이 사는 곳이란 뜻이랍니다. 인도 이란어를 더 거슬러 올라가면 그 뿌리에는 더 큰 언어 계통인 인도 유럽어가 있습니다. 이 인도 유럽어는 영어를 비롯한 많은 유럽 언어들이 속해 있으며 현대의 언어 계통(어족) 중에서 가장 연구가 많이 된 언어이기도 합니다. ' 스탄' 의 뿌리가 되는 sta-라는 어간은 인도 유럽어에서도 중요한 비중을 차지하기 때문에 그 파생어도 많이 남아있습니다. 그 예로는 영어의 stand '서다, ~에 있다' , stay '머무르다' , 라틴어 st re '서다' 를 거쳐 들어온 station '역, 서있는 곳' , estate '소유지' , 그리고 스페인어 estar '~에 있다' 등이 있으며 이 외에도 아주 많은 단어들이 있습니다. Armistice나 Solstice같은 어려운 단어들도 그 속에 들어 있는 sta- '서 있다' 의 뜻을 기억하면 쉽게 그 의미를 알 수 있습니다. Armistice는 무기(라틴어로 arma)를 쓰지 않고 멈추어 서 있는(-stice 〈 sta-) 것을 의미하므로 '휴전, 정전' 이란 뜻이 되었고, solstice는 태양(라틴어로 sol)이 멈추어 서 있는(-stice 〈 sta-) 것을 의미하므로 태양의 고도가 가장 낮거나 가장 높을 때를 가리키는 지점(至點: 가장 낮을 때는 동지, 높을 때는 하지)을 뜻하게 되었습니다.]

〈의미〉 서다 : 서다, 머물다, 일어나다, 시작하다(시장이 서다, 아기가 들어서다), 세우다.
sta : stop, stay, stand, start, establish

이와 같이 땅의 어원은 원래 넓은 지역이라는 뜻을 가진 '다' 로 불렀고, 그 넓은 지역(다)의 일부인 어느 특정 지역에 일시 정착을 하거나 정착하여 의미 있는 일을 했으면 그곳이 '서다(셔다)' 인 것입니다. 그리고 '서다' 는 '**싸**' 로 변하고, 과거형 '섰다' 는 '섯따' 이므로 이 발음이 '따' 와 '땅' 으로 변한 것을 알 수 있습니다. 그런데 땅의 어원을 멀리 중앙아시아 '~스탄' 이라는 국명에서 찾고 있으니 이상하지요.

이 외에도 중앙아시아 스탄은 우리 민족의 동방 이동을 말해주는 용어가 더 있습니다. 중앙아시아와 중국의 경계를 이루는 파미르 고원은 파가 많이 나기 때문에 중국이 '총령(蔥領)' 이라고 부릅니다. 그런데 총령은 '파(蔥)의 고개(領)' 라는 말입니다.

유석근 목사님은 파미르 고원이 파가 많은 마루(고개)이기 때문에 우리말 '파마루' 에서 파생된 단어로 보고 있습니다. 그리고 '알타이산맥' 의 '알' 도 우리말 알이나 알터와 관련이 있습니다. 시베리아는 앞에서 언급한 바와 같이 밝고 넓은 '새벌, 그곳' 의 호수 이름 '바이칼' 역시 하나님이 계신 '밝은 하늘' 을 나타내는 '밝알(밝 올)' 에서 유래했다고 합니다. '밝 올 호수' 가 '바이칼 호수' 로 된 것입니다.

이렇게 보면, 우랄산맥(Ural Mountains)은 우리 민족의 이동 경로 또는 중간 체류지였던 중앙아시아서 볼 때 우(위)에 있는 거대한 산맥이며('우' 는 '위=上' 의 고어에 해당), 아랄(Aral Sea)해는 아래에 있는 넓은 호수입니다.

그래서 '우(위)에 있는 거대한 올의 산' 은 "우알(우올)산맥" 으로,

'아래에 있는 넓은 울의 호수는 '아래알(아래울) 바다' 로 불렀다고 볼 수 있겠습니다.[49]

7. '서다(sta)' 의 이유와 우리 겨레의 이동 경로

'서다(sta)' 의 이유

그러면 왜 중앙아시아에서 우리말 '서다(sta 또는 stan)' 라는 단어가 아직 남아있고, 그 단어가 세계적으로 퍼져 나갔을까요? 이것은 성경에서 볼 때 우리 겨레의 동방 이동사와 깊은 관련이 있습니다. 창세기 8장과 9장에서 하나님은 홍수 후 땅을 정복하여 가득 채워 생육 번성하라고 세 번에 걸친 명령을 내립니다(창 8:17, 9:1, 9:7). 노아의 세 아들 중에서 가장 신실한 믿음을 가진 셈족, 그 직계 후손이 벨렉과 욕단의 형제 가족들입니다. 이들은 하나님의 명령을 따라 아라랏 산지에서 땅을 채우기 위하여 땅의 끝을 찾아서 이란(또는 우랄산맥)을 거쳐 동방으로 이동을 합니다. 그러다가 중간에서 멈춘 곳이 중앙아시아 스탄(stan) 지역입니다.

---

49) '우랄(Ural)' 의 어원 세 가지이다. 하나는 만시인(서시베리아 지방의 수렵 · 어민)의 언어인 '우르 아라' (山頂)라는 설이다. 그러나 만시인들은 이 산맥을 '네요르' (산)라고 부르기 때문에 신빙성이 낮다. 두번째는 카자흐스탄 남부에 있는 아랄해가 어원이라는 설이다. 음성학상 우랄과 아랄이 비슷하다고 해서 민간에 전승되는 설이다. 세번째는 이것이 타타르계의 지명이라는 설이다. 타타르는 러시아연방 내 투르크계 여러 종족을 총칭한다. 그들은 우랄산맥을 우랄(帶 · 띠)이라고 부른다고 한다. 18세기 지리학자 타치세프가 이 설을 제기했다. 우랄산맥이 전체적으로 구릉 상태인 점을 감안하면 이것이 좀 더 타당한 것으로 알려지고 있다. -地名의 어원으로 보는 흥미진진 세계사(월간중앙, 2002년, 9월호)-

아랄(Aral)의 어원은 '섬들의 바다' 라는 뜻인 '키르기스 아랄덴기스(Kirgiz Aral-denghiz)' 로 보고 있으며, 그 이름에 걸맞게 면적 1ha 정도의 섬들이 호수 전체에서 1,000개 이상 흩어져 있다(브리태니커 백과사전). 그러나 섬의 이름 또는 섬의 이름과 관련이 있는 'Aral' 에 대하여 어원을 모르기는 마찬가지이다.

그러므로 이 지역(다)은 우리 겨레가 동방의 한반도를 향하여 행진을 하다가 멈추고 섰다는 뜻에서 그 지역을 '서다(sta)' 또는 '섰다(섯따, sta)' 로 부른 것으로 보입니다. 또 정착한 '새터' 는 'site' 입니다.

그러면 우리 겨레가 왜 중앙아시아에서 행진을 잠시 동안(또는 장기간) 멈추었는가 하는 것입니다. 그것은 지리적 이유입니다. 이 지역은 남쪽으로 히말리야 산맥과 티베트 고원이 있어서 더 나아가기 어려웠습니다. 또 동쪽으로는 피미르 고원, 천산산맥 등의 해발 6,000m가 넘는 험산준령이 가로 막고 있습니다. 이 험산준령은 중국의 동쪽과 서북쪽의 국경 지대를 말하며, 지금도 아시아 대륙을 극동, 서아시아, 중앙아시아 3대 지역으로 나누어지게 할 만큼 높고 거대한 산악지대입니다.

우리 겨레는 여기서 행진을 멈추고, 일단 정착합니다. 그리고 너무나 험한 고개(험산준령)를 만나서 이 고개를 넘어 동방으로 행진을 계속할 것인지 아니면 포기를 할 것인지를 두고 결정을 내려야 했습니다. 그런데 셈족의 일부는 동방의 이주를 포기하고, 니므롯이 사는 시날 땅(바벨론 평원)으로 돌아가고 맙니다. 그곳은 평야지대이고, 니므롯이 도시문명을 발전시켜서 살기가 좋은 곳이기 때문입니다.

바벨탑과 유사한 지구라트

성경에 의하면 시날 땅으로 들어간 족속들은 동쪽에서 이동을 해 왔다고 합니다(창 11:2). 이들이 바로 유대 민족의 시조인 벨렉 계열일 것입니다. 이들은 함과 가나안 족속의 후예인 니므롯 무리들과 함께 바벨탑 건축에 동참하다가 하나님에게 징계를 받습니다.

그러나 에벨의 둘째 아들 욕단 계열은 다릅니다. 하나님의 명령을 따라 험산준령을 넘어 동쪽으로 이주를 감행합니다. 욕단은 형님처럼 힘들게 이주를 하지 않고도 살기 좋은 곳에 남을 수 있는 시날 평지를 택하지 않고, 하나님의 뜻을 따랐습니다. 이것은 욕단의 6대 선조인 노아 할아버지의 뜻이기도 했습니다. 우리는 통상적으로 바벨탑 사건은 모든 인류가 다 함께 저지른 과오로 보지만, 이것은 성경 본문과 본문이 의도하는 바와 다르다고 할 수가 있습니다. 시날 땅에 들어오는 과정을 말하고 있는 창세기 11장 2절의 본문은 "동쪽으로(to the east)"가 아니고, "동쪽에서(from the east)" 입니다. 이는 홍수 후 셈족이 아라랏 산지(서쪽)에서 시날 땅(동쪽)으로 바로 간 것이 아니고, 이 지역을 넘어서 동방(동쪽)으로 가다가 시날 땅(서쪽)으로 되돌아왔음을 뜻합니다. 그리고 노아 할아버지와 노아의 추종자들은 바벨탑 쌓기에 참여하지 않았다는 것입니다. 바벨탑 사건 당시 당대의 의인 노아 할아버지는 살아 있었고, 그래서 노아와 벨렉의 동생 욕단은 바벨탑을 쌓고 있는 니므롯의 행동에 가담하지 않은 것으로 보는 것이 더 타당합니다.[50]

---

50) 바벨탑 사건은 홍수 후 약 100년 뒤에 발생하며, 지금까지 성경 해석은 모든 인류가 이 사건에 가담했다고 하지만, 노아 할아버지와 욕단의 후손은 바벨탑 건축에 가담하지 않는 것으로 보인다. 바벨탑 사건의 결과는 모든 인류의 언어를 모두 혼잡하게 했다(창 11:8), 그러나 열 민족 중에 한 민족은 남겨두어도 열 민족 모두에게 언어가 통하지 않으므로 모든 민족의 언어를 혼잡하게 한 창세기 11장 8절 말씀에 부합한다.

우리 민족의 이동 경로

먼저 욕단의 형님 가계인 벨렉 계열의 유대 민족은 중앙아시아에서 시날 땅으로 돌아갔고, 거기서 바벨탑 사건 후 다시 우상을 섬기는 갈대아 우르로 가서 살았습니다(창 11:31). 아브라함은 갈대아 우르를 떠나서 하란에 머물러 있던 중 하나님이 불러서 티그리스 강과 유프라테스 강을 건너 지금의 가나안 땅으로 갑니다.

그러나 같은 셈과 에벨의 후손인 우리 겨레는 하나님의 명령을 따라 땅을 가득 채우기 위하여 해가 뜨는 지역인 동으로, 동으로 이주를 하였습니다. 노아의 삼형제 중 믿음이 가장 신실했던 우리 겨레는 땅을 채우라는 하나님의 명령을 그대로 순종을 합니다. 우리 겨레는 일찍부터 하나님을 경외하며, 노아의 대홍수가 왜 일어났는지를 노아 할아버지로부터 들어서 잘 알고 있습니다. 홍수 이전에는 가인의 후예들이 땅을 정복하고 다스리기보다 한 곳에 모여서 도시를 만들고, 성(에녹성)을 쌓고 살았으며, 이로써 백성들이 타락하여 홍수 심판을 받아야 했음을 너무 잘 알고 있었습니다. 홍수 후에는 형님 집안인 벨렉 계열이 다시 하나님의 뜻을 어기고 시날 땅으로 갔고, 한 지역에 집단적으로 도시를 이루고 살다가 바벨탑 사건으로 혼이 난 것을 보았습니다. 우리 겨레는 이때 노아의 홍수와 천신제사를 역사로 기록하기 위하여 '船(선)' 과 沿(연), '示(시)' 와 '祭(제)' 를 비롯한 한자도 만들었습니다. 이 한자는 지금 동이족의 글자로 알려지고 있습니다.

또한 노아 할아버지는 홍수 후에도 350년간을 더 살았으므로 바벨탑 사건 당시 생존하고 있었습니다. 정착지는 알메니아에 있는 '유정겔리' 로 추정되지요. 그러므로 당대의 의인이요, 하나님의 뜻에 순종하여 방주를 지어 사람과 동물의 생명까지 구원을 받았던 노아 할아버지가 갑자기 하나님의 뜻을 어기고, 바벨탑 사건에 참여했다고 보기가 어렵습니다. 그러므로 후손들인 벨렉과 욕단은 노아 할아버지와 연락을 취하면서 자신의 허물(하체)을 형제들에게 드러낸 함, 그리고 그의 후손 니므롯이 살고 있는 시날 땅으로는 가지 말라는 가르침도 자주 들었을 것입니다.

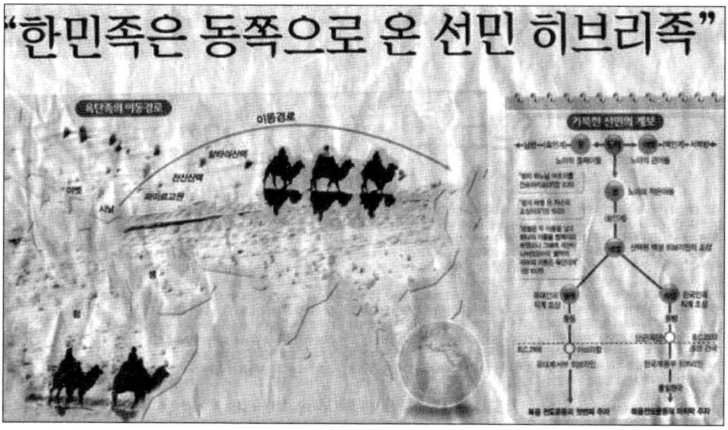

그래서 우리 겨레는 하나님의 뜻을 따라 노아 할아버지의 가르침을 따라 해가 뜨는 동쪽으로, 동쪽으로 이동합니다. 힘들고 어려워도 하나님이 동행하심으로 울이랑 찬송을 부르며, 험산준령의 고개를 넘고, 또 넘습니다. 마침내 당도한 지역은 아주 넓고 밝은 새 땅이었습니다. 이것이 바이칼호가 있는 '새벌', 오늘의 시베리아 벌판입니다. 우리 겨레는 여기서 정착을 합니다. 물론 하나님께 제사를 올리는 성지는 시베리아, 만주, 연해주, 산둥반도 등 대륙의 해변 전지역을 아우르는 백두산을 택했습니다. 첫 도읍지는 어디인지 모르지만, 확트인 하늘과 밝은 땅이 보이며, 이 지역을 관리하기에 제일 좋은 곳이었을 것입니다. 이곳이 아사달(처음 땅)입니다. 여기서 우리 선조들은 8조 금범(8조 금법)을 선포하

고 나라를 열었습니다. 그래서 성경은 우리 겨레의 이동 경로를 메사에서 스발(시베리아)로 가는 길의 동쪽 산지라고 알려주고 있는 것입니다(창 10:31).

성경이 말하는 욕단 족속의 이동 지역과 우리말 하늘과 땅의 어원을 참고로 추적해 본 우리 겨레의 이동 경로는 다음과 같습니다.[51)]

노아의 방주 ⇨ 터키와 알메(아라랏, 흰머리산) ⇨ 알메니아(홍수 후 노아의 거주지) ⇨ 우랄산맥 또는 시날과 메사(이란 동북부 도시) ⇨ 중앙아시아(~스탄 지역) ⇨ 파미르(파마루, 葱領) 고원 ⇨ 알타이 산맥 ⇨ 시베리아(새벌, 싀벌) 바이칼(밝알, 볽올)호 ⇨ 아사달(처음 땅)과 백두산(흰머리산 또는 한볽뫼)

서다(짜)와 초원길(steppe route)

예로부터 아시아 또는 유라시아라는 대륙 전체를 동서로 연결하는 길은 비단길(silk road)과 초원길(steppe route)이 있었습니다. 비단길은 우리가 잘 아는 바와 같이 기원 전 1, 2세기에 무역을 위하여 개척한 길입니다. 그러나 이보다 훨씬 먼저 열린 동서의 통로가 초원길입니다.

초원(草原)은 영어로 'prairie(프레리)', 러시아어로 '루가(luga)'나 '폴레(поле)'입니다. 인공이 가해진 초원은 'grassland(풀밭)' 또는 'meadow(초지)'를 씁니다. 그런데 왜 초원길이 영어로 'steppe route'가 되었을까요? 초원길은 나무가 없는 시베리아 벌판의 대초원을 지나

---

51) 우리 겨레의 이동 경로를 창조사학회에서는 아라랏 산에서 카스피해 북쪽 지역, 곧 캅카스산맥을 넘고, 러시아 볼가강 연안을 따라 오다가 우랄산맥을 넘어서 중앙아시아로 들어온 것으로 보고 이 지역을 탐사한 바도 있다.

는 길이었으므로 초원길이라고 부릅니다. 그런데 초원길을 영어로는 steppe route라고 하는데 'steppe(또는 step)'은 한 걸음 한 걸음을 내딛는 발걸음을 뜻합니다.[52] 곧 'steppe'은 가다와 서다를 반복하는 발걸음의 행진과 멈춤을 나타냅니다. 그러므로 이 단어도 우리 겨레의 이동과 관련된 '서다의 ᄯᅡ'와 '(고개를 넘어) '간다'와 관련되고 있습니다. 초원길도 우리 겨레가 동방으로 이주하면서 처음 개척한 길이라고 보는 것이지요.

초원은 넓은 지역에 나무가 없고 풀만 자라는 곳이므로 하늘이 환하게 트여있고, 넓게 보입니다. 그리고 풀밭에는 동물들이 많이 삽니다. 따라서 초원은 하나님이 계신 하늘이 확 트인 곳으로 제사를 드리기가 좋습니다. 더구나 풀밭은 제물인 짐승을 잡기에도 편리합니다. 초원은 홍수 후 식용이 허락된 짐승의 사냥도 쉬워서 먹고 살기에도 좋았습니다. 하나님을 섬기는 제사와 짐승을 잡아 식용으로 쓰는 기마민족(또는 유목민족)에게는 초원이 가장 적당합니다. 초원은 야생 동물의 수렵이 쉽지만, 목축에도 적지입니다. 이런 곳이 바로 만주와 시베리아의 대초원이며, 그 대초원이 우리 민족에게는 동방을 향한 행군 길이였고, 초기는 삶의 터전이기도 했던 곳입니다. 우리가 기마민족이며, 북방계 유목인이라는 것은 이런 이유일 것입니다.

시베리아(시비리, 새벌, 斯白力) 초원은 1579년 에르마크가 1,000여

52) 'steppe'은 러시아어로 'степь(스쩨뻬)', 나무가 없는 대초원 지대의 뜻을 가지지만, 발음은 그냥 스텝(step)으로 읽고, stepped(계단이 있는), stepped up(강화된, 속력을 증가한), stepper(걸어서 나아가는 사람)와 같은 어원을 가진다. 이 외에 '서다'의 말과 뜻이 같은 것은 히브리어에도 찾을 수 있다. 히브리어 '셀라(הלס, selah)'라는 말은 '아멘'처럼 기도나 시편의 끝에 나오는 말인데 문법적으로 연결어는 아니며, 노래를 하거나 글을 읽을 때 '끊어라'는 뜻이다. 그러므로 '셀라'는 우리말 '서라(stop, 잠시 멈춤)'와 관련이 있을 수 있다.

명의 카자흐 부대를 이끌고 시베리아 원정에 나서면서부터 약 70년간에 걸쳐 러시아에 편입된 지역입니다. 그러나 시베리아는 유럽이 아니고, 아시아입니다. 시베리아는 유럽권역인 러시아와는 지리적으로 거리가 너무 멀고, 역사적 인과관계도 아시아 민족들에 비하여 거의 없었습니다. 시베리아는 우리 겨레가 첫발을 딛고 살다가 떠난 곳으로 주인 없는 땅이었습니다.

비단길은 비단을 팔러 다니는 중국 중심의 사막길이고, 무역길이었다면, 초원길은 이보다 먼저 한국인이 개척한 오아시스의 길이며, 동서의 첫 통로였습니다. 초원길은 우리 선조가 긴긴 세월을 거쳐 이주를 할 때, 그 초원에서 임시 거처를 정하여 생활까지 하면서 겨레의 대이동을 감행한 역사가 그대로 담긴 길입니다.

따라서 초원길은 보통 B.C. 3세기에 열려 불교가 전래된 길로 알고 있으나, 실상은 B.C. 2000년 전에 아라랏 방주에서 유라시아 대륙의 끝(극동)까지 하나님의 뜻을 따라 이동해 온 민족 최초의 '개척길' 이고 '선교길' 이었습니다. 초원길은 말을 타고 벌판을 누비고, 힘차게 내달리던 기마민족의 길입니다. 그리고 유목민의 삶터입니다. 이와 같이 초원길의 어원인 'steppe route' 마저도 '새벌(시베리아)' 과 '짜' 에서 나온 것이므로 우리 겨레의 이동 경로와 역사의 뿌리를 알려주고 있습니다.

그러나 이러한 추정은 아직 소수의 견해이거나 저의 사견입니다. 다만, 성경이 이러한 관점을 뒷받침 해주고 있으므로 그 역사적 근거는 앞으로 연구를 하면 찾아낼 수 있을 것으로 봅니다.

8. 올이랑(아리랑)은 한국 고유의 찬송가

아리랑, 가장 오래되고 가장 많이 부른 노래

아리랑은 아주 오래된 우리 겨레의 노래입니다. 아리랑은 중국 연변의 조선족, 일본의 제일교포, 중앙아시아의 고려족, 미국에 사는 우리 동포, 세계 어디에서 살든지 한겨레의 핏줄이면 지금도 부르고 있는 노래입니다.

아리랑 문양

지금도 올림픽과 같이 남한과 북한이 한 자리에 모이면 함께 부르는 곡이 아리랑입니다. 이와 같이 아리랑은 이념과 지역을 초월하여 우리 겨레가 있는 자리이면 함께 불러왔고, 앞으로도 그렇게 부를 수 있는 노래입니다. 그리고 아리랑은 우리 겨레의 뿌리와 역사와 삶이 녹아져 있는 노래입니다.

아리랑은 세계의 노래

우리 민요 아리랑은 이제 세계의 노래가 되어가고 가고 있습니다. SBS방송은 '아리랑의 숨겨진 이야기 고개(SBS 스페샬, 2010.9.12)' 라는 제목으로 아리랑 곡으로 찬양을 하는 미국의 한 교회를 소개하면서 이렇게 말하고 있습니다.

「아리랑은 한국인이라면 누구나 아는 대표적인 민요다. 뿐만 아니라 조지윈스턴, 잉거마리, 리사오노, 폴모리악단 등 유명 뮤지션들에게 칭송 받으며 연주되고 있다. 이들이 낯선 한국의 노래, 아리랑을 부르고, 연주하는 이유는 무엇일까? 그들은 한결같이 말한다. 5음계, 동형진행 그리고 열린 멜로디 구조 등 음악적으로 아리랑은 누구나 쉽게 부를 수 있고, 어떤 장르의 음악과도 융합이 가능하다고…. 우리 모두가 이 질문에 대해 진지하게 고민해보고, 아리랑의 가치를 재발견해보는 시간을 마련해보고자 한다.(생략)

우리의 민요 아리랑이 세계대회 1등을 했다. 하지만 그 주인공은 한국인이 아닌 일본의 카시와고등학교 오케스트라. 10년 전 한국 여행에서 우연히 아리랑을 들은 이시다 슈이치 선생님, 한국을 오가며 아리랑을 직접 배워, 카시와 오케스트라 단원들에게 연주를 시키기 시작했다. 그 후, 일본 고등학교 전국대회 우승은 물론, 세계 취주악대회에서도 아리랑으로 1등을 수상하면서 한 해 70여 차례 전국순회공연을 하는 유명오케스트라단이 됐다.(생략)

미국 미시간 주의 한 교회 예배시간. 익숙한 멜로디의 찬송가가 울려 퍼지고 있다. 바로 우리의 아리랑 멜로디다. 한국을 상징하는 민요가 어떻게 세계인들이 함께 부르는 찬송가로 실릴 수 있었을까?

또한, 아리랑이 미국 연합장로교회에서 발간하는 찬송가집에 … 수록된 것은 1990년. 찬송가 편찬 위원회에 직접 작사한 찬송가 아리랑을 제출한 것은 칼빈대학의 버트 폴만 교수. 당시 후보곡만 3천여 곡. 새로운 찬송가로 책에 실리는 것은 무척이나 힘든 상황이었다지만 미국과 캐나다 전역에서 모인 편찬 위원회의 전원 찬성을 이끌어 낸 아리랑!」

SBS 방송은 아리랑을 이렇게 소개하고 있습니다. 아리랑 곡은 지금 미국연합장로교 찬송가 346장(방송은 229장) "Christ, You Are the Fullness" 입니다. 아리랑 곡은 이웃 캐나다에서도 찬송가로 부릅니다.

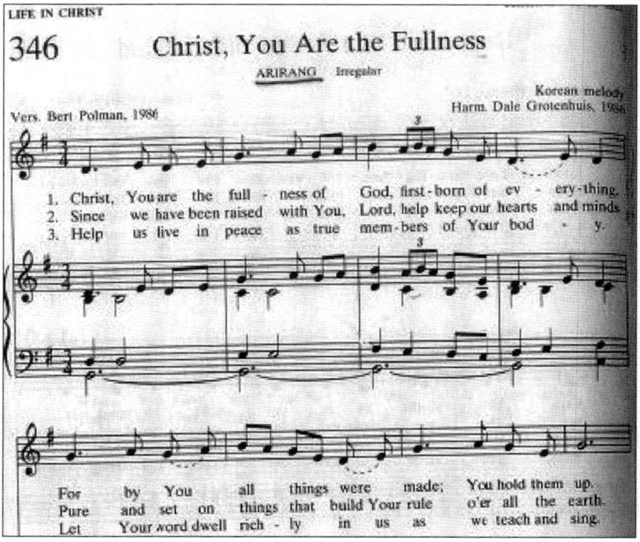

멜로디가 아리랑인 미국연합장로교 찬송가 346장의 일부

일본은 국회의원 선거 유세장에서도 출마자가 우리말로 아리랑을 부르며, 선거운동을 하고 있습니다. 또한 미국의 6~10 살 아이들이 아리랑을 들어 본 적이 없는데 곡을 두세 번 듣고는 멜로디를 기억해서 '허밍' 으로 아리랑을 불렀습니다. 노래가 쉽다는 뜻이지요. 그리고 세계의 유명한 음악가들은 아리랑은 선율이 쉽고, 아름다우며, 평안함을 주는 곳으로 어떤 노래와도 잘 어울릴 수 있는 멜로디라고 평가하고 있습니다. 아리랑은 2003년 세계 작곡가 모임에서 세계에서 가장 아름다운 민요로 뽑힌 적이 있습니다. 이와 같이 아리랑은 외국에서 찬송가로 불릴 정도로 곡이 쉽고, 아름다우며, 각종 음악 경진대회에서도 수상을 하는 우수한 곡입니다. 아리랑은 이제 우리의 한글 못지않게 세계에서도 그 우수성을 인정받고 있습니다.

아리랑은 어원을 모릅니다.

아리랑은 우리 겨레의 대표 민요로 누구나 알고 있고, 때와 장소에 관계없이 다함께 쉽게 부를 수 있는 노래입니다. 그리고 가장 오래된 노래입니다. 이제는 아리랑을 들어본 세계인들도 전문가는 물론 일반들까지 아름다운 곡이라고 찬사를 아끼지 않습니다. 그런데 우리는 이러한 아리랑 노래에 대하여 기원을 모르고 있습니다. 지금도 아리랑의 기원에 대한 설은 무려 30여개나 되지만, 아직 확실한 근거는 밝히지 못하고 있습니다. 이것을 흔히 '아리랑 어원백설(語原百設)' 이라고 하여 "청천 하늘엔 별도 많고, 아리랑 어원설엔 말도나 많다."라고 빗대기도 합니다.

아리랑이 그토록 우리 민족에게 깊이 각인된 노래이고, 누구나 함께 오래도록 불러온 노래이지만, 진작 이 노래의 족보에 대해서는 '아리랑' 의 어원 하나도 시원스럽게 밝히지 못하고 있으니 이 또한 기이한 일이라고 하겠습니다.

아리랑에 대한 자료를 집대성하여 홈페이지 올려놓은 '한국콘텐츠진흥원' 에서 아리랑의 기원과 역사에 대하여 이렇게 말하고 있습니다.

「아리랑은 구석기시대부터 '아~리~아~리' 를 되풀이하는 형태인 "아리" 로써 백두대간 강원지역 산간 민요의 하나로 발생했다고 볼 수 있다. 이후 신석기 시대에 들어 정착생활을 시작했고, 안정적인 생활을 하게 되고, 집단생활을 하면서나, 나무나 바위를 운반할 때와 같은 단체노동을 할 때 노동요로써 '아라리' 노래도 불렀을 것이다. 따라서 몇 마디의 사설, 선율과 리듬의 형태로 '아라리' 가 성장 했을 것이라고 보인다. 하지만 이 시기에도 구석기 시대와 같이 멜로디 위주의 가창(선율)민요이기보다는 리듬 위주의 음영민요(吟詠民謠)였을 것이다. 그 이유는 음악적인 면보다는 주술적이고 신호와 같은 기능 전달에 비중이 있었기 때문이다.」(한국콘텐츠진흥원, 겨레의 노래 아리랑)

우리는 아리랑에 대하여 기원을 모릅니다. 그러나 이 자료를 참고로 제가 아리랑에 대하여 우리가 공감을 할 수 있는 것을 간추려 보면 다음과 같습니다.

① 아리랑은 우리 겨레가 아주 오래 전부터(본문은 구석기시대) 불러온 노래이다.

② 처음의 아리랑은 노래라기보다 주술적인 것으로 종교적 성격을 가지고 있다.

③ 정확하지는 않지만, 강원도 지역과 같은 산간지방의 민요이다.

④ 단체노동, 곧 집단생활 · 단체활동에서 부른 노래로 집단의 활동에 필요한 신호의 역할도 했을 것이다.

⑤ 아리랑은 우리 겨레 모두가 이념과 장소를 초월하여 함께 부르고, 즐겨 불러온 노래이다.

⑥ 아리랑 가사는 구전으로만 전해져 왔고, 기록은 훨씬 후대의 것이 남아 있다.

⑦ 지금은 세계의 전문가는 물론 일반인들까지 아리랑은 한결같이 곡이 쉽고, 아름다우며, 듣는 자에게 평안을 주고, 어떤 장르의 음악과도 융화가 잘되는 곡이다.

'아리랑' 은 '올이랑'

아리랑은 우리의 노래 중 가장 오래 되고, 많은 사람이 부르고, 이념과 지역을 뛰어넘어 세계가 인정하고 부를 정도로 유명한 노래인데 우리가 이 노래의 기원을 모르고 있습니다. 그런데 이러한 아리랑의 기원을 성경에서 찾는 책이 있으니 바로 유석근 목사님이 쓴 〈또 하나의 선민 알이랑 민족〉입니다. 이 책은 '아리랑' 의 본 이름이 '알이랑' 이며, 우리 겨레가 알메(아라랏과 알메니아)에서 동방으로 이주하면서 부른 노래라는 것입니다. 그러므로 저도 이 책의 내용을 근거로 하여 아리랑의 기원을 성경에서 찾아보려고 합니다. 그리고 저는 알이랑을 우리의 옛말에 해당하는 '올이랑' [53]으로 고쳐 부르겠습니다.

> 에벨은 두 아들을 낳고 하나의 이름을 벨렉이라 하였으니 그 때에 세상에 나뉘었음이요 벨렉의 아우는 욕단이며(창 10:25)

앞에서 본대로 노아 할아버지와 셈족의 전통을 그대로 이어 받은 후손이 에벨입니다. '에벨' 이라는 이름은 '넘어간다' 는 뜻을 가진 '에베르' 동사에서 왔습니다.

---

53) 알이랑의 '알' 은 원어가 '올' 이므로 그 변형은 "올이랑 → 알이랑 → 아리랑"이며, 원어 '올' 은 '알' 보다 더 큰 뜻을 가지고 있다고 보기 때문이다(올 = 알 + 울 + 얼).

그 이름이 뜻하는 대로 에벨의 후손들은 강을 건너고, 산을 넘어 이동을 합니다. 벨렉 계열 유대민족은 강을 건너 서쪽의 땅 끝인 이스라엘로 갔고, 욕단의 계열인 우리 겨레는 고개를 넘어 동쪽의 땅 끝으로 왔습니다. 여기가 오늘날의 한반도입니다. 물론 초기 정착지는 광대한 지역인 시베리아와 만주를 중심으로 변방은 중국의 산둥반도와 러시아의 연해주까지 아시아(크게는 유라시아) 대륙의 동쪽 전체 해안지역을 포함합니다. 여기서 우리 겨레의 일부는 다시 바다를 건너 일본으로 가고, 소수 무리는 베링 해협을 건너 아메리카 대륙까지 건너가서 인디언의 조상이 된 것으로 보입니다. 오직 하나님의 명령인 땅을 채우기 위하여 그 땅의 끝을 찾아서 말입니다.

이와 같이 형 벨렉은 강을 건너 서쪽으로 가고, 동생인 욕단은 하나님의 명령을 따라 험산준령을 넘어서 동방으로 행진을 합니다. 이때 우리 겨레는 고개를 넘으면서 서쪽으로 가버린 벨렉 계열과의 이별을 슬퍼하며, 부른 노래가 바로 올이랑입니다.

> 올이랑 올이랑 올올이요
> 올이랑 고개를 넘어간다
> 나(또는 올)를 버리고 가시는 님은
> 십리도 못가서 발병난다

올이랑의 의미

올이랑에 대한 가사를 유석근 목사님의 견해를 참고하여 저의 생각을 소개하면 다음과 같습니다. 올이랑 노래는 크게 전반부와 후반부의 두 단락으로 나눌 수 있습니다. 먼저 전반부는 올이랑 고개를 넘어가는 것입니다.

올이랑 올이랑 올올이요
올이랑 고개를 넘어간다

올이랑 노래 전반부 두 소절은 전렴구인데 이는 노래의 후렴구와 같이 가사의 중요한 부분을 노래로 나타낸 것입니다. 또 가사에서 핵심적 용어는 '올이랑' 과 '고개' 라는 두 단어입니다. 노래의 전체 의미는 '하나님과 함께' '고개(파미르고원, 천산산맥, 알타이산맥 등)' 를 넘어간다는 뜻입니다. 후렴구가 뒤에 오는 것이 관례이지만, 우리 겨레를 인도하시는 하나님을 높이는 찬송가이기 때문에 먼저 나오는 것입니다.

올이랑은 행진에서 대열의 위치 확인과 정비를 위한 신호로도 사용했을 것입니다. 많은 무리가 집단으로 장기간 행진을 하게 되면 대열에 낙오자가 있을 수 있고, 미지의 땅에서 가족끼리 이 산과 저 골짝으로 분리될 수 있습니다. 이 때 흩어진 무리를 한 곳(방향)으로 결집하기 위하여 "**올이랑!**" 이란 노래를 신호로 사용했다는 것입니다. 그리고 이 노래는 어디에서 어떻게 부르던 '고개' 라는 단어가 반드시 들어갑니다. "**올이랑(하나님과 함께)!**" 가는 곳(고개)은 이 쪽이니 우리 겨레는 모두 이리로만 오라고 말입니다. 이 산에서 "**올이랑!**" 을 외칠 때 저 산에서 되돌아오는 소리가 '메올이' 이므로 이런 경우 같은 올의 뜻을 가진 메올이도 큰 의미를 가집니다.

고개는 산의 허리를 넘는 재를 말하며 한자로는 령(嶺), 현(峴), 치(峙)를 말합니다. 국어사전을 찾아보면, "고개(mountain passes)란 산으로 가로막힌 두 지역을 넘어가는 길목으로, 두 지역을 이어주는 중요한 길이다. 물자와 사람이 자유롭게 이동할 필요성에 의해 고개가 생겨났다." 라고 합니다. 여기서 올이랑 노래에 반드시 들어 있는 '고개' 와 '넘어간다' 는 가사는 산을 넘어 이동을 한다는 뜻을 가지고 있습니다. 이것은 우리가 알메(아라랏)에서부터 백두산까지 험산준령의 고개를 넘고 또 넘어온 겨레이기 때문입니다. 이곳은 서아시아, 중앙아시아, 극동으로 나누어질 만큼 지역적 분기점을 만들어 주는 큰 고개들이 많습니다. 남쪽의 히말라야 산맥과 티베트 고원에서부터 천산산맥과 파미르 고원, 그리고 언어까지 달라지게 한 우랄산맥과 알타이산맥 등이 그 대표적인 고개들입니다. 우리는 하나님의 명령을 따라 이러한 험산준령을 하나님과 함께 고개를 넘고 또 넘어서 오늘의 한반도까지 온 것입니다. 올이랑 노래를 찬양으로 부르면서 말입니다.

> "올이랑 올이랑 올 올이요" ⇒ 하나님과(함께) 하나님과(함께) 하~나님과(함께)
> "올이랑 고개를 넘어간다" ⇒ 하나님과(함께) 고개를 넘어간다.

그리고 후반부는

> 나(또는 올)를 버리고 가시는 님은
> 십리도 못가서 발병난다.

여기서 "발병이 난다"는 것은 유석근 목사님의 견해에 의하면, 님이라는 가사를 볼 때 나를 버리고 떠나는 사람에 대한 악담이 아니고, 이별의 아쉬움과 다시 돌아옴에 대한 기원을 간절하게 나타내는 노래입니다. 이 가사는 아우인 욕단 계열의 가족들이 형인 벨렉 계열의 가족들과 이별을 해야 하는 아픔을 노래한 것이지요. 동생의 간곡한 만류에도 불구하고 형님 벨렉은 가족들은 데리고, 니므롯이 사는 시날 땅으로 돌아갑니다. 하나님의 명령과 노아 할아버지의 당부까지 저버리고 말입니다.

벨렉 계열과 욕단 계열의 후손들은 결혼(당시는 근친결혼)으로 부부가 된 경우도 많은데 지금 가족들이 이렇게 헤어지게 되니 그 아픔이 얼마나 크겠습니까? 그래서 "십리도 못 가서 발병난다"는 것은 가다가 발병이 나서라도 시날 땅으로는 가지 말고, 제발 돌아오라는 기도와 염원(간구)이 강하게 담긴 가사입니다. 그리고 저는 가사 '나를 버리고'는 원래 '올을 버리고'가 아닐까 하는 생각을 가져 봅니다. 왜냐하면 전반부에서 하나님 '올'을 반복하여 부르고 있기 때문에 후반부도 그렇게 부르지 않았을까 하는 것이지요. '올'은 소리를 길게 빼면 '아(ㅇ)~를'이 되고, 뒷날 하나님을 모르는 사람들이 '아~를'의 뜻을 모르니 '나를'로 불렀다고 말입니다. 이것은 올이랑이 아리랑이 된 것이나 '올~을'이 '아(나)~를'이 되는 것은 소리의 변화가 비슷하기 때문입니다. 돌아서는 형님에게 올(한올님)을 버렸다는 말은 심한 표현이라고 보면, '올을'은 '나를'로 바꾸어 부를 수도 있겠지요.

따라서 올이랑 노래는 하나님에 대한 찬송이며, 헤어진 가족과 친지의 재회에 대한 간절한 기원을 담은 내용입니다. 이와 같이 올이랑은 우리 민족 고유의 찬송가입니다. 그리고 유석근 목사님의 말처럼 올이랑은 세계 최초의 찬송가라고 할 수 있습니다.

우리 겨레가 동방으로 행진을 하며 부른 "올이랑"과 "고개"는 중앙아시아에서 행진을 멈춘 것으로 보이는 "스탄(stan)"이라는 말과도 의미가 서로 연결되고 있습니다. 초기의 올이랑 노래는 어느 가사에서나 "고개를 넘어간다"는 말이 들어있는데 땅을 찾아서 'go(가, 가다)'라는 뜻을 강하게 담고 있습니다. 그런데 '땅'은 고개를 넘어가다가 중간에서 멈추었거나 목적지에 도착을 했다는 뜻의 '서다(섰다, stop)'는 의미를 가집니다. 이것이 '~스탄(stan)'입니다.

〈고개와 넘다〉 : 목적지를 찾아 행진함을 뜻함

- 초기 ᄋᆞᆯ이랑의 가사는 모든 곡에서 '고개' 와 '넘어간다' 는 말이 반드시 있으므로 행진(go)을 뜻하는 것이 확실함 -

〈스탄과 ᄶᅡᆼ〉 : 목적지나 중도에서 정지하여 어떤 일을 수행했음을 뜻함

- {stan(스탄, ᄶᅡᆼ, 땅)} stop(서다, 정지), stay(머물다, 체류), stand(서다, 立) -

그러므로 ᄋᆞᆯ이랑 가사에 담겨있는 지역은 출발지가 노아의 방주가 있는 아라랏(ᄋᆞᆯ메)이고, 중간 체류지는 중앙아시아 '~스탄(stan)' 이며, 목적지인 최종 도착지는 극동의 '새벌' 또는 '아사달(처음 발을 디딘 다=ᄶᅡ=따=ᄶᅡᆼ=땅)' 이라고 볼 수 있습니다. ᄋᆞᆯ이랑의 전반부는 출발지 아라랏부터(ᄋᆞᆯᄋᆞᆯ에서) 부른 노래이고, 후반부는 중앙아시아(~stan)에서 형제의 이별을 겪은 후에 부른 노래라고 하겠습니다.

그래서 후렴에 나와야 할 "ᄋᆞᆯ이랑, ᄋᆞᆯ이랑" 이 전렴이 되어 먼저 부르게 된 것입니다. 첫 발을 디딘 아사달에서 '아사' 는 '아시 밭', '아시 빨래' 와 같이 처음 시작을 뜻하고, '달' 은 다(땅)를 의미합니다. 그러므로 출발지 'ᄋᆞᆯ아랏(ᄋᆞᆯ메)', 중간 체류지 '~스탄(ᄶᅡᆼ)', 최종 목적지 시베리아(스발, 새팔, 시비리, 새벌)와 '아사달' 이 모두 우리말입니다. 이를 우리 겨레의 고유 찬송가 ᄋᆞᆯ이랑이 그 때와 장소, 그리고 의미까지 설명하고 있습니다.

한국인의 ᄋᆞᆯ이랑 이동과 관련 언어

출발지(ᄋᆞᆯ메)		중간 기착지(ᄶᅡᆼ)		정착지(ᄉᆡ벌,아사달)		비고
우리말	변형어	우리말	변형어	우리말	변형어	ᄋᆞᆯ이랑 고개를 넘어간다 (하나님과 함께 험산준령을 넘어 동방으로 이주한다)
ᄋᆞᆯ메 (ᄋᆞᆯ믜)	아라랏 알메니아	다 ᄶᅡ, ᄶᅡᆼ 따, 땅	~스탄	ᄉᆡ벌 (ᄇᆞᆰᄋᆞᆯ) 아사달	스발(새팔) 시베리아 (바이칼호) 평양(?)	

찬송가 올이랑과 토종문화의 삼재론

성경이 말하는 창조질서와 경제원리는 하나님, 땅, 사람의 삼중구조입니다. 올이랑과 우리 겨레의 고유문화인 천지인 사상은 뜻이 그대로 연결(일맥상통)이 되고 있습니다. 올이랑 노래는 우리 겨레의 삼재론인 하나님, 땅, 그리고 사람이 모두 들어있고, 함께 어우러져 있습니다. 그 이유는 아리랑이 우리가 새 땅을 찾고, 거기서 사람을 채우며, 자손들이 번성하기 위해 동방이동을 감행하면서 하나님께 부른 찬송가이기 때문입니다.

(1연) 올이랑 올이랑 올올이요. (하나님을 향함)

⇨ 노래는 하나님 성호를 세 번이나 반복하여 부르며 찬양하고 있다. 노래가 하나님을 찬양한다(三才의 天, 대신관계).

(2연) 올이랑 고개를 넘어간다. (땅을 찾음)

⇨ 새 땅을 찾아서 자손을 채우고 땅의 다스림과 번성을 위해 높디높은 고개를 넘어간다. 노래가 새 땅을 찾고 있다(三才의 地, 대지관계 또는 대물관계).

(3연, 4연) : 나를 버리고 가시는 님은 십리도 못가서 발병이 난다. (사람을 부름)

⇨ 곁길로 떠난 님(형제, 사람)은 발병이 나서라도 제발 바른길로 돌아오시오. 노래가 떠난 사람(님과 형제)에 대한 회심과 사랑을 애절하게 표현하고 있다(三才의 人, 대인관계)

올이랑은 이처럼 노래 가사부터 하나님과 사람, 땅과 사람, 사람과 사람이 함께하여 우리 고유문화인 삼재론 사상과 직접 연결되고 있습니다. 물론 창세기 1장에서 말하는 하나님의 창조·문화명령(창1:26~28)과 예수님이 승천하시기 직전 마지막으로 당부하신 선교명령(마28:18~20)의 뜻까지 담겨 있습니다.

서라벌과 서울의 어원은?

한편으로 '서다(sta)' 는 다(땅)를 찾아 가다가 어느 지역에서 멈춘 곳(停, stay), 무엇을 세운 곳(立, stand), 다시 출발한 곳(始, start)인데 이것은 우리나라 지명의 어원 찾기에도 도움이 될 것 같습니다. 신라시대의 수도 서라벌과 지금의 우리 수도 서울은 아직 어원을 모릅니다. 신라의 수도 경주는 한자로 사로(斯盧)라고 적지만, 사로가 무슨 뜻인지 모르지요. 그런데 경주는 '서라벌' 이라고 했으므로 신라인들이 나라를 세우기 위하여 북방에서 남방으로 이주하다가 새벌(새땅)을 만나 거기에서 '서다(停과 立)' 를 한 곳입니다. 그래서 '서벌(새벌에 서다)' 또는 '새벌(새땅)' 이 '서라벌' 로 된 것으로 보입니다. 또 우리의 수도, 서울이라는 지명도 서라벌과 비슷합니다. 서울은 도읍지를 찾다가 마침내 적당한 곳을 찾아서 선 곳이라고 보면, 그곳이 '서불(서벌)' 이나 '새벌(새땅)' 이므로 음이 변하여 서울이 된 것이겠지요. 서울이란 어떤 지역에 서서(停) 새 도읍지를 정하고(立), 나라를 시작한(始) 곳입니다.

소설, '서다' 와 '설날'

우리 겨레가 "울이랑(with God) 고개를 넘어가다(go)가 중간에서 서다(stan, stop, start)"를 한 날이 우리의 설날과도 관련이 있을 것 같습니다. 설날은 말 그대로 길을 가다가 선날(stop day)이라는 것입니다. 설날은 행진 중에 어느 지역에서 머문 날(stay day), 머물면서 무엇을 행하거나 세운 날(stand day), 다시 한 해를 시작하거나 동방으로 출발을 하는 날(start day)의 뜻과 이름을 가진 말입니다.

설날과 관계되는 말로 섣달이 있습니다. '섣달' 이란 원래 '설날이 있는 달' , 또는 '서 있는 달' 의 뜻을 가진 말일 것입니다. 옛날 달력은 지금의 12월이 새해가 되어서 그달을 섣달이라고 했습니다. 그러나 그 후 달력이 바뀌면서 한 해의 마지막 달이 되었는데 이름은 옛 이름 그대로 남아서 12월이 섣달로 굳어져 버렸습니다. 그러므로 섣달은 설날이 있는 달을 말하므로 실제는 1월이 섣달인 것입니다. 이와 같이 섣달은 설이 있는 달이며, 또 섣달 한 달은 이름대로라면 우리 겨레가 설을 쇠기 위해 행진을 멈춘 기간도 약 한달 가량이라고 보면 될 것 같습니다.

그러나 설날은 소리가 길게 나는 '설:날' 이고, 행진을 멈춘 날은 짧게 나는 '설날' 이므로 발음이 달라서 의문이 있습니다. 지금도 설은 개시의 뜻인 '선날(설날, stand day)' 로 보는 경우가 많은데 선날의 발음도 짧게 나므로 이 견해도 '설:날' 과 다르긴 합니다. 길게 발음이 되는 '설:날' 은 '쉴:날(쉬는 날)' 과 '쇨:날(쇠는 날, 설을 보내는 날)' 의 뜻도 되겠지요. 그러나 원래 설날(선날)인데 'ㄹ' 받침이 두 글자에 겹쳐서 발음이 어렵기 때문에 자연스럽게 '설날' 이 '설:날' 로 된 것일 수도 있겠습니다.

올이 올이랑, 설이 설이랑, 올이올이 낫네

아무튼 우리 겨레는 올이랑 고개를 넘어 동방으로 행진을 계속하다가 새해 설날이 오면, 그날과 그달은 행진을 멈추고 명절을 지켰다고 볼 수 있습니다. 성경에서 설날의 첫 기록은 노아 할아버지가 600세에서 601세가 된 새해 첫날입니다. 설날은 노아가 방주의 뚜껑을 제치고(덮개를 치우고), 물이 걷힌 땅을 처음 본 날로 홍수와 물의 심판이 끝이나서 소망의 새 역사가 시작된 날입니다.

하나님이 설이 있는 섣달 1월은 뒷날(출애굽 후) 유대민족에게도 명절의 달로 주었습니다. 유월절, 무교절, 초실절이 1월입니다. 신약에서 모든 인류에게 영생과 소망을 주는 부활절도 1월에 있습니다.

동방으로 이주할 때 우리 겨레는 목적지인 땅 끝이 어디인지도 모르고, 길고 고된 여정을 계속하였기 때문에 늘 지쳐 있었습니다. 그래서 설날이 오면 행진을 멈추고 쉬었습니다. 고된 행진에서 며칠을 쉴 수가 있으니 백성들은 얼마나 즐거웠겠습니까? 그래서 우리 겨레는 찬송가 ᄋᆞᆯ이랑을 이렇게 부르며, 이날을 즐깁니다.

> ᄋᆞᆯ이 ᄋᆞᆯ이랑 설이 설이랑 ᄋᆞᆯ이ᄋᆞᆯ이 낫네
> (아리 아리랑 쓰리 쓰리랑 아라리가 났네)

이 노래는 ᄋᆞᆯ이랑의 가사 일부를 제가 고쳐 본 것입니다. 이 노래 가사는 행진에 지친 백성들이 행진을 멈추고 즐기는 설날이 즐겁고 좋다는 내용입니다. 그렇게 설날이 좋지만 그래도 우리를 방주로 구원하시고, 길을 인도하시는 하나님이 설날보다는 더 낫다는 찬양입니다. 한편으로 설을 쇠면 앞을 가로 막고 있는 고개를 또 넘어가야 하니 용기가 나지 않습니다.

그러나 하나님이 지시하신 땅을 찾아 정착을 해야 비로소 길고 긴 고난의 행진도 끝을 낼 수 있으므로 힘든 여정을 다시 시작합니다. 그래서 우리 겨레는 이 찬송을 부르면서 서로를 격려하여 힘을 얻고, 대열을 정비하여 동방을 향한 행진을 계속한 것입니다.

> ᄋᆞᆯ이 ᄋᆞᆯ이랑 설이 설이랑 ᄋᆞᆯ이ᄋᆞᆯ이 낫네
> (하나님과 설이 다 좋지만, 그래도 하나님 더 낫네)
> ᄋᆞᆯ이랑 ᄋᆞᆼᄋᆞᆼᄋᆞᆼ ᄋᆞᆯ이ᄋᆞᆯ이 낫네
> (하나님과 함께 함이 무엇보다 더 낫네)

9. 고인돌은 하나님께 제사를 올린 제단

한국은 고인돌 왕국

우리나라는 세계에서 고인돌이 제일 많은 나라입니다. 어림잡아서 한반도에 3만여 개, 동이족이 살았던 몽고와 중국 동해안 지역을 포함하면 5만개가 넘습니다. 세계의 고인돌 중 60% 정도가 한국과 한반도 주위에 있습니다. 외국인의 돌상은 선돌(서 있는 돌)이 많으나 우리는 거의 전부가 밑돌을 받쳐둔 고인돌이며, 모양은 크고 아름답습니다. 그래서 한국의 고인돌은 2000년 12월 29일 유네스코에 세계의 문화유산으로 등록이 되어 있습니다. 우리나라 고인돌의 건립 연도는 B.C. 3000~4000년까지 보는 사람도 있는데 대체로 청동기시대라고 보고 있습니다. 청동기시대는 사회가 국가의 모습을 갖춘 때입니다. 한반도는 청동기시대에 이미 국가의 모습을 갖춘 사회가 있었음을 말합니다.

그러면 고인돌은 무엇을 한 것일까요? 이것이 화두입니다. 저는 초등학교 시절 선생님으로부터 고인돌은 "사람의 무덤"이라고 들었습니다. 그리고 저는 평소에 교과서에 나오는 고인돌 사진을 보면서 "사람의 무덤이 왜 이런 모습일까?" 하는 의문을 가져왔습니다. 우리가 흔히 보는 무덤과 모양이 너무 달랐기 때문이지요. 더구나 두 개의 돌은 상판을 받치고 있는 다리처럼 보이고, 위에는 넓적한 돌이 얹혀 있는데 무엇(시신)을 덮은 것이 아니라 펼쳐 놓은 모양입니다. 무덤이면 서 있는 돌은 땅 속에 묻혀서 벽처럼 되어야 하고, 덮게는 지붕처럼 생겨도 될 터인데 꼭 넓적한 돌이 그냥 얹혀 있는 것입니다. 그리고 사람이 죽으면 시신이 곧 썩기 때문에 바로 땅을 파서 묻어야 하는데 저렇게 큰 돌로 무덤을 만드는 일을 감히 벌였을까 하는 것입니다. 그리고 돌로 무덤을 하더라도 무덤은 땅 밑에 구덩이를 파서 묻고, 그 위에 돌로 덮어야 안정감을 줄 수 있는데 어떻게 땅 위에 두 기둥을 땅 밖으로 높게 세우고 사람의 신체를 묻을 수 있는지가 의문이었습니다.

고인돌은 제단

그런데 고인돌에 대한 이런 의문이 최근에는 조금씩 그 베일이 벗겨지고 있습니다. 지금까지 무덤이라고 보던 고인돌을 학계에서 연구를 해 보니 제단으로 보아야 한다는 주장이 일기 시작한 것입니다. 목포대학 이영문 교수님(고고학)은 강화도 부근리 고인돌은 그 규모나 환경을 볼 때 용도가 제단이라고 했습니다.

"고인돌은 대지 위에 덮개돌이 받침돌의 의해 웅장한 모습을 띈 것이라든지 주위에 쉽게 관망을 할 수 있는 위치에 있는 점에서 무덤의 기능보다 제단으로서의 기능이 강한 것이다"(이영문, 고인돌 이야기, 다지리, 2001, 196쪽).

이러한 견해는 이영문 교수님 외에 정종목(역사 스페샬, 효형출판, 2000, 228쪽), 박성수(단군문화기행, 서원, 2000, 136쪽)님 등 전문가들도 제단설을 제기하고 있습니다.

강화도 부근리 고인돌, 이런 종류의 고인돌은 무덤일 수 없고, 제단으로 사용되었다

《단기고사(檀奇古史)》는 고인돌에 대하여 "돌 두 개 위에 돌 한 개를 얹어 고인돌을 만들어 하늘에 제사를 지냈다" 고 밝히고 있습니다.

> 125년 7월 5일에 셋째 아들 부우(扶虞)를 강화(江華)에 보내 전등산(傳燈山)에 삼랑성(三郞城)을 쌓게 하시며, 제천단(祭天壇)을 마니산(摩尼山)에 쌓고 하느님께 제사하시니, 동방 민족이 하느님께 제사하는 풍속은 시조 단제(檀帝)때부터 시작되었다.(천단제도(天壇制度)는 천일지이(天一地二)를 따라 돌을 두 개를 세우고 그 위에 돌 하나를 덮었다.)
> 《단기고사(檀奇古史:國韓文本)》〈단군왕검〉

그러면 성경은 고인돌에 대한 기록이 있을까요? 성경은 첫 사람 아담과 그 아들 에벨부터 제사가 나옵니다. 홍수 후에 노아 할아버지도 방주에서 땅에 발을 딛고 처음 행한 것이 하나님에 대한 제사입니다.

> 노아가 여호와께 제단을 쌓고 모든 정결한 짐승과 모든 정결한 새 중에서 제물을 취하여 번제로 제단에 드렸더니(창 8:20)

노아의 제사는 이스라엘 민족이 분리되어 독립적으로 이동했던 아브라함의 때에도 그대로 계승되었습니다(창 12:7). 성경에서 이러한 제단의 제사는 출애굽시대에 성막이 탄생하기까지 계속되었습니다.

우리 민족은 이스라엘 민족과 헤어져서 이동을 했지만, 같은 셈족의 후손으로 믿음이 가장 좋았고, 복을 많이 받은 민족입니다. 그래서 셈족의 후손인 우리 민족도 노아 할아버지가 하나님께 올려 드렸던 제사를 그대로 계승을 하였다고 보아야 할 것입니다. 그런데 제사는 어떻게 드렸고, 제단을 어떻게 쌓았을까요? 제사는 제물인 짐승이 피를 흘리게 되고, 그 제물을 불로 태워 하느님께 향기로 올려드립니다. 그런데 하느님께 올릴 제물을 땅 바닥에 두고 제사를 드릴 수는 없지요. 제물을 올릴 상이 필요합니다. 그런데 나무로 만든 상은 제물을 태우면 같이 타 버립니다. 그래서 돌 제단으로 제사를 드릴 수밖에 없는데 이것이 고인돌의 시초인 것입니다.

제사를 드릴 장소와 시설이 없는 그 시대에 제사는 자연적으로 돌을 상처럼 세워서 탁자 형태를 만들고, 그 위에서 제물을 올려 바치는 것입니다. 제물을 불로 태워야 하니 나무로 만든 제사상은 쓸 수가 없습니다. 하늘에 계신 하나님께 드리는 제사이므로 가능한 상(돌)을 높게 받쳐 올려야 합니다. 그래서 고인돌의 두 다리는 산천을 누비고 다니며 길쭉한 돌을 힘들게 찾아야 했고, 설치는 하늘을 향하여 가능한 높게 세워야 하며, 덮개돌은 제사의 상을 차리는 기능을 해야 하니 넓적하게 생긴 천연 돌판을 구해 축조를 했습니다. 땅에 널려 있는 게 돌이었지만, 진작 이렇게 생긴 고인돌은 구하기가 매우 어렵습니다. 그래도 우리 겨레는 돌을 다듬지 않고, 산천을 헤매면서 천연석을 구해야 했고, 그 돌을 힘들게 옮겨서 설치를 합니다.

> 또 거기서 여호와 하나님을 위해 제단, 곧 돌단을 쌓되 너는 그것에 쇠 연장을 대지 말지라 너는 다듬지 않은 돌로 너는 네 하나님 여호와께 제단을 쌓고 그 위에서 네 하나님 여호와께 번제를 드릴 것이며(신 27:5,6)

한국의 고인돌은 거의 모두 천연석입니다. 고인돌은 암석을 구들처럼 뜨기 위해 연장을 쓰기는 하지만, 그 돌을 다듬지는 않습니다. 하나님께 드리는 제단이므로 천연석이되 받침돌은 되도록 높고, 제사상이 될 덮개돌은 가능한 넓고 커야 했습니다. 하나님께 드리는 제사이므로 제사 장소는 하늘을 향해 막힘이 없이 시야가 환하게 통해 있어야 합니다. 한 번의 제사로 끝이 아니고, 계속해야 하며, 나라 전체나 부족 단위의 공동체가 모여 제사를 드려야 하니 모이기 쉬운 곳이 좋습니다. 중장비도 없는 시대에 이렇게 거대한 돌을 옮겨 오는 것은 매우 힘든 일입니다. 그래서 고인돌 축조는 적어도 부족 단위의 주민 전체가 힘을 합쳐 오랜 기간 동안 거대한 역사를 이룬 결과 탄생한 것입니다. 그래서 고인돌의 위치는 높은 산꼭대기도 아니고, 주위보다 낮은 분지도 아니며, 주위가 확 트인 언덕 위나 시야가 넓은 지역이었습니다. 이렇게 힘써 축조한 고인돌은 썩어 냄새가 날 사람의 무덤을 위해 일으킨 역사가 아니라는 것입니다. 하나님을 경배하기 위해서입니다. 우리 겨레의 제단 쌓기는 이렇게 나온 것이며, 이것이 오늘날까지 남아 있는 고인돌입니다.

고인돌에 대한 오해

고인돌 밑에서 간혹 사람의 뼈가 발굴되기도 합니다. 그래서 고인돌이 무덤이라고 합니다. 그러나 고조선시대의 무덤은 돌널무덤(석관묘), 돌무지무덤(적석총) 등입니다. 삼국시대에도 무덤은 땅 속에 돌널을 만들고 시신을 거기에 묻고 그 위에 큰 돌을 덮은 것이 많이 발견되고 있습니다. 아니면 왕족들의 무덤은 신라나 가야의 고분을 보듯이 흙으로 봉분을 산더미처럼 크게 쌓습니다. 자기의 지위를 나타내기 위해서입니다. 이와 같이 무덤은 고대부터 땅 밑에 돌(돌널)로 묻거나 땅 위에 흙으로 봉분을 쌓습니다. 돌이 많은 곳은 돌무더기를 쌓아 무덤을 만듭니다.

그러므로 탁자씩 고인돌은 그 모양새를 보더라도 무덤으로 보기는 아주 어색합니다. 왜 시신을 감싸는 돌이 사면으로 가려있지 않고, 땅 위에 높이 치솟아 있으며, 그것도 좌우로 두 개의 돌만 덩그러니 서 있을까요? 무덤을 주장하는 자들은 고인돌 재료가 원래 받침돌 2개, 막음돌 2개, 모두 4개로 구성되는데 막음돌 2개는 뒷날 유실되어서 없다고 합니다. 그러면 그렇게 유실된 막음돌은 주위에서 발견되어야 하지 않나요? 그런데도 왜 탁자식 고인돌은 주위에 유실된 막음돌을 찾을 수가 없나 말입니다. 탁자식 고인돌은 대개가 세워놓은 받침돌 2개(또는 3

개)만 남아 있습니다. 받침돌 2개는 말 그대로 위의 덮개돌을 받치는 기능을 하고 있지 시신을 감싸거나 덮은 곽으로는 볼 수 없습니다. 그러므로 탁자식 고인돌 안에 사람의 시신을 묻을 무덤방을 만들었다고 보기는 어렵습니다. 또 탁자식 고인돌은 거의가 거석이므로 축조에는 돌의 규모에 따라 100명에서 1,000명까지 동원되어야 할 정도로 많은 인력이 필요했고, 기간도 1년 이상 걸릴 정도로 장기 공사가 필요합니다. 사람의 시신을 묻기 위해 이렇게 어색한 구조의 무덤을 그것도 장기간 많은 사람들이 힘을 들여 공사를 한 것으로 보기에는 무리입니다.

돌덧널무덤, 대구시 욱수동에서 대량 발굴된 6, 7세기경의 무덤(출처 : 영남문화재연구원)
이 지역에서 발견된 600~700 여기의 무덤은 모두 이런 형태인데 고인돌과는 거리가 먼 것이다(필자의 견해).

간혹 사람의 유골이 고인돌 밑에서 발견되지만, 이는 하나님께 드리는 제사가 사라진 후세에 사람들이 그곳에 시신을 묻었을 것입니다. 또 고인돌 중에도 바둑판식 고인돌은 탁자식보다 훨씬 뒤에 축조된 것입니다. 바둑판식 고인돌은 오늘날 조상 무덤 앞에 있는 상석과 닮았으므로 무덤이거나 무덤의 제사와 관련이 있을 것입니다. 물론 돌널무덤의 형태이면서 널 윗부분은 흙으로 덮지 않고 덮개돌을 얹어 놓은 것이 있는데 이것은 무덤입니다. 그러나 이런 것은 고인돌이 아니라 그냥 덮개돌이라고 해야겠지요.

그러나 탁자식 고인돌은 무덤이 아닙니다. 한 예로 제주시 애월읍에는 해변에 탁자식 고인돌이 있는데 바닷물이 들락거리는 해변에 고인돌이 있다는 것은 그것이 무덤이 아니라 하늘에 제사를 지내는 제단이었음을 보여 줍니다.

제주시 애월읍 하귀리 관전동 조간대 해안가 고인돌

글자로 보여주는 고인돌 제단(祭壇)

다음 그림은 러시아 캅카스 지역에 있는 고인돌과 중국 요동반도의 해주시 고인돌입니다. 받침돌에 손과 연장을 댄 흔적 있어서 우리와는 좀 다르긴 하지만, 그 외에는 우리 것과 유사합니다. 이것이 제단이라면 노아 할아버지가 홍수 후에도 이 지역(올메 부근)에 살았으므로 노아 할아버지와 후손들이 하나님께 제사를 드릴 때 이런 제사상(고인돌)을 사용했을 것입니다. 그러므로 캅카스 지역에 있는 고인돌 역시 우리 겨레의 기원과 관련성이 있음을 보여 주고 있습니다. 또 요동반도는 바로 우리 겨레인 동이족이 일찍부터 살아왔던 곳입니다.

고인돌 제사와 한자(示와 祭)

고인돌이 제단이라는 것은 제사와 관련된 한자에서 드러나고 있습니다. 하나님을 뜻하는 한자 神, 제사를 뜻 하는 祭, 하나님에 대한 기도(祈禱), 하나님이 주시는 福과 禍에는 모두 하나님을 뜻하는 한자 '示(보일 시, 차릴 시)' 가 들어 있습니다. 그런데 '示' 는 제단을 본 뜬 글씨입니다.[54] 그림에서 보듯이 글자가 고인돌을 닮았습니다. 그래서 제단 위에 양이나 소를 잡아 고기(肉)를 올려놓고 불을 태워 드리는 것이 제사입니다. 하나님에 대한 제사는 영원히 계속해야 하므로 '또 우(又)' 를 같이 썼습니다.

고인돌을 닮은 示와 祭

러시아 캅카스 지역 고인돌

해주 석봉산 고인돌

---

54) C. H. Kang & E. R.Nelson(이강국 역), 창세기의 발견(the Discovery of Genesis), 미션하우스, 1991, 53쪽.

고인돌 모습을 닮은 한자 示와 祭

= 示 ⇒ 祭

진태하 교수(명지대학교 국어국문학)가
갑골문자를 본 따서 그린 '보일 示' 의 원형
〈출처 : 강상헌의 한자 이야기 (6), 예지서원〉

* 글자 풀이 : 祭(제사) = 시(示) + 육(肉) + 우(又)
제사(祭)는 하나님(神)께 돌상(示)에 고기(肉)를 차려 반복적(又)으로 (불 태워) 드리는 것이다.

권위 있는 한자 해설서《설문해자(說文解字)》를 쓴 한나라 허신(許愼, AD 58~147년)은 '示' 가 하늘에서 상(象)을 내려 길흉을 보여 주는 글자, 진태하 교수님은 갑골문자를 근거로 고인돌과 관련된 신의 숭배를 나타낸 글자라고 합니다. 示는 제사와 제단을 의미하는 '바치다' 와 '보이다' 의 뜻을 가집니다.《규원사화》에서 천제에는 소를 잡아 드렸다고 하는데 제물을 드리는 뜻의 희생(犧牲) 제사는 실제로 희생의 대상인 양(羊)과 소(牛)를 뜻하는 글자들이 들어 있습니다. 제사와 관련된 한자에 우상의 제물인 돼지(豚)와 숭배물인 용(龍)은 들어가지 않습니다. 이와 같이 옛글의 하나인 한자도 고인돌은 제단이라는 것을 보여 주고 있으며, 우리 겨레의 동방 이동의 근거를 알려주고 있습니다.

고인돌과 비파형동검

고인돌 주위에는 역시 동 시대에 우리 겨레의 유산인 비파형동검이 발견되고 있는데 이것은 칼입니다. 그 모양이 악기 비파를 닮아서 비파형동검이며, 칼과 손잡이를 분리할 수 있도록 조립식으로 만들었습니다. 칼의 모양이 태극처럼 생긴 곡선이며, 아름다워서 장식품처럼 품격을 갖춘 동검입니다. 그래서 어떤 학자들은 이 칼을 생활용품이 아닌 장식품으로 보기도 합니다.

그러나 비파평동검은 고인돌 주변에서 자주 발견이 되는 점에서 저는 짐승을 잡아 제사를 드리는 제단에서 쓰인 칼로 봅니다. 비파형동검은 이 외에도 제물을 직접 다루어야 하는 칼날과 손잡이가 따로 조립식으로 되어 있는 것, 칼에는 짐승의 피를 분리할 수 있는 기능으로 홈(피홈)이 있는 것, 장식품으로 볼 만큼 아름답고 품위가 있게 만들었다는 것 등이 그렇습니다. 성경에서 짐승은 제물인 경우 반드시 피를 흘려야 하고(레 1:5,15), 식용인 경우에도 피는 식용을 금하므로 피를 분리하여 흘려야 합니다(레 17:11~15). 이것은 제단과 관련된 것으로 보이는 알터(알바위)의 홈(배수구)과도 유사합니다.

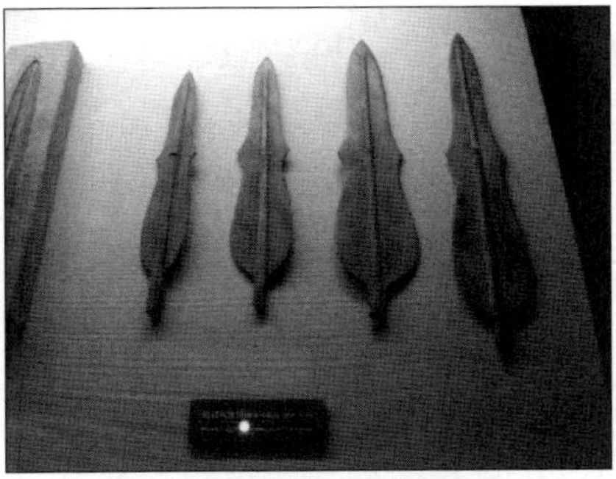

고인돌 주위에서 발견되는 비파형동검

아무튼 우리나라의 탁자식 고인돌은 하나님께 제사를 드린 돌 제단입니다. 이에 대하여 유석근 목사님은 "우리나라 고인돌이 구약성경이 말하는 바로 그 제단이 확실하며, 이는 우리의 고대사를 다시 써야할 정도로 강력한 뜻을 지닌 뇌관"이라고 합니다. 산정에서 드린 우리 겨레의 제사는 고대부터 삼국시대까지도 이어져 왔습니다. 부여는 매 10월에 제천(祭天)행사인 영고(迎鼓)라는 국중대회를 열었고, 예맥도 같은 10월에 무천(舞天), 고구려는 동맹(東盟), 백제는 교천(郊天), 신라는 답지위절(踏池爲節)이라는 대회를 열었습니다. 이 행사는 모두 하늘의 하나님께 올리는 제천의식의 일종이었습니다. 그러므로 우리나라에서 보이는 탁자식 고인돌은 탁자식의 모양이 바로 하나님께 제물을 차리는 제사상의 역할을 한 제단입니다.

천제단과 사직단 제사에 대한 오해

보통 사직단(社稷壇)을 보고, 하늘에 제사를 지낸 단이라고 생각하는 사람이 많은데 이것은 잘못입니다.[55] 사직단의 '사(社)'는 토지신(土地神), '직(稷)'은 곡식의 신에게 제사를 지내는 시설입니다. 그래서 사직단은 제단이 하나가 아니고, 둘입니다. 그런데 제단을 둘로 축조한 사직단 제사는 중국에서 들어왔습니다. 다시 말하면 중국에서는 유일신 하나님께 드리는 제사가 일찍부터 변질되어 버렸습니다. 중국의 제단 제사는 일찍이 토지신과 곡식신과 같은 잡신에 대한 제사로 바뀌었다는 뜻입니다. 이것은 조선시대의 이태조가 중국의 잡신 숭배문화까지 적극적으로 받아드리면서 우리의 전통인 천제단 제사를 변질시켰습니다.

그러나 우리 겨레가 하늘에 제사를 지내는 단은 천제단이라고 불렀고, 사직단이 아니었습니다. 우리의 전통 제단은 단도 둘이 아니고, 하

---

55) 한자 '社'는 제단이나 하나님을 뜻하는 '示'에 땅을 뜻하는 '土'가 붙어서 땅에 설치한 제단이며, 제사를 위하여 제단으로 사람이 모이는 것을 말한다. 한자사전에도 '社'는 모이다 제사(祭祀) 지내다 땅귀신 단체(團體, 모임)라고 하므로 하나님(神) 제단으로 모인 사람의 집단을 뜻한다(땅귀신은 땅의 창조주 하나님에 대한 오해).

나입니다. 천제단은 하늘에 계신 유일신 하나님께 올리는 제사이므로 단이 하나입니다. 천제단은 하나님께 제사를 올리지 피조물인 땅이나 곡식에게 제사를 지내지 않습니다. 그래서 우리의 전통 제단은 고조선 시대부터 단이 둘이 아니고 하나입니다. 강화도 마니산의 참성단을 비롯하여 뒷날 변질한 것으로 보이는 태백산의 천제단도 단은 하나 뿐입니다.

그런데 중국식 사직단도 우리나라 지방에서는 단이 하나입니다. 이게 이상합니다. 사가들은 지방의 사직단이 단이 하나 뿐인 것은 서울보다 격을 낮추어 짓도록 했기 때문이라고 합니다.[56] 그러나 사직단은 토지신과 곡식신이라는 복수의 신에게 올리는 제단인데 지역에 따라 단이 둘도 되고, 하나도 되는 것은 납득하기 어렵습니다. 단의 격을 낮추려면 규모(높이, 넓이)를 줄이지 왜 단의 수를 두 개에서 하나로 줄였을까요? 그 예로 서울 사직단은 단을 두 개로 하고, 규모만 중국을 의식하여 절반으로 줄였습니다.[57] 그러므로 규모는 두 개의 단을 그대로 하되 규모만 줄이면 됩니다. 그런데 부산에 있는 동래 사직단은 원형이 멸실되어 없고, 그곳에 사직단을 소개하는 안내판이 있는데 그 안내판 사진(일제 강점기의 사진)에서 본 단은 분명히 단이 두 개입니다.

또한 단의 모양이 천제단은 하늘을 본 따서 둥글고, 사직단은 땅을 본 따서 네모이므로 처음부터 별개라는 주장도 있습니다. 지방의 사직단은 네모 형이므로 사직단이 맞다고 합니다.

하지만, 하늘에 제사를 드린 고인돌은 처음부터 둥근 모습을 찾아볼

---

56) 김창억 · 박달석, 조선시대 사직단에 대하여, 영남문화재연구원, 제12회 조사연구회 자료(2000년 6월 대구박물관), 153쪽.

57) 영남문화재연구원, 연구보고서 제86책, 대구 노변동 사직단 유적, 2005. 99쪽.

수가 없지요. 태백산 천제단은 둥근 모양을 하고 있으나 강화도의 참성단은 단이 네모이며, 하부구조는 원이므로 이 주장 역시 근거가 약합니다. 물론 이런 이견들은 앞으로 더 많은 연구를 해야 할 부분입니다.

우리는 아라랏 산에서부터 유일신 한 분에 대한 믿음으로 하나님을 경배하며 동으로 이주한 민족입니다. 한반도에 정착한 후에도 우리 겨레는 단합하여 거대한 고인돌로 제단을 쌓고, 그 제단에서 하나님께 제사를 올리던 천손민족이었던 것입니다.

그러므로 우리는 하나님을 경배하던 천제단과 잡신을 숭배하는 사직단을 구분해서 다루어야 합니다. 고인돌과 천제단은 하나님을 섬겼던 우리 토종문화의 산물이지만, 사직단은 중국의 것으로 잡신을 숭배한 외래문화의 부산물입니다.

고인돌과 구들방

우리 겨레는 예로부터 돌로 제단을 쌓아 하나님께 제사를 드린 겨레이므로 돌이 많이 사용되었습니다. 제단은 돌 제단, 무덤은 돌널과 돌무지, 방은 구들로 만들었습니다. 우리 민족이 사용한 구들방은 제물을 태울 때 달구어진 고인돌에서 지혜를 얻어 사용을 했을 것으로 보입니다.

위키백과사전은 구들을 한자 온돌(溫突)에서 딴 "Ondol"로 표기하고 있습니다. 이것은 일제 강점기에 일본 사람이 구들을 한자 온돌로 썼기 때문입니다. 그들은 구들이 없기 때문에 용어가 없습니다. 위키백과사전은 "온돌(Ondol)은 한국의 전통적인 가옥 난방 방법이다. 방구들이라고도 한다. 아궁이에서 불을 피우고, 아궁이에서 생성된 열기를 머금은 뜨거운 연기가 방바닥에 깔린 구들장 밑을 지나면서 난방이 되고, 그 연기는 구들장 끝 굴뚝으로 빠져나가는 방식의 난방법이다."라고 소

개하고 있습니다.[58)]

우리는 일찍부터 추운 겨울을 나기 위해 구들을 사용할 줄 알았습니다. 구들은 넓적한 돌로 고래를 만들고 고래 위에 구들장을 놓아 아궁이를 통하여 받아들인 열을 구들장에 저장했다가 서서히 복사열을 방출하여 방바닥이 따뜻해지도록 고안된 난방법입니다. 부엌에서 나무를 때어 밥을 하면 그 열은 밥을 하는 데에 쓰지만, 남아서 소실될 열과 연기는 구들고래를 통해 방안을 덥히는 것이니 우리는 아주 오래전부터 이렇게 효율적인 난방법을 사용한 민족입니다.

구들의 기원에 대하여 학자들은 로마나 중국에서 근원을 찾기도 하지만, 주거용 구들은 대체로 만주를 포함한 중국 동북지역에서 처음이었고, 또 일반적으로 사용한 것으로 알려지고 있습니다. 유물 추정으로 시기는 구석기시대까지 거슬러 올라가고 있으나 대체로 청동기시대인 고조선시대부터에 일반화 되었다고 합니다. 로마의 온돌은 목욕탕에서만 쓰는 히포코스타(hypocaust)를 말하며, 우리의 구들과 다릅니다. 인공 거주지를 기원전 4천~5천년 경에 형성된 것으로 보면, 구석기시대에 오늘날의 구들이 있었다고 보기는 어렵습니다.

그러므로 구들의 사용은 대체로 고조선시대부터로 추정하며, 지역은 만주 일대와 한반도 전체 지역입니다. 이것은 사용 연대와 지역이 우리 민족의 초기 역사와 맥을 같이하고 있습니다. 우리의 첫 정착지는 시베리아와 만주, 그리고 구들이 발견되는 중국 북동쪽 지역은 동이족의 생

58) 구들에 대한 최초 기록은 역도원이라는 북위(386~534)의 지리학자가 《수경주(500~513년)》에서 찾는다. 여기에는 방바닥에 여러 가지 돌을 괴고, 위에 진흙을 발라 불을 피워 여러 가래로 열이 흘러 들어가게 했다라고 기록되어 있다. 《수경주》는 중국 역사서라고 하나 실상은 동이족의 역사로 볼 수 있고, 구들이 발견된 지역도 동이족의 주거지역으로 추정하고 있다. 이 외에도 《구당서》와 《신당서》에도 구들에 대한 기록이 있다.

활 근거지로 추운 지방이어서 구들방이 필요하기 때문입니다.

자료를 찾아보아도 중국은 구들이 없고, 일본도 없습니다. 중국은 추우면 옷을 끼워 입고 추운 겨울을 지나며, 일본은 다다미방에서 살았습니다.

오늘날 우리나라 고급 주택에서 보는 서양식 벽난로는 거실 안에서 직접 불을 지피는 방식이므로 거실 밖에서 방을 덥히는 구들과는 다릅니다. 그러므로 구들방은 순수한 우리 것입니다. 우리는 오랜 옛날부터 이렇게 과학적인 난방 형태인 구들방을 사용할 줄 알았습니다.

그런데 구들은 어디서 이렇게 좋은 아이디어를 얻었을까요? 구들은 외구들, 쪽구들, 방구들 형태로 발전을 했습니다. 구들 연구가인 정순신 박사님은 외구들이 고인돌의 형태를 갖추고 있다고 합니다.[59] 쪽구들은 이 외구들은 연결하여 설치하고, 흙을 덮어 고래를 만들어 돌을 데우는 난방 시설입니다. 오늘날의 침대를 연상하시면 되겠습니다. 이것을 실내에 설치하여 방 전체를 데우는 것이 지금의 구들방입니다.

그런데 구들은 밑에 돌을 받혀 빈 공간을 만들고 그 위에 덮개돌을 얹은 것이기 때문에 구조가 고인돌과 유사합니다. 특히 난방용으로 처음 생긴 외구들은 고인돌과 구조가 거의 일치합니다.

그러므로 저는 이 구들방이 우리가 하나님께 제사를 드리던 고인돌에서 얻은 지혜로 보고 있습니다. 고인돌은 제물을 고인돌 위에 올려놓고 불로 태워 하나님께 제사를 드리는데 이때 자연스럽게 돌이 불에 의해 덥혀집니다. 그래서 우리 겨레는 겨울 추위가 심한 만주와 한반도 북쪽에서 먼저 고인돌에서 얻은 지혜로 구들을 만들어 사용했을 것입니다.

---

59) 정순신, 한민족 고유의 바닥 난방, 송철수, 2005.12.

고인돌과 구들은 재료(돌), 재료의 모양(돌널판), 설치 방식(괸돌), 돌과 불(열)의 사용, 발생 시기, 분포 지역이 모두 비슷하므로 이런 추정이 가능합니다. 연구가들은 구들의 어원도 '구운돌'에서 찾고 있는데 이에 대해서는 앞으로 더 많은 연구가 필요합니다.

10. 한국인의 효(孝)와 정절은 언제? 어디서?

한국은 예로부터 '군자의 나라' 또는 '동방예의지국(東方禮義之國)'이라고 불렸습니다. 중국이 동쪽에 있는 우리나라가 예의에 밝고, 신의를 지키는 나라라는 뜻으로 부르던 말입니다. 구체적 문헌은 약 2,300년 전 공자의 7대 후손인 공빈(孔斌)이 쓴《동이열전(東夷列傳)》에 남아 있습니다.[60] 유명한 역사학자인 토인비(A. J. Toynbee)는 1973년 우리나라를 방문했을 때 "한국이 인류 문명에 기여할 수 있는 것 중의 하나는 충, 효, 예의 사상이다"라고 말했습니다.

---

60) '동방예의지국'에 대한《동이열전(東夷列傳)》(註 檀奇古史 附錄)의 기록을 요약하면 다음과 같다.

"먼 옛날부터 동쪽에 나라가 있는데 이를 동이(東夷)라 한다. 그 나라에 훌륭한 단군(檀君)이 태어나니 구이(九夷, 9개 부족국가)가 그를 받들어 임금으로 모셨다. 일찍이 그 나라에 자부선인(紫府仙人)이라는 도에 통한 학자가 있었는데, 중국의 황제(시조 헌원=軒轅)가 글을 배우고 내황문(內皇文)을 받아가지고 돌아와 염제(炎帝) 대신 임금이 되어 백성들에게 생활방법을 가르쳤다. 순(舜)이 중국에 와서 요(堯)임금의 다음 임금이 되어 백성들에게 사람 노릇하는 윤리와 도덕을 처음으로 가르쳤다.

소련(小連)과 대련(大連) 형제가 부모에게 극진하여 상을 당해 3년을 슬퍼했다. 하나라 도산회의에 동이의 부루(2세 단군)가 친히 와서 국경이 정해졌다. 〈유위자〉는 하늘이 내신 성인인데 그분에게서 '중국'이라하는 이름을 얻었고 〈이윤〉이 그 문하에서 배워 은나라 탕(湯) 임금의 현명한 신하가 되었다. 그 나라는 크지만 남의 나라를 업신여기지 않았고, 그 나라의 군대는 강했지만 남의 나라를 침범하지 않았다. 풍속이 순후(淳厚)해서 길을 가는 이들이 서로 양보하고, 음식을 먹는 이들이 먹는 것을 서로 미루며, 남자와 여자가 따로 거처해 섞이지 않으니, 이 나라야말로 동쪽에 있는 예의 바른 군자의 나라(東方禮儀君子之國)가 아니겠는가?

이런 까닭으로 나의 할아버지 공자(孔子)께서 '그 나라에 가서 살고 싶다.'고 하시면서 '누추하지 않다'고 말씀하셨다." -위나라 安釐왕 10년 곡부(曲阜)에서 공빈(孔斌) 씀(자는 자순=子順)-

미국 시카고대학의 게리 베커 교수(1996년, 노벨경제학상) "한국인은 전통적인 대가족 제도와 효(孝)의 사상으로 한강의 기적을 일으켰다"고 했습니다. 이와 같이 우리 겨레는 세계가 인정할 만큼 예의가 바르고, 특히 부모를 극진하게 공경하여 왔습니다.

그러면 우리 겨레가 옛날부터 중시한 부모 공경의 사상적 바탕은 어디서 왔을까요? 대개 부모에 대한 효와 예의 범절은 공자의 가르침인 유교에서 온 것으로 알고 있습니다. 물론 유교의 영향을 받기는 했습니다. 그러나 유교는 고려 · 조선시대에 들어온 가르침이고, 우리 겨레에게만 있는 남다른 효도와 고유한 예절은 유교가 들어오기 이전부터 있었던 것입니다. 왜냐하면 유교의 발원지인 중국이 우리를 보고 예의가 바른 나라라고 하는 것을 보면 효도나 예의가 유교의 가르침에서 시작되지 않았음을 짐작할 수 있지요. 그리고 유교의 창시자나 다름이 없는 공자도 우리 민족의 혈통인 동이족이라고 보고 있습니다.

성경, 하나님 경배와 부모 공경을 우선으로

그러면 한국인이 그토록 중시했던 효와 예는 어디서 왔을까요? 그것은 하나님의 가르침에서 왔습니다. 곧 효와 예의는 성경에서 시작합니다. 더 정확하게 말하면 효도와 예절은 노아의 세 아들부터입니다. 노아가 노년기에 술이 취해 알몸을 드러내는 실수를 했습니다(창 9:21). 이것을 본 세 아들 중에 함은 아비의 실수를 드러내었으나 셈은 아비의 실수를 덮어주었습니다. 그 뒤로 함은 저주를 받았고, 셈은 복을 받게 됩니다. 셈은 부모에게 효도하여 하나님께 복을 받았고, 함의 후손은 화를 당한 것입니다. 이 부분은 뒷날 십계명을 비롯한 성경에서 분명하게 나타납니다.

> 네 부모를 공경하라 그리하면 네 하나님 여호와가 네게 준 땅에서 네 생명이 길리라(출 20:12)
> 그의 부모를 경솔하게 여기는 자는 저주를 받을 것이라 할 것이요 모든 백성은 아멘 할지니라(신 27:16)

하나님은 십계명을 통하여 먼저 하나님을 섬기게 했습니다. 그러나 십계명은 하나님 다음으로 부모 공경을 제일 먼저 말하고 있습니다. 더구나 에베소서 6장 2절은 부모 공경이 약속 있는 첫 계명이라고 합니다. 이처럼 성경은 하나님 경배와 부모 공경을 중요시했습니다. 성경은 신앙생활에서 하나님 경배, 사회생활에서는 부모 공경을 제일 계명으로 하고, 여기에 이웃 사랑을 가르치고 있습니다. 그래서 우리 민족은 이 땅에 불교나 유교가 들어오기 전부터 하나님을 섬기고 부모를 공경해 왔습니다. 《환단고기》를 보면 단군왕검은 부모는 하나님이 내려준 것이며, 부모에 대한 효도가 하늘의 뜻이라고 가르치고 있습니다.[61]

또 2세 단군 부루(扶婁, 夫婁)가 부모에게 효를 행한 소연(少連)과 대연(大連) 형제를 불러 면담하고 다스림의 길을 물은 적도 있습니다. 물론 공자도 조선의 소연 · 대연 형제를 칭송한 기록이 있습니다. 이때부터 우리나라는 부모에 대한 효도가 사람을 사랑하고, 세상의 유익을 위한 근본으로 삼게 되었다고 합니다. 또 고조선의 통치법인 8조 금법(八條禁法) 곧 금범 8조(禁犯八條)에서도 드러납니다. 금범 8조는 그동안 《한서 지리지(漢書 地理志)》에 있는 3개 조항만 알려져 왔으나 최근 《규원사화(揆園史話)》에서 사라진 5개 조항이 모두 밝혀지고 있는데 여기서 하나님 경배와 부모 공경이 8조 금법 중에 먼저 나타납니다.

---

61) 임승국 역, 한단고기, 정신세계사, 1986년, 57쪽.

1계명 : 너희는 한 분이신 하나님을 정성을 다하여 순수하게 섬기라
2계명 : 너희 부모를 공경하라. 너희 어버이는 하늘에서 내린 것이니 너희 어버이를 공경하면 이는 능히 하늘을 공경하는 것이니라.

이것은 우리가 예부터 하나님을 섬기고, 부모를 공경해 왔음을 알 수가 있습니다. 그러므로 우리 겨레가 자랑거리인 부모 공경과 동방예의 지국이라는 평판을 받을만한 예의범절은 왜래문화인 불교나 유교의 산물이 아니고, 제천신앙과 생활에서 우러나온 것입니다. 이와 같이 우리의 토종문화인 효도와 예절은 토종종교에서 왔습니다. 이러한 증거는 다른 문헌에서도 많이 나타나고 있지만 소개를 생략합니다.

한국은 혼인의 순결을 '춘향이'의 정절로

춘향전에서 춘향이는 정절을 지켜 복을 받습니다. 우리 겨레는 다른 민족과 달리 혼인의 순결과 정절을 특히 중시했습니다. 그런데 이런 관점은 성경도 마찬가지입니다. 성경은 순결과 정절을 특히 강조하며, 음행은 강하게 저주합니다.

간음하지 말라(십계명). 남의 아내를 탐내지 말라(십계명).
너희도 이것을 정녕히 알거니와 음행하는 자나 더러운 자나 탐하는 자 곧 우상 숭배자는 다 그리스도와 하나님 나라에서 기업을 얻지 못하리니(엡 5:5)
모든 사람은 혼인을 귀히 여기고 … 음행하는 자와 간음하는 자들을 하나님이 심판하시리라(히 13:4)

성경은 하나님에 대한 영적 순수성을 잃고, 우상을 섬긴 자도 음행한 자와 같다고 합니다. 그만큼 성경은 음행 자체를 금합니다. 우리 민족은 예로부터 혼인의 순결과 정절은 세계에서도 최고라고 할 만큼 중시했는데 이는 하나님이 성경을 통하여 우리에게 주신 성적 윤리에 대한 요

구와 거의 일치합니다. 또한 우리가 혼인의 순결을 강조해 온 것은 윤리적 문제만이 아니고, 하나님을 믿는 민족이 혼합 종교에 빠진 민족과는 혼인을 금하여 영적인 순수성을 지키려고 했기 때문입니다. 우리는 홍수 심판의 원인이 세상 타락이고, 그 타락은 잡혼에(창 6:1) 있었음을 알고 지켰던 민족입니다. 그래서 우리는 반만년 동안 단일민족으로만 살아왔습니다.

11. 한국의 조상제사, 그 시작은?

한국의 조상제사는 특이한 문화

유대인들은 명절이 되면 성전으로 모였습니다. 그리고 하나님께 제사를 드리고 잔치를 즐깁니다. 그런데 우리는 명절이 오면 부모들이 사는 고향으로 가거나 조상의 묘가 있는 산으로 가서 벌초와 성묘를 합니다. 그리고 설날은 제사도 지내고, 부모에게 세배를 합니다. 조상이 죽은 날도 제사를 지냅니다. 유대인은 하나님과 성전을 열심히 찾는 반면, 우리는 조상을 열심히 찾았고, 조상제사를 정성들여 지냅니다.

선진국에서 우리 민족처럼 죽은 조상에게 제사를 드리는 풍속은 거의 없습니다. 성경에도 우상숭배는 많으나 조상제사는 찾아볼 수가 없는데 이것은 드보(R. de Vaux)와 라이트(G. E. Wright) 같은 학자들도 같은 입장입니다.[62]

조상제사의 기원은 크게 두 가지로 분류할 수 있습니다. 하나는 죽은 자를 신성시 하는 샤머니즘입니다. 이런 제사는 주로 아프리카 원주민

---

62) 김종은, 조상제사 문제에 대한 성경적 조망, 목회와 신학, 2000년 가을호, 16쪽.

에게 있는 것이고, 아시아에서는 인도네시아에 남아 있습니다. 인도네시아는 부모가 죽으면 시신을 신성시 하여 1년간 집안에 두었다가 장례를 치르고 제사를 지냅니다.[63] 이런 풍습은 죽은 자를 처음부터 신격화한 샤머니즘에서 온 것입니다. 그 다음 하나는 중국에서 충과 효를 강조하는 의식이 변질하여 죽은 조상까지 신으로 숭배하는 제사로 바뀐 것입니다. 우리나라의 조상제사는 중국에서 들어온 것으로 뒤의 형태에 속합니다.

그리고 지금도 중국과 일본에서 제사가 있기는 하지만, 그것은 우리의 조상제사와는 좀 다릅니다.[64] 그러므로 오늘날 죽은 자, 또는 죽은 조상에게 제사를 드리는 것은 세계에서도 미개한 아프리카 원시인들에게 남아 있습니다. 그리고 우리처럼 여러 가지 음식물을 진수성찬으로 차려놓고, 가족들이 모여서 드리는 조상제사는 오늘날 세계 선진국에서 찾아볼 수가 없습니다. 그것도 우리 것이 아니고, 중국에서 들어 온 것이니 특이한 문화의 한 형태라고 하겠습니다.

한국의 조상제사는 중국에서 들어온 것

우리 민족은 왜 제사를 드리며, 그렇게도 우리에게 끈끈한 풍습이 되어 왔으며, 우리의 조상제사가 언제, 어디서 어떻게 시작이 되었을까요?

조상제사에 대하여 우리의 옛 문헌들을 찾아보면 거의 없습니다. 중국처럼 우리도 간혹 환인 · 환웅 · 단군을 비롯하여 공덕이 높은 임금은

63) 기독교 대백과사전, 제13권, 교문사, 1983, 1211쪽.

64) 중국은 조상제사보다 용제(龍祭), 조왕신, 부뚜막신, 재신제(財神祭, 재물을 바라는 제사) 등의 기복적인 제사가 더 성행하고 있다. 조상제사는 3대 종친의 위패를 사당이나 사찰에 두고, 세 번 절하며 복을 비는 의식이 있지만, 기복적 성격이 아주 강하고, 수시로 하는 의식이므로 우리처럼 정한 날, 풍성한 제사상을 차리고 올리는 조상제사와 다르다. 일본은 죽은 조상의 신위를 한 곳(집안 한 쪽 또는 사당)에 두고, 절을 하는데 이것도 수시로 하는 의식이므로 우리와 같이 기일(忌日)에 드리는 조상제사는 없다.

살아서나 죽어서도 각별한 예우로 모신 기록이 있습니다. 이 분들에게는 죽은 후에 그 이름을 숭상하며, 각별하게 예우를 갖추는 사당이 있었고, 공덕이 높은 임금이 죽으면 제사에 버금가는 예를 갖춘 흔적이 보입니다. 그러나 이것은 대상이 극히 제한된 특정 신분의 소유자에 한하며, 의미도 제사라기보다 개국공신에 대한 예우로 기념하는 정도입니다. 우리가 이순신 장군과 같이 국가에 공을 세운 사람은 동상을 세우거나 추모관(기념관)을 지어 그 공을 기린 것과 비슷합니다. 그런데 고려시대 후기에 오면 사대부가 조상에게 제사를 지냈다는 기록이 있습니다. 그러므로 이것이 오늘날의 제사와 관련이 있을 수는 있지만, 이것도 대상은 중국의 영향을 받은 일부 사대부에 한정된 것입니다. 곧 고려 후기에 생긴 사대부 제사도 우리 문화가 아닙니다.

또 우리 겨레는 예로부터 부모 공경 사상이 강하여 살아있는 부모나 조상에게는 세배도 하고, 개인적으로 예의를 갖추어 큰 절을 잘 합니다. 결혼식에서 큰 절을 올리는 폐백의 예가 그 하나입니다. 모두 제사와 비슷한 정중함과 자세로 큰 절을 한다는 것입니다. 그러나 본래 우리는 죽은 조상에게 절을 하지 않았습니다.

예로부터 우리 겨레는 하나님을 섬긴 기록은 있지만, 오늘날처럼 가정에서 범국민적으로 행하는 조상제사는 없었습니다. 한국의 조상제사는 원래부터 행해 왔던 하나님에 대한 제사가 사람 제사로 변한 중국문화에서 수입되어 권장된 것입니다.

따라서 우리는 조상제사를 겨레의 고유한 미풍양속으로 알고 금과옥조처럼 여기지만, 사실은 중국에서 들어온 외래문화입니다. 사가들의 연구에 의하면 조상제사를 지금처럼 지낸 기록은 고려조 이전까지 흔적을 찾을 수가 없고, 지금과 같은 조상제사는 고려 말엽부터 시작되었다고 합니다.[65] 그 전에 단군과 같은 국가의 시조나 왕에 대한 제사 기록이 있기는 하지만, 그것도 하나님에 대한 제사인 제천의식에 비하면 무시해도 좋을 만큼 적습니다.

중국에서도 조상제사는 공자 이전 하나라와 상나라 때부터라고 하는데, 성행하기는 주나라 때입니다. 그 당시는 부모에 대한 제사가 아니고 왕실에서 뛰어난 황제를 기리기 위해 제사를 지내다가 후에 자신의 부모도 훌륭했다는 것을 내세우기 위해 민간에도 제사를 지낸 것이 중국 제사의 기원이라고 할 수 있습니다.[66]

이렇게 민간에서 행하던 조상제사를 이론적으로 뒷받침을 한 것은 훨씬 후대인 송나라 때에 주자학을 창안한 주희(혹은 주자)입니다. 이것이 《주자가례(朱子家禮)》입니다. 이 책은 명나라 때 구준(丘濬)이 주자의 학설을 기록한 것인데 이 책에 조상제사에 관한 내용이 들어있습니다. 우리나라의 조상제사는 이 《주자가례》에 영향을 받아서 지금까지 지키고 있습니다.[67]

고려시대는 종교가 불교이기 때문에 윤회사상에 따른 초기 불교는 제사가 없었습니다. 고려 말기에 중국의 유교가 낳은 주자학(한국은 성리학으로 재정립)이 한국에 전래 되었는데, 이때 조상제사의 의식도 함께 들어옵니다. 이것은 고려 말기 유학자 안향의 영향이 큽니다. 주자학자들은 조상제사를 중국에서 들여오고, 주자학으로 백성들에게 예와

---

65) 삼국시대 이전의 제사에 대한 후대의 기록들은 천제단 제사와 단군과 같은 특정 인물에 대한 제사가 있었다고 하지만, 후자의 기록은 오류로 보인다. 왜냐하면 단군은 하나님께 제사를 올리는 제사장 신분이지 제사를 받은 사람이 아니며, 단군을 숭배하며 제사를 지낸 것은 이보다 훨씬 후대(조선시대)이기 때문이다.

66) 손봉호, 제사와 현대문화(이종윤 편저, 한국교회와 제사문제, 엠마오, 1990년, 32쪽)

67) 최길성, 한국의 조상숭배, 예진, 1993, 91쪽.

효를 과시했습니다. 그러므로 조상제사는 우리 것이 아닌 중국의 것이고, 우리나라에 정착된 것은 사대주의(事大主義)의 결과입니다.

본격적인 조상제사는 이태조의 산물

조상제사는 고려 말에 주자학과 함께 우리나라에 도입되어 초기는 주자학을 신봉하는 특수 계층만 지내다가[68] 조선조 초기 유교를 국교로 삼은 이태조에 의해 민간에게 널리 권장된 제도입니다.[69] 그 이유는 조상에 대한 효도를 권장하기 위함이라기보다 쿠데타로 정권을 잡은 이태조가 정권의 정통성이 없으니 그 정권의 안정을 위해 조상제사를 이용한 것입니다. 하나의 정치적 술수이지요. 이성계는 무력으로 정권을 탈취하고 국호까지 변경하자 정권의 정통성과 도덕성을 상실하여 민심이 이반되고, 정권이 위협을 받았습니다. 그는 칼로 정권을 잡았지만, 등을 돌린 민심은 잡을 수가 없었지요. 이에 이성계가 정치적 필요로 내어놓은 묘안이 바로 부모 공경과 조상제사의 권장입니다.

그는 당시 이태조는 우인(友人)처럼 지내던 국사(國師) 무학에게 자문을 구하니 무학대사가 조상제사의 권장을 제안했습니다. 이태조는 정권의 안정과 정통성을 위하여 유교와 충효사상을 백성들에게 가르쳤고, 그 중 제사가 대표적입니다. 그래서 제사상을 차릴 때 가르친 네 가지 실과(대추, 밤, 감, 배)는 정치적 의미를 숨겨두고 있습니다. 씨가 하나인 대추는 한 분의 왕, 씨가 세 개인 밤은 삼정승, 그리고 씨가 여섯 개인 감은 육판서, 씨가 여덟 개인 배는 팔도 관찰사를 의미합니다.

---

68) 현상윤, 조선유학사, 민중서관, 1974, 25쪽.

69) 김병옥, 조상숭배사상에 대한 기독교적 고찰, 안양대학교 신학대학원, 석사학위논문, 1997년. 12~13쪽.

이것이 오늘날 제사상을 차릴 때 불문율이 된 '조율시이(棗栗柿梨)'의 순서입니다. 이렇게 제사상에 놓는 조율시이(혹은 조율이시)의 순서와 풍성한 음식 차림은 제사의 원전이라고 할 수 있는 《주자가례》에도 없던 것입니다. 그들은 겉으로 부모의 효를 강조하면서 조상제사를 이렇게 지내게 하고, 내심 자기들은 정권을 유지하며, 평안을 도모해 왔던 것입니다.

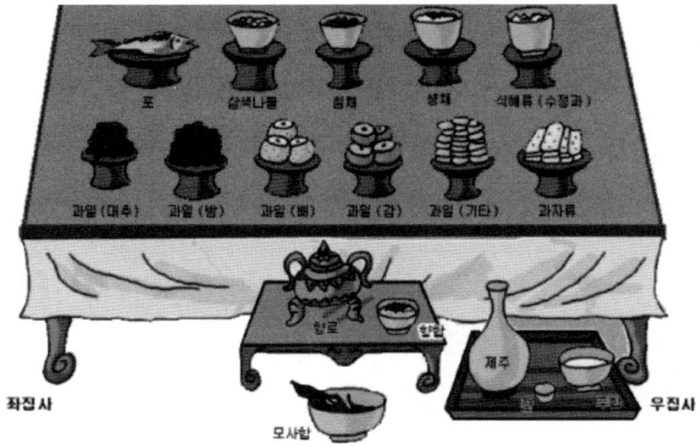

조상 제사상 모형의 일부

원래 유교는 부모에 대한 효는 장려하지만, 굿이나 제사 행위는 샤머니즘(미신)이라고 배격했습니다. 고려 말기의 유교 학자 안향은 미신타파의 장본인입니다. 그런 유교가 효의 방편으로 미신적인 조상제사까지도 받아들이고 권장한 것은 정치적 영향이 컸던 것입니다. 제사가 없던 불교가 교리와 상관없는 조상제사를 용인한 것은 이와 비슷한 맥락입니다. 유교를 국교로 삼은 태조 이성계가 조상제사를 유교의 효와 정치적 목적으로 권장 하듯이 불교도 교세의 확장을 위하여 제사를 허용하고 권장까지 합니다. 이러한 사례는 지금의 천주교도 마찬가지입니다. 초기의 천주교는 한국에서 조상제사를 거부하여 순교자를 배출했지만, 지금은 조상제사를 민족의 의식이라고 하면서 허용하고 있습니다. 교황청이 1939년 피우스 12세, 1965년 제2차 바티칸 공회가 조상제사를 용인한 후의 일입니다.

그러므로 조상제사는 우리 것이 아닌 중국으로부터 수입된 외래문화이고, 도입 과정마저 정치적, 종교적 의도가 숨어 있거나 들어 있습니다. 우리나라에서 조상제사의 시작은 조선시대 초기로 보아도 역사는 약 600년 전부터인 셈입니다. 이렇게 보면 조상제사는 5,000년 역사 속에서 길어야 600년 밖에 되지 않았고, 그나마 중국에서 들여온 외래문화입니다. 우리나라는 예로부터 성경 말씀대로 하나님에 대한 경배, 곧 제천의식만 치러왔습니다. 그리고 부모에 대해서는 효의 사상이 강했습니다. 그런데 하나님 경배와 부모 공경이라는 우리의 좋은 전통과 문화가 조선시대에 와서 그만 죽은 조상을 숭배하는 조상제사로 변질하고 만 것입니다. 안타까운 일이지요. 하지만, 우리 겨레는 아직까지 국민 한 사람 한 사람의 심성에 숨어있는 종교성은 바로 하나님을 경배하는 것입니다. 이것이 우리의 희망입니다.

다(숭늉)가 차(茶)가 되고, 술(酒)이 된 까닭

우리 겨레는 설과 한가위 명절에 조상제사를 지내는데 이것을 차례(茶禮)하고 합니다. 그런데 이 차례는 어디에서 왔을까요? 이 말은 원래 부모나 어른, 그리고 손님에게 '다(숭늉, 곡차)' 를 끓여 예를 갖추어 받친 것을 말합니다. 우리가 보통 '다도예절', '다도교육' 이라고 하는 것은 본래 어른 앞에서 다를 정중한 자세로 마시는 것을 말합니다. 부모나 웃어른에게 다를 올려 드리고, 다를 마시며 어른들로부터 지켜야 할 교훈이나 덕담을 듣는 것이지요. 아마도 이때는 부모나 어른에게는 존경의 표시로 큰 절도 했을 것입니다. 이것은 궁중에서 왕과 신하 사이에도 행하고(궁중다도), 민간에서도 행했습니다. 이와 같이 다도는 왕, 부모, 어른, 손님에게 행한 최고의 예절이지요. 이것이 우리 겨레가 가진 전통 다례입니다.

그런데 이것이 중국의 한자와 조상제사의 문화가 들어오면서 변질합니다. 우리말 '다'는 한자인 '차(茶)'로 변하여 다례가 차례(茶禮)가 되고, 살아있는 부모나 어른에게 드리는 다도의 예, '다례'가 죽은 조상에게 절을 하는 '차례(제사)'로 바뀐 것입니다. 다(茶)에 대한 최초의 기록이 불상에 올린 차인데[70] 이것도 어른에게 올리던 다례 의식을 스님이 불상 앞에서 행한 것에 불과합니다. 그리고 제사에는 술이 차려져야 하니 차가 다시 술(酒)로 변했습니다. 이와 같이 우리가 전통으로 마시든 다 하나만 보아도 우리 문화는 이렇게 변질되어 버렸습니다.

우리의 **다(곡차)** ⇨ 중국의 차(茶) ⇨ 제사의 술(酒)
다道(살아계신 어른에 대한 예절) ⇨ 불상의 공양 ⇨ 죽은 조상의 대한 제사

우리의 토종제사는 제천의식

원래 우리 겨레의 토종종교는 하나님께 제사를 올리는 제천신앙입니다. 그런데 이 제천신앙과 의식의 잔재는 아직도 조상제사나 불교에서 그 흔적이 남아 있습니다. 그것은 조상제사와 관련된 산신제, 제사상 앞에 두는 모사 그릇, 그리고 사찰의 삼신각(또는 칠성각) 등에서 찾아낼 수 있습니다.

---

70) 일연 스님이 지은 《삼국유사(제2권)》에서 신라 경덕왕 24년 충담 스님이 삼월 삼짇날 미륵세존에게 차를 공양했다고 하는데 이것을 차(茶)에 대한 첫 기록으로 보고 있다.

우리 겨레가 처음부터 믿어 온 하나님은 유대교나 이슬람과 같은 단일신이 아니고, 성경에 있는 대로 삼위일체 하나님이십니다. 《환단고기》〈태백일사〉에서 이를 '三一神' 또는 '三一神誥'라고 했습니다. 천제를 올린 장소는 주로 하늘이 확 트인 곳으로 주위보다 높은 언덕 위, 또는 높은 산의 꼭대기입니다. 이것은 아라랏 산정에서 노아 할아버지가 하나님께 드린 제사를 연상하시면 쉽게 이해할 수 있으며, 한반도는 백두산과 강화도 마니산(머리산)이 그 대표적 명소입니다. 우리 겨레는 이렇게 높은 산에서 하늘에 계신 삼신의 하나님께 제사를 올렸습니다. 이것이 삼신의 하느님께 드리는 고산의 삼신제이며, 제천의식입니다. 하나님에 대한 제사는 짐승을 잡아 피를 흘리고, 그 제물을 고인돌과 같은 제단에 올려놓고 태워서 드립니다. 그러나 잡신들에게 드리는 제사는 바위 밑, 나무 밑, 아니면 우상을 새겨놓고 그 밑에 잡다한 제물들을 차려놓고 절을 합니다. 하나님께 드리는 제사는 제물이 주위의 모든 피조물들보다 위에 있습니다. 그러나 잡신들에 대한 제사는 제물이 다른 피조물(바위, 나무, 신상, 조상의 위패 등)보다 밑에 있습니다. 이와 같이 하나님께 올리는 제사와 우상 제사는 제물, 장소, 위치, 방식 등에서 근본적으로 달랐습니다.

조상제사와 불교에 남아있는 제천의식(산신각, 산신제, 강신, 모사그릇)

그러나 이 땅에 불교가 들어오고, 조선시대에 유교가 들어오면서 정치가들이 이들 종교를 새로운 통치이념으로 삼고, 권장을 하면서 백성들은 제천의식을 멀리하기 시작했습니다. 물론 한국에 불교가 들어와도 초기는 하나님을 믿는 제천의식 때문에 사람들이 쉽게 받아드리지 않았습니다. 그래서 사찰에서는 하나님께 올리던 삼신제(三神祭) 제사를 절에서도 드릴 수 있도록 전각을 세웁니다. 절에 가면 대웅전 뒤에 작은 전각을 지어놓고, 그 전각을 '삼신각(三神閣)', 산신각, '칠성각' 이라고 부르는데 이것은 원래 높은 곳에서 삼신의 하느님께 올리던 제사를 사찰에서도 할 수 있도록 배려(실제는 유인)한 것이 오늘날까지 전해 내려온 것입니다. 불교가 우리의 제천의식인 토종종교를 무시하지 못하고, 타협책을 썼는데 우리가 이를 묵인하면서 결국 불교가 이 땅에 발을 붙일 수 있게 된 것입니다.

어느 사찰의 칠성각(삼신각, 산신각)

그리고 묘제사의 경우와 같이 집 밖에서 드리는 제사는 조상에 대한 제사보다 먼저 산신제를 올립니다(지금은 순서를 무시하지만). 이것 역시 조상제사에 우리 토종종교의 제천의식을 집어넣은 것입니다. 이미 언급을 했지만, 지금의 산신제는 원래 산에 올라가 삼신의 하나님께 드린 삼신제가 변질한 것입니다. 우리는 '산신제'가 '산의 신'에게 드린 제사로 알고 있지만, 원래 '삼신제'는 제천의식으로 '산에서 드린 삼신 하나님' 에 대한 제사였습니다. 같은 산에서 드린 제사라도 천제는 산 정상에서 드리므로 뒤에 산 중턱에서 드린 산신제와 근본을 달리합니다. 이처럼 하나님에 대한 제사가 본질이 변하니 고려시대에는 용어마저 삼신이 산신(山神)과 산신(産神, 삼신 할매)으로, '三神祭' 가 '山神祭' 로 바뀌었습니다. 조선시대에는 중국의 사직단 제사가 들어오면서 산신은 다시 집안을 지키는 토지신(土地神)으로 바뀌었습니다.

그리고 집안에서 드리는 제사에도 조상에게 절을 하기 전에 향불을 피우고 신을 불러드리는 절차인 '분향 강신' 을 먼저 합니다. 그런데 이것은 원래 하나님께 짐승을 잡아 제사를 드릴 때 하던 의식이고, 절차입니다.

> 향로를 가져다가 여호와 앞 제단 위에서 피운 불을 그것에 채우고 또 두 손에 곱게 간 향기로운 향을 채워 가지고 휘장 안에 들어가서(레 16:12). 이에 … 너는 향로를 취하고 단의 불을 그것에 담고 그 위에 향을 두어 가지고 급히 회중에게로 가서 그들을 위하여 속죄하라(민 16:46)

하나님에 대한 제사에서 향불은 하나님의 임재나 교통을 의미합니다. 제사는 하나님께 제물을 불태워 바치면 하나님은 그 제물의 향기를 흠향하고, 제물을 열납하십니다. 또 야외에서 올리는 짐승의 제물에는 냄새가 나고 파리 같은 곤충들이 달라붙기 때문에 향을 피워야 합니다. 이와 같이 하나님에 대한 제사와 향(향불)은 깊은 관련이 있습니다.

그런데 조상제사에서 제일 앞에 두고 강신을 청할 때 쓰는 모사 그릇이 있는데 이는 그릇에 모래나 흙을 담고, 위에 솔잎(혹은 짚, 풀)을 꽂아 둡니다. 여기서 흙과 풀은 원래 천제를 드리는 장소인 산과 들판을 상징합니다. 그래서 산신제에서는 모사 그릇이 없습니다. 조상제사에서 제일 먼저 향불을 피우고, 신의 내림을 기원하며, 모사 그릇에 술을 세 번 붓습니다. 이 의식은 하나님께 드린 삼신제사의 절차를 모방한 것입니다.

그러므로 조상제사의 모사 그릇도 삼신제와 산신제에서 온 것입니다. 산이나 야외에서 드리던 하나님에 대한 제사, 곧 우리 겨레가 공동체로서 모두가 함께 드리던 삼신제의 제천의식이 뒷날 산신제가 되고, 산신제는 다시 토지신으로 바뀌고, 지금은 한 가정의 자기 조상들 제사상 앞에 놓인 모사 그릇으로 남게 된 것입니다. 이와 같이 우리 겨레는 아직도 조상제사와 사찰에서 흔적이 남아있을 만큼 원래 하나님께만 제사를 잘 드리던 하늘 백성이었습니다. 그러나 이 땅에 불교와 유교가 들어오고, 중국으로부터 잘못된 황제숭배와 변질한 조상제사까지 들어오면서 우리의 토종종교는 점차적으로 퇴색한 것입니다. 특히 이런 종교의 오염은 위정자들이 종교를 정치에 이용하고, 양반들이 이에 합세하면서 굳어졌습니다. 우리는 너무 오래 동안 중국을 상국으로 섬기는 사대주의(事大主義)에 물들어 있었고, 여기에 일본의 강점에 따른 간교한 역사 왜곡까지 복합적으로 얽혀서 큰 영향을 받아 왔습니다. 참으로 안타깝습니다.

조상제사를 드리는 분들은 모사그릇과 분향 강신, 사찰에 있는 삼신각(혹은 칠성각)이 원래 하나님께 드리던 제천의식에서 왔다는 사실을 알면 부정하고 싶을 것입니다. 조상제사가 중국에서 온 외래문화이고, 차례가 살아있는 사람(임금, 부모, 어른, 손님)에게 드리던 예의 형식이 변질한 것임에도 마음이 편하지는 않으실 것입니다. 우리의 토종종교인 하나님에 대한 삼신사상(三神思想)이 절간에는 산신각으로, 산에서 올리던 삼신제(三神祭)의 제천의식(祭天儀式)이 산신제(山神祭)와 토지신(土地神)제사가 되고, 조상제사가 되어 안방 제사상 앞에 놓인 모사 그릇이 되었습니다. 참 신에 대한 믿음이요, 고등종교인 우리의 토종종교, 제천의식이 한낱 우상에 불과한 외래종교에 의하여 밀려나버렸기 때문입니다.

《규원사화》〈단군기〉에는 "발해를 진(震)이라 하고 건원(乾元)을 천통(天統)이라 하여 항상 하늘을 공경하며 제사를 지냈다. 그러나 자손들이 교만하여져서 점차 이를 폐지하고 유교와 불교를 함께 좋아하니 드디어 나라가 시들었다."고 하여 이 당시 타락해 가는 종교를 탄식하고 있습니다. 그러므로 우리는 원래 우리 조상들이 가지고 있던 토종종교, 곧 살아계신 하나님께만 제사를 드리던 제천의식의 하늘 백성으로 하루 빨리 바뀌어야 하겠습니다. 그것은 모든 사람들이 예수님을 메시아로 영접하고, 성경을 바로 알아서 지키게 하는 것입니다.

12. 무궁화는 하늘꽃 · 나라꽃, 耶蘇(穌)花王의 세계 꽃

무궁화는 우리나라 꽃

무궁화는 우리나라의 국화입니다. 우리나라 국가 애국가에는 '무궁화 삼천리 화려 강산 하느님이 보우하사'라고 하여 하나님과 무궁화가 들어 있습니다.

대한민국이 수립된 직후인 1949년 10월 대통령 휘장과 행정 · 입법 · 사법 3부의 휘장을 모두 무궁화로 도안하여 제정 · 사용했고, 1950년에는 태극기의 깃봉을 무궁화 꽃봉오리로 정했습니다. 무궁화는 우리의 화폐와 우표에도 들어 있었습니다. 국가에 공을 세운 분에게 주는 훈장은 무궁화장이 가장 큽니다. 조선시대는 조선왕조의 상징인 배꽃의 등장으로 무궁화가 가려 있었지만, 그럼에도 문인이나 실학자들은 무궁화에 관심을 가졌던 문헌들이 상당수 있습니다. 조선시대는 장원급제를 한 자에게 임금이 내리는 어사화가 무궁화입니다. 고려와 통일신라 시대에도 불교에 가려서 무궁화에 대한 특별한 관심은 나타나지 않습니다. 그러나 이 시대에도 예로부터 백성들이 무궁화를 중시한 덕택에 대외적으로 우리나라를 말할 때 '근화향'이라 불렀습니다.[71)]

무궁화 백단심류

우리나라에서 무궁화에 대한 특별한 관심은 상고시대부터입니다. 무궁화에 대한 기록은 고조선 이전 신씨시대부터 시작하여 단군시대와 삼한시대, 삼국시대를 거치면서 이어져 왔습니다. 곧 무궁화는 국가를 대표하는 꽃이며, 개국 이래 종교적으로 신성시 한 꽃으로 백성들로부터 각별한 사랑을 받아 왔습니다. 그러나 통일신라 · 고려시대는 불교의 연꽃, 조선시대는 왕실이 배꽃을 장려하면서 무궁화는 상대적으로

---

71) 최치원이 당나라에 보낸 국서에서 신라를 '근화향(槿花鄕)' 곧 '무궁화의 나라'라고 불렀고, 《구당서(舊唐書)》에도 같은 기록이 있다. 강희안의 《양화소록(養花小錄)》에 중국에서 한국을 '근역(槿域)'이라 한다고 기록하고 있다. 고려 예종(睿宗)은 고려를 '근화향(槿花鄕)'이라고 하였다.

소홀했던 것 같습니다. 그러다가 이조 말엽에 와서 실학자와 일제 강점기에 겨레의 선각자들로부터 다시 나라꽃으로 관심을 가지게 된 것입니다. 특히 나라가 일제의 식민지라는 암울한 시기를 거치면서 무궁화의 재배는 민족정기를 일깨우기 위한 자각 운동으로 다시 부각이 되었습니다. 다시 말하면 우리 겨레는 무궁화를 아끼고 사랑할 때 나라가 번성하였고, 무궁화를 소홀히 할 때는 사회가 혼란을 자초하며, 외세(중국과 일본)의 침입을 받거나 나라를 빼앗기까지 했던 것입니다. 이와 같이 무궁화는 우리 겨레의 역사는 물론 국가의 흥망성쇠와도 깊은 관련이 있으며, 지금까지 우리의 사상과 문화에서 영향을 주고 있는 꽃이라고 할 수 있습니다.

무궁화는 하늘이 내린 꽃(天指花)

무궁화는 신시개천(神市開川), 하늘이 열려서 나라를 세울 때부터 우리에게 특별한 꽃이었습니다. 《환단고기》〈환국본기〉는 "환인(桓因)이 환화(桓花)가 핀 돌무지에 앉아서 백성들에게 우두머리로 추대를 받았다"고 하는데 이때의 환화가 무궁화입니다. 신씨시대와 고조선 시대는 무궁화를 환화(桓花), 천지화(天指花), 훈화(薰華), 근수(槿樹) 등으로 기록하고 있고, 이 외에도 무궁화에 대한 명칭은 시대와 사람들에 따라 다양하게 불렀습니다.[72]

고조선 시대에는 무궁화를 하늘에 제사를 드리는 천제단 둘레에 많이 심었다고 합니다. 《단기고사》에는 "재위 16년(제5대 단군 16년, B.C.

72) 무궁화에 대한 이름은 환화(桓花), 천지화(天指花), 훈화(薰華), 근수(槿樹)을 비롯하여 무궁화 어원이 된 것으로 보이는 목근(木槿)에서부터 근화향(槿花鄕), 오엽화(五葉花), 어사화(御賜花), 진찬화(進饌花), 번리초(藩籬草), 순화(舜花), 순영(舜英), 일급(日及), 일화(日花), 조천자(朝天子) 등 40여 가지가 있고, 학명은 'Hibscus Syriacus', 영어의 별칭은 'the rose of Sharon(샤론의 장미)'으로 불리운다.

2090년)에 임금이 고력산(古曆山)에 행차하여 제단(祭壇)을 쌓고 주변에 무궁화를 많이 심었다"는 기록이 있습니다.

十六年帝行古曆山築祭壇多樹周邊以槿樹

13세 단군 흘달(屹達)은 무술 20년(B.C. 1763년)에 소도를 많이 설치하고 천지화(天指花)를 심었다고 합니다. 이때 미혼 자제를 뽑아 독서와 활쏘기를 익히게 하고 이들을 국자랑(國子郎)이라 하였습니다. 그런데 이들이 외출 시에는 머리에 천지화를 꽂고 다녔기 때문에 '천지화랑(天指花郎)'이라고 불렀습니다. 사가들은 천지화랑이 신라에서 유명한 화랑도의 기원으로 보고 있습니다. 16세 단군이 무술 28년(B.C. 1583년)에 삼신 상제께 제사를 올리고 부른 무궁화의 노래도 소개되고 있습니다. 이 노래는 '애환가(愛桓歌)'라고도 하는데 하나님에 대한 제사를 마치고, 한 쪽은 횃불을 들고, 또 한 쪽은 둥글게 모여서 춤을 추며 불렀습니다.

그리고 무궁화는 사람이 사는 주택이나 마을에도 심고 가꾼 기록이 있습니다. 《규원사화》를 보면 15세 단군 벌음(伐音)은 원년(경인년)에 뜰 안에 훈화(薰華)를 심어 정자를 만들었다고 하는데 이 훈화는 무궁화를 말합니다.

애환가는 무궁화의 노래

《환단고기》에서 애환가는 하나님(天神)께 올린 노래이며, 가사에서 환화의 이름은 붙이지 않고, 그냥 꽃이라고만 했다고 합니다. 무궁화에 대한 최초의 노래 애환가를 소개하면 다음과 같습니다.

산에는 꽃이 있네, 산에는 꽃이 피네
지난 해 만 그루 심고, 올해 또 만 그루 심었네
불함산에 봄이 오면 온 산에 붉은 빛
천신을 섬기고 태평을 즐긴다네

이와 같이 무궁화는 하나님이 지명한 꽃이라는 뜻에서 "천지화(天指花)"라고 기록했고, 환한 하늘나라 환국의 국화이기 때문에 "환화(桓花)"라고 했습니다. 그리고 무궁화에 대해서는 앞에서 본대로 심었다는 기록부터 시작하고 있습니다. 애환가에서 무궁화를 심었던 시기에 핀 붉은 꽃은 진달래로 보입니다. 우리 겨레는 무궁화를 나라의 제사 장소인 천제단에 먼저 심고, 나중에 지방의 제사 장소인 소도에도 심었습니다. 이렇게 개국 초기부터 무궁화는 심었다는 내용이 반복하여 나옵니다. 애환가는 "지난 해 만 그루 심었고, 올해 또 만 그루 심었다"라고 말입니다.

이와 같이 무궁화는 하나님이 우리 겨레에게 특별하게 지시하신 꽃이기 때문에 제사를 올리는 제단 주위에 둥글게 심기 시작하였고, 지금까지 국화로 삼아서 가꾸고 지켜온 꽃이라는 것을 알 수가 있습니다. 우리가 초등학교 시절 자주 불렀던 무궁화 노래가 생각납니다(박종오 작사, 함이영 작곡).

무궁화 무궁화 우리나라 꽃
삼천리 강산에 우리나라 꽃
피었네 피었네 우리나라 꽃
삼천리 강산에 우리나라 꽃

무궁화는 고대부터 우리 겨레인 동이족의 꽃으로 인식되었고, 신라시대에는 화랑의 머리에, 조선시대에는 장원급제를 한 자에게 내리는 어사화였습니다.

무궁화에 대한 기록은 이웃 중국에서도 많습니다. 동양 최고의 지리서인 《산해경(山海經)》을 보면 "'君子의 나라' 에 무궁화(薰華)가 있는데 아침에 피고 저녁에 진다. 백성들은 양보하기를 좋아하고 다투지 않는다"라는 기록이 있고, 《원중기(元中記)》에도" '君子의 나라' 에는 무궁화가 많다"는 기록이 있습니다.[73] 또 신라의 최치원 선생이 중국에 보낸 국서에서 우리나라를 '근화지향(槿花之鄕)' 이라 하며, 이 나라가 무궁화의 나라임을 스스로 밝히고 있습니다.

이와 같이 한국인과 무궁화는 뗄려야 뗄 수가 없는 관계입니다. 우리나라에서 무궁화를 국화(國花)로 정한 법은 아직 없습니다. 그러나 5,000년의 역사에서 무궁화는 국민의 정서 속에 나라의 꽃으로 굳게 자리를 잡고 있습니다. 나라의 꽃을 권력을 가진 왕이나 정부가 정한 것이 아니라 백성들이 자율적으로 정했다는 점에서 더 큰 의미를 가집니다.

73) 산해경(山海經)은 중국 선진(先秦)시대(약 4천년 전)에 저술되었다고 추정되는 대표적인 신화집, 지리서로 이 책의 해외동경(海外東經)을 보면 "君子國 在其北 衣冠帶劍 食獸 使二大虎 其人好讓不爭 有薰華草 朝生夕死"라고 하였다. 해석하면, "군자(君子: 위대한 사람)들이 사는 나라가 있는데, '격식을 갖춘 옷' 을 입고, '격식을 갖춘 모자' 를 쓰고 '격식을 갖춘 허리 띠' 를 두르고, 칼을 차고 다니고, 짐승을 기르고, 큰 호랑이 두 마리를 부리는데, 그 사람들은 양보하기를 좋아하고 싸우지 않는다(好讓不爭). 이 나라는 무궁화(薰華草:훈화초)가 있는데 아침에 피었다가 저녁에 진다."라는 내용이다.

무궁화의 원산지 논쟁

그런데 지금 한반도에는 무궁화의 자생지가 발견되지 않고 있습니다. 무궁화는 주택의 정원, 공원, 길가와 같이 사람이 사는 마을이나 도시에 있지 야생지대인 산과 들에는 볼 수가 없습니다. 그래서 나라꽃 무궁화는 원산지에 대한 논쟁이 되어 왔고, 지금까지 오해하고 있는 것이 있습니다.

첫째, 우리나라에서 아직 무궁화 자생지가 발견되지 않고 있는데 그 이유는 일제 강점기에 무궁화를 다 뽑아버려서 그렇다고 합니다. 물론 일본이 우리 겨레의 일체감을 심어주는 무궁화에 대하여 좋지 않게 여겼고, 무궁화를 심은 곳에 불을 지르기도 했습니다. 무궁화는 진딧물이 많다고 하면서 뽑아 없애라고 했지요. 그러나 이러한 정책으로 산과 들에서 자생하는 무궁화가 사라지지는 않습니다. 우리가 일본에서 들여온 아카시아를 뽑아 없앤다고 온 산에 퍼져버린 야생 아카시아가 사라지지는 않듯이 말입니다. 무궁화의 자생지로 한반도가 적합하다면, 일제 강점기에 멸종되지 않고 남아있는 무궁화는 다시 야생으로 돌아가서 지금도 번성을 해야 합니다. 그러나 해방된 지 60년이 넘었건만 그런 기미는 보이지 않습니다.

둘째, 무궁화는 한반도에서부터 세계로 퍼져 나갔고, 한반도는 예로부터 무궁화 자생지가 많았다고 합니다. 이것은 앞에서 든 예와 같이 무궁화는 우리의 건국 기록에서부터 나타나고, 중국의 옛 지리책 《산해경》에서도 언급되고 있기 때문입니다. 그러나 이런 기록만 가지고 옛날부터 우리나라는 무궁화의 자생지이며, 한반도에서 세계로 퍼져나간 것이라는 주장은 무리입니다. 첫 번째 경우와 같이 무궁화 자생지가 옛날부터 한반도라면 지금도 자생지가 있어야지요. 아니면 지금은 자생하고 있지 않는 이유를 설명할 수 있어야 할 것입니다.

셋째, 무궁화 원산지에 대한 최근 일부 학계의 견해, 곧 무궁화 원산지를 인도나 아시아 남방계 지역으로 보고 있는데 이 주장도 큰 약점을 가집니다. 무궁화 원산지가 아시아 남단이라면 어떻게 북방계 민족에 속하는 우리 민족의 꽃이 되어 옛날부터 사랑을 받아왔는가 하는 것입니다.

넷째, 《환단고기》 등 고문서에서도 무궁화를 심어서 보급한 내용이 많이 나옵니다. 그리고 조선후기 실학자는 물론 일제 강점기를 거쳐 지금까지 무궁화를 심고 가꾸는 기록이 많고, 심기 운동이 전개되고 있습니다. 만약 우리의 나라꽃이 진달래라면, 굳이 이런 심기 운동을 전개할 필요가 없겠지요. 진달래는 우리나라 온 산천에서 저절로 잘 자라고 있을 것이기 때문입니다.

다섯째, 무궁화의 학명은 '히비스커스 시리아커스(Hibiscus Syriacus)' 입니다. 이것은 무궁화의 원산지가 시리아 지역과 관련이 있다는 것입니다. 그런데 이 지역은 성경이 말하는 샤론 평야와도 관련이 있습니다.

성경과 관련되는 무궁화

한반도가 무궁화의 원산지라는 지금까지의 주장(한반도 자생설, 일제 말살설, 인도 기원설)은 대체로 근거가 없거나 있어도 미약합니다. 그래서 우리의 나라꽃 무궁화는 성경 기록을 참고하여 원산지를 추적하여 볼 수 있습니다.

> 나는 샤론의 수선화요, 골짜기의 백합화로구나(아가서 2:1,2)
> 광야와 메마른 땅이 기뻐하며 사막이 백합화 같이 피어 즐거워하며(사 35:1)

소개된 성경 원문에서 번역한 단어 백합화나 수선화는 히브리어로 '하바쩰레트' 와 '쇼산나' 이며, 두 단어 모두 뜻과 어원을 잘 모르는 상태입니다.[74] 그런데 히브리어에서 백합화는 '하바쩰레트' 가 아니고, '나르키스' 이며, '쇼산나' 는 아네모네, 양귀비, 들장미, 백합화 등으로 주로 샤론 평야에서 자생하는 들꽃들을 말합니다(성서식물, 정정숙, 크리스챤 뮤지엄, 199~201쪽).

그러나 '하바쩰레트' 는 무슨 꽃인지를 아직 모릅니다. 아가서 2장 1절을 영문 성경은 "I am a rose of Sharon, a lily of the valleys." 로 번역합니다. 여기서 '샤론(Sharon)' 은 이스라엘 지중해 해변의 평원으로 갖가지 들꽃이 만발하는 곳이며, 이곳에서 피는 꽃 '하바쩰레트' 를 영어 성경은 "샤론의 장미(rose of Sharon)" 라고 번역을 합니다.

그런데 무궁화도 영어 사전에서는 "샤론의 장미(rose of Sharon)" 라고 합니다. 그리고 무궁화 학명은 '히비스커스 시리아커스(Hibiscus Syriacus)' 이므로 샤론의 평야가 있는 "시리아에서 온 꽃" 으로 보고 있는 것입니다.

그리고 기독교인들은 아가서 2장 1절에 나오는 "샤론의 꽃(하바쩰레트)" 을 메시야, 곧 예수 그리스도의 상징으로 보고 있습니다. 그래서 찬송가 89장, "샤론의 꽃 예수" 를 즐겁게 부르고 있습니다.

> 샤론의 꽃 예수 나의 마음에 아름답고 거룩하게 피소서
> 내 생명의 참사랑과 향기로 간 데마다 아름답게 피소서
> 예수 샤론의 꽃 나의 맘에 사랑으로 피소서

---

74) 개역개정판 성경은 '하바쩰레트' 를 이사야 35장 1절에서 백합화로, 아가서 2장 1절에서 수선화로 번역하여 번역에서 혼선을 보이고 있고, 킹 제임스 성경은 '장미' 로 번역하였다.

시리아에 무궁화가 있습니다.

무궁화의 학명은 '히비스커스 시리아커스(Hibiscus Syriacus)' 로서 원산지가 중동의 시리아라는 뜻입니다. 그른데 이를 부정하는 주장들이 많았습니다. 이 주장을 보면 중동에는 무궁화가 없기 때문이며, 그 대신 원산지가 인도로 추정된다고 했지요. 그러나 이 주장은 사실이 아닙니다. 지금도 소아시아 지역에는 무궁화가 자라서 꽃을 피우고 있기 때문입니다. 그리고 시리아와 중동 지역에는 옛날부터 무궁화가 있었다는 근거를 발견할 수 있습니다.

1995년 창조사학회는 김성일 장로님의 주도로 성경 기록과 한민족의 기원에 대한 탐사를 실시한 바 있는데 이 탐사단은 마침 아라랏 산 북쪽에서 활짝 피어나 있는 무궁화를 직접 본 적이 있습니다. 이곳은 2014년 동계 올림픽이 열릴 예정인 러시아 소치(Sochi)시입니다. 소치시는 행정구역상 러시아이지만, 실제는 아라랏이 있는 소아시아 지역(터키, 알메니아, 그루지야)과 접경지를 이루는 흑해 동부 연안입니다.

소치시에 핀 무궁화

그리고 이들은 시라아의 옛 수도인 다마스커스에서 무궁화를 새긴 문양과 조각들을 발견했습니다. 바로 다마스커스박물관 건물의 정면을 장식하고 있는 옛 앗시리아 왕궁 건물에서입니다. 이 박물관(옛 왕궁) 건물의 정문에는 우리나라의 고려대학교 정문에 있는 무궁화의 문양과 꼭 같은 모양이 조각되어 있습니다. 이 왕궁의 건축 시기는 적어도 서력 기원 전이었으며, 심지어 B.C. 2000년경까지로 보는 경우도 있습니다.

다마서커스박물관 정문의 무궁화 문양

고려대학교 정문 무궁화 문양

그리고 이 건물을 살펴보면 무궁화 꽃 모양 외에 옛 바벨론 건물의 외벽에도 무궁화 잎으로 고안된 문양들을 볼 수 있습니다.

시리아 바벨론 건물 외벽의 무궁화 문양

한국의 무궁화대훈장

우리나라 훈장은 무궁화 꽃과 꽃잎으로 상징되는데 훈장 가운데 꽃을 두고 바깥으로 꽃잎이 퍼지는 모양을 나타내고 있습니다. 그런데 옛 앗시리아 제국이었던 이라크 내의 성벽들도 성벽의 모양은 직선 형태가 아니라 어김없이 무궁화 잎 모양의 테두리로 장식되어 있습니다. 이것은 이 지역이 오래 전부터 무궁화가 있었다는 생생한 증거입니다. 또한 무궁화의 보급과 품종 개량에 노력해 온 심경구 박사님(원예학, 무궁화·나리연구소 소장)는 최근 지중해 지역, 시리아와 이웃한 "고대 그리스에서 B.C. 25년에 만든 화폐에서 무궁화 꽃을 새긴 은화가 발견되어 그 당시부터 무궁화가 재배되고 있었고, 무궁화의 원산지가 시리아라는 것이 확인이 되었다"[75]라고 밝힌 바도 있습니다.

시리아 문헌에 나타난 무궁화 문양 (출처 : 서민호, 한국인의 기원)

무궁화는 한민족의 동방 이동을 증명합니다.

시리아 지역에서 무궁화는 그곳에서도 발견이 되는 단순한 생물학적 꽃이 아니라 왕궁이나 화폐에 새길 문양이 될 정도로 큰 의미를 가진 꽃입니다. 다시 말하면 무궁화는 한국 뿐 아니라 시리아와 같은 중동에서도 중요시한 꽃으로 그 지역의 상징물로 보아야 할 것입니다. 무궁화는 우리나라에서 고대에는 무궁화를 천제단에 심었고, 신라 · 고려시대에

75) 심경구 · 하유미, '나라꽃 무궁화', 신산업전략연구원, 2009, 24쪽.

는 근화향이라 불렀으며, 조선시대는 어사화, 지금은 대통령 휘장, 정부 · 국회 · 법원의 휘장, 최고 훈장(무궁화장), 화폐 등에 나타나는 문양은 모두 무궁화입니다. 우리나라에서 무궁화는 그야말로 "꽃 중의 꽃", 가장 높고 고귀한 자리를 상징하여 왔습니다. 이와 같이 무궁화는 옛날 시리아에서부터 한반도까지 귀한 꽃으로 재배되고 있었던 식물입니다.

그러므로 무궁화는 아라랏 지역을 포함한 터키와 흑해 연안, 그리고 시리아를 비롯한 중동 지역이 원산지라는 것을 알려주고 있습니다. 그리고 무궁화는 아직 한반도에서 자생하는 지역을 찾지 못했습니다. 무궁화는 건국 초기부터 하늘에 제사를 지내는 제단에 심어서 길러왔고, 주택이나 마을에서도 심어 기른 흔적만 있습니다. 조선시대 실학자의 문헌에도 무궁화는 심고 가꾸는 재배법이 자주 소개되고 있습니다. 이를 종합하여 볼 때 무궁화는 사람이 인공적으로 심고 재배한 꽃임을 알 수가 있습니다. 특히 무궁화는 천지화라는 이름으로 하나님께 제사를 드리는 제단 둘레에 심은 꽃이며, 신시개천과 고조선 건국의 초기부터 환국(桓國)의 나라꽃인 환화(桓花)로 정하여 길러오며 신성하게 여긴 꽃입니다. 무궁화는 하늘의 꽃이며, 한국의 나라꽃이며, 한국의 얼과 역사를 함께 해 온 꽃입니다. 이렇게 보면 제단 주위에 있는 나무 신단수(神壇樹)는 박달나무가 아니고 무궁화가 아니었을까 하는 의구심을 가집니다. 박달나무란 '壇(제단)' 이 '檀(박달=밝은 땅)' 으로 바뀌면서 그냥 빌려온 나무의 이름입니다. 예로부터 우리가 심고, 가꾸고, 귀하게 여긴 나무는 박달나무가 아니라 무궁화입니다.

그래서 우리 민족은 아라랏 산에서 중동과 중앙아시아를 거쳐 한반도까지 이주해 오면서 이 무궁화를 아끼고, 가꾸면서 번식시켜 온 것으로 보입니다. 지금도 무궁화는 우리나라에서 자생하지 못하고, 재배하는 꽃에 불과합니다. 그래도 우리가 무궁화를 그토록 오랜 기간 아끼고, 사랑하며, 길러왔고, 또 앞으로도 그렇게 해야 하는 이유이기도 한 것입니다.

'耶蘇(穌)花王' 무궁화는 한국에서 세계로

무궁화는 한국의 나라꽃입니다. 그러나 오늘날 무궁화는 중동은 물론이고, 인도와 중국, 유럽과 미주, 하와이 섬 등 세계 도처에서 많은 종류가 자라고 있습니다(세계에 분포된 무궁화는 부용과 같이 무궁화가 아닌 것도 있고, 우리의 나라꽃인 홑꽃 단심계와 다른 품종이 많기는 하지만). 세계 사람들이 성경에 있지만 그 뜻을 잘 모르던 꽃, '하바쩰레트' 를 보고, 한국의 국화 "무궁화" 라고 불러주고 있습니다. 영어권 사람들이 무궁화를 "샤론의 장미" 라고 부르고 있고, 학명마저 "샤론의 꽃(Syriacus, 시리아의 꽃)" 으로 인정하고 있기 때문입니다. 그리고 무궁화는 일찍부터 성경이 말하는 샤론(시리아) 평야에서 자라던 꽃이며, 앗사리아 왕궁의 주요 상징물이었습니다. 그 꽃이 노아 할아버지 후손들이 이역만리 한반도까지 이주해 오면서 가져왔고, 한국이 반만년 이상 나라꽃으로 아끼며 가꾸어 오는 꽃입니다.

그리고 더 큰 의미는 샤론의 꽃 무궁화가 오늘날 메시아 예수 그리스도를 상징한다는 것입니다. 1986년 경북 영풍군 평온면에서 '耶蘇花王引導者' 란 글자가 새겨진 분처상(分處像)을 발견했습니다(도마 분처상이라고도 함). 그런데 '耶蘇' 는 동양에서 한자로 메시아를 의미하며, 예수 그리스도입니다. 신라의 설총은 "꽃 중의 꽃" 을 '화왕(花王)' 이라고 하였는데 이것이 오늘날은 샤론의 장미, 무궁화를 의미한다고 보고 있습니다. 그러므로 야소화왕(耶蘇花王)은 옛날부터 무궁화로 상징될 예수님을 예측한 말일 가능성이 있습니다.

야소화왕이 새겨진 경북 영주의 도마 분처상

한국에서 무궁화는 5,000년 이상 재배되면서 사랑을 받은 꽃이며, 한국의 역사와 겨레의 얼까지 담겨있습니다. 그러나 우리나라에서 자생하지는 않습니다. 무궁화는 먼 나라 중동에서 이곳까지 왔고, 지금은 지구촌 곳곳에 재배하고 있으며, 세계가 이 꽃을 '샤론의 장미' 로 부르고 있습니다.

이런 것을 종합하여 볼 때 무궁화는 우리나라의 꽃이지만, 이미 세계인이 함께 하는 '지구촌의 꽃' 으로 보아야 할 것입니다. 우리 겨레는 무궁화를 하나님이 지시하신 천지화(天指花)로, 밝은 나라의 환화(桓花)로, 평화를 상징하는 '샤론의 꽃' 으로, 지금은 야소화왕, 곧 이 세상의 구원자 메시아 예수님을 상징하는 꽃으로 보고 있습니다. 그러므로 우리는 무궁화가 나라꽃이 된 것에 대하여 긍지를 가져야 합니다. 더구나 무궁화는 나라의 국화일 뿐만 아니라 인류의 구원과 평화를 위한 세계만민의 꽃으로도 불러주어야 할 것입니다. 하나님이 지시한 천지화(天指花), 예수님을 상징하는 무궁화를 국화로 삼아온 우리 겨레인데 이 정도의 아량은 있어야 하지 않겠습니까?

이와 같이 무궁화는 성경적이고, 영적이며, 한국적이고, 세계적입니다. 또 우리 겨레는 노아 할아버지가 처음 발을 디딘 아라랏부터 우랄산맥(또는 이란 고원)을 지나 중앙아시아를 거쳐서 멀리 한반도까지 옮겨왔다는 것을 하늘꽃, 나라꽃, 지구촌의 꽃, 무궁화가 증명하고 있습니다. 그래서 우리 겨레는 무궁화를 사랑하는 정서가 오늘날까지 전달되어 왔고, 세계를 향한 미래의 꿈도 열려 있는 것입니다.

무궁화는 심기 운동을

최근에는 나라꽃 무궁화에 대한 관심이 줄어들고 있습니다. 나라꽃이므로 집집마다, 마을마다 심고 가꾸고, 삼천리 강산에 집집마다 마을마다 무궁화가 활짝 피어 있어야 할 것인데 지금은 그렇지 못합니다. 몇 년 전만 해도 초등학교 정원에는 무궁화가 많았으나 지금은 학교 한쪽 귀퉁이에 한두 그루 외롭게 서 있고, 그마나 현대식 화단 개조로 뽑혀나가고 있는 실정입니다. 초등학교 정원은 나랏돈을 투입하여 화단 개조를 하면서도 새로 심는 꽃들은 나라꽃을 외면하고, 이름도 모를 외래종으로 장식을 하고 있습니다. 이러다가 시간이 지나면 무궁화는 박물관에서나 볼 수 있는 꽃이 되지 않을까 걱정입니다.

이미 무궁화는 특별히 조성한 무궁화동산이나 수목원 등 박물관 역할을 하는 곳에서만 볼 수 있는 경향이 뚜렷합니다. 2007년 국회에 상정된 '무궁화의 국화 지정에 대한 법률' 도 아직 통과되지 못한 실정입니다. 무슨 이유인지 모르겠습니다. 그 대신 도시의 거리와 공원, 대단위 아파트 단지의 정원에는 일본 국화 벚꽃이 득세를 하고 있지만, 진작 우리의 얼과 역사가 담겨있는 무궁화는 거의 보이지 않습니다.

6 · 25 사변 직후부터 일부에서는 나라꽃이 무궁화로 적합하지 않다는 말이 있었지요. 그 첫째 이유로 무궁화는 자생지가 한정적이며, 꽃이 늦게 피고, 아침에 피어 저녁에 지므로 꽃의 수명이 짧다고 했지요. 꽃은 백합이나 장미처럼 아름답지를 못하며, 나무의 재질도 좋지 않다는 것입니다. 심지어 무궁화는 울타리에 심는 나무로 알고 '번리초(藩籬草)' 라고도 했지요. 무궁화가 천제단 둘레에 심어서 신단수(神壇樹)의 역할을 하며, 신성하게 여긴 것도 모르고 말입니다.

그러나 자생지가 한반도 전역이 아닌 것은 맞지만, 무궁화는 세계에서 이미 '샤론의 꽃(장미)' 으로 인정을 받고 있는 이름 있는 꽃입니다. 꽃이 늦게 피고, 수명이 하루인 것도 오히려 자랑거리입니다. 무궁화야 말로 무수한 꽃들이 다 시들고 난 후에야 꽃을 피우는 고고한 모습, 아침에 피어 저녁에 지는 하루살이 꽃이 아니라 매일매일 새로운 꽃이 피는데 7월에서 10월까지 100일이나 피고 또 피어서 꽃 중에 수명(개화기간)이 가장 긴 꽃입니다. 무궁화는 공교롭게도 무궁화의 주인공이신 만민 구원자 예수 그리스도가 성육신을 하신 절기까지 핍니다. 무궁화 중에서 만생종 백단심은 한가위 때에 꽃이 한창입니다. 또 나라의 꽃은 겉보기로 화려함보다 그 꽃이 가진 의미가 더 중요합니다. 무궁화는 화려함을 뽐내는 것이 아니고, 희고 붉은 빛깔은 순결과 희생, 그리고 생명과 정열을 나타내며, 수명마저 무궁화라는 말처럼 오래 피어 시간의 영원성을 말해 줍니다. 이것은 우리 겨레의 자긍심을 높여주는 자랑거리입니다.

무궁화는 옛 문헌부터 심었다는 기록이 많습니다. 하나님에게 제사를 지내는 천제단에서 심고 가꾼 천지화(天指花)이며, 사람이 사는 뜰에 심어 정자를 삼았습니다. 개국 초기부터 하나님이 계신 하늘과 통하여 밝은 나라 환국(桓國)의 꽃, 환화(桓花)이며, 신시시대의 꽃 천지화(天指花)입니다. 이와 같이 무궁화는 우리 겨레의 시작과 끝을 함께할 꽃입니다. 나라가 어려울 때 백성들에게 겨레의 일체감을 심어주고 민족정기를 되살려 준 꽃입니다. 무궁화는 인류의 구원자 예수 그리스도를 상징하며, 세계가 인정하는 평화의 상징, 샤론의 꽃이기도 합니다. 나라꽃으로 이보다 더 나은 꽃이 어디에 있겠습니까?

남궁억 선생은 이 나라에 무궁화를 심고 가꾸면서 복음을 전하고, 민족정신을 깨우치는 데에 한 평생을 바쳤습니다. 그러므로 4월 5일 식목일은 이제 '무궁화 심는 날' 로 바꾸고, 무궁화 심기를 장려했으면 합니다. 또 무궁화 애호가들의 생각처럼 무궁화가 많이 피는 8월 8일, 또는 제 사견으로 만생종이 절정에 이르는 한가위 명절의 어느 하루를 '무궁화 잔칫날' 로 정하여 민족의 얼과 역사를 이 꽃과 함께 되살려 나갔으면 합니다.

소설, 무궁화의 우리말 찾기

무궁화는 엄격하게 말하면 중국의 문헌이 말하는 한자 '木槿' 에서 나온 말이고, 지금도 한자로 '無窮花' 입니다. 무궁화는 개나리, 진달래와 같은 우리말이 없지요. 무궁화에 대한 이름은 문헌상으로 무려 40여 개나 된다고 하지만, 모두 우리말이 아닙니다. 우리 이름을 모르니 사람들이 제 각각 다르게 부르고, 편하게 기록하여 여러 가지 이름이 남아 있습니다. 일본 국화인 사쿠라도 벚꽃이라는 우리말이 있는데 무궁화는 우리말이 없습니다. 나라꽃을 두고도 나라 말을 모르니 이 또한 기이한 일입니다. 무궁화란 말을 보통 한자 '목근(木槿)' 에서 변한 순수 우리말이라고 하지만, 근거가 약합니다.

무궁화의 어원에 대하여 이를 뒷받침하는 것으로 壁山 김정상(金正祥)님의 글 〈무궁화보(無窮花譜)〉에서 1923년 전라남도 완도군 소안면 비자리에 노인들이 무궁화를 '무우게' 로 부르고 있다고 했습니다. 그런데 이때 발견한 꽃은 노란 무궁화(黃槿)라고 하여 실제 무궁화가 아닙니다. 이 꽃은 주로 해변에서 피므로 갯부용, 갯아욱으로 불리며, 학명도 'Hibiscus hamabo Siebold' 로 실제 무궁화와는 다른 종입니다. 이 나무는 제주도에서는 나무의 껍질로 밧줄을 만들므로 '해마' 라고 합니다. 이 나무는 꽃이 피면 장마가 시작된다고 하여 날씨와 관련을 짓기도 합니다. 그런데 전라도 사투리에 '위(上)에' 를 '우게' 라고 하는 것을 보면, '무우게(물우게)' 는 물위에 피는 꽃이라서 그렇게 부른 것 같습니다. '무궁화' 와 '물우게' 는 일단 어감상으로 관련성이 있어 보입니다. 한편, 무궁화의 일본어는 '무구게' 입니다.

또한 꽃이 무궁화를 닮은 '부용(Hibiscus Syriacus)' 까지 무궁화라고 부르는 이도 있으나 부용은 나무(木)가 아니고, 줄기가 한해살이에 불과한 풀(草)입니다.

이양하(李敭河)님은 호남 출신인 그의 친구가 무궁화를 '무강나무' 로만 알아왔음을 기록한 바 있지요. 고려 · 조선시대에 무궁화는 한자로 舞宮花, 舞官花, 無窮花를 혼용하여 쓰고, 이규보는 무궁화의 이런 이름을 두고 어느 것이 옳은 지에 대해 논쟁을 하였다고 기록하고 있습니다. 이러한 사실로 보면 무궁화는 오래 전부터 우리의 고유한 이름이 있었으며, 이것이 뒷날 한자 '無窮花' 로 취음이 되었음을 뒷받침 해주고 있습니다.[76] 이를 종합하면 무궁화는 무우게, 무강, 무궁 등과 관련이 있을 것 같습니다.

무궁화는 하나님께 제사를 드리는 천제단 주위에 먼저 심었고, 신성하게 여겼습니다. 그래서 무궁화의 우리말은 최초 기록인 환화(桓花) 또는 천지화(天指花)와 연관이 있을 수 있다고 봅니다. 역사에서 '桓'은 '하늘' 이라는 말을 한자로 표기한 것으로 보고 있으므로 환화의 桓과 천지화의 天은 같은 하늘의 뜻이 됩니다. 그러므로 무궁화는 '하늘꽃' 또는 '하늘나라 꽃' 이 됩니다. 桓花(하늘꽃)는 國花이므로 '桓國花 = 韓國花' 가 됩니다.

또 무궁화는 성경에서 노아의 홍수와도 관련이 있을 것으로 보아 무지개를 연관시켜 봅니다. 물론 이 생각은 저의 사견이라 소설이라고 했습니다. 성경에서 무지개는 하나님이 홍수 후 노아와 그 후손들에게 언약의 증표로 보여 준 것입니다.

> 내가 너희와 언약을 세우리니 다시는 모든 생물을 홍수로 멸하지 아니할 것이라…내가 무지개를 구름 속에 두었나니 이것이 나의 세상과 언약의 증거니라 (창 9: 11~13)

하나님이 세상을 다시는 홍수로 멸하지 않고, 땅에서 사람이 번성하게 하시겠다는 약속으로 보여 준 것이 무지개입니다. 그리고 노아와 그 가족들에게 땅을 채워 번성하라고 복을 내리십니다. 성경에서 무지개는 히브리어로 '케쉐트(qeshet)' 이며, 활(弓)을 뜻합니다. 무지개가 활을 닮아서 그렇게 부른 것이지요. 우리말로 무지개의 어원은 '물지게(물門)' 이며, 무지개는 물로 만든 문이라는 뜻입니다. 뒤에 '물지게' 는 물

76) 현재 '무궁화' 는 한자 '木槿花' 에 온 말이라는 것(한국고유문화콘텐츠진흥회, 무궁나라)이 다수설이라고 할 수 있다.

의 'ㄹ' 이 탈락하여 '무지게' 가 되고, 다시 '무지개' 로 변했습니다. 무지개는 영어로도 'rainbow' 곧 물(비, rain)과 활(bow)의 복합어입니다.

한편, 무궁화의 원산지는 홍수 후 노아 가족들이 첫발을 디딘 소아시아나 시리아 지역입니다. 무궁화는 노아와 그 후손들 중 유독 우리 겨레만이 무지개의 언약 후 동방으로 이동하면서 멀리 한반도까지 가져온 꽃입니다. 그래서 저는 무궁화가 언약의 증표인 무지개와 관련이 있을 것으로 보고, '무궁화' 의 어원을 '무지개(무지게)의 꽃' 에서 찾고 있는 것입니다. 몽골은 우리나라를 '솔롱고스' , 곧 '무지개의 나라' 라고 합니다. 이것은 우리 겨레가 무지개와 연관성이 있다는 뜻으로 풀이할 수 있습니다. 또 우리 겨레는 홍수 후에 언약의 증표로 보여 준 동쪽 하늘의 무지개를 따라서 동방으로 이주해 왔음도 짐작을 할 수 있습니다.

성경에서 무지개는 어원이 우리말로 '물문(물지게)' 이고, 히브리어로 '물활(케쉐트)' , 영어로 '비활(rainbow)' 에 해당하므로 무궁화를 이와 관련시켜 '물궁(물弓=물활)' 으로 지어봅니다. 곧 '물궁' 의 꽃, '물궁화' 입니다. 그러면 시간이 지나서 '물궁' 은 부르기 편하게 'ㄹ' 이 탈락하여 '무궁' 이 될 수 있겠지요. 우리말에서 '물논(물이 고인 논, 水畓)' 을 '무논' 이라고 하고, 물을 젓는 수차(水車) '물자위' 를 '무자위' 라고 하듯이 말입니다. 그래서 무지개와 관련이 있던 사론의 꽃, '물궁화' 는 'ㄹ' 이 사라져서 '무궁화' 로 불린 것으로 말입니다. 아니면 무궁화는 무지개와 관련이 있으니 '무지개화' 또는 물과 관련되므로 '물우게화(물게화, 물구화)' 라고 불렀을지도 모릅니다.

그런데 '물궁화(또는 무지개화)' 가 한반도까지 온 뒤에는 물(홍수)과 무지개의 연관성을 모르게 되어서 우리가 이 꽃에 대한 순수 우리말도 잊어버렸습니다. 원래는 이 꽃을 '무지게' 와 관련된 '물궁' , '무궁' ,

아니면 '물우게', '물게', '물구' 중 어느 하나로 부르다가 중국이 한자로 '목근(木槿)', '근수(槿樹)' 등으로 적으니 이에 동화되어 우리말을 잃은 것입니다. 중국어 '산(山)'이 우리말 '메(뫼)'를, 한자 '내일(來日)'이 우리말 '올제(tomorrow)'를 사라지게 하듯이 말입니다.

그래서 무궁화에 대한 최초 기록이 "하나님이 계신 하늘이 환하게 트인 나라의 꽃"이므로 '환화(桓花)', 또는 "하나님이 무지개 언약과 같이 우리에게 증표로 준 꽃"이므로 '천지화(天指花)'가 된 것이라고 말입니다.

그리고 무궁화는 노아의 가족들이 방주에 들어갈 때 방주 안에 가지고 들어간 꽃으로 볼 수도 있습니다. 왜냐하면 방주는 사방에 흙 한 줌, 풀 한 포기 볼 수 없는 물바다 배 안에서 장기간 갇혀 있어야 했습니다. 그래서 노아 가족들은 특별하게 100일 동안 꽃이 피는 무궁화를 화분에 심어서 살아있는 식물의 잎과 꽃을 보면서 홍수가 그치고 물이 줄어들기를 기다렸을 것입니다. 성경에는 없지만 하나님이 노아 할아버지에게 그렇게 하라고 지시를 한 것일 수도 있지요. 무궁화는 하나님이 지시한 꽃, '천지화(天指花)'이기 때문입니다.[77]

그래서 노아의 가족들은 방주에서 나올 때에도 이 천지화를 가지고 나와서 물이 걷힌 땅에 심고 가꾸며, 뜻이 담긴 꽃으로 번식을 시켜 온 것으로 말입니다. 아니면 우리 겨레는 왜 무궁화를 소아시아에서 멀리 한반도까지 가져왔고, 그것이 가장 귀한 장소인 천제단의 둘레 꽃이 되고, 오늘날까지 우리 백성들은 이 꽃을 나라꽃으로 정하여 심고 가꾸어

---

77) 천지화(天指花)에서 '천(天)'을 천체로 보아 "하늘을 향한 꽃"으로 볼 수 있으나 천지화가 하나님께 제사를 올리던 천제단 둘레에 심는 꽃이므로 '천(天)'은 "하나님", 천지화는 "하나님이 지시하신 꽃"으로 보는 것이 전체의 뜻에 더 부합한다.

왔겠느냐 하는 것입니다. 한반도가 무궁화의 자생지도 아닌데 말입니다. 꽃이 화려하고 예쁜 것도 아니며, 같은 시기에 100일간 피는 배롱나무에 비하여 나무의 재질이 좋은 것도 아닙니다. 이에는 특별한 이유가 있었던 것이 분명해 보입니다. 특히 무궁화는 꺾꽂이를 해도 잘 살고, 옮겨심기에 강한 식물입니다. 지금도 무궁화의 번식은 씨보다 꺾꽂이가 낫습니다. 무궁화가 노아의 방주에 사람과 함께 있었던 꽃이며, 그 나무를 꺾꽂이로 번식을 했다면, 지금의 무궁화는 노아의 홍수에도 살아남은 원목이 지금까지 생존하는 꽃이 됩니다. 이와 같이 무궁화는 여러 면에서 노아의 방주와 그 자손들이 지켜온 유일신 사상, 그리고 우리 겨레의 역사와 사명과도 관련이 깊다고 보아야 할 것입니다.

원래 전라도 완도에서 노란 꽃이 피는 '무우게(黃槿)'는 갯부용, 갯아욱, 해마(海麻) 등으로 불러 물과 관련이 있는 이름을 남겼지만, 제단 둘레나 정원에 있는 무궁화는 물과 아무 관련이 없기 때문에 쉽게 잊어버릴 수 있습니다. 그러나 이런 생각은 무궁화를 성경과 관련이 있다고 보는 제 사견일 뿐 실제 우리말이 무엇인지는 앞으로 연구를 통하여 찾아보아야 할 것입니다. 다만 엉뚱한 말이지만, 소설 같은 생각도 무궁화의 어원을 찾는데 도움이 되었으면 좋겠습니다. 무궁화의 우리말을 찾기에 참고가 되는 것은 다음과 같습니다.

신라시대의 우리나라는 '근화향(槿花鄕)' ⇒무궁화의 나라 -최치원의 국서-
중국에서 우리나라는 '근역(槿域)' ⇒무궁화의 나라 -강희안의《양화소록(養花小錄)》-
몽골에서 우리나라는 '솔롱고스' ⇒무지개의 나라
전라도 완도지방에서 '무궁화(黃槿)' ⇒무우게(물 위의 꽃, 추정)
일본에서 '무궁화' ⇒무구케
성경과 제천의식에서 : 桓花와 天指花→하늘꽃(하늘나라 꽃, 桓國花 = 韓國花)
(사견) 홍수 후의 무지개→무지개화→물궁화(물게꽃)⇒무궁화

13. 성경의 문화사명과 홍익인간(弘益人間)

유대인에게는 선민(選民)사상, 중국에는 중화(中華)사상이 있습니다. 우리의 건국이념은 보통 《삼국유사》의 기록을 따라 "홍익인간(弘益人間)"이라고 합니다. "널리 인간을 이롭게 한다"는 뜻이 담겨 있습니다. 1949년 12월 31일 법률 제86호로 제정 · 공포된 교육법 제1조에도 "교육은 홍익인간의 이념 아래 모든 국민으로 하여금 인격을 완성하고 자주적 생활능력과 공민으로서의 자질을 구유하게 하여, 민주국가 발전에 봉사하며 인류공영의 이상 실현에 기여하게 함을 목적으로 한다"라고 합니다. 이는 홍익인간을 교육이념으로 선포한 것이지요. 이와 같이 홍인인간은 개국 당시는 건국이념이며, 지금은 국민을 가르치는 교육이념입니다. 그런데 홍익인간의 뜻을 이렇게만 보면, '사람이 사람(인간)을 이롭게 한다'는 의미이므로 건국이념이 인본주의의 범주를 벗어나지 못하는 한계가 있습니다.

그런데 이 말은 《삼국유사》에 있고, 홍익인간에 대한 원래 뜻은 《환단고기》에 구체적으로 기록되어 있습니다. 《환단고기》〈태백일사〉〈신시본기〉에서 《조대기》의 말을 빌려 이 부분은 '개천시교(開天施教) → 제세이화(在世理化) → 홍익인간(弘益人間)으로 되어 있습니다(임승국 역, 한단고기 173쪽). 개천시교(開天施教)는 "하늘의 뜻을 펴서 가르친다"입니다. 재세이화(在世理化)는 "세상을 이치로 교화한다"는 것입니다. 그리고 홍익인간(弘益人間)입니다. 이 말은 우리의 건국이념이 하나님의 뜻을 가르쳐 세상을 교화(또는 변화)시켜 널리 사람을 이롭게 한다는 뜻이 됩니다. 이 말은 무엇보다 의미가 하나님 중심적이고, 성경적이며, 그 뜻은 심오하고 넓습니다.

저는 우리의 건국이념이 어디서 나왔을까 생각을 해 봅니다. 하나님은 홍수 후 아라랏 땅에 첫발을 디딘 노아 할아버지와 그 가족들에게 이렇게 말씀하셨습니다.

> 너희는 생육하고 번성하며 땅에 가득하여 그 중에서 번성하라 하셨더라(창 9:7)

건국이념의 '弘益人間' 이란 일반적으로 "인간을 널리 이롭게 하라"는 뜻이라고 해석을 해 왔지만, 여기서 '弘益' 은 '넓을 홍', '더할 익' 입니다. 그래서 弘益人間은 '(땅의) 지경을 넓혀서 인간의 수를 더하고(채우고), 사람을 이롭게 하라' 라는 말로 볼 수 있습니다. 이는 본문에서 "생육하고 번성하며 땅에 가득하여 그 중에서 번성하라"는 말씀과 일치합니다. 또한 노아 할아버지가 아라랏(또는 알메니아)에서 새 땅을 찾아 떠나는 자녀와 후손들에게도 이런 당부를 했을 것입니다.

사람이 생육하고 번성을 하려면 복의 근원이신 하나님을 따라야 합니다. 하나님 말씀에 순종하지 못하여 홍수 심판을 받았으니 이제는 과거처럼 인본주의로 살아서는 아니 됩니다. 이는 홍수에서 살아남은 노아 할아버지에게만 적용되는 것이 아니라 그 가족들과 후손들에게도 대대손손 이어져야 합니다. 이것은 방주의 구원자로부터 생명을 이어오는 지금의 모든 인간들이 지켜야할 도리이고, 사상입니다. 이것을 하나님은 홍수 후에 첫 삶을 시작하는 노아 할아버지와 그 가족들에게 가르쳐 주셨습니다. 이 구절은 창세기 1장 28장 말씀(사람을 창조한 목적)과 함께 보통 창조사명 또는 문화사명이라고 부릅니다. 그런데 이것이 우리 겨레의 건국이념인 개천시교(開天施敎), 제세이화(在世理化), 홍익인간(弘益人間)입니다.

그리고 하나님은 노아의 자손들이 생육하고 번성하라고 합니다. 너희들은 삶의 지경을 아라랏 산지나 그 부근에만 머물지 말고, 하나님이 창조한 넓은 땅을 찾아서 떠나라고 했습니다. 그리고 광대한 지역을 개척하여 인구를 늘려 그 땅을 가득 채우고, 번성하라고 했습니다. 이것은 사람들이 지경을 넓게 하여 모든 지역에서 고루고루 살게 하라는 뜻입니다. 단순히 사람의 수만 채우는 것이 아니라 그 땅이 사람에게 유익한 삶의 터전이 되게 말입니다. 그래서 홍익인간(弘益人間)입니다.

홍익인간과 단일민족 (單一民族은 祭天思想 또는 一民思想)

우리 겨레는 오랜 기간 한 핏줄로 살아와서 한국인을 '단일민족' 이라고 합니다. 단일민족이란 말은 우리가 우리를 평가하는 잣대이기도 하고, 세계가 우리를 보는 안목이기도 했습니다. 단일민족은 "우리는 하나다"라는 철학이므로 '일민사상(一民思想)' 이라고 하겠습니다. 그러나 단일민족의 내면에는 우리가 하늘 백성으로서 성경적 삶을 추구해 왔다는 뜻의 '제천사상(祭天思想)' 이기도 합니다. 그러면 이스라엘은 선민사상, 중국은 중화사상, 우리는 제천사상 또는 일민사상이 될 것입니다. 우리는 타민족과 달리 건국 초기부터 하늘 제사를 드린 민족으로 제천사상을 가진 백성들입니다. 그러면서 우리는 세상 모든 사람을 이롭게 하는 홍익사상(弘益思想)을 가졌습니다. 우리는 오랜 기간 이것을 자랑스럽게 여기며, 민족의 긍지로 삼아왔습니다.

그런데 지금은 세계가 다문화사회로 나아가면서 또 우리나라에 동남아로부터 이주해 온 혼인자가 많아지고, 경제가 발전하여 국내 거주 외국인이 120만 명이 넘어가고 있습니다. 그래서 최근에는 우리가 민족적 특징으로 삼고 긍지로 여겨왔던 단일민족, 곧 일민사상이나 제천사상이 오히려 세계적 조류에 뒤떨어진다는 비판을 받고 있습니다. 단일민족의 정서가 우리도 모르게 외국인에게는 잘 어울릴 수 없는 배타적 감정을 키워왔고, 이것이 세계화에도 역행을 한다는 것입니다. 이런 지적은 최근 외국 여성과 결혼한 사례가 많아지면서 더 그렇습니다. 어떤 연구는 우리 겨레의 혈통은 유전학적으로 북방계 60%, 남방계 40%이므로 이미 단일민족은 아니라고 빗대기도 합니다. 또 단일민족의 정서는 일제 강점기에 일본이 통치 수단으로 내세운 내선일체에 대한 민족적 저항정신으로 나왔다는 주장도 있습니다. 이러한 일민사상에 대한 비판이나 재평가는 어쩌면 유대인의 선민사상이 세계로부터 비판을 받는 것과 같을 수도 있습니다.

그러나 이러한 비판은 우리의 건국이념을 바로 알거나 적용을 하지 못하는 데에서 기인하는 오해입니다. 우리의 건국이념은 모든 사람을 이롭게 하는 홍익인간입니다. 성경이 말하는 복음은 원래 인종의 차별이 없이 만민을 구원하며, 세계를 품고 섬기는 것입니다. 홍익인간은 원래 그런 뜻입니다. 그래서 홍익인간의 이념은 이기적이라기보다 오히려 너무 이타적이라는 평을 받기도 하지요. 예수님은 혈통을 중시하는 유대인들에게 "돌들도 아브라함(유대인)의 후사가 될 수 있다"고 하여(마 3:9) 이기적 혈통주의를 배격합니다. 하나님은 출애굽 당시부터 이방인을 동행시켰으며(출 12:38, 48, 49), 예수님의 가계와 족보에 등장하는 다말과 룻, 라합과 밧세바, 보아스가 모두 이방인들입니다. 갈렙도 그니스 사람으로 유다 족속에 귀화한 사람입니다. 이와 같이 하나님은 믿음을 중시하고, 유대인처럼 혈통을 중시하지는 않습니다. 다만, 영적 순수성을 지키기 위하여 이방인들에게는 성경의 분명한 잣대로 구별할 것과 포용할 것을 가르치고 있을 뿐입니다. 우리는 현실적으로 이 구분과 포용을 잘 몰라서 혼동하고 오해합니다. 그러면 우리 민족이 지켜온

일민사상의 성경적 의미와 진정한 뜻은 어디에 있습니까? 우리가 오랫동안 단일민족의 정서를 중요시 해 온 이유는 이렇습니다.

① 우리가 처음부터 타민족과는 구별하여 믿어왔던 하나님에 대한 신앙입니다. 하나님을 버리고 범죄와 음란의 도시문명을 일으키고, 바벨탑을 쌓던 니므롯의 무리와는 다르다는 것이었지요. 같은 형제지만, 중도에 동방 이동을 포기하고, 시날 땅으로 돌아간 유대인(벨렉 계열)과도 다르다는 것입니다. 단일민족은 거룩한 제천사상의 차별성입니다.

② 우리는 새 땅에 정착한 건국 초기부터 하나님을 믿는 제천신앙을 지키며 살아 왔습니다. 삼위일체의 하나님의 속성을 따라 삼신사상을 가지고, 제사장을 우두머리로 모시고 제사를 지내며 하나님을 섬겨왔습니다. 단일민족은 곧 제천신앙입니다.

③ 우리는 천지창조에서 나타난 하늘(하나님), 땅, 사람이라는 삼중구조의 원리를 따라 땅을 중시하고 다스리며, 그 땅과 사람이 동반하고, 상생하는 삶의 방식으로 삼재론의 문화를 발전시켜 왔습니다. 단일민족은 성경이 말하는 삼위일체의 신앙과 삼중구조(삼재론)의 삶을 말합니다.

④ 우리는 인간관계에서도 성경 말씀을 따라 효, 예, 혼인 순결 등의 범절들이 유별나게 달랐습니다. 그래서 우리는 하나님을 부정하는 이방인들과는 결혼을 엄격히 금하면서 신앙의 순수성을 지켜왔습니다. 최근까지 지켜온 단일민족의 정서는 혼인의 순결 문제가 가장 큰 이유이었던 것으로 보입니다. 단일민족은 신앙의 성결과 혼인의 순결을 뜻합니다.

⑤ 우리 민족의 개국 이념은 홍익인간입니다. 이것은 단일민족이 이방인에 대한 배타성이나 민족적 이기심에서 나온 철학이 아니고, 온 세계를 하나님의 말씀으로 이롭게 하라는 정신입니다. 단일민족은 인류를 섬기자는 홍익인간 사상입니다.

그러므로 우리의 단일민족의 정서는 외국인을 배타적 감정으로 보거나 고립되어 홀로만 잘 사려는 의도가 아닙니다. 홍인인간은 세계를 품으며, 모든 사람을 섬기는 사상입니다. 우리 민족은 태생적으로 하나님을 공경하며, 홍인인간의 이념 아래 세상 사람들을 두루두루 잘 섬기는 민족으로써 이방인들과 구별한다는 정신이 본래 우리가 가진 단일민족의 정서입니다. 그러므로 단일민족은 성경적이고, 범국민적이며, 세계적입니다. 우리가 혈통만 강조하면 "우리는 하나다"가 되지만, 홍익인간이라는 건국이념을 보면, 우리 민족은 "세계가 하나다" 입니다. 이게 우리가 처음부터 가져왔던 단일민족의 정서이고, 하늘 백성이 가진 진정한 의미의 천민사상이고, 일민사상입니다. 또 위로는 하나님을 찾는 제천신앙이며, 옆으로는 세계를 이롭게 하는 홍익사상입니다.

이렇게 우리 겨레의 건국이념은 성경 말씀에 비추어 보아도 그 의미가 적절하고, 부합한다는 것을 알 수 있습니다. 유대인의 선민사상은 민족적인 이기심이 들어있습니다. 하나님이 자기 민족만을 선택하여 보살펴 준다는 뜻이니 말입니다. 실제로 그들은 타민족에 대하여 배타적이었으며, 그들만의 혈통과 전통(유전)을 고집하다가 예수님에게 꾸중만 듣습니다. 중국의 중화사상도 그렇습니다. 세계를 중국의 통치권으로 통일하거나 묶는다는 의미입니다. 이와 같이 선민사상과 중화사상은 민족적 이기심과 제국주의적 요소가 들어있습니다.

그러나 우리의 건국이념은 시초부터 하나님이 중심입니다. 건국이념은 성경의 삼중구조인 하나님, 땅, 사람이 모두 들어 있습니다. 그리고 이념에서 민족적 이기심은 찾아볼 수가 없고, 겨레가 세계의 모든 사람을 이롭게 하는데 쓰임을 받자는 뜻입니다. 우리 겨레가 세상을 섬기는 자세입니다. 이와 같이 우리의 건국이념은 먼저 거룩한 하나님의 뜻을 내세우며, 겨레의 행동 철학은 이기심이 아니고, 이웃 사랑의 정신이 녹아 있습니다. '개천시교 제세이화 홍익인간(開天施教 在世理化 弘益人間)' 이와 같이 우리는 건국이념 하나만 보더라도 성경 말씀에 아주 잘 맞아떨어지고 있습니다. 이것이 우리가 단일민족임을 자랑하는 일민사상입니다.

14. 성경의 토지 무르기와 고구려의 다물(多勿)

가나안 땅 곧 그들이 거류하는 땅을 그들에게 주기로 그들과 언약하였더니(출 6:4)
너희 기업의 온 땅에서 그 토지 무르기를 허락할지니(레 25:24)
그러나 온유한 자들은 땅을 차지하며 풍성한 화평으로 즐거워하리로다(시 37:11)

"고구려 말에 옛 땅을 되찾는 것을 다물이라 한다(麗語謂復舊土爲多勿)"
《삼국사기》 권13, 고구려본기, 동명성왕편

고구려의 건국이념은 '다물(多勿)' 입니다. '다물' 은 순수 우리말인데 한자로 풀이하면 '복구토(復舊土)' 로 '옛 땅을 회복한다' 는 뜻입니다. 그리고 '다물' 은 순수한 우리말로 '땅을 무르다' 는 뜻이라고 앞에서 언급을 했습니다. 고구려의 시조 주몽은 건국이념을 이렇게 땅을 다시 찾는데 두고 있을 만큼 우리의 옛 땅과 영토에 관심이 컸습니다. 그래서 고구려의 건국이념인 다물사상을 성경으로 찾아봅니다.

성경은 땅을 하나님의 창조물이라고 하면서 사람과는 구별하여 중시합니다. 창세기 1장에서 보면 하나님이 사람을 창조한 목적은 땅을 다스림에 있었습니다. 또 홍수 후에도 하나님은 땅에서 번성하라(창 8:17), 땅에 충만하라(창 9:1), 땅에 가득하여 번성하라(창 9:7)고 하면서 땅과 함께 사람이 번성하도록 복을 주십니다. 믿음의 조상 아브라함을 불러 세울 때에도 땅을 제시합니다. 노예에서 해방되는 출애굽에서도 목표는 가나안 땅입니다.

그리고 땅은 경제적으로도 구별됩니다. 하나님은 이스라엘 백성들에게 가나안 땅을 주시고, 그 땅을 처분하지는 못하도록 했습니다. 경제적 어려움이 있으면 땅을 잡히고(임대하고) 자금을 융통할 수는 있지만, 이때에도 한시적으로만 가능합니다. 이런 경우 친족이나 동족은 그 판(임대) 땅을 값을 치러서 되찾아 주어야 합니다. 또 땅을 무르는 날은 모든 백성들이 자기의 죄를 속하는 날(속량절)이므로 토지를 무르면 백성들의 영적인 문제, 정신적 문제까지도 모두 회복을 합니다. 이것이 성경이 말하는 토지 무르기(redemption)입니다. 성경에서 토지 무르기가 완성되는 해를 희년(禧年)이라고 합니다. 곧 인간 생존의 필수적 터전인 땅이 모두 회복되면 그 때가 희년인 것입니다. 희년은 사람마다 가정마다 지고 있는 빚이 사라지고, 신분에서는 자유가 보장되며, 모두가 나의 기업, 나의 일터(직장)인 땅을 되찾는 때로 실업자가 없으며, 고용관계도 자유롭습니다.

그만큼 성경은 경제생활에서 땅이 중요하다는 것을 말하고 있습니다. 성경은 땅을 다스리기 위해 사람을 창조하였고, 땅이 있어야 번성을 하지만, 땅이 없을 경우 노예나 굶주림이 동반한다는 것을 가르쳐 줍니다. 그래서 지구상의 모든 사람은 모두 자기의 기업과 자기 혈통의 영토를 가져야 합니다. 땅을 무를 때는 이와 더불어 진 사람의 몸값과 빚도 모두 풀어야 합니다. 값을 치러 주든지 그만큼 희생을 하든지 잃은 땅은 반드시 되찾아야 합니다. 이것이 토지 무르기입니다. 그런데 성경의 '토지 무르기' 는 순수 우리말로 '다물' 입니다. 이것은 세상을 천·지·인의 유기적 실체, 땅과 몸을 신토불이(身土不二)로 보는 우리의 토종문화 삼재론(三才論)과도 경세사상이 일치합니다. 성경의 토지 무르기와 우리의 다물은 용어에서 같고, 나아가서 하나님과 사람, 하나님과 피조물, 땅과 인간의 관계를 모두 초기의 상태, 곧 말씀과 창조의 질서대로 바르게 회복하려는 이념이자, 실천 수단이기 때문입니다.

그래서 우리 겨레는 홍수 후에도 하나님의 뜻을 따라 땅을 정복하면서 새 땅과 땅의 끝을 찾아서 동쪽 한반도까지 이주해 왔던 것입니다. 이곳이 시베리아와 만주, 산둥반도와 연해주를 있는 초기 우리 겨레의 생활 터전입니다. 그런데 우리 겨레는 고조선 시대를 지나면서 아라랏 산지에서부터(창 8:4) 고개를 넘고 또 넘어 마침내 찾은 우리의 옛 영토를 잊어버리거나 잃기 시작했습니다. 우리의 선조들이 예로부터 힘을 써서 정복하고, 개척하며, 중시하였던 우리의 땅(영토)이 고구려 건국 시기에 와서는 한반도 주위로만 영토가 남아있을 만큼 줄어들었습니다. 물론 이렇게 되면서 땅을 찾아 떠나게 하고, 길을 지켜 주던 창조주 하나님에 대한 믿음도 잃기 시작했고, 그에 따른 민족의 정기도 점점 변하고(쇠락하고) 있었습니다. 그래서 《환단고기》 〈고구려국 본기〉에 보면, 고구려는 3,000명의 무리가 을밀대(乙密臺)에서 삼신 하나님을 찬양하며, 천제를 올리고, '다물흥방가(多勿興邦之歌)' 를 부르며, 나라의 융성함을 빌었다고 합니다.

> ……
> 사람 가운데 하늘도 땅도 하나일 뿐이고
> 마음은 신(神)과 더불어 근본에 닿으니
> ……
> 다물은 나라를 일으킴이라

백성들의 뜻이 이러하므로 주몽은 고구려를 세우면서 우리의 잃어버린 영토와 제천신앙을 다시 찾고 회복하기 위하여 건국이념을 '다물' 로 정했습니다. '다물' 은 성경 말씀대로 하나님이 주신 땅은 잃지를 말며, 잃었으면 되찾아서 신앙과 민족의 정기도 함께 회복하자는 뜻이 들어 있습니다. 고구려는 이러한 건국이념을 따라 북방 개척에 힘을 썼습니다. 광개토대왕과 아들 장수왕 때는 만주와 중국 북방지역 전체를 우리의 영토로 복원한 바도 있습니다. 이와 같이 우리 민족은 성경이 말하는 토지 무르기를 다물이라고 하면서 그 단어와 뜻을 지켜오고 있습니다. 하나님이 사람의 생존권과 자유 보장을 위해 필수적 수단으로 제정한 '토지 무르기'와 우리 겨레가 건국의 초심과 영토를 되찾기 위해 부르짖은 고구려의 건국이념 '다물'은 그 용어가 같고, 의미도 신앙의 본질을 회복하는 데에 있습니다.

15. 바벨탑과 한국어(하늘 말, 하늘 글)

우리의 언어는 중국어계가 아니고 우랄 알타이어계

한국인과 중국인은 서로 이웃 간이고, 같은 황인종 계열입니다. 그래서 서로 닮았습니다. 한국과 중국은 수천년 동안 서로 이웃하여 살았고, 그 세월만큼 사람과 문물을 서로 교환하며 살아왔습니다. 그러나 우리 민족과 중국인(漢族, 華族)과는 인종의 뿌리, 곧 혈통이 다릅니다. 중국은 우리와 지리적으로 가깝고, 오래 기간 정치, 경제 등의 교류가 많아서 서로 닮은 점이 많았을 것임에도 불구하고 연구해 본 학자들은 닮은 점보다 다른 점이 많다고 합니다.[78] 우리의 혈통은 중국보다 오히려 일본인이 더 가까울 정도입니다. 그리고 우리와 닮은 혈통은 중국보다 몽골, 만주, 그리고 멀고 먼 터키족입니다. 이것이 바로 언어입니다.

특히 한국인과 중국인은 언어에서 뚜렷하게 다른 점이 있습니다. 언어

78) 유석근 목사의 견해에 따르면 중국인은 노아의 세 아들 중 함의 후손이며, 한국인은 셈의 후손으로 본다. 종교적으로 중국인은 바벨론 문명의 상징인 용을 숭배하고, 우리는 노아의 방주와 연관된 새(까마귀=三足烏, 鳳凰, 독수리)를 상징한다. 한국인과 중국인은 인종적, 유전학적으로도 일본인보다도 더 다른 점이 많다.

학적으로 한국어는 몽골어, 터키어, 퉁구스어, 만주어 등과 함께 알타이어 계통 또는 우랄·알타이어 계통에 속합니다. 슈메르어도 우리말과 닮았습니다. 우랄·알타이어 계통은 어려운 말로 교착어(膠着語, 첨가형 언어)라는 특징을 가집니다. 그러나 중국어는 우리와 달리 지나·티베트 어족에 속합니다.

이렇게 한국인과 중국인은 혈통이나 언어학적 분류에서도 공통점보다 다른 점이 두드러지게 나타납니다. 두 나라는 서로 닮을 수 있는 가까운 이웃이고, 같은 한자 문화권인데 말입니다. 이것은 우리 겨레가 일찍부터 중국인과는 서로 썩지 않고, 구별되게 살아 왔음을 보여 줍니다. 그리고 우리가 우랄·알타이어에 속한다면, 우리는 아시아 대륙의 북방계 민족을 뜻합니다. 그러나 중국의 화족은 우리보다 늦은 시기에 티베트를 직접 넘어왔거나 인도 쪽으로 우회하여 중원의 남쪽에 정착하여 살아왔던 민족입니다. 중국의 북쪽인 만주와 동쪽의 해안지역은 그들보다 먼저 우리 겨레인 동이족이 살고 있었기 때문입니다.

그리고 우리의 언어가 중국어보다 터키어에 더 가까운 것은 무슨 의미를 가질까요? 성경상의 우리 겨레는 지금 터키 영토 아라랏(산)에 있는 노아의 방주에서 같은 지역 알메니아로 내려와 시리아(또는 북쪽 우랄산맥)와 중앙아시아를 거쳐 시베리아와 한반도로 왔다고 보는데 이러한 이동 경로를 언어가 뒷받침을 하고 있습니다. 또 터키와 알메니아는 원래 노아 할아버지가 홍수 후에도 오랜 기간(350년) 살았던 곳이므로 그 지역은 노아 할아버지가 직접 사용하던 언어가 후손들을 통하여 상당 기간 보존되어 왔을 것입니다.

아무튼 우리 겨레는 홍수 후에 중국과는 별개로 동방으로 이동해 왔습니다. 우리는 셈의 후손이지만, 중국인은 함과 가나안의 후손인 신 족속(창 10:17)으로 추정합니다. 그들은 바벨탑 사건에 연루된 후 우리보다 늦게 다른 경로로 이동하여 왔습니다. 그래서 우리 겨레는 삼국시대 이후 지금까지 중국인과 중국문화의 영향을 많이 받아왔지만, 중국보다 더 오래되고 근원적이라고 할 독자적 혈통과 언어, 그리고 문화를 가지고 있는 것입니다.

곧 우리의 상고사와 토종문화는 중국의 영향을 받지 않았습니다. 상고시대의 우리 것, 곧 한국의 토종문화는 노아 할아버지의 의와 순종, 그 후손인 셈과 에벨의 전통을 따라서 하나님께 제사를 드리던 제천신앙이며, 하늘 백성의 삶이었습니다. 따라서 삼국시대 이후 중국을 통해 들어온 불교와 유교, 그리고 조상제사는 원래 우리의 것이 아니었습니다.

한국어는 바벨탑 이전의 언어(?)

온 땅의 언어가 하나요 말이 하나였더라(창 11:1)

우리말과 관련하여 우리는 또 하나의 연구 과제가 있습니다. 그것은 유석근 목사님의 견해인데 한국어는 바벨탑 사건으로 세계의 언어가 갈려지기 전의 말이라고 합니다. 한국어는 바벨탑 이전에 시조 아담이나 노아 할아버지가 쓴 원시 원형 언어라는 것입니다.

이 견해에 의하면 우리 겨레는 홍수 후에 시날 땅에 머무르지 않고, 바로 동방으로 이동한 욕단계 후손입니다(그러나 유대인의 선조인 벨렉계는 동방으로 오다가 다시 바벨탑으로 돌아간 것으로 봄, 창 11:2). 우리 겨레는 함과 가나안 계열, 니므롯이 주도한 바벨탑 쌓기에 동참하지 않았고, 따라서 언어가 갈라지는 벌을 받지도 않았다는 것입니다. 그래서 우리 겨레는 노아 할아버지가 쓰던 바로 그 언어를 지금까지 쓰고 있다는 것입니다. 물론 이 당시 살아있었던 것이 분명한 노아 할아버지도 바벨탑 사건에 연루되지는 않았을 것입니다. 이 견해대로이면 우리 겨레의 언어, 곧 한국어는 노아 할아버지가 쓰던 바로 그 말입니다. 아니 이보다 더 근원적으로 태초에 인류의 시조 아담이 에덴동산에서 쓰던 바로 그 말이 되는 것입니다.[79)]

이를 뒷받침 할 수 있는 것은 언어학자들의 연구입니다. 언어학자들의 연구에 의하면 한국어는 크게 보아 우랄·알타이어에 속하면서도 이들 언어와는 다른 형태를 취하며, 일찍부터 독립된 고립어라고 합니다. 왜? 우리말은 독립어이고, 고립어일까요? 그 이유는 우리말이 바벨탑 이전의 언어이기 때문에 그런 연구 결과가 나온다고 보는 것입니다.

이게 사실이라면 참으로 놀라운 일입니다. 우리는 하나님이 성경 말씀을 주신 유대 민족 못지않게 자랑거리가 생긴 것입니다. 우리가 하나님이 직접 주신 언어를 가지고 있으니 말입니다. 유대인은 하나님의 말씀을 경전으로 기록하는데 쓰임을 받았습니다. 그러나 우리는 하나님이 주신 언어를 그대로 보존하고 사용하면서 성경 말씀을 이해하고, 적용하며, 결실하는 데에 쓰임을 받을 겨레일 수 있기 때문입니다.

이것은 더 연구해 보아야 하겠지만, 현재 밝혀진 것만으로도 이를 뒷받침할 수 있는 몇 가지 정황들이 있다고 봅니다.

---

79) 바벨탑 사건의 결과는 모든 인류의 언어를 혼잡하게 했다(창 11:8), 그래서 한국어는 바벱탑 사건 전의 원시 원형 언어라는 견해를 무리한 주장으로 보는 경우가 있다. 그러나 언어 혼잡의 원인이 바벨탑 축조와 특정 지역에 모여 사는 것과 관련되고 있다. 우리 민족은 노아 할아버지와 같이 이 사건에 동참하지 않았고, 하나님의 뜻을 따라 동방으로 이동했다면 벌을 받을 이유가 없다. 또 하나님은 한 겨레의 언어를 그대로 두고도 모든 민족의 언어를 혼잡하게 할 수 있다.

하나님의 신칭, '올' 에서

앞에서 산의 신인 산신령 이름을 산의 이름 '메(뫼)' 와 신의 이름 '올' 을 따서 '메올이(메아리)' 라고 하는 것처럼 하늘에 사는 유일신 하나님에 대한 우리 민족의 원래 이름은 '올' 이라고 했습니다. 그래서 "하나님과 함께(with God)" 라는 말이 순수한 우리말 노래(찬양), '올이랑(아리랑)' 이 된 것입니다.

성경이 말하는 하나님은 '엘(엘로힘)' 입니다. 이슬람에서 하나님은 '알(아르)' 또는 '알라(아르)' 입니다. 고대의 이방신 이름도 '엘' 이나 '엘로하' 와 같이 유사한 용어를 씁니다. 하나님은 바벨탑 사건으로 언어를 혼란케 하셨지만, 그래도 필요에 의하여 바벨탑 이전에 쓰던 자신의 성호인 '알' 을 성경과 유대민족, 그리고 이방민족들에게 남겨 두고 있다고 보겠습니다. 그리고 한국인은 이 '올' 의 성호를 보존해 왔고, 더 잘 받들어 쓰려고 '올' 에 크고 위대하다는 뜻의 관형사 '한' 을 앞에 붙여 '한올' 이 되고, 다시 존칭어 '님' 을 뒤에 갖다 부쳐서 '한올님' 이 되었다고 했습니다. 한올님은 하놀님으로 바뀌었다가 지금은 '하나님' 또는 '하느님' 으로 부르고 있지요. 이 외에도 이미 언급한 대로 성경의 '아멘' 과 우리말 '아암' , 부모에 대한 호칭 '아비' 와 '어미' 라는 단어가 그렇습니다.

원시 한글 '가림다' 에서

우리가 잘 알고 있듯이 한글은 조선시대 세종대왕이 1443년에 만들어 1446년(세종 28년)에 반포한 훈민정음 28자입니다. 이것이 임진왜란 때에 4자(자음 ㅿ, ㆁ, ㆆ과 모음 ㆍ)가 빠져서 오늘의 한글 24자가 되었습니다. 그런데 《세종실록》 103권과 《훈민정음 해례본》 65쪽의 정인지 서문에서 '글자는 옛 전자를 모방했다(字倣古篆)' 고 하고, 최만리의 상소문에도 '옛 글자' 에 대한 기록이 여러 번 나옵니다.[80] 그러므로 한글은 훈민정음이 모방한 고전을 포함하면, 오늘의 한글은 고전, 훈민정음, 한글 이렇게 3단계로 변화해 왔습니다.

물론 훈민정음이 모방한 고전의 글자가 무엇이지 아직 확실하지 않아서 학계의 논란이 있습니다. 학계에서 고전(古篆)은 중국의 전자(篆字), 곧 한자를 말한다고 보기도 하지만(한자기원설), 최근에는《환단고기》〈단군세기〉에 등장하는 문자로 기원전 22세기 고조선에서 만든 가림다(加臨多)로 보는 경향이 많습니다(순수 우리글).[81] 가림다를 부정하는 자들은 문자가 상형문자(그림글)에서 표음문자(소리글)로 발달하는데 가림다는 표음문자이기 때문에 기원전 22세기에 이런 종류의 글자가 나올 수 없다고 봅니다.

그런데 훈민정음이 모방한 고전이 중국의 한자인지 우리글 가림다인지에 대한 진실 규명보다 더 중요한 것이 있습니다. 그것은 최근에 알려지고 있는 '가림다' 와 '훈민정음' 에 같이 나오는 ' · ', 'ㅡ', 'ㅣ' 세 글

---

80) (諺文皆本古字非新字也則字形雖倣古之篆文用音合字盡反於古實無所據)–"언문은 다 옛 글자를 근본으로 했으므로 새로운 글자가 아니라 하시는데, 글자의 모양은 비록 옛것을 모방했다고 하나 소리를 사용하는 것이나 글자의 조합은 옛것과 달라서 실로 근거한 바가 없사옵니다."(최만리의 상소문 중에서)

81) 가림다(또는 가림토)는《환단고기》〈단군세기〉에 따르면 3세 단군인 가륵 재위 2년(기원전 2181년)에 단군이 삼랑 을보륵에게 명하여 정음(正音) 38자를 만들게 했다고 한다. 한편,《단기고사(檀奇古史)》에는 가림다가 고설(高契)이 편찬한 역사책《산수가림다(刪修加臨多)》로 나타난다. 이에 따르면 3세 단군 가륵 재위 3년에 단군이 고설에게 명하여 국사를 편찬하게 하고,《산수가림다》라 이름지었다고 한다. 또한 바로 전 해(단군 가륵 2년)에는 을보륵(乙普勒) 박사에게 명하여 국문정음(國文正音)을 정선하도록 하였다고 기록되어 있다. 이에 따르면 가림다는 역사책이고,《환단고기》의 가림토에 해당하는 국문정음은 별도로 제작된 것이 된다. 또《태백유사(太白遺史)》에는 "흉노의 조상에 모수람이라는 자가 있어 천신을 섬겼으며 (중략) 그 풍속이 사납고 맹렬하여 수렵을 좋아하고 흙을 굽고 밧줄을 꿰어 신표로 삼으니 이를 가림토라 하였다." 이에 따르면 가림토는 흙을 굽고 밧줄을 꿰어(煉土貫索) 신표로 쓰는 문자, 즉 결승문자(結繩文字) 수준의 글자이며, 흉노족이 사용하던 문자이다. 〈위키백과사전〉

자입니다. 하늘은 둥글게 생겨서 '·', 땅은 평평하여 'ㅡ', 사람은 서 있으므로 'ㅣ' 입니다.

특히 첫 글자 '·' = '아래 아' 는 하늘에 계신 하나님의 신명으로 '알' 을 뜻하기도 합니다. 이 '·', 'ㅡ', 'ㅣ' 세 글자를 삼재(三才)라고도 하고, 삼극(三極)이라고도 합니다. 그래서 이 글자는 하나님이 하늘과 땅을 만들고, 땅을 다스릴 사람을 창조했다고 하는 성경의 창조질서와 삼중구조의 사상이 모두 들어있는 것으로 보기 때문입니다.

그리고 훈민정음 28자는 'ㄱ' 부터 시작하지만, 옛글의 가림다 38자는 하나님을 나타내는 '·' 는 '아래 아(실제는 하늘 아)' 로부터 시작한다는 것입니다. '·' 는 하나님을 나타내는 '아', '아르', '올', '알' 에 가까운 소리를 내는 글자입니다. '·' 는 훈민정음 28자에 들어 있었으나 현재 우리가 쓰는 한글에는 쓰지 않아서 지금은 제주도 사투리에만 그 원형이 남아 있다고 합니다. 그런데 가림다가 하나님을 나타내는 '아' 또는 '올' 에서 글자가 시작되었는데 세계의 많은 글자들도 이와 같은 '아', '아르', '알' 로 시작되고 있다는 것입니다.

가림다와 외래어의 관계를 살펴보면 히브리어 첫 글자는 '알렙' 아랍어는 '알리프', 헬라어 역시 '알파' 입니다. 영어도 첫 글자 '에이" 는 '아(A)' 로 시작하며, 스페인 계통의 라틴어, 독일어, 프랑스어, 러시아 등이 모두 발음은 '아' 나 '올' 을 첫 자로 하고 있습니다. 심지어 발달하지 못한 이집트의 그림 문자도 '아' 로 시작되며, 중국의 한문도 '一(일)' 을 '이' 로 발음하면서 이 소리를 으뜸으로 여기거나 시작하는 뜻으로 봅니다.

일본의 히라가나도 '아, 이, 우, 에, 오' 에서 '아' 가 시작입니다. 알렙

(히브리어), 알리프(아랍어), 알파(헬라어), 에이(영어)는 모두 상형문자로 소머리를 상징합니다. 그런데 《규원사화》는 우리 겨레가 하나님께 올리는 천제의 제물이 소머리이었고, '백두(白頭)' 라는 말도 여기서 유래되었다고 합니다. 참성단이 있는 강화도 마니산을 '두악(頭嶽, 머리산)' 이라고 하지요.

사람이 의(義)에 이르는 희생(犧牲) 제물은 양과 소를 뜻하는 양(羊)과 우(牛)가 글자마다 들어있습니다. 신의 호칭 올, 엘, 엘로힘, 아르 등도 '·' 와 어원을 같이 합니다. 이와 같이 우리의 첫 글자 '·' 은 히브리어나 외국어 'א, α, A' 와 함께 하늘과 하나님을 향한 글자라는 것이 드러나고 있는 셈이지요.

그리고 가림다는 소리글이면서 상형문자이고, 뜻글자입니다. 지금의 한자, 히브리어, 헬라어 등이 가림다와 유사한 점이 많기 때문에 가림다를 이런 글의 원형이라고 보기도 합니다. 중동문화를 연구한 조철수 박사님은 반대로 한글이 중국 유대인이 쓴 히브리어에서 왔다고 보고 있습니다.[82] 현재 가림다와 원시 히브리어는 10자 정도가 서로 닮은 점이 있습니다.

그러므로 가림다와 훈민정음에 나오는 '·' 는 큰 의미를 가질 수밖에 없습니다. 또 가림다는 '·' 가 문자의 첫 글자이며, 《훈민정음 해례본》에서 '·' 는 천지의 질서인 하늘, 땅, 사람의 삼재(三才)에서 첫 글자로 설명을 하고 있으므로 이미 가림다의 뜻을 반영하고 있습니다. 그리고 가림다를 우리의 원시 한글임을 부정하는 자들에게도 이러한 내용을 상당한 설득력을 가질 수 있다고 봅니다.

---

82) 조철수, 앞의 책, 342~387쪽

가림다(가림토)

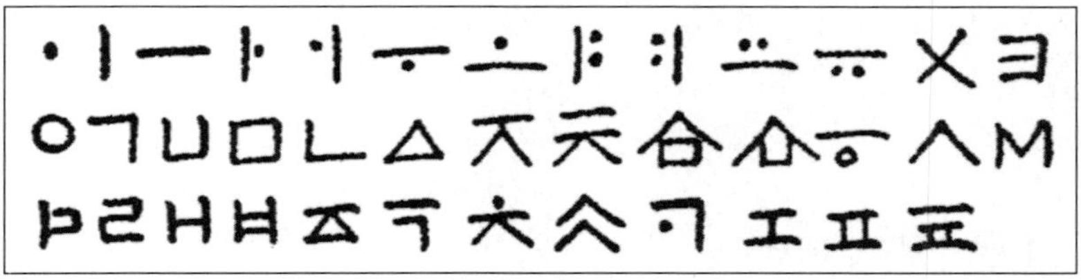

가림토 문자 38자

〈훈민정음〉

초성 17자 :

ㄱ ㅋ ㆁ, ㄷ ㅌ ㄴ, ㅂ ㅍ ㅁ, ㅈ ㅊ ㅅ, ㅇ ㅎ ㆆ, ㄹ ㅿ

중성 11자 :

ㆍ ㅡ ㅣ ㅗ ㅏ ㅜ ㅓ ㅛ ㅑ ㅠ ㅕ

그리고 우리 문자의 첫 글자 'ㆍ'를 '아래 아' 라고 하는 것은 잘못이기에 지적을 해 두고 싶습니다. 첫 글자 'ㆍ'를 '아래 아' 라고 하는 것은 'ㅏ' 와 구분하기 위해 자음 아래에 붙여서 쓴다는 뜻입니다. 그러나 'ㆍ' 은 하늘을 나타낸 글자이며, 하나님의 이름 '울' 이라는 뜻이 들어 있어서 문자 중에 첫 글자에 해당합니다. 또 'ㆍ'는 '아래' 를 나타내는 것이 아니고, 가장 높은 자리 '위' 를 나타내므로 '아래 아' 는 적절하지 못한 용어 같습니다. 따라서 '아래 아' 는 '하늘 아' 로 불러야 글자가 지닌 의미에 더 부합한다고 하겠습니다.

또한 이 글자가 지금은 사라지고 없는데 이렇게 가장 큰 의미를 가진 글자를 버린 상태이므로 우리가 이 글자를 다시 복원하여 써야 할 것입니다. 이 글자에는 우리가 모르고 있는 더 큰 의미(형이상학적 의미)까지 숨어 있는 것으로 보입니다. 그리고 세계의 대다수 선진국의 문자도 첫 글자는 '아(아르, 알)' 로 시작하고 있는데 이것이 하늘과 하늘에 계신 하나님을 제일 먼저 나타내기 위한 것임이 우리의 한글 '·' = '하늘아' 가 가르쳐 주고 있기 때문입니다.

한글의 우수성에서

한글의 과학성과 우수성은 세계가 인정하고 있습니다. 지금 쓰고 있는 한글의 기본적 자모만을 보이면 다음과 같습니다.

자음 : ㄱ, ㄴ, ㄷ, ㄹ, ㅁ, ㅂ, ㅅ, ㅇ, ㅈ, ㅊ, ㅋ, ㅌ, ㅍ, ㅎ
모음 : ㅏ, ㅑ, ㅓ, ㅕ, ㅗ, ㅛ, ㅜ, ㅠ, ㅡ, ㅣ

원래 한글은 28자인데 자음 ㅿ, ㆁ, ㆆ과 모음 ㆍ 등 4자가 사라지면서 문자도 쓰지 않게 되었습니다. 한글은 매우 과학적인 문자 체계를 갖추고 있습니다. 모음은 앞에서 본 바와 같이 하늘과 땅과 사람의 형상을 따라 만들었습니다. '·'는 둥근 하늘을, 'ㅡ'는 평평한 땅을, 'ㅣ'는 서 있는 인간의 모습을 본뜬 것입니다. 다른 모음은 이 세 글자를 기본으로 하여 서로 결합하여 만들었습니다. 그리고 자음은 사람의 발음 기관을 본떠서 만들었습니다. ㄱ은 혀의 뿌리가 목구멍을 막는 모양을, ㄴ은 혀가 윗잇몸에 닿는 모양을, ㅁ은 입 모양을, ㅅ은 이의 모양을, ㅇ은 목구멍의 모양을 본떠 만들었습니다. 이 다섯 글자를 기본으로 획을 더하여 다른 자음 글자들을 만들었습니다. 한글은 초성, 중성, 종성이 한 글자를 이루어 모든 소리를 나타낼 수가 있습니다. 일본어는 300개의 소리를, 중국어는 2만개의 글자가 400개 소리 밖에 나타내지를 못합니다. 지금 세계의 공용어인 영어도 2,000개의 소리를 나타낼 수 있다고 합니다. 그러나 한글은 모음 10개, 자음 14개의 24자와 겹자음 등 40개의 글자가 8,000개에서 11,000개의 소리를 나타낼 수 있습니다. 여기에 지금 사라진 ㆍ, ㅿ, ㆁ, ㆆ 네 글자를 살리면 우리말은 모든 외래어의 표기도 거의 다 할 수 있습니다.

한글은 영어처럼 단어 철자 하나하나를 풀어서 쓰는 것이 아니라 철자의 조합으로 한 글자가 됩니다. '글' 은 영어처럼 'ㄱ-ㄹ' 이 아니고, '글' 이기 때문에 가로쓰기도 할 수 있고, 세로쓰기도 가능합니다.

한국어는 존칭어가 발달하여 있습니다. 영어는 자녀에게도 'you' , 부모에게도 'you' , 심지어 하나님께도 'you' 이지만, 한글은 존경을 나타내는 '님' 을 붙여서 씁니다. 그래서 한국어는 하나님을 경배하고, 부모를 공경하며, 이웃을 섬기는 언어로 가장 적합합니다.

한글은 세계가 인정한 글

우리 한글의 우수성은 최근에 국력의 신장과 함께 세계에도 알려지기 시작하였습니다. 미국의 언어학자 레드아드 교수는 "한글은 그 무엇과도 바꿀 수 없는 글이며, 세계에서 가장 진보한 문자" , 영국의 역사학자 제프리 셈슨(Geoffrey Sampson)은 "한글은 인류의 위대한 지적 유산 중의 하나" , 문자학자 존 맨은 "한글은 모든 언어가 꿈꾸는 최고의 알파벳" 이라고 평을 하였습니다.[83)]

몇 년 전 프랑스에서 세계의 언어학자들이 한 자리에 모이는 학술회의에서 한국어를 세계 공통어로 쓰면 좋겠다는 토론이 있었습니다(KBS 1TV, 1996.10.9. 방영). 언어연구학으로 유명한 영국의 옥스퍼드대학의 언어학대학에서 세계 모든 문자를 순위를 매겨 합리성, 과학성, 독창성 등의 기준으로 진열을 해 놓았는데 여기서 1위는 한글입니다.

---

83) 박구재, 지폐 꿈꾸는 자드르이 초상, 황소자리, 2006. 314쪽

그래서 유네스코는 1989년 세종대왕상(king Sejong Prize)을 제정하여 문맹률 저하에 공헌한 단체나 개인에게 시상을 하고 있으며, 마침내 1997년 10월 1일 훈민정음을 세계의 기록 유산으로 지정을 한 바 있습니다. 그리고 2009년 7월 문자가 없는 인도네시아의 소수 민족에게 토착어인 찌아찌아어(語)를 표기할 공식 문자로 한글을 도입하였습니다. 한편으로 훈민정음을 이용하여 세계에 문자가 없는 소수 민족들에게 글자를 보급하며, 복음도 함께 전하는 '누리글 선교회'가 조직되어 활동을 하고 있습니다.

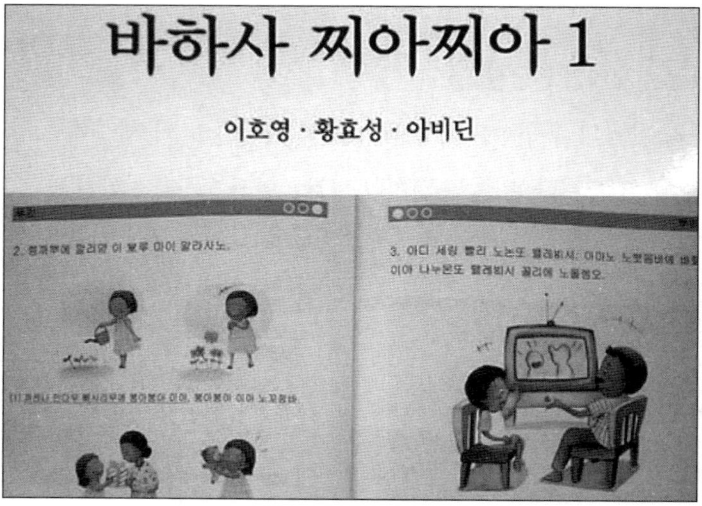

인도네시아 찌아찌아족의 한글문자

특히 IT 정보화 시대를 맞아서 한글은 더 우수한 면모를 보여주고 있습니다. 자음과 모음의 간단한 조합만으로 영어보다 쉽고 빠르게 통신할 수 있는 것이 IT 시대에 한글이 가진 큰 장점입니다. 우리는 이미 IT 세계 최강국 대열에 들어 있는데 여기서 한글이 지대한 공을 하고 있습니다. 그리고 앞으로 중국 한자처럼 컴퓨터 글자판 입력이 어려운 문자를 가진 나라는 한글로 컴퓨터 활용문자를 개발하여 쓰게 되면 아주 편리할 것으로 봅니다. 중국이 한자를 컴퓨터에 치려면, 영어를 쓰고 한자를 찾아 가는 불편이 있는데 이런 경우 영어 대신 한글을 쓰면 그만큼 더 편리하고 빠르게 자판을 이용할 수 있다는 뜻입니다. 만약 이것이 실현 된다면 그에 따른 경제적 이익은 천문학적 숫자가 될 것입니다. 그리고 해외에서 한글의 전파는 우리나라가 세계 속의 한국으로 자리를 빨리 잡을 수 있는 획기적 계기가 될 것입니다. 2004년 영국의 이코노미스트지는 "앞으로 100년 내에 세계 언어의 90%는 컴퓨터 통신에 적응하지 못해 소멸할 수고 있고, 세계는 약 11개의 언어로 지배될 것" 이라고 보도한 바 있습니다. 그런데 한글이 11개의 세계적 언어가 될 수 있는 방법은 한국어를 보급하는 것보다는 문자로서의 한글을 세계에 수출하는 것이 지름길이 될 것입니다.

이와 같이 우리 한글은 우수하며 무한한 능력을 가진 보물입니다. 이러한 한글의 우수성은 우리가 일반적으로 알고 있는 것보다 더 값진 것이며, 경이적인 것입니다. 이것만 보더라도 하나님은 우리 겨레에게 특별하게 언어와 문자를 선물로 주셨고 언어를 보전해 오신 것 같습니다. 우리는 홍수 후 동방으로 이주하면서도 하나님을 잘 섬겼기 때문에 우리에게 바벨탑 사건을 피하게 하시고, 하나님이 친히 제정하여 주신 태초의 언어를 지켜 주셨을 것이라는 뜻입니다.

그리고 고조선시대에 하나님 성호와 관련된 '·(아래아 = 하늘아)'를 첫 글자로 삼고, '·', 'ㅡ', 'ㅣ'의 삼재를 기초로 원시 한글 가림다(가림토)를 짓게 하셨습니다. 하나님은 가림다에서 세종대왕으로 하여금 모양은 사람의 입과 혀를 닮고, 내용은 더 우수하고 쓰기에 편한 한

글을 완성하게 하신 것입니다. 아마도 마지막 때는 바벨탑 사건에서 오염되지 않고 원형이 보존된 한국어, 그리고 지구상의 현존 문자 중에서 가장 우수한 글자인 한글이 세상을 복음화 하고, 인류를 살리는데 크게 쓰임을 받을 것입니다. 우리 겨레는 이처럼 한글 하나만 보더라도 하나님께 축복을 받은 민족이 확실합니다. 이러한 말과 글을 주신 하나님이 고마울 뿐이며, 이런 문화유산을 가진 우리 민족이 자랑스럽다고 할 것입니다.

> 그때에 내가 백성에게 순수한 언어를 돌려주리니 그들이 모두 주의 이름을 부르며 한 마음으로 그를 섬길 것임이라(킹 제임스 성경, 습 3:9)

16. 초막절과 한가위는 같은 날! 가장 큰 날!!

초막절과 한가위는 같은 날

앞에서 우리는 성경의 7월 절기와 마지막 명절 초막절을 알아보았습니다. 매년 다가오는 속량절은 그 해의 죄를 모두 속합니다. 그리고 종은 값을 치르고 풀리며, 땅도 값을 치르고 무르기를 한 후 맞이하는 명절이 초막절이었습니다. 안식년과 면제년의 속량절에는 빚도 탕감되고, 종은 기한 만료로 해방이 되어 초막절을 지킵니다. 희년의 속량절에는 기업인 땅도 기한이 만료되어 남에게 잡혀있던 재산권이 내게로 돌아옵니다. 그래서 초막절은 영적 자유, 신체적 자유, 경제적 자유까지 모두 누리며, 기쁨이 충만한 가운데 즐기는 명절입니다.

그런데 이 초막절 시기가 바로 우리의 한가위 명절과 날짜가 같습니다. 성경은 7월 15일이 초막절이고, 우리는 8월 15일이 한가위입니다.

실제 날짜는 하루 차이지만 보름달이 뜨는 시간은 똑같습니다.[84]

우리의 한가위는 기록에 따르면 신라 유리 이사금(제사장, 군장) 9년(A.D. 32년)에 처음 생겼다고 합니다. 여성들이 길쌈놀이를 하여 8월 보름날 대회를 열고 모여서 즐긴 잔칫날이 한가위입니다. 그런데 한가위가 어떻게 하여 우리 겨레의 고유한 명절이 되었는가 하는 것입니다. 한가위는 가을 추수와 관련이 있다고 하지만, 그렇다고 한가위가 추수를 마친 시기도 아닙니다. 이제 막 추수를 시작하는 때입니다. 그러므로 우리 겨레는 삼국시대부터 천제를 올리거나 큰 절기를 지키는 행사는 추수를 마친 후 10월에 했습니다. 그런데 어떻게 8월에 이런 행사를 치렀으며, 오늘날까지 큰 민속 명절로 성장하고, 전수되어 왔는가 말입니다.

그리고 한가위는 세계에서 유대인과 우리 한국인만이 큰 명절로 지키고 있습니다. 초막절과 한가위는 같은 시기의 명절이라는 것이 1988년 서울 올림픽 때 일부 언론에서 알려지기 시작했습니다(예수원 설립자, R. A. 토레이 신부가 먼저 지적을 했으나 무관심으로 알려지지는 않았음). 그때 기자들이 올림픽에 참가한 유대인 선수들은 마침 우리의 명절 한가위에 그들도 초막절 절기를 지킨다는 것을 알고 보도를 했기 때문입니다. 물론 유대의 초막절과 우리 한가위가 같은 시기, 같은 명절이란 것이 성경에 있지만, 우리 국민들은 모르고 있었고, 기독인들마저 모르고 있었습니다. 교회와 학자들이 모르거나 알려주지 않았기 때문입니다. 그래서 초막절은 교회와 기독인들에게 아직도 생소한 절기라고 할 수 있습니다.

---

84) 날짜 산정에서 우리는 천문학적 초하루, 유대는 초승달이 뜨는 날을 초하루로 하여 하루 차이가 난다. 그러나 성경에서 하루의 시작은 전날 저녁부터이기 때문에 실제 보름달은 같은 날이다(유대의 7월 15일 초막절은 14일 저녁부터 시작).

가까운 일본은 추분절이 있지만, 양력으로 지키는 절기이고, 한가위와 같은 음력 명절은 없습니다. 중국은 2008년 처음 중추절을 공휴일로 지정을 했지만, 이때가 국가창건일과 맞물려서 중추절은 큰 의미 없이 보냅니다. 그리고 중국은 추석이 자기들의 명절이 아니라 한국의 신라 명절이라고 밝히고 있습니다.[85] 홍콩은 이날을 휴일로 정했지만, 몽고족과 싸운 전승 기념일과 맞물려 있고, 행사도 용춤을 추거나 월병을 만들어 먹는 정도입니다. 북한도 최근에 한가위는 하루를 휴일로 허용하지만, 이날을 쉬면 다른 날 휴일 하루를 반납해야 하는 '대휴(代休) 공휴일제' 를 시행하는 정도입니다.

따라서 이날을 나라의 가장 큰 명절이나 축제일로 지키는 겨레는 세계에서 유대인과 한국인 뿐입니다. 그리고 중국이 최근에 와서 중추절을 공휴일로 지정을 하는 등 관심을 보이는 추세이지만, 이것은 우리가 단오절을 중국에서 빌려와서 지키듯이 중추절은 한국 한가위에 영향을 받아서 지키고 있습니다. 한가위는 예로부터 중국 명절이 아니고 한국 고유의 명절이었습니다.

그러므로 우리가 한가위를 중국식 한자 추석(秋夕)으로 부르고 있는 것은 고쳐야 합니다. 왜냐하면 '秋夕' 이란《예기(禮記)》의 '朝春日秋夕月' 에서 나온 말로 우리말 쓰기를 꺼리는 자들이 사용한 한자이며, 고려시대 이후에 싹트기 시작한 사대주의 사상이 들어있는 말이기 때문입니다.

---

85) 중국의 역사학자 숭베이는 중국의 중추절은 신라에서 유래했다고 한다. 그 근거로 중추절은 당나라에 유학한 일본의 구법승려 〈엔닌의 일기〉에서 유래를 찾는데 엔닌은 장보고가 산동성에 세운 〈법화원〉에 몇 년 간 기거한 적이 있고, 그때 "신라인은 음력 8월 15일 떡과 음식을 만들어 이웃과 나눠 먹고 가무를 즐긴다. 이는 중국에 없는 풍속이다"라고 기록을 했다는 것이다. 그리고 중국의 《隋書》, 〈舊唐書〉, 〈新唐書〉의 기록에도 신라는 8월 15일에 왕 앞에서 활을 쏘고, 말을 타고, 노래와 춤을 즐겼다는 내용이 있다.

초막절과 한가위, 예사롭지 않은 의미들

앞서 말한 바와 같이 성경의 초막절과 우리의 한가위는 비슷한 점이 많습니다. 유대인들은 초막절이 되면 광야로 가서 초막을 짓고, 일주일간 생활을 합니다(레 23:42) 초막절기는 백성들이 모두 성전에 모여 성경을 읽으며(신 31:10~13), 하나님께 제사를 드리는 큰 행사가 있습니다. 그런데 우리는 유대의 초막절기인 추석이 오면 조상의 묘가 있는 산으로 가서 벌초와 성묘를 합니다. 그리고 추석날은 조상에게 제사를 지냅니다. 두 민족이 집 밖으로 나가는 것은 비슷한데 내용이 다릅니다.

유대의 초막절은 추수를 다 마치고, 다시 보리를 파종하기 전에 시간적인 여유를 가지고 즐깁니다. 유대는 우리보다 수확기가 한 달 정도 빨라서 초막절기인 7월(한국달력 8월)에는 이미 포도와 같은 열매 수확이 모두 끝이 납니다. 보리와 밀의 파종도 8월(한국달력 9월) 이후에 가서야 합니다. 그래서 유대의 7월은 자연스럽게 안식월이 되어 쉬면서 축제를 하기가 좋습니다. 그러나 우리는 이때가 한창 추수기에 접어들고 있습니다. 추수로 바쁜데 장기간 즐길 수 있는 시기가 아닙니다. 그래서 8월은 추수에 대한 감사절로 지키기에 아직 이른 시기입니다. 그런데 우리가 왜 이때를 정하여 민족적인 명절로 삼았을까 하는 것입니다. 그러면서 이날은 성경이 말하는 제사와 추수감사, 그리고 마지막 절기의 의미를 모두 가지고 있으니 신기하다고 하겠습니다.

물론 여기서 말하는 제사와 감사가 유대인은 하나님에 대한 것이고, 우리는 조상에 대한 것이므로 내용은 서로 다릅니다. 하지만, 우리의 조상제사는 원래 하나님께 제사를 올리던 제천의식이 뒷날 중국에서 황제숭배나 조상숭배로 변질하여 타락한 것임을 감안하면 의미가 있는 것입니다.

이런 점에서 성경이 말하는 초막절과 우리의 전통 명절 한가위가 가진 공통점이나 의미를 찾아보겠습니다.

첫째, 초막절과 한가위는 날짜와 시기가 같습니다. 초막절과 한가위는 날짜가 하루 차이로 같습니다. 초막절 7월 15일은 한국음력으로 8월 16일로 한가위와 하루 차이가 나지만, 전날 저녁부터 하루가 시작되므로 실제 보름달은 같은 날입니다. 계절도 같은 시기로 가을입니다.

둘째, 두 명절은 모두 추수에 대한 감사의 절기입니다. 유대는 하나님께 경배, 우리는 변질된 조상숭배로 다르지만, 높은 분에게 드리는 감사의 표시로만 보면 같습니다.

셋째, 명절이 되면 국민 전체가 움직이는 거국적 이동이 비슷합니다. 유대 민족은 광야로 나가서 7일간 초막 살이를 하면서 선조들이 출애굽 시절 겪은 고난의 생활에 동참을 합니다. 우리는 고향을 찾고, 조상의 묘를 찾아서 성묘를 하며, 조상의 은덕을 기립니다.

넷째, 이상하게도 '한가위' 라는 이름과 뜻을 성경의 초막절이 가장 잘 설명을 해주고 있습니다. 이 부분은 별도로 자세하게 다루겠습니다.

다섯째, 두 명절은 한 주기의 중간기로 같습니다. 한가위는 말 그대로 '한 가운데의 날' 이며, 초막절은 1년의 절반 시기에 지킵니다. 초막절은 한 주기의 종말(종교적 연말)과 시작(경제적 연초)이 맞물려서 중간기를 의미합니다.

여섯째, 구약의 명절 뿐 아니라 신약의 명절, 곧 예수 그리스도 탄생일인 성탄절이 이때라고 여겨집니다.

일곱째, 두 명절은 추수기와 관련하여 미래의 명절 또는 종말과도 관련이 큰 명절이 될 것으로 보입니다.

한가위의 어원과 초막절(초막절 7월 15일 ≒ 한가위 8월 15일)

우리의 속담에는 "더도 말고, 덜도 말고, 한가위만 하여라."라는 말이 통용되고 있습니다. 그만큼 한가위는 우리에게 풍성한 명절입니다. 그런데 우리는 민족 고유의 명절인 음력 8월 15일 보름날, 지키는 '한가위' 에 대하여 '아리랑', '설날', '서울', '서라벌' 이라는 단어처럼 오랫동안 어원을 잘 모르고 있었습니다.

'한가위' 의 어원은 보통 신라시대에 시행한 길쌈놀이를 근거로 하여 '가배(嘉排)' 에서 찾고 있지만, 이는 한자이고, 뜻도 잘 모르므로 적절하지 않습니다. 그런데 최근에야 한가위가 경상도 언어 '가분데, '가부', '가배' 라는 말의 음차(音借)임이 밝혀지고 있습니다. 그러므로 '가배' 는 순수 우리말이므로 한자는 아무 의미가 없습니다. 그런데도 국어사전에는 '가배(嘉排)' 란 뜻이 '아름다운 배우' 이므로 '한가위 길쌈놀이' 또는 이때 '노래와 춤을 춘 사람' 을 일컫는 것으로 보고 있습니다. 다시 말하지만 '가배' 는 '가분데', 또는 '가부' 라는 경상도 말의 한자 음차일 뿐입니다.

최근까지도 경상도에서는 음력 8월 초하루부터 보름날까지의 바람을 '8월 가부새 바람' 이라고 하며, 한가위를 '가붓날' 이라고 불렀습니다. 곧 이 말은 길쌈놀이나 배우(광대)와는 관련이 없습니다. 곧 한가위에 행한 길쌈놀이는 명절에 행하는 하나의 대회일 뿐이므로 한가위의 이름과는 별개입니다.

우리말에서 양과 길이를 말할 때 중간 정도의 단위를 "가웃" 이라고 하지요. 1되 반 정도를 '되가웃', 1말 반을 '말가웃', 1자 반을 '자가웃' 이라고 하는 것처럼 '가위' 는 절반이나 중간을 뜻합니다.

신라 금동 가위(경주박물관 소장)

반달 모양의 한국 송편

보름달 모양의 중국 월병(月餠)

이와 관련하여 규방에 쓰는 가위도 중간을 자른다는 가부에서 나온 말로 보입니다. 그 예로 신라시대의 가위는 반달 모양입니다. 일본 〈정창원〉에 보관중인 신라시기 금동 가위, 신라의 무덤과 안압지에서 출토된 금동 초심지 가위가 모두 반달 모양을 하고 있습니다. 가위는 베를 중간에서 자르는 도구이므로 상하 또는 좌우 대칭의 모양을 하고 있고, 반달이 보름달 모양으로 가운데에 합쳐질 때 제 기능을 할 수 있으므로 이름을 그렇게 붙인 것으로 보입니다. 또 가위를 사용하는 길쌈놀이의 절정이 반달이 합쳐진 보름날이므로 그런 의미까지 포함되어 있을 것입니다. 한가위에 먹는 송편도 반달 모양인데 역시 절반 모양의 반달이 합쳐지면 보름달이 되는 것이지요. 같은 한가위에 만드는 떡이라도 중국의 월병(月餠)은 보름달 모양이지만, 우리 송편은 반달 모양입니다. 이렇게 가위나 송편까지도 절반을 나타내거나 중간과 중심, 또는 절반의 뜻을 가지고 있어서 '가운데'를 강조하고 있습니다.

여기서 가위는 가운데, 중심이라는 의미를 더 강조하기 위하여 "크다(大)", "하나(융합. 一)", "한복판(中)", "바름(正)"의 뜻이 포함된 '한'을 넣어서 '한가위'라고 불렀습니다. 그러므로 한가위는 먼저 '큰 날'이라는 뜻이며, 내용은 '정중앙'의 의미로 시간적 흐름에서 어느 한 중간, 또는 생활에서 어떤 행동이나 사상의 중심이 되는 부분을 말합니다. 그러므로 이러한 것을 종합하여 보면 한가위는 둘이 만나는 중앙 지점, 시간의 중간, 사상이나 문화의 중심을 뜻하는 명절임을 알 수 있습니다.

한가위의 뜻을 초막절이 설명하고 있습니다.

너희가 토지 소산 거두기를 마치거든 일곱째 달 열닷새(7월 15일)부터 이레 동안 여호와의 절기를 지키되 첫날에도 안식하고 여덟째 날에도 안식할 것이요(레 23:39)

말씀이 육신이 되어 우리 가운데 초막을 치시매(요 1:14, 사역)
(And the Word flesh become and tabernacled(dweit) among us, Johan 1:14, 로고스 성경, 1992년)
* 초막을 치시매(eskhnwsen : 에스케노센, 스케네 : 초막)

한가위는 '한가운데'라는 뜻입니다. 왜 명절 이름을 한가운데라고 했을까요? 한가위는 음력 8월 15일이 길쌈놀이의 마지막 날로 한 달 중의 중간입니다. 이날은 계절상으로도 가을의 중간입니다. 그래서 가운데를 강조하여 한가위로 했을 가능성이 높습니다. 그러나 한 달의 중간은 '가운뎃날' 보다 더 좋은 '보름날' 이 이미 있습니다. 명절인 8월 보름을 강조하려면 '한가위' 라고 하지 말고, '한보름' 이라고 하면 되겠지요. 가을의 뜻을 담았다면 '추석' 이나 '중추절' 처럼 '가을절' 이나 수확절이라고 하여 추수의 의미를 가진 말이 들어가야 할 것입니다. 그런데 부르기 쉬운 보름과 가을을 두고, 이날을 '가운뎃날' 로 정한 것은 '가운데' 가 무슨 특별한 의미를 두고 있다고 보아야 할 것입니다. 그것도 보통의 가운뎃날이 아니고 '크다', '바르다', '하나다' 의 등의 뜻이 담겨있는 '한' 을 넣어 '한 가운데의 날' 이라고 한 것이 더욱 그렇게 여겨집니다.

그런데 우리의 한가위, 곧 가운데 날의 의미를 성경의 초막절과 7월 절기와 명절들이 가장 잘 나타내 주고 있음을 알았습니다. 저는 성경의 초막절과 우리의 한가위가 날짜가 같은 점에서 이를 검토하다가 이런 점을 발견하고 놀랐습니다.

처음은 우연의 일치라고 보았으나 그 의미를 파고들면 초막절 의미가 거의 대부분이 우리 명절 이름인 '한가운데' 와 내용적으로 일치하고 있었습니다. 성경의 초막절과 7월 절기의 각종 명절들이 우리 명절의 '한가위(큰 중심, 大, 正, 重)' 의 뜻이 되는 이유를 정리하면 다음과 같습니다.

● 〈시간상의 중간〉 한가위는 시간의 한 가운데이다.

① 초막절과 한가위는 날짜가 한 달(月)의 중간인 보름날입니다.

성경 7월 보름(15일) = 보름 명절 = 한국달력 8월 보름(16일)}. 두 달력은 하루 차이가 나지만, 추분기의 천문학적 보름은 원래 한국달력으로 15일보다 16일이 많으므로 성경이 더 정확하다고 할 수 있습니다.

② 한가위는 가을의 중간입니다. 중국은 이날을 '中秋節' 이라고 하는데 그 이름은 한가위를 잘 설명해 줍니다(중추절은 한가위에서 유래한 말임). 유대에서는 추수기가 우리보다 약 한달이 빠르므로 이때가 추수를 마친 시기지만, 아직 보리 파종은 하지 않은 때이므로 가을의 중간에 속합니다.

③ 이 시기는 1년 중 연간 날짜를 계산하여 중간 시점입니다. 윤달을 제외하면 음력의 1년은 354일이며, 그 중간은 177일로 성경상 7월 초순이 됩니다. 윤달을 감안하여 더 정확하게는 말하면 초막절과 한가위는 황도[86] 180도, 곧 지구가 황도의 정중앙을 관통하는 추분 때입니다. 초막절과 한가위는 추분을 전후한 보름날입니다.

④ 7월은 종교력과 민간력의 교차기로 정 중간입니다. 7월은 종교력으로 3대 절기의 마지막인 연말이며(출 23:16), 생활력 또는 민간력으로 새해가 시작되는 연초(출 34:22)입니다.

⑤ 첫 명절 유월절과 마지막 명절 초막절은 서로서로 1년의 절반인 기간을 가집니다. 유월절에서 초막절이 만 6개월, 초막절에서 유월절이 만 6개월이라는 뜻입니다.

⑥ 7월은 땅이 낸 모든 소산물의 추수가 끝이자, 다시 보리와 밀 파종이 시작되는 교차기입니다. 농경생활에서 수확기와 파종기는 '마침' 과 '시작' 이라는 정중간의 큰 의미를 가집니다.

---

86) 황도(黃道)는 하늘에서 해가 한 해 동안 지나는 길로, 지구의 공전에 의해 생긴다. 황도는 태양 주위를 공전하는 지구의 궤도면과 천구가 만나는 커다란 원이며, 하늘의 적도와 약 23.5 기울어져 있다. 춘분과 추분에 하늘의 적도와 교차하므로 이 때 해의 위치를 춘분점 또는 추분점이라 한다.

⑦ 3년 끝, 7월의 구제년 행사일은 여섯 해 경작년 중 한가운데의 해, 한가운데의 날입니다(신 14:28,29). 면제년과 안식년은 7년 초에 돌아옵니다. 그런데 7년의 초, 곧 만 6년의 중간 기간은 3년 말인데 이때 거둔 십일조는 가난한 자에게 돌리라고 합니다. 이 해가 구제년이지요(신 26:12). 3년 말 구제년 7월의 초막절은 안식년과 면제년의 주기에서 정 중앙에 해당합니다.

- **〈절기와 회복의 절정〉 한가위는 공동체 전체의 충만(가득)함이 절정 상태이다.**

⑧ 7월 절기는 7년 만에 돌아오는 안식년 시작기로 땅은 쉬며, 이때 사회적 약자는 땅이 내는 산물을 직접 취해 굶주림을 해결합니다. 안식년이 오면 땅과 땅이 낸 토지 산물은 들짐승들에게 직접 개방되어 이들이 먹이와 습생에서 자유를 보장 받습니다(레 25:5).

⑨ 초막절이 있는 7월 절기(나팔절과 속량절을 포함)는 6년간의 경작년 또는 경작 7 주기년(49년)을 모두 마치면서 또는 안식년(면제년과 희년)을 시작하면서 즐기는 첫 명절입니다.

⑩ 희년의 7월 절기는 경제적 빚(땅값, 몸값, 기타 부채)이 모두 0이 되어 참자유가 시작되는 시기입니다. 초막절은 안식년과 같이 희년을 시작하면서 즐기는 첫 명절입니다.

- **〈자연과 계절의 중심〉 한가위는 계절의 풍성함이 절정기이다.**

⑪ 추분기 초막절의 보름은 달이 뜨는 시간이 3일정도 비슷하며, 달의 채공 시간도 더 깁니다. 같은 크기의 보름달이지만, 달이 뜰 시간에 수평선이나 지평선이 동시에 보이기 때문에 시각적으로도 달이 더 크

게 보입니다.

⑫ 보름은 땅과 사람이 있는 지구가 해와 달 사이의 일직 선상에 위치하여 양(양력)과 음(음력)이 연합하는 때입니다. 사람과 생명체가 사는 지구는 천체의 운동과 조화에서 그 중심에 들어 있습니다.

⑬ 보름날은 달의 인력으로 육지의 물과 바다의 조력운동이 더 크고, 해양 동물은 산란과 이동이 가장 왕성한 날입니다. 보름날은 피조물들의 생명활동이 평소보다 더 풍성한 날입니다.

● 〈역사의 중심〉 한가위는 역사의 정중앙(분기점)에 위치한다.

⑭ 초막절 7일간의 초막 살이는 경제적 자유(풍요)와 예속(궁핍)의 중간 생활을 경험하는 때입니다. 출애굽 당시 조상들은 애굽(세상)도 아니고, 그렇다고 약속의 땅(구원)도 아닌 중간 지역의 삶을 살았던 것입니다. 이것은 오늘날 교회의 모습이기도 합니다.

⑮ 하나님의 집인 성막 제조의 착수기이고(출 35,36장), 성전 건축의 완공기입니다(열상 8:2). 7월 절기는 광야교회인 성막의 착공 시기로 추정되며, 솔로몬 성전의 준공도 이때입니다.

⑯ 초막절은 신약과 구약의 중간, 서력기원의 전(B.C)과 후(A.D.)의 교차기일 가능성이 높습니다. 앞에서 언급한 바와 같이 성경의 3대 명절 중 초막절과 7월 절기는 예수 그리스도의 탄생일과 가장 가까운 명절에 속합니다. 예수님을 메시아라고 소개한 세례 요한과 예수님의 출생 시기가 6개월 터울로 1년의 중간입니다.

● **〈미래의 큰 날〉 한가위는 미래의 끝 날, 곧 시간의 결정적 전환기를 예표한다.**

⑰ 성경에서 추수기는 한 시대를 마감하는 주기의 끝이자, 새 시대를 출발하는 또 한 주기의 시작입니다. 미래에 있을 종말의 때가 계절과 관련 있는 추수기인지는 우리가 모릅니다(마 24:42,43). 그러나 성경은 종말의 때를 늘 추수기와 결부시켜 우리에게 알려주고 있습니다(마 3:12, 13:30, 계 14:15,16).

⑱ 초막절에는 남녀, 신분, 국적을 묻지 않고, 모든 사람이 신분의 차별이 없이 한 자리에 모여 하나님의 말씀을 듣고 배웁니다(신31:10, 느 8:2).

⑲ 오순절 교회는 네 것 내 것 없는 소비 조직으로 임시 공동체(교회)에 불과 합니다. 그러나 초막절 사회와 나라는 네 것 내 것이 분명하게 구별되고, 생산조직인 기업과 사유재산이 있는 상설적, 항구적 생산 공동체(나라)입니다.

⑳ 초막절은 미래에도 모든 겨레가 함께 지킬 명절입니다(슥 14:16). 성경은 이 시기를 안식 중의 안식일(레 16:31), 가장 큰 날(요 7:37)이라고 합니다.

㉑ 7월 절기와 초막절은 신약에서도 가난한 자의 기쁜 소식인 '은혜(자원, 열납)의 해' 선포일과 가장 관련이 클 것으로 보입니다(눅 4:18,19).

이와 같이 한가위(초막절)가 있는 7월 절기는 시간상 한 주기(또는 시대)를 마치고, 다시 새로운 한 주기를 시작하는 전환점으로서의 중심입니다. 창조질서로 보면 한가위는 창조주 하나님과 그 피조물인 땅의 중심에는 사람이 있다는 뜻입니다(땅이 창조주와 관리자인 사람 사이에 있기도 함). 이것이 한국의 토종문화인 삼재론(三才論)입니다. 그리고 이날은 구제년, 안식년, 희년 등 구약 성경이 말하는 가장 큰 날이기도 합니다. 예수님도 이 날을 가장 큰 날이라고 했습니다(요 7:37). 더구나 초막절이 성탄절과 같다면, 이날은 더 큰 날의 의미를 가집니다. 한가위는 경상도 말 그대로 "한가분뎃날"로 '중심'과 '크다'는 의미가 모두 들어있는데 이 말의 뜻을 성경의 초막절이 날짜까지 같은 날로 맞추어 가면서 의미를 정확하고 충실하게 설명하고 있습니다. 이것은 참으로 신기하다고 하지 않을 수 없습니다.

"더도 말고 덜도 말고 한가위만 하여라"
세계에서 가장 크고 귀한 명절, 초막절과 한가위가 과연 언제 오게 될지…

소설, 한가위 노래 회소곡(會蘇曲)을 찾아서

신라 3대 유리 이사금 때에 부른 '도솔가(兜率歌)'가 있는데 가사와 곡이 전해지지 않고 있습니다. 도솔가는 《환단고기》〈태백일사〉〈소도경전본훈〉에서 《삼국사기》에 있는 신시의 음악이라고 했습니다. 신시의 음악은 천악(天樂)이라고도 하며, 고조선시대부터 제천행사에서 부른 노래입니다. 앞에서 말한 바와 같이 이사금은 제사장의 직분일 가능성이 높습니다. 유리 이사금은 관제를 개편하고, 농업과 길쌈을 장려하는 등 산업을 일으키고, 홀로 된 사람들과 병든 자, 가난한 자를 돌아보는 등[87] 어진 임금이었습니다. 또 유리 이사금은 지금까지 전해오는 우리의 고유 명절 한가위를 처음 제정할 만큼 문화를 장려하여 신라 초기

87) 이야기 한국역사 편집위원회, 이야기 한국역사, 풀빛, 1997, 111쪽.

에 나타난 탁월한 지도자였습니다. 유리 이사금은 자리에 오를 때나 자리를 물려줄 때에도 욕심이 없을 정도로 덕을 갖춘 지도자였습니다.

그런데 신라 백성들이 이때부터 한가위 명절에 즐겨 부른 노래가 있는데 그 노래가 '회소곡(會蘇曲)' 입니다. 이 노래는 길쌈놀이에서 진 쪽이 먼저 불렀는데 가사가 애절하고 아름다워서 민간에까지 널리 전해졌던 것 같습니다. 이 노래는 '會蘇!, 會蘇!하는 후렴구가 있는데 후렴구가 구전 되면서 회소곡(會蘇曲)이 되었으나 가사는 전해지지 않고 있습니다. 회소곡은 제사장으로 추정되는 유리 이사금이 직접 만든 것으로 보기도 합니다.[88] 이와 같이 회소곡은 신시의 음악인 도솔가[89]와 시기가 같은 유리 이사금 때에 부른 노래입니다.

그래서 이 노래를 두고 추측이 많습니다. 어떤 이는 '會蘇' 를 '모이소' 의 한자 표기라고 하고, 또 불교적 용어로 보기도 합니다. 그러나 '모이소' 의 한자 표기는 쉽고 뜻이 같은 '會所' 를 두고, 굳이 어려운 한자 '蘇' 를 취해 '會蘇' 라고 했을까 하는 것이며, 불교적 용어는 이 당시(32년) 신라에 불교가 들어오기 전이므로(불교 공인은 527년) 근거가

88) 최하림, 즐거운 한국사, 기교출판, 2001, 95쪽.

89) 도솔가에 대해서는 《삼국사기》도솔가와 《삼국유사》의 도솔가 서로 다른데 같은 것으로 혼동하는 경우가 많다. 전자는 신라 3대 유리 이사금 5년(A.D. 28년), 후자는 35대 경덕왕 19년(A.D. 760년), 월명 스님이 지었다. 전자는 삼신 하나님께 제사를 드릴 때에 부르던 신시의 음악이고, 후자는 불교와 관련된 노래이다. 그런데 전자를 후자로 오해하여 해석을 한 경우도 있다(임승국 역, 한단고기, 248, 249쪽). '도솔가(兜率歌)' 는 두레노래(農樂), 돗노래(祭禮樂, 神曲)라고도 하며, '도솔(兜率)' 은 어려운 한자이므로 아직 뜻을 잘 모르고 있고, 간혹 산스크리트어 'tusita' 라고 보기도 하는데 이와 관련하여 도솔가는 미륵보살이 사는 하늘이나 메시아의 지상 강림을 기원하는 노래라고 추정한다. 그러므로 도솔가는 실제로 'tusita' 곧 예수 그리스도를 지칭하는 노래일 수도 있다. 다만, 《삼국사기》의 도솔가는 이름만 남아있고, 《삼국유사》의 도솔가는 불교 노래 '산화가(散華歌 또는 散花歌)' 의 하나인데 일연 스님에 의해 도솔가로 개칭되었고, 노래의 가사까지 상세하게 소개되어 있다. 그러나 도솔은 상고시대의 제사장소인 제단이나 소도에서 부른 돌레소리(두레소리)나 돗소리(돗노래)로 추정된다. 이와 같이 도솔가는 태생부터 종교적 의미가 강하고, 본래의 도솔가는 가사가 사라지고 불교 노래(산화가)가 도솔가로 바뀐 것 등이 종교적 이유일 수 있으므로 연구를 해 볼 필요가 있다.

미약합니다. 이것은 불교에서 미륵불에 대한 노래라고 보는 도솔가도 마찬가지입니다.

그런데 한 가지 의미를 부여한다면, 한가위에 부른 會蘇曲 후렴구, '會蘇, 會蘇' 는 중국어와 스페인어에서 구세주 "예수"라는 발음과 닮았다는 것입니다. 예수님을 중국어 한자로는 "耶蘇(야소)"라고 쓰고, 발음은 "헤수"로 읽습니다. 또는 스페인 말로는 예수님을 "헤수"로 부르고, 쓰고 있습니다. 곧 중국의 "耶蘇"와 스페인의 "헤수"는 예수님을 부르는 말로 회소곡 후렴구 '會蘇' 와 거의 비슷한 발음이 납니다. 그래서 이 말이 혹시 예수님을 찬양하는 노래가 아닌가 하는 조심스러운 추정을 해 봅니다. 물론 지금으로서는 신라 초기에 신라인이 예수님을 알고, 예수님에 대한 찬송까지 불렀다고 보는 것은 억측일 수 있습니다.

그러나 〈또 하나의 선민 알이랑 겨레〉의 저자 유석근 목사님은 예수님의 탄생을 축하하고 경배한 동방의 박사들은 신라인이라고 추정을 한 바가 있습니다. 그의 주장에 의하면 《삼국사기》〈신라본기〉 박혁거세 편에 "(재위) 54년에 경주에 패성(혜성)이 나타났다"고 기록하고 있는데 이때가 B.C. 4년으로 예수 그리스도가 탄생한 시기와 비슷하다고 봅니다.[90] 예로부터 서양은 태양을 관찰하지만, 우리 겨레는 주로 별을 관찰해 왔습니다.[91]

---

90) 유석근, 알이랑 고개를 넘어 예루살렘으로, 예루살렘, 2009. 197쪽.

91) 우리 겨레가 고대에 별의 연구가 많았음은 고인돌에 새겨진 별자를 근거로 들 수가 있다. 대동강 유역에서 발견된 별자리 고인돌은 축조 시기를 기원전 3000년경까지 추정하기도 하는데 이는 세계 천문학계에서 별자리의 원형으로 간주하는 메소포타미아 지역의 바빌로니아 토지 경계비(기원전 1200년경)보다 앞선다. 평안남도 증산군 용덕리 10호 고인돌(고인돌 덮개에 80여 개의 구멍이 새겨져 있는데, 북극성을 중심으로 큰곰자리, 사냥개자리 등 11개의 별자리를 나타낸다. 고인돌에 새겨진 천문도는 주로 평양에서 200여 기가 발견된다. 경기도 양평군 양수리 두물머리 고인돌에도 북두칠성 등의 별자리가 새겨져 있다.

우리는 아라랏 산에서부터 "하늘에는 별도 많다"는 '올이랑' 찬송을 부르며 멀리 동방으로 이주하여 B.C.4년경까지도 비교적 신실한 믿음을 가지고 있었습니다. 그래서 하나님은 우리 겨레에게 별을 통하여 예수님의 탄생 소식을 알려 주고, 경배를 하게 했다고 볼 수 있는 것입니다.

이러한 추정은 근거가 미약하나 성경은 동방에서 별을 연구하는 박사들이 예수의 탄생 소식을 알고(마 2:2), 찾아와 경배를 했다고 하므로 부정만 할 수도 없습니다. 동방 박사가 베들레헴을 찾아온 기간도 성경 기록으로 1~2년이라고 보면(마 2:16), 그 시간과 거리는 서양 신학자가 말하는 페르시아 메데가 아니고, 더 먼 곳인 신라일 가능성이 있습니다.

또한 예수님의 12제자 중 도마가 인도를 거쳐 한국에 왔다는 이야기가 있고, 가야국 김수로왕의 부인인 아유타국 공주 허황옥(許黃玉)이 유대인 또는 도마와 관련이 있는 인도 여성으로 복음을 처음 가지고 한반도에 왔다는 설도 있습니다. 이런 가운데 1987년 8월 경상북도 영주에서 히브리어로 '도마'라는 글을 새긴 것으로 보이는 분처상(또는 도마석상)이 발견되어 학계의 관심을 모으고 있습니다.[92] 한편, 통일신라시대(7~8세기)에 창건된 불국사에서 돌십자가 상을 발견하여 현재 숭실대학교 기독교박물관이 소장하고 있습니다. 이 돌십자가는 좌우상하 대칭인데 십자가 모형의 5형 중 초기 형태로 그리스 형에 속한다고 합니다. 그런데 돌십자가 모형이 기독교의 상징물이라면, 신라에서 기독교는 불국사 창건 이전에 들어 온 것입니다.

---

92) 분처상은 높이가 족히 5m나 되는 대형 암각상이다. 상면(像面)과 암면(岩面)에는 3점의 음각한 명문이 있다. 그 한 점은 상의 좌측 암면에 네모꼴로 새겨진 4자의 '도마'라는 히브리어 글자이고, 다른 두 점은 상면의 하단에 새겨진 '야소화왕인도자(耶蘇花王引導者)'와 '명전행(名全行)'이란 한자 명문이 새겨져 있다(한겨레신문, 2005. 1.3)

불국사에서 출토된 돌십자가(숭실대학교 부설 한국기독교박물관 소장)

만약에 이러한 추정들이 사실이라면 신라인들은 구세주 예수 그리스도에 대한 정보와 지식을 일찍부터 갖고 있었다고 볼 수 있습니다. 베들레헴에서의 아기 예수 탄생과 유아 살해, 아기 예수가 애굽으로 피난 간 소식은 경배를 마치고 돌아온 동방 박사들로부터 직접 들었고, 예수님의 공생애와 십자가 수난, 그리고 부활과 초대교회의 소식은 도마나 아유타 공주 허황옥에게 들었을 수 있습니다. 회소곡은 노래가 애절하고 단아했으며, 후렴구와 제목은 한자로 "예수(혜수)"와 발음이 같다는 것은 이 노래가 '울이랑'과 같은 찬송가일 수도 있다는 생각입니다. 애절하고 단아한 노래 '會蘇! 會蘇!'를 부른 날은 한가위이고, 이날은 성경의 초막절이자, 아기 예수가 탄생한 바로 그날, 성탄절일 가능성이 매우 크기 때문입니다. 한가위 행사를 행한 신라의 유리 이사금은 A.D. 57년까지 재임하고 있었으므로 이때와 시기도 비슷합니다. 노래는 그 뒤에 불렀을 수도 있고 말입니다.

아기 예수의 실제 탄생일에 대해 그 당시 유대인들은 양을 지키는 목동 외에 아무도 몰랐고, 그들은 지금까지 메시아 예수를 부인하고 있습니다. 유대교의 지도자들도 베들레헴에서 탄생한 아기 예수를 동방 박사에게 듣고서야 겨우 짐작을 했을 뿐입니다. 그리고 유대인들은 성인이 된 예수님을 배척하고 죽이는 데 동참을 했고, 아직도 그들은 예수가 메시아인 줄은 모르며 살고 있습니다.

한편, 지금의 기독인들마저 성탄절이 언제인지 모르고, 로마의 태양신 축제일인 12월 25일을 정하여 막연하게 지키고 있습니다. 그래서 성경 기록 외에 예수님의 탄생일에 대하여 알고 있는 사람은 요셉의 가족들, 아기 예수를 직접 목격한 목자들, 멀리서 별을 보고 찾아온 동방 박사들, 그리고 이들에게 소식을 직접 들은 주위 사람들 뿐이라고 해야겠지요. 동방 박사들은 아기 예수를 찾아서 별을 따라 1~2년에 걸친 긴 여정을 한 사람들입니다. 믿음이 대단하지요. 그들은 힘든 여정으로 마침내 아기 예수를 찾아 경배를 했지만, 아기 예수를 죽이려 한다는 천사의 소식을 듣고 헤롯왕을 피해 급히 귀국을 했습니다. 그러므로 그들이 고국에 돌아와서는 그 값진 여행의 기록들을 어디인가에 남겼을 것입니다. 동방 박사들에게 들은 메시아의 탄생 소식과 유아 살해의 비보, 그리고 뒤이은 여러 사건들(십자가의 희생, 부활, 성령강림 등)이 신라에서는 회소곡이 되어 실제 성탄절 시기인 한가위에 부른 것인지도 모르겠습니다.

노래가 애절하고 아름답다는 논평까지 기록으로 남아 있는데 유독 가사는 전해지지 않는 것도 이상합니다. 천악인 도솔가와 함께 회소곡이 신라에 불교가 들어오면서 종교적 문제로 가사가 사라진 것으로 볼 수도 있겠지요. 월명 스님이 지었다는 도솔가는 가사가 전해지는데 천악인 도솔가는 가사가 사라졌습니다. 물론 중국에서 한자로 "耶蘇(예수)"라는 용어는 명나라 중기 서방 가톨릭이 전해진 후라는 설이 지배적이며, 그 전에는 '미시가(彌施訶)', 즉 메시아(구세주)로 불렀습니다.

한국은 '원효문집' 에서 예수를 불교식으로 '법왕자(法王子)' 라고 한 적은 있으나 삼국시대의 기록으로 '耶蘇(예수)' 라는 글은 아직 별견되지 않고 있습니다.

아무튼 이런 것은 앞으로 차분하게 검토해 봐야 할 연구 과제입니다. 성경 기록은 사실이라고 믿는 신앙적 태도와 역사는 사실만을 말해야 한다는 역사관을 가지고 말입니다. 다만, 저는 신라시대의 우리 명절 한가위를 성경의 초막절이 너무나도 명확하게 설명을 하여 주고 있기 때문에 혹시 그날 부른 노래 회소곡(會蘇曲)마저도 성경이나 예수님과 관련이 있을지도 모른다는 뜻에서 언급을 해 본 것입니다.

17. 기타의 성경적 근거들

지금까지 성경과 우리 한국의 고대사와 전통 문화의 유사점들을 살펴보았습니다. 이 중에서 우리 겨레는 예로부터 유일신 하나님을 부르며 제천행사를 가졌고, 울이랑, 고인돌, 무궁화, 다물, 한글, 한가위, 삼수조화의 세계관(뒤에 언급) 등이 성경의 하나님을 증거하고 있었습니다. 이러한 사례들은 성경과 비교하면, 그 시기와 내용 등에서 거의 어색함이 없이 부합되고 있습니다. 그리고 성경과 우리의 토종문화가 이외에도 많은 부분에서 유사점을 가지고 있는데 이를 지면 관계로 간략하게 소개만 하면 다음과 같습니다.

십계명과 8조금법

십계명은 구약성경이 이스라엘 백성들에게 지키라고 명한 10가지 계명을 말합니다. 그리고 '8조금법' 은 '금범8조(禁犯八條)' 라고도 하고

'8조교령(八條敎令)' 이라고 하는데 우리나라 고조선 시대에 백성들이 지켜야 할 8가지 법(또는 가르침)입니다. 앞에서 본 바와 같이 이것이 3개 조항만 알려져 오다가 최근에 《규원사화》 등의 고서를 통하여 8개 조항이 모두 소개되고 있습니다. 그런데 이렇게 알려진 8개 조항은 그 내용을 보면 성경의 10계명을 닮았습니다.

계명	십계명	팔조금법
1계명	나 외에 다른 신을 섬기지 말라.	너희는 오직 한분이신 하나님을 정성을 다해 순수하게 섬기라
2계명	새긴 우상을 만들어 절하거나 섬기지 말라.	마음으로 능히 하늘을 공경하고 백성을 가까이 하라.
3계명	하나님의 이름을 망령되이 일컫지 말라.	
4계명	안식일을 기억하여 거룩히 지키라.	
5계명	네 부모를 공경하라.	너희 부모를 공경하라.
6계명	살인하지 말라.	너희는 서로 사랑하며 도와라. 서로 헐뜯거나 죽이지 말라.
7계명	간음하지 말라.	너희 남녀들은 화합할 뿐 미워하지 말고, 투기하지 말며, 음탕하지 말라.
8계명	도덕질 하지 말라.	너희는 서로 양보하며, 같이 경작하라. 너희끼리 빼앗거나 훔치지 말라.
9계명	네 이웃에 대해 거짓 증거 하지 말라.	너희는 사납고 교만해져 사물을 상하게 하거나 다른 사람을 다치게 하지 말라.
10계명	네 이웃의 집을 탐내지 말라.	…서로 빼앗거나 훔치지 말라.

성경의 십계명과 8조금법을 비교하여 보면 다음과 같은 생각을 할 수 있습니다.

첫째, 지금까지 우리가 알고 있었던 3개의 법은 요지가 살인 금지, 도적질 금지, 상해 금지인데 이는 사회적 질서를 위하여 사람이 지켜야 할 법으로 오늘날 형법에 해당합니다. 그러나 나머지 5개 법은 형법이라기보다 종교와 도덕에 관한 법입니다. 그러므로 3개의 법만 전하고 5개의 법이 왜 지금까지 전해지지 않았는지 어렴풋이 짐작을 할 수가 있습니다. 형법적 내용 3개는 종교와 이념을 떠나서 어느 사회나 지켜야 할 법이므로 전해져 내려온 반면, 나머지 5개 조항은 하나님을 섬기고, 부모를 공경하고 이웃을 사랑하라는 종교적, 도덕적 내용이므로 후대에 사라졌다고 볼 수 있지요. 물론 그것은 외래종교(불교와 유교)와 외세(중국과 일본)의 영향이 컸다고 할 것입니다.

둘째, 8가지 내용은 행위를 금지하는 강제성 법률도 있지만, 백성들을 가르치고 교화하는 덕목이 더 많습니다. 법을 어기면 실정법 위반으로 처분 받을 법(형법)은 지금까지 알려진 3개 항목이고, 나머지는 하나님과 사람 앞에 행할 종교적 또는 도덕적 내용들입니다. 따라서 8가지 법은 형법적 성질이 강한 '八條禁法' 이라고 하기보다 종교규범이나 도덕규범이 강조되는 '금범8조(禁犯八條)' 또는 가르침의 뜻을 가진 '8조교령(八條敎令)' 이 더 적합할 것 같습니다. 《규원사화》는 8개 조항을 '단군의 8조 교령' 이라고 부르고 있습니다.

셋째, 8조금법은 고조선 시대에 나온 것이고, 십계명은 이보다 뒤인 출애굽 시대에 나온 것입니다. 이를 두고 혹자는 먼저 나온 것이 뒤의 것을 모방할 수 없다고 하여 두 계명의 유사성을 부정합니다. 성경 말씀과 신실한 믿음을 가진 자의 행위는 한 분 하나님의 섭리 안에 있기 때문에 시간과 장소를 초월합니다. 레위기에서 십일조를 규례로 정하기 전에 아브라함은 이미 십일조를 드린 것이 그 예입니다. 또 신명기에서 계대결혼을 규정하기 전에 다말은 이 법을 이행합니다. 십계명은 하나님을 믿는 백성들이 생활에서 지켜야 할 종교적, 도덕적, 그리고 사회적 의무로 지킬 기초적 규범이므로 시간과 장소에 구애됨이 없이 지켜야 할 인간의 도리였습니다.

따라서 우리 겨레가 예로부터(출애굽 이전) 여호와 하나님을 신실하게 믿어왔다면, 같은 하나님이 훗날(출애굽 당시) 제정하실 계명의 내용(인간의 기본적 의무)을 미리 지키는 것은 당연합니다. 따라서 8조금법이 성경의 십계명을 닮았다는 견해를 시간상의 이유로 잘못된 것이라고 하는 것은 하나님의 권위와 성경의 진실성, 그리고 믿음의 원리를 이해하지 못한 결과라고 하겠습니다.

노아의 방주와 제사에 대한 한자 이야기

노아의 홍수와 방주에 대한 이야기는 한자로 나타나고 있습니다. 배를 나타내는 '船(선)' 자가 노아의 방주를 말해 준다는 것이지요. 노아의 홍수에서 방주에 올라 구원 받은 사람은 노아와 가족들로 모두 8명입니다. 그런데 船(선)에서 '舟(주)' 는 물에 뜬 방주를 말하고, '八' 은 배에 탄 여덟 명, '口' 는 구원을 받은 사람을 의미합니다.

그리고 앞에서 본 대로 한자 하나님과 하나님에 대한 제사를 示와 祭의 글자는 고인돌에 제사를 지내는 모습이 그대로 나타나고 있습니다. 아래 고인돌 그림에서 제물이 없으면 '示' 자가 되고, 고인돌에 제물인 고기(肉)를 올려놓으면 '祭' 자가 되는 것입니다.

제(祭) = 보일 시(示) + 고기 육(肉) + 또 우(又)

'고인돌 제사는 계속한다' 의 뜻.

=示

고창군 죽림리 고인돌

이 외에 제물인 양(羊)과 소(牛)가 들어간 글자 의(義), 희생(犧牲), 피(血) 등 창세기 1장에서 10장까지의 내용을 증명하는 한자가 100여자나 됩니다(이강국 역, 한자에 담긴 창세기의 발견, 1992년).

저는 아라랏에서 방주가 발견될 때 이러한 한자나 가림다를 닮은 초기문자를 찾을 수 있기를 바랍니다. 노아 할아버지가 축구장보다 넓고, 3층 건물보다 높은 방주를 100여년이나 걸려 지으려면, 문자(기호, 그림 포함)를 어느 정도 사용했을 것으로 보기 때문입니다.

도피성과 소도(솟대)

성경에서 종교적 업무를 전담하는 레위인의 성읍에는 실수로 죄를 지은 자가 도망하여 일시적으로 피신을 하는 도피처가 있습니다.

> 너희를 위하여 성읍을 도피성으로 정하여 그릇 살인한 자로 그리로 피하게 하라 이는 너희가 보수할 자에게서 도피하는 성을 삼아 살인자가 회중 앞에 서서 판결을 받기까지 죽지 않게 하기 위함이니라(민 35:11,12)

하나님은 이스라엘 12지파 중 레위인에게 준 48개의 성읍 중에서 6개의 성읍을 도피성으로 정하여 주시고, 부지 중에 살인한 자가 판결을 받기까지 그 도피성에서 거할 수 있게 하셨습니다.

그런데 이와 비슷한 제도가 우리의 고대 역사에도 있습니다. 소도(蘇塗)는 삼한시대에 제사를 지내던 곳입니다. 국어사전에는 "소도가 삼한 때에, 천신(天神)에게 제사를 지내던 성지(聖地)이며, 여기에 신단(神壇)을 설치하고, 그 앞에 방울과 북을 단 큰 나무를 세워 제사를 올렸는데, 죄인이 이곳으로 달아나더라도 잡아가지 못했다"라고 나와 있습니다. 우리 민속의 상징물인 '솟대' 도 소도에서 기원한 것으로 봅니다. 또 《삼국지》〈위지 동이전(魏志東夷傳)〉 한조(韓條)에 보면 "백성들이 귀신을 믿으므로 국읍에서는 각기 한 사람을 뽑아 천신에 대한 제사를 주관하게 했는데, 이 사람을 천군(天君)이라 한다. 또 이들 모든 나라에 각기 별읍(別邑)이 있어 이를 소도라 한다(다음백과사전)."라고 했습니다. 이것은 소도가 하나님께 제사를 올리는 장소이고, 이곳에 죄인이 들어오면 일단 보호를 받는 곳임을 알 수가 있습니다. 소도의 성경적 의미는 다음과 같습니다.

첫째, 성경의 레위인 성읍과 도피성, 그리고 삼한시대의 종교적 성지인 별읍은 비슷합니다. 하나님께 제사를 올리는 종교 전담자의 거주지(성읍과 별읍), 종교적 성지, 죄인이 도망가서 임시로 피할 수 있는 도피처 등이 그렇습니다.

둘째, '소도(蘇塗)' 는 솟대의 한자 표기로 보입니다. 솟대는 소도의 지역을 잘 식별할 있도록 장대로 높이 솟아 표시한 대입니다. 솟대는 멀리서도 쉽게 발견할 수 있도록 높게 세운 표식인데 소나무로 만든 것은 '솔대' 라고도 했지요. 솟대는 요즈음도 장대 끝에 세 마리의 새를 올려놓는데 이것도 삼신 하나님을 나타낸 것으로 보입니다. 오늘날 기독교를 상징하는 것은 십자가이며, 교회 건물 위에 십자가 탑을 세우듯이 소도는 삼위일체 하나님을 섬기는 장소를 알리기 위해 세 마리의 새를 높이 달아 표시한 것입니다. 이것은 고구려의 상징물인 삼족오도 비슷합니다. 물론 십자가, 솟대, 삼족오 등의 형상은 사람이 그것을 두고 절을 하거나 숭배를 하게 되면 우상이 됩니다. 그러나 그 형상이 십자가처럼 교회나 종교 단체를 상징하는 표식이라면, 우상은 아닙니다.

셋째, 도피성과 소도는 두 곳 모두 종교의 신성함과 생명의 소중함을 나타냅니다. 그곳은 신성한 장소이므로 아무나 발을 딛지도 못하게 하고, 제사장 또는 천군(天君)이라는 특수한 신분을 가진 자만을 택하여 관리하게 했습니다. 그리고 죄를 진 자가 이곳에 들어와도 일단 보호를 받는다는 것은 그만큼 인간의 생명도 소중하게 여기라는 뜻이 담겨있을 것입니다.

상고시대 암각화에 대한 재해석

상고시대 또는 청동기시대에 바위에 새긴 암각화들의 해석 문제입니다. 지금까지 이들 암각화는 샤머니즘의 관점에서 주로 주술적 의미로만 해석했습니다. 암각화에 자주 등장하는 동심원은 풍요의 상징인 태양을, 뱀과 용은 숭배의 대상물로 보았지요. 사슴과 활은 그 시대의 생활 모습을 담은 것으로 봅니다.

그러나 이것도 성경적 관점에서 새롭게 연구 해 볼 필요가 있겠습니다. 한반도에서 발견되는 암각화가 홍수 이전 것이면 샤머니즘과 관련이 많을 것이고, 홍수 후 청동기시대의 것이면 제천의식과 관련이 더 많을 것입니다. 암각화에 나타나는 동심원은 태양을 나타내기보다 우리 겨레가 하늘 그 자체를 원으로 보았기 때문에 하나님이 계신 천체의 하늘을 상징하고 있고, 동심원을 세 개의 원으로 새긴 것은 삼신 하나님을 나타낸다고 볼 수 있습니다. 사슴과 사냥에 대한 그림은 그 당시의 수렵

생활과 함께 천제단에 드릴 제물을 포획하는 의미도 있고, 뱀과 용은 숭배의 대상이 아니라 제단에서 물리쳐야 배척의 대상물로 볼 수 있을 것입니다. 갈릴리 오병이어교회는 교회 안에 뱀의 형상이 있습니다.

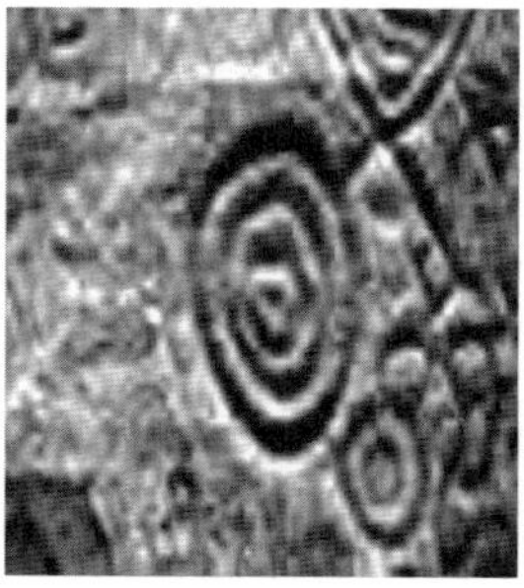

경북 고령군 양전리(알터 마을) 암각화의 삼중원 문양

암각화는 십자가형, 기하학적 무늬, 삼태극의 원시 형태로 보이는 삼중동심원이 3개 그려져 있다. 동심원은 근처의 고인돌 유적과 함께 청동기시대 후기(B.C. 300~0)의 것으로 보며, 십자가형은 사각형 안에 그려져 전(田)자 모양을 하고 있다. 이 암각화는 사가들이 고인돌과 함께 제단과 제사와 관련된 그림으로 추정한다. 암각화는 전세계적으로 북방문화권과 관련된 유적이므로 우리 겨레의 기원과 이동을 알려주는 자료이다.

하나님은 새, 잡신들은 용과 돼지를 좋아해

노아의 방주에서 홍수 후 제일 먼저 세상 구경을 한 동물은 새입니다. 까마귀와 비둘기이지요. 새는 또 하늘에 날아다니기 때문에 하나님과 가까운 동물로 보입니다. 정결한 새는 가난한 자나 피부병자의 제물이기도 했습니다. 새는 거룩한 제사에 쓰였다는 뜻입니다. 그래서 우리 겨레는 예로부터 새를 중시했습니다. 앞에서 본대로 솟대의 표식은 까마귀로 추정하는 세 마리의 새로 나타내며, 고구려의 상징물은 삼족오(三足烏, 세 마리의 까마귀)입니다. 하나의 솟대에 세 마리의 새, 또는 한 마리의 새에 세 개의 다리가 있는 삼족오는 삼위일체 하나님을 나타낸다고 보고 있습니다. 성경은 까마귀를 식용으로는 부정하게 보지만(레 11:15), 홍수 후 노아 방주에서 제일 먼저 땅의 소식을 전해 주고, 세상을 개척하여 나간 동물입니다. 까마귀가 노아 방주를 들락날락하여(창 8:7) 아직 땅에 물이 덜 걷혔음을 알려 준 새라는 뜻입니다. 바알 추종자들의 위협을 피하여 숨어 있는 엘리야 선지자에게 음식물을 갖다 준 새도 까마귀입니다(열상 17:17:6). 지금은 대통령 휘장에 그려진 봉황이 새입니다. 이와 같이 우리는 하나님이 계시는 하늘을 높이 날 수 있는 새를 좋아하여 새를 상징물로 삼았습니다.

그러나 중국은 용을 좋아합니다. 그리고 하나님이 없는 잡신들 제사에는 흔히 돼지 머리가 등장합니다. 성경은 용과 돼지를 싫어하거나 경고하고 있습니다(창 12:9, 마 7:6). 다시 말하지만 우리 겨레는 예로부터 새를 중하게 여겨 왔습니다.

우리 가락 3분박에서

3분박은 우리의 토종 노래인 민요의 가락에서 쓰입니다. 3분박은 박자와 개념이 좀 다릅니다. 저는 잘 모르지만, 거룩한 성전 작곡자(셈의 장막 대표) 손해석 목사님의 말에 따르면, 박자는 한 마디 안에 이루어지는 비트(beat)이고, 분박은 그 비트 안에서 다시 쪼개지는(split) 기본 단위를 뜻한다고 합니다. 그런데 서양 노래의 리듬은 4분박이 중심이지만, 우리의 토종가락은 3분박입니다.

그런데 3분박의 리듬이 바로 성경이 말하는 찬양이며, 히브리인들이 부르는 노래입니다. 우리 겨레의 찬송가 올이랑이 바로 3분박입니다. 아리랑(올이랑) 곡은 2003년 세계 작곡가 모임에서 세계에서 가장 아름다운 민요로 뽑힌 적이 있습니다. 리듬 콘테스트에서 사물놀이도 최우수상을 탄 적이 있습니다. 이렇게 우리 가락의 우수함은 이제 세계에까지 인정을 받고 있습니다. 이처럼 성경적이고, 우수한 우리 가락을 교회는 무당이 굿판을 벌리면서 부르는 노래로만 생각하여 멀리하고, 그 대신 서양풍의 노래를 수입하여 부르고 있으니 안타까운 일입니다.

그런데 3분박으로 부르는 우리 가락은 4분박 중심의 서양 노래와 다르며, 가까운 중국이나 일본의 노래 2분박과도 다르다고 합니다. 다시 말하지만, 우리 가락 3분박은 순수 우리 노래입니다. 그러면서 세계의 노래와는 달리 독립적이고, 독특하며 고유한 리듬을 가지고 있습니다. 이것은 앞에서 본 바와 같이 우리의 한국어가 서계의 다른 언어와 달리 독립(고립)적인 것과 맥을 같이 합니다. 우리가 다른 겨레와 혈통을 썩지 않고, 단일민족을 고집하며, 순수 혈통을 보존하려고 애를 쓴 것도 이와 유사합니다. 우리는 알메에서 동방으로 이주한 민족이며, 하나님만을 섬긴 민족이기 때문입니다. 이렇게 음악 하나만을 보더라도 예로부터 우리는 하나님만을 섬기며 살고, 혼합 종교를 가진 주위의 다른 민족들과는 구별하려는 생활양식이 뚜렷했던 민족입니다.

흑요석의 실체로

흑요석은 아주 옛날부터 칼이나 도구의 재료로 쓰이는 귀한 돌입니다. 흑요석은 칼로 쓰면 아주 예리하고 재질이 좋아서 오늘날도 의사들이 수술 용구로 흑요석을 쓸 정도라고 하네요. 그런데 이 흑요석이 우리 민족이 동방으로 이동한 곳마다 유물로 발견되고 있습니다. 흑요석은 화산의 부산물로 아라랏 산에서 나오는 돌입니다. 다만 요즈음은 백두산이나 일본의 후지산에서도 흑요석이 있다고 하므로 좀 더 연구를 해 보아야 할 것 같습니다. 아라랏 흑요석과 백두산 흑요석은 돌의 성분을 분석하면 판별이 가능할 것 같은데 아직 이에 대한 연구는 보이지 않네요. 흑요석이 쓰인 도구를 살펴보아도 추정은 가능합니다. 누가 연구를 하여 주시길 바랍니다.

노아의 방주와 코페르 나무의 실체(?)

노아의 방주를 지은 제목은 코페르 나무입니다. 그런데 이게 무슨 나무인지 모릅니다. 코페르 나무를 학자들은 전나무(베로쉬)라고 하고, 〈성서식물(김정숙)〉에서는 이태리 편백나무로 보고 있습니다. 그러나 '코페르' 는 노아 방주에서만 유일하게 한 번만 나오고, 다른 건축물의 재료는 '베로쉬' 로 나옵니다.

개역성경이 잣나무로 번역을 했고, 신개역성경은 그냥 코페르 나무로 번역을 하고 있는데 이 잣나무는 학명이 'korean pine(Pinus Koraiensis)' 입니다. 이와 같이 세계 사람들은 잣나무를 '한국 소나무' 로 알고 있습니다. 확실한 것은 아라랏에 있는 노아의 방주를 찾아서 조사를 해 보아야 알겠지만, 이것도 누가 연구를 해야 할 주제입니다.

해맞이보다 달맞이

언제인가 우리는 새해가 되면 해맞이를 가는 풍속이 새로 생겼습니다. 서울 경복궁에서 제일 동쪽인 정동진, 호랑이 꼬리를 닮은 포항의 호미곶을 비롯하여 전국 곳곳이 해맞이 가는 인파로 길이 막힐 정도입니다. 전국에서 해맞이를 나선 인파는 2010년 기준으로 100만명이라고 하네요. 그런데 우리나라에서 해맞이는 최근에 생긴 신풍속도이며, 전에는 없던 것입니다.

우리나라 고유의 풍습은 예로부터 해맞이가 아니고, 달맞이입니다. 그 예가 음력 정월 대보름과 한가위 팔월 대보름 명절을 들 수 있겠습니다. 명절을 달이 밝은 보름날로 정한 것이 우리가 달을 중시했다는 증거입니다. 우리 문헌에서 해맞이는 거의 전례가 없는 것입니다. 그리고 해를 숭배한 흔적도 거의 찾아볼 수 없습니다. 해는 가까운 일본이 숭배하고 있습니다. 그러면 성경은 어떤 입장일까요? 성경 역시 해보다 달을 중시합니다.

> 여호와께서 달로 절기를 정하심이여 해는 그 지는 때를 알도다(시 104:19)

이미 2부에서 살펴본 대로 성경은 음력을 사용하며, 각종 절기도 모두 음력으로 날짜를 정합니다. 성경은 생활력으로 새해가 7월 1일인데 이 날은 달이 처음 뜨는 날입니다. 달이 처음 떠서 손톱처럼 보이는 날이 나팔절로 성경의 새해입니다. 이스라엘 민족은 아직도 이 날을 명절로 의미 있게 지키고 있습니다. 그리고 이 달의 만월, 곧 보름날(7월 15일)이 되면, 성경이 가장 큰 명절인 초막절입니다(요 7:37).

그리고 성경은 하루의 시작도 해가 뜨는 아침이 아니라 달이 뜨는 저녁입니다. 그러므로 성경은 해가 아니라 달을 더 중요시합니다. 물론 성경이 말하는 달과 해는 피조물일 뿐이며, 그것을 보고 절을 하거나 숭배하지 말아야 합니다.

그래서 우리는 성경이 말하는 달을 보면서도 피조물에 불과한 달에게 무슨 의미를 부여할 것이 아니고, 그 달을 주신 창조주 하나님을 생각해야 합니다. 한 해의 생사화복은 창조주 하나님께 달려 있습니다. 우리가 있는 자리에서 하나님께 지난 한 해를 감사하며, 또 한 해의 인도하심과 평안을 기원해야 합니다. 우리는 새해가 되면 해맞이를 가야 하는 것이 아니고, 교회로 가야 합니다. 해를 보고 절하는 것이 아니라, 하나님께 예배하고, 이웃에게 세배(인사)를 해야 합니다. 그러므로 최근에 우리 사회에 커져가는 해맞이 풍습은 신앙적으로나 현실적으로 바람직하지 않습니다. 우리는 해가 바뀌거나 명절을 맞을 때에도 성경이 말하는 절기와 의미를 바로 알고, 생활에 적용해야 할 것입니다.

동이족과 신라인의 특성에서

동이족(東夷族)은 지리상 중국 동방의 해안지역을 중심으로 분포하여 살던 우리 겨레입니다. 그래서 동이족이 옛날에는 중국의 역사까지도 주도한 적이 있는 것으로 보입니다. 동이족은 예로부터 하나님께 제사를 드리는 하늘 백성으로 예절이 바르고 우수한 겨레였습니다. 우리는 기마민족이며 활을 잘 쏘는 겨레인데 그것은 동이족이 가진 특성입니다. 말을 잘 타고 활을 잘 쏘는 것은 하느님께 올린 제사와 관련이 있습니다. 제사의 제물은 짐승이므로 짐승을 잡으려면 말타기를 잘 해야 하고 활을 잘 쏘아야 합니다. 또 홍수 직후는 곡식과 채소가 귀했고, 아라랏에서 한바도까지 이주를 하는 중이므로 농사를 짓기보다 수렵에 의존했습니다. 그래서 우리 겨레는 말을 타고 활을 쏘는 능력이 발달했는데 그게 동이족입니다. 최근 일부 연구에 의하면 한자도 동이족이 만든 문자이며, 공자도 동이족의 후손이라고 합니다.

그리고 신라는 삼국에서도 좀 특이한 문화를 가집니다. 초기는 왕이 없고 고조선시대처럼 수장을 '이사금' 이라고 했습니다. 이 지도자는 제사장의 신분이었던 것 같고, 추대 형식으로 직분을 유지했습니다. 왕위도 세습제가 아니고 박씨, 김씨, 석씨, 3성을 따라 교대로 행했습니다. 정치 형태의 특징은 고대의 정치에서 보기가 드문 화백제도입니다. 화랑도의 육성도 특이합니다. 그런데 이러한 왕위의 추대제와 교대식 계승제, 화백제도, 그리고 화랑도까지 대부분 고조선시대에 제천의식과 함께 이미 시행한 제도를 신라가 계승하고 있다는 것입니다.

여기에 제사장으로 보이는 유리 이사금이 직접 지은 신라의 향가 도솔가도 고조선시대의 천악이라고 하는데 가사를 몰라서 안타까울 뿐입니다. 한가위 날에 부른 회소곡도 마찬가지입니다. 이러한 노래가 당시는 유명했지만, 중간에 가사와 곡이 소멸해 버린 것은 역시 타종교의 영향이 아닐까 합니다.

《삼국사기》에 의하면 팔관회는 신라 551년(진흥왕 12년) 처음 행해졌고, 이때 팔관회는 모두 호국적인 성격이 짙었습니다. 학자들은 팔관회가 10월과 11월에 행해진 것으로 보아 종래 제천의식과 불교가 결합된 의식으로 봅니다. 이 팔관회는 고려시대에도 연등회와 함께 국가의 2대 의식의 하나로 중요시되었으며, 이때의 팔관회는 불교적인 색채를 거의 띠지 않고 천령(天靈)·오악(五嶽)·명산(名山)·대천(大川) 등에 제사를 지내는 의식이었다고 합니다. 곧 신라의 팔관회는 원래 제천의식인데 뒤에 불교가 이를 수용하여 불교의식으로 바꾼 것입니다. 우리 전통의 제천의식과 삼신사상이 불교가 들어와서 사찰의 산신각으로 바뀐 것과 같습니다.

이와 같이 우리 민족의 선조인 동이족과 삼국을 통일한 신라의 정신문화가 고조선시대의 문화와 종교의 영향을 많이 받은 결과입니다. 이것은 성경과도 일치하는 면이 많습니다.

'우리' 와 백의민족

우리 겨레는 흰 옷을 즐겨 입으며, '우리' 라는 단어를 많이 씁니다. 그런데 흰 옷은 성경의 세마포를 상징하여 신성한 옷이며, 유대인들도 자주 입습니다. 우리라는 단어는 '울' 에서 왔고, 울은 또 하나님 올을 믿는 사람들의 무리를 뜻하기도 합니다. 하나님과 하늘에 대한 고어는 '올' 입니다. 그런데 올은 울, 알, 얼이라는 세 가지의 뜻을 모두 가지고 있습니다. 알은 씨앗이나 근원을 나타내며, 얼은 사상이나 정신을, 울은 그 범주에 속하는 영역(울타리, 지역)과 집단을 뜻합니다. 이 울에서 파생되어 집단을 나타내는 용어가 바로 '우리' 입니다(올→울→우리의 어형 변화). 그래서 우리 겨레는 '우리' 라는 단어를 매우 소중하게 여깁니다.

한국인과 인디언

아메리카에 사는 인디언들의 언어도 우리말과 닮은 것이 많습니다. 대강만을 보아도 아버지(아파치), 신(神)(신), 여자(가시나), 자네들(데네), 지붕(덮히, 더피), 헛간(허깬), 도끼(토막), 나막신(막하신), 여보시오(보시오) 등이 있습니다. 또 인디언의 지금 신앙은 샤머니즘에 불과하지만, 인디언이 산악숭배를 중시하는데 이것은 초기 우리 겨레의 산정제사에서 변질된 것으로 볼 수 있습니다. 얼마 전에 미국 오리건주 포트록 동굴에서 기원전의 유물로 추정되는 짚신, 삼태기, 방석, 그물 등이 발견되었습니다.

이런 것은 우리 겨레가 제일 먼저 아시아 대륙의 동쪽 끝으로 이동해 온 것과 관련이 있거나 방증하는 근거들입니다. 세계지도를 펴놓고 아시아 대륙과 인디언들이 살고 있는 아메리카 대륙을 확인하여 보세요. 우리 겨레는 성경 말씀대로 알메(아라랏)에서 땅 끝을 찾아 대륙의 극동인 한반도까지 와서 정착을 했습니다. 그러나 이에 만족하지 않은 초기 원정대의 일부는 땅 끝이 더 있다고 생각하고, 얼어붙은 배링 해협을 건너 아메리카 대륙까지 진출합니다. 이것이 오늘날의 인디언이라고 하겠습니다. 이에 대해서도 조속한 연구를 해야 할 부분입니다.

18. 한가위의 참 모습과 변질된 모습, 그리고 미래

이 책은 우리의 토종문화가 외래의 종교와 정치, 문화의 영향으로 크게 왜곡되어 있으므로 본래의 모습을 찾아야 한다는 점을 강조하고 있습니다. 우리 문화의 시작은 하나님을 찾아 경배하던 제천의식에 있으며, 조상제사와 숭배는 원래부터 없었는데 뒷날 중국을 통해 들어왔다고 했습니다. 그런데 이러한 견해를 뒷받침 할 수 있는 증거 하나가 바로 한가위 명절입니다.

한가위는 본래부터 한국의 고유 명절이고, 그 풍습 역시 우리의 순수한 토종문화에 속합니다. 그런데 우리의 순수한 한가위가 역사의 흐름 속에서 외래문화의 유입과 영향으로 지금은 크게 변질되어 있습니다. 이것을 한가위에 대한 기록이 남아있는《삼국사기》와 최근의 문헌을 근거로 살펴보겠습니다.

한가위의 참 모습(본래 모습)

한가위가 처음 시작할 때 본래의 모습은 이러합니다. 이것도 후대의 기록인《삼국사기》에서 알려진 것이므로 완전할 수는 없겠지만, 이 기록에서 밝혀진 것만으로도 한가위의 참 모습은 이렇습니다.

① 한가위는 기록상 신라 3대 유리 이사금 9년(A.D. 32년)에 시작되었다.
② 한가위는 음력 8월 15일 보름날 하는 국가적인 행사이다.
③ 한가위에는 길쌈놀이(대회)를 하였고, 노래와 춤으로 즐겼다.
④ 한가위는 신라 말 '가분데(中)' 에 크다는 뜻의 '한' 을 앞에 붙여서 쓴 말이다. 한가위는 신라 말 '한 가분데의 날(한가붓날)' 이라는 말과 뜻이다.
⑤ 한가위 행사에는 "會蘇!, 會蘇!" 라고 하는 노래를 불렀다. 이 노래는 곡이 슬프고 아름다워 많은 사람들이 불렀다. (회소곡은 "會蘇!, 會蘇!" 라는 후렴구를 따라 저절로 붙여진 이름이며, 곡이 슬프고 아름다워 백성들에게 널리 불려온 노래이므로 가사도 지금의 아리랑처럼 민간에서 전해져 왔다.)
⑥ 신라시대의 한가위 행사는 조상제사가 없다.

《삼국사기》에 기록된 한가위의 모습(변질된 한가위 모습)

한가위에 대해 기록이 남아 있는 최초 문헌은《삼국사기》입니다. 《삼국사기》는 한가위에 대하여 이렇게 기록하고 있습니다.

왕이 6부를 정하고 왕녀 두 사람으로 하여금 각각 부내(部內)의 여자들을 거느리게 하여 두 패로 가르고 편을 짜서 7월 16일부터 날마다 6부(六部 또는 大部)의 뜰에 모여 길쌈을 하는데, 밤 10시경에 일을 파하고 8월 15일에 이르러 그 공이 많고 적음을 살펴서 지는 편은 술과 음식을 장만하여 이긴 편에게 사례하고, 이에 노래와 춤과 온갖 놀이를 하는데 이를 가배(嘉俳)라 하였다. 이때에 진 편의 한 여자가 일어나 춤을 추면서 탄식하기를 "회소(會蘇), 회소(會蘇)" 라 하여 그 음조가 슬프고 아름다워 뒷날 사람들이 그 소리를 따라서 노래를 지어 회소곡이라 하였다

王旣定六部, 中分爲二, 使王女二人, 各率部內女子, 分朋造黨. 自秋七月旣望, 每日早集大{六}部之庭績麻, 乙夜而罷. 至八月十五日, 考其功之多小, 負者置酒食, 以謝勝者. 於是歌舞百戲皆作, 謂之嘉俳. 是時, 負家一女子, 起舞嘆曰: "會蘇, 會蘇" 其音哀雅, 後人因其聲而作歌, 名〈會蘇曲〉.

한가위에 대한 《삼국사기》의 기록을 정리하면 다음과 같습니다.

《삼국사기》에서 ①, ②, ③은 한가위의 본래 모습과 같다.

④ 명절 이름 '한가위' 를 '嘉俳(가배)' 로 기록하고 있다. 가붓날의 '가부' 가 중국의 영향을 받아서 한자 '嘉俳(가배)' 로 바뀌어 버린 것이다. 그래서 후세의 사가들은 상당한 기간 동안 '가배' 의 뜻을 모르고, 길쌈놀이나 광대의 춤에서 잘못 찾아왔다.

⑤ 한가위에 부른 회소곡은 가사가 사라지고, 소개만 되어 있다. 회소곡은 슬프고 아름다워 백성들에게 널리 불려온 노래인데 기록에서는 가사가 사라졌다.

⑥《삼국사기》를 기록한 고려시대의 한가위 행사에도 조상제사는 나타나지 않는다.

이것을 보면 한가위에 대한 최초의 기록이 이미 한가위의 본래 모습과는 다르게 왜곡되어 가고 있음을 짐작할 수 있습니다. 명절 이름은 우리말 대신 중국의 한자로 바뀌었습니다. 더구나 한가위 행사에 빠지지 않고 불러서 주제곡의 역할을 한 회소곡은 그 곡이 백성들에게도 널리 알려진 것을 보면, 백성들이 평소에도 즐겨 불렀을 것인데 가사가 빠져 있습니다(같은 시대에 짓고 부른 신시의 음악 도솔가도 가사가 사라진 것은 같은 이유로 추정). 그리고 삼국사기를 기록한 고려시대 중엽에도 조상제사는 나타나지 않고 있습니다. 신라 초기로부터 《삼국사기》를 기록한 고려시대 중엽까지도 조상제사는 없었습니다. 왜냐하면 한가위를 기록할 때 조상제사가 있었으면 어떤 형태로이든 그 기록을 남겼을 것이기 때문입니다.

한가위의 현재 모습(조상제사로 아주 변질된 모습)

그러면 이제 우리가 알고 있는 한가위의 현재 모습은 어떻습니까? 한가위의 현재 모습은 우리가 잘 알고 있지만, 이것도 기록을 근거로 확인을 해보는 것이 좋겠습니다. 〈위키백과사전〉은 한가위에 대하여 이렇게 기록하고 있습니다.

〈한가위에 대한 설명〉

추석(秋夕)은 한가위, 중추, 중추절, 가배일로 부르기도 하며, 음력 8월 15일에 치르는 명절로서 설날 다음으로 한국인에게 전통적으로 깊은 뜻을 지니고 있는 명절이다. 가을 추수를 끝내고 햅쌀과 햇과일로 조상들께 감사의 마음으로 차례를 지내며, 특히 송편은 추석에 먹는 별미로 들 수 있다. 추석에는 고향을 방문하는 전통이 있다. 이 때문에 전국민의 75%가 고향을 방문하여 추석이 되면 전국의 고속도로가 정체되고 열차표가 매진되는데, 이러한 현상을 '민족대이동' 이라 부르기도 한다. 대한민국에서는 추석 전날과 다음날까지 3일이 공휴일이다. 단, 일요일이 연휴와 겹치더라도 공휴일이 연장되지 않는다. (중략) 조상의 은혜에 감사하는 뜻으로 성묘를 드린다. 성묘 때 잡초를 베는 것을 '벌초(伐草)' 라고 하는데, 벌초는 성묘 하루 전에 하기도 한다. 조상의 은덕에 감사하며 제사를 지낸다.

이 기록을 근거로 볼 때 지금의 한가위는 이렇습니다.

①과 ②, 곧 시작 시기와 날짜는 변함이 없다.

③ 지금은 겨레가 함께 즐기는 한가위의 축제, 곧 공동체가 함께 즐기는 춤과 노래가 없다(방송국이나 특정 단체가 주관하는 축제의 행사는 있으나 백성 전체가 함께 즐기는 거국적 잔치 행사는 없다). 명절 노래도 "까치 까치 설날은…" 이라고 하여 설날 노래는 있으나 한가위 노래는 사라지고 없다.

④ 지금은 국민 대다수가 한가위를 '추석(秋夕)' 이라고 부른다. 그리고 기록들은 추석이라는 이름에 더하여 중추절, 가배절 등 한자 용어를 꾸러미로 묶어서 소개하고 있다. 그나마 남아있는 우리말 한가위도 신라말 '한가붓날' 이 아니고, 표준어인 한가위가 되었다. 그래서 가배가 한가위의 한자식 표기라는 것, 한가위가 가운데의 뜻이라는 것도 최근에 알게 되고, 그것도 국민 대다수는 아직 잘 모르고 있다.

⑤ 최근 기록은 한가위 노래 회소곡에 대해서는 곡의 소개마저 하지 않는다.

⑥ 지금은 고향을 찾고, 조상의 묘에 벌초를 하며, 성묘를 한다.

⑦ 지금은 햇곡식으로 조상제사를 지낸다.

한가위의 모습은 세월이 흐르면서 이렇게 변했습니다. 처음과 지금을 비교하면 지금의 한가위는 본래의 모습에서 가감된 부분이 많고, 그 중에서도 조상제사와 조상의 산소에 대한 벌초와 성묘가 일반적 풍속이지만 본래는 없었던 모습들입니다.

한가위의 변질로 보는 우리의 토종문화

한가위는 A.D. 32년(신라시대, 유리 이사금 9년)에 시작했지만, 그 기록은 1,000년이 지난 A.D. 1145년, 《삼국사기》에 처음 나타납니다. 《삼국사기》는 고려 인종 23년에 왕이 김부식에게 직접 명을 하여 편찬한 책이므로 이것이 한가위에 대한 첫 기록이자 공식 기록인 셈입니다. 그 외에 다른 문헌은 거의 찾아 볼 수도 없으므로 유일한 기록이라 하겠습니다. 알려진 바와 같이 김부식은 중국의 시각에서 이 책을 기록하였기 때문에 《삼국사기》는 사대주의적인 역사서라고 평가를 받고 있습니다. 또 고려시대는 불교가 성행한 시기입니다.

한가위에 대한 현재 모습은 〈위키백과사전〉의 내용을 근거로 했지만, 어느 것으로 하던 지금 우리는 한가위를 이렇게 지키고 있는 것이 사실입니다. 그래서 밝혀진 기록으로만 보아도 한가위의 본래 모습과 현재 모습은 이렇게 가감되고, 변질되었습니다.

첫째, 명절 이름이 신라말 '가붓날' 에서 서울말 '한가위' 로, 다시 더 어려운 한자 '가배절(嘉俳節)' 로 바뀌었고, 지금은 아예 중국문화에서 가져온 한자 '추석(秋夕)' 이라는 용어를 쓰고 있습니다.

둘째, 길쌈놀이, 송편과 각종 음식을 차려놓고 춤과 노래로 즐겼던 순수한 공동체의 놀이문화는 사라지고, 그 대신 조상의 산소에 대한 벌초(伐草)와 성묘, 조상제사로 바뀌어 버렸습니다. 한가위 행사를 기록한 《삼국사기》를 보더라도 고려시대에는 조상제사가 없었습니다. 그러므로 오늘날의 조상제사는 조선시대 이후에 들어온 것임을 한가위가 입증하여 주고 있습니다.

셋째, 한가위가 시작되고 1,000년이 지난 후에도 우리 겨레는 조상제사를 드린 흔적이 기록상 없습니다. 그러므로 한가윗날 첫 곡식으로 조상에게 제사를 드리는 한가위 풍속은 원래 상고시대부터 우리 겨레가 하늘의 하나님께 제사를 드리던 제천의식에서 변질되어 전해진 것임을 충분히 짐작할 수 있습니다. 우리 겨레가 벌초와 성묘, 조상제사를 그토록 극진하게 챙기는 이유가 예로부터 하늘의 높은 뜻을 받들고 지켜왔다는 증거가 될 수 있습니다. 왜냐하면 우리는 상고시대부터 하나님 경배와 부모 공경, 이 두 가지를 최고의 덕목으로 삼아왔습니다. 그런데 훗날 불교와 유교(조상제사)의 유입으로 인하여 하나님 경배는 샤머니즘으로 몰아 배척해 버리고, 그 대신 부모 공경을 하나님의 자리에 갖다 놓았기 때문에 하나님 제사가 부모 공경의 조상제사로 변질된 것입니다. 하나님에 대한 제천행사가 조상제사로 바뀐 것은 바로 이런 이유입니다.

넷째, 한가위 노래, 회소곡은 유리 이사금 때(A.D. 24~57년) 불린 노래로 도솔가와 같은 임금, 같은 시기에 나온 노래입니다. 신라 초기의 지도자를 '이사금' 이라고 하는데 이는 '차차웅' 이란 말과 함께 제사장의 직함이라는 견해도 있습니다.[93] 《환단고기》를 보면 도솔가는 제천의식에서 부를 신시의 음악, 곧 천악(天樂)으로 오늘날의 찬송가에 해당합니다. 따라서 우리가 같은 시대에 부른 회소곡도 도솔가와 같은 천악이 아닐까 하는 추정을 할 수 있습니다.

---

93) 차차웅과 이사금은 "김대문이 세상 사람들이 무당으로써 귀신을 섬기고 제사하는 사람을 외경하여 부른 것이다"(하정룡, 삼국유사, 시공사, 2003, 120쪽). 여기서 귀신은 원래 하나님을 뜻했으며, 무당은 제사장을 의미한다. 이사금(泥師今, 尼師今, 尼斯今, 泥斯今)은 신라 초기의 지도자 거서간, 차차웅, 마립간 등과 같이 지도자의 칭호 중 하나로, 신라 제3대 유리 이사금부터 18대 실성 이사금까지 사용된 명칭이다. 이사금은 한국어의 '임금' 이라는 말의 원형으로 제사장의 명칭이었다, 유리 이사금은 신시의 음악인 '도솔가' 를 직접 지어 부르게 했으므로 제사장으로 보거나 제천의식이 샤머니즘이라는 시각에서 무당이라고 보기도 한다.

다섯째, 명절 이름 한가위에 대한 참 뜻도 우리는 아직 모르고 있습니다. 한가위가 가운데라는 뜻을 가진 말이기는 하지만, 왜 보름날이라는 말을 두고 굳이 가운데라는 말을 따서 명절 이름으로 사용했는지를 우리가 알아보아야 할 것입니다.

기록으로 남아 있는 한가위 문화도 세월이 가면서 이렇게 변질되어 있는데 처음부터 기록이 없던 우리의 상고사와 토종문화, 특히 옛날의 제천의식은 그 변질의 정도가 훨씬 더 심할 것이고, 그만큼 우리의 역사와 문화는 왜곡, 변질되어 왔던 것입니다. 한가위에 대한 시작과 기록의 시차는 1,000년의 기간이지만, 우리의 토종문화인 제천의식과 기록에 대한 시차는 이보다 훨씬 더 긴 2,000~3,000년이라는 긴 기간을 가집니다. 또 시차만 큰 것이 아니고, 이에 대한 기록이 나타나는 시기는 종교(불교와 유교)가 크게 바뀐 기간이며, 이에 더하여 시대 조류는 강대국인 중국과 일본이 득세를 하여 우리의 역사와 문화, 그리고 기록에까지 큰 영향을 끼쳤던 기간입니다. 일본은 1910년에서 1937년까지 5차례에 걸쳐 우리 상고사에 대한 문헌을 수거하여 불태워 버렸습니다.[94]

더구나 나라 안에서도 정치적 또는 종교적 문제로 단군을 신격화하거나 아니면 실존성을 부정하고 신화로만 보려고 했습니다. 한 예로 단군은 삼신 하나님께 제사를 드렸다고 기록한 그 책(환단고기)이 뒤쪽으로 가면, 단군은 삼신 하나님의 한 분이신 인신이 되는 기록까지 함께 하는 것을 보면 안타까울 뿐입니다.

---

94) 한용진, 홍익인간의 문헌자료 비교 고찰, 한국교육사학회, 한국교육사학 제15집, 1990. 224쪽.

우리 역사의 대표적 기록물은 일연 스님이 쓴 《삼국유사》입니다. 그런데 《삼국유사》는 곰이 인간으로 변해 단군을 낳았다고 기록하고 있습니다. 그리고 《삼국유사》를 비롯하여 《제왕운기》 등이 고구려의 시조 주몽, 신라의 시조 박혁거세, 가야국의 김수로 등을 모두 알에서 태어났다고 기록합니다. 이와 같이 역사에 신화가 등장하는 것은 모두 불교가 득세를 했던 고려시대 이후부터입니다.

학자들은 단군신화를 종교적 이유만이 아니고, 민족적 단합이나 당면한 정치적 의도에서 쓴 것으로 보고 있습니다.[95] 13세기에 거란과 몽고의 침략으로 나라가 위기에 처했을 때 이에 대한 대응으로 구월산에 삼성사를 짓고, 단군을 국조신으로 모시기 시작합니다. 그리고 지지기반이 약했던 조선의 통치자들에 의해 유교 장려와 함께 단군 사당이 지어지고, 더 본격적인 것은 1909년 일제 강점기에 민족 부흥의 운동으로 단군을 숭배하는 종교까지 탄생을 했습니다. 우리의 전통인 토종종교를 버리고, 불교와 유교를 받아드린 고려와 조선이 외부로는 국가의 위기를 수습하고, 내부로는 정치적 안정을 도모하기 위해 구심점을 찾아야 했는데 이때 등장한 것이 바로 단군신화이고, 신격화입니다. 하나님을 버리고, 불교와 유교를 수용한 지배자들은 다급하니 민족적 구심점을 모을 방법이 예로부터 실제로 있었던 제천의식의 우두머리 단군 밖에 없었고, 그래서 단군을 신화적 인물로 각색하여 백성들에게 알려온 것입니다.

단군은 오늘날의 대통령의 직무처럼 직무상의 명칭일 뿐인데 우리는 직함을 사람의 이름으로 알며, 신화적 인물로 보아 역사적 존재를 부정

95) 허호익, 단군신화와 기독교, 58쪽.

하거나 아니면 특정 종교에서처럼 우상화하고 있는 것입니다.

이것은 삼국시대 초기의 개국시조 주몽, 박혁거세, 김수로 등에 나타나는 난생설화도 크게 보면 그 의도와 배경이 모두 단군신화와 비슷합니다.

중국에서 가져온 조상제사도 고려시대에 사대부가 처음 가져오고, 이것을 조선의 이성계가 통치수단으로 백성들에게 가르친 것입니다. 우리의 역사와 문화는 이렇게 왜곡된 부분들이 너무 많습니다. 그 중에서도 종교 부분이 가장 심하지요. 그런 내외부의 영향에도 불구하고 우리가 노아 할아버지가 처음 지켰던 음력설과 신약시대 초기에 나온 한가위 명절은 지금까지 그 명맥을 지켜왔다는 것이 그나마 다행이라고 하겠습니다.

그래서 제천의식이 있었던 상고시대의 역사와 문화는 한가위보다 시차의 차이만큼, 그리고 외세의 영향을 받은 만큼 본질이 더 왜곡되고, 변질되어 있습니다.

이렇게 우리 역사와 문화가 변질한 것은 한가위가 실상으로 대변을 해주고 있습니다. 그러므로 우리는 잃어버린 한가위의 본래 모습을 되살리게 되면, 우리 겨레가 지켜온 순수한 얼과 토종문화의 일부도 다시 찾을 수 있을 것입니다. 이처럼 한가위는 우리에게 유익한 명절입니다.

한가위의 본래 모습과 현재 모습을 비교하여 변질된 모습을 밝혀내고, 이것을 근거로 우리의 토종종교인 제천의식에서 변질된 것을 추정하여 정리하면 다음 표와 같습니다.

한가위로 본 우리 문화의 본래 모습과 현재 모습

구분	본래 모습	기록상의 변질 모습 (1,112년 후 처음 기록)	현재 모습
한가위	한가위=가붓날(한가분몟날) 신라시대 초기(서기 32년, 유리이사금 9년)	嘉俳 고려시대 삼국사기(서기 1,145년, 유리이사금)	秋夕 조선시대부터 현재까지 이사금(제사장) → 왕(정치가)
	조상제사가 없고, 순수한 축제만 있다. 이 시대는 天樂과 돗노래로 추정되는 도솔가(兜率歌)와 會蘇曲을 불렀다. 메시아 탄생과 초대교회 소식을 동방박사에게 들었을 가능성이 있다(유석근 목사).	명절 이름이 중국 한자로 바뀜. 회소곡은 제목 소개만 하고, 天樂은 기록에서 가사가 사라졌다. 삼국사기는 사대주의자 김부식, 삼국유사는 일연 스님이 인각사(麟角寺)에서 지음.	天樂인 도솔가는 월명 스님의 미륵불 도솔가로 오해, 돗노래 會蘇曲은 가사 소멸. 명절 이름은 또 다른 한자로 바뀌고, 天樂이나 국민적 잔치는 사라졌으며, 대신 고향을 찾고, 조상제사, 벌초, 성묘가 이날의 주된 행사이다.
제천행사	신시·고조선·삼국초기	고려 중엽 또는 후기 (삼국유사와 삼국사기, 기타 상고사 기록들)	강단·재야사학, 단군 숭배자, 일반 무신론자
	① 하늘에 계신 삼신 하나님에게만 제사를 올림(추정), 단군은 제사를 주관하는 제사장을 뜻한다. ② 왕검, 주몽, 박혁거세, 김수로는 실존인물로 하나님이 세운 지도자로 추정	① 단군신화가 등장, 단군이 삼신의 人神格으로 제사를 받음(제사장이 제사를 받는 주체로 변질). ② 왕검, 주몽, 박혁거세, 김수로는 신화적 존재로 기록하고 있다(난생설화).	① 국민 대다수가 제천행사를 샤머니즘으로 알며, 일제강점기 후 단군교가 탄생하여 단군을 숭배하고 있다. ② 개국공신들에 대한 숭배와 샤머니즘 문화가 난생설화를 만들었다고 보고 있다.

한가위의 소망과 미래 모습

남은 자들이 해마다 올라와서 초막절을 지킬 것이라…(슥 14:16)

한가위는 성경의 초막절과 같은 보름 절기의 명절이고 날짜마저 하루 차이로 같습니다. 보름달이 뜨는 기준으로는 한 날, 한 시(일몰 시간)로 우리는 하루를 마치는 저녁, 유대는 하루를 시작하는 저녁입니다. 이 명절은 세계에서 유대인과 한국인만이 이날을 오랜 기간 변함없이, 그리고 유별나게 지키고 있습니다. 초막절은 유월절, 칠칠절(맥추절)과 함께 성경의 3대 명절입니다. 그런데 3대 명절 중 유월절과 칠칠절은 신약시대에 성취가 되었는데 초막절만은 아직 미궁에 빠져 있습니다.

그리고 초막절기는 희년이 선포되는 속량절이 함께 하는 명절입니다. 초막절은 만인이 경제적 평등을 누릴 수 있는 몸값과 땅값의 무르기가 완성되고, 자유의 천국 잔치로 즐기는 명절입니다.

또한 초막절이나 속량절(속죄일)을 비롯한 7월 절기는 만인의 대속자요, 구원자이신 예수 그리스도의 탄생일과 가장 관련이 큰 날입니다. 이것은 초막절이 예수 그리스도의 초림과 관련이 있다는 뜻이지요. 그리고 3대 명절에서 두 명절은 모두 성취가 되었지만, 초막절은 미래의 성취를 기다리고 있는 명절입니다. 구약시대의 두 명절이 정확하게 그리고 의미도 충실하게 성취되는 것을 보면 마지막 남은 초막절도 이에 준하여 성취가 될 것으로 볼 수도 있는 것입니다. 이것은 바로 초막절이 예수 그리스도의 왕국이나 재림과도 관련이 깊다는 말입니다.

그러면 초막절과 날짜가 같은 우리의 한가위는 매우 뜻 깊은 명절이 될 수 있습니다. 그 이유는 초막절을 지키는 유대인들은 이 절기를 따라 성육신 하신 메시아를 영접하지 않았기 때문입니다. 그리고 신약시대에 예수 그리스도를 영접하고 3대 절기인 초막절을 한가위라는 명절 이름으로 유별나게 지키는 나라는 우리 한국 뿐이기 때문입니다. 이것을 정리하면 초막절과 한가위는 다음과 같은 부분에서 우리의 미래에 대한 기대감을 가지게 합니다.

① 한가위는 성경의 초막절과 하루(18시간) 차이로 같은 날이며, 세계에서 유대인과 한국만이 유별나게 지키고 있습니다. 보름달은 같은 날 같은 일몰 시간입니다.
② 한가위는 성경의 3대 명절 중 마지막 명절로 영적, 경제적으로 완성의 의미가 담긴 명절입니다.

③ 한가위는 성경의 3대 명절 중 성취되고 남은 명절 중 하나로 미래의 성취를 기다리고 있습니다.
④ 한가위는 경제적 무르기로 몸값과 땅값이 0이 되어 자유가 보장되고, 즐기는 잔치입니다.
⑤ 한가위는 속량절 속죄와 무르기(代贖)의 완성으로 희년(禧年)이 선포되어 만인이 함께 즐기는 명절입니다.
⑥ 한가위는 성경의 절기 중에 성탄절과 관련성이 높습니다.
⑦ 한가위는 미래(천년왕국, 재림, 종말)와도 의미적 관련이 가장 깊습니다.

한가위(초막절과 같은 날)는 속량절 무르기로 희년이 실현되는 날이며, 미래의 재림과도 밀접한 관련이 있습니다. 이것은 우리 겨레에게 벅찬 감격과 기대로 남습니다. 다만, 우리가 성경의 초막절을 한가위 명절로 수용하기 위해서는 세 가지 정도의 난제도 함께 풀어야 합니다.

그 하나는 우리 겨레가 한가위를 조상의 제삿날로 지키고 있는데 이것을 죄의 대속자, 세상의 구세주 예수 그리스도가 태어난 시기라는 것을 알고, 이날을 하나님을 섬기는 날로 바꾸어야 합니다. 둘은 한국교회가 가을 절기를 미국의 추수감사절을 수입하여 지키고 있는데, 이를 초막절과 유사한 '한가위 주일' 로 바꾸어야 할 것입니다. 셋은 로마시대에 경솔하게 정한 성탄절 날짜를 성경적으로 되돌리는 일입니다.

이 세 가지가 난제가 쉽게 풀리어 현실적으로 바로 실현되기는 어렵습니다. 그러므로 이날이 가진 성경적 의미를 생각하면, 우리가 한가위를 바로 알고 지키기 위한 범국민적인 노력이 필요합니다. 물론 교회가 성경의 초막절과 한가위의 관련성을 먼저 알아서 그 실현을 위한 기도부터 시작을 해야 하겠습니다.

19. 성경의 생활문화와 한국의 토종문화는 천·지·인의 삼수조화

(삼위일체·창조질서·희년법의 삼중구조 ≒ 한국의 삼신사상과 삼재론)

중동과 성경에서 한국과 관련된 두 가지 연구

유석근 목사님 쓴 〈또 하나의 선민 알이랑 민족〉 외에 중동과 성경에서 한국과 관련된 연구가 한두 개 더 있습니다. 조철수 박사님은 저서 〈고대 메소포타미아에서 새겨진 한국신화의 비밀〉에서 단군신화를 비롯하여 울산 친전리 암각화, 견우와 직녀, 심청전, 주몽과 왕건의 탄생설화, 심지어 우리 한글까지 고대 메소포타미아의 신화나 문화에서 옮겨온 것이라고 하여 주목을 받았습니다. 조 박사님은 우리나라와 메소포타미아의 신화에 담긴 신화소(神話素)를 뽑아서 비교하는 연구를 통하여 두 지역의 신화는 구성원리가 비슷하고, 우리의 신화가 메소포타미아 신화의 영향을 받았다는 것입니다. 이것은 우리 문화의 뿌리를 중동의 메소포타미아 문화권에서 찾고 있는 것이므로 제가 우리 문화를 중동에서 쓴 성경에서 찾는 것과 비슷한 점이 있습니다.

한편, 허호익 교수님은 저서 〈단군신화와 기독교〉에서 단군신화가 말하는 삼신사상과 천·지·인의 삼재론이 성경의 해석학적 원리가 될 수 있다고 보고 천지인 신학을 제창하고 있습니다. 허 교수님 역시 단군신화에 등장하는 사람의 인물소(人物素)를 뽑아서 성경과 우리 문화의 접근을 시도하고 있습니다.

이와 같이 두 분의 책은 우리에게 아직 잘 알려지지 않은 한국문화와 중동문화, 그리고 성경과 한국문화의 관련성을 찾는 작업으로 의미가 있는 연구들입니다. 다만 두 연구는 우리의 문화에 대한 뿌리나 연결 고리를 신화에서 찾고 있기 때문에 아쉬움이 있습니다. 신화는 말 그대로 신화(mythology)이며, 진실(logos)과는 다르거나 상반된 개념입니다. 제가 보기에 조철수 박사님의 연구는 우리 문화의 뿌리를 중동의 이방신 또는 잡신들의 문화에서 찾고 있는 점에서 처음부터 독실한 유일신 사상을 가졌다고 보는 우리 문화와는 거리가 있습니다. 그래서 이런 접근 방식은 모든 역사를 직접 주관하시는 하나님이 보이지 않으므로 성경적이지 못합니다.

허호익 교수님의 천지인 신학은 성경적 해석 원리를 한국문화에서 찾는다는 점에서 큰 의미가 있습니다. 그러나 이 연구도 주제나 전제가 신화를 근거(기초)로 성경을 해석한다는 점에서 한계를 느낍니다. 이 연구는 단군을 역사적 인물로 보기보다 신화적 인물로 본 것, 그리고 천지인의 문화나 사상 체계를 신화에서 찾아내려는 시도가 그렇습니다. 우리 문화의 뿌리인 삼신(三神)과 삼재(三才)의 사상을 성경에서 찾지 않고, 단군신화에 나오는 환인·환웅·단군이라는 사람 또는 사람에게 붙여놓은 신화에서 찾고 있는 것이 아쉽다는 뜻입니다. 이것은 전제에서 주객이 전도될 수 있고, 시간적으로도 선후가 바뀔 수 있다는 느낌을 받습니다.

저는 우리 겨레의 삼신사상과 삼재론이 단군신화와는 별개로 존재하는 것으로 봅니다. 심신사상과 삼재론은 단군신화보다 먼저 있는 것이며, 우리 문화의 시작이고, 뿌리라는 것입니다. 그래서 뒷날에 《삼국유사》나 《제왕운기》등이 구전되어 오는 삼신사상과 삼재론의 영향을 받거나 이것을 근거로(또는 이용하여) 단군신화를 만들었고, 후세의 사가들이나 민족주의자들은 그 신화적 요소를 실제로 믿거나 신격화하고 있다는 뜻입니다. 불교, 유교, 도교 등에서 나타는 삼신사상 역시 원래 있는 우리의 토종문화를 종교적으로 차용하거나 변용했을 뿐입니다.

다시 보는 천지창조(문화명령)와 선교명령의 삼중구조

하나님이 이르시되 우리의 형상을 따라 우리의 모양대로 우리가 사람을 만들고 … 온 땅과 땅에 기는 모든 것을 다스리게 하자 하시고(창 1:26

창세기 1장 26~28절은 삼위일체 하나님의 속성, 그러한 하나님의 형상을 닮게 창조된 사람, 사람을 창조하신 목적이 땅을 관리하기 위한 것이라는 내용이 모두 들어 있습니다. 이것이 창조질서의 근본이라 할 수 있는 창조주 하나님, 피조물인 땅, 그리고 그 피조물을 다스리는 사람에 대한 정체성과 상호 관련성을 말해 주고 있습니다. 이것이 창조의 세 가지 실체, 곧 창조의 삼중구조(삼실체 또는 삼체론)입니다. 또 여기서 하나님이 사람에게 부여한 역할, 곧 권리나 의무를 우리는 보통 문화명령이라고 부릅니다.

문화명령의 삼중구조(하나님, 땅, 사람)
피조세계 : 하나님(창조자) ⇔ 피조물(땅과 부속물) ⇔ 관리자(사람)

하나님(天)은 사람(人)의 몸을 흙(地)으로 지어 생기를 불어넣어서 생령이 되게 했습니다. 예수님은 하나님의 아들이며, 성령으로 마리아의 몸을 빌어 이 땅에 오셨고(사도신경), 말씀이 육신이 되어 우리 가운데 거하십니다(요 1:14). 그리고 예수님은 죽어서 무덤(흙)에 묻힌바 되고, 삼일만에 부활하여 다시 사람이 되었다가 하늘로 가셨습니다. 그리고 다시 이 땅으로 오실 예정입니다. 여기에 하나님의 아들 예수님은 천(天)을, 하나님이 스스로 피조물인 흙과 몸이 된 것은 땅(地)을, 생령을 가진 성육신의 모습은 사람(人)을 뜻합니다. 예수님은 세상을 떠나는 절차에서도 무덤 으로 간 것은 땅(地), 부활하여 40일 동안 사신 것은 사람(人), 다시 승천을 한 곳은 하늘(天)입니다. 그리고 예수님의 속성은

神性, 人性, 物性(또는 우주성)이라는 삼성(三性)이 하나이신 분입니다. 이렇게 하나님은 인간의 창조에서부터 예수님의 성육신과 인격적 속성, 그리고 죽음, 부활, 승천이라는 과정이 모두 천·지·인의 삼중구조 또는 삼체(삼수)의 구조로 볼 수 있습니다. 그리고 인류를 구원하신 예수님은 구원받은 사람들에게 이렇게 말합니다.

> 예수께서 나아와 이르시되 하늘과 땅의 모든 권세를 내게 주셨으니 그러므로 너희는 가서 모든 족속으로 제자를 삼아 아버지와 아들과 성령의 이름으로 세례를 주고, 내가 너희에게 분부한 모든 것을 가르쳐 지키게 하라(마 28:18~20)

마태복음 28장 18절에서 20절까지 예수님의 사역은 하늘과 땅에 있는 모든 만물에게 미치며, 이를 믿는 사람들이 또 다른 사람들에게 세례를 주고, 분부한 모든 것들을 지키게 가르치라고 합니다. 이것을 보통 선교명령이라고 하지요. 여기서 지키게 가르쳐야 하는 것은 영적인 것만이 대상이 아니고, 사람의 삶에 대한 문제도 당연히 포함됩니다. 그런데 사람이 사는 삶의 장소에는 반드시 땅이 있어야 합니다. 교회란 예수 그리스도를 믿는 사람들의 모임입니다. 그러므로 교회는 선교를 하든 생활을 하든 교회 안에서만 있을 수 없고, 땅(자연세계, 피조세상)이 있는 세상으로 나아가야 합니다. 이것이 교회가 보아야 할 현실 세계이며, 곧 하나님, 땅, 사람이 서로 유기적 관련성을 갖고 있는 하나님의 나라입니다. 교회가 추구하는 현실적 하나님의 나라도 땅이 있어야 가능합니다.

선교명령의 삼중구조(예수님, 교회, 세상)
하나님의 나라 : 예수님(구원자) ⇔ 교회(믿는 사람들의 집단) ⇔ 세상(땅)

이렇게 천지창조와 선교적 사명의 완수에도 필요한 하나님, 땅, 사람의 세 가지 실체는 세상의 마지막 때에도 등장합니다. 계시록 21장 1~4

절에 보면 마지막 때의 모습이 지금과 다르긴 하지만, 역시 땅(새 하늘과 새 땅)이 나오고 있습니다. 따라서 하나님의 창조명령과 예수님의 선교명령에는 모두 사람이 해야 하는 땅의 관리자 역할이 포함되고 있습니다. 선교란 예수를 믿게 하는 것만이 아니고, 세상으로 가서 하나님이 창조하여 맡긴 땅의 관리도 당연히 포함되기 때문입니다. 이와 같이 하나님, 땅, 사람의 세 가지 구조는 천지창조에서부터 구약과 신약시대를 거쳐 종말의 때까지 빠지지 않고 나타나는 삼중적 관계입니다.

한국의 삼신사상과 삼재론은 성경적이며, 탁월합니다.

우리 겨레는 건국 초기부터 예수님이 가르쳐 준(줄) '천부' 곧 하나님 아버지를 그대로 '하나님(한올 아버님)' 이라고 믿고, 불러온 겨레입니다. 그런데 우리가 부른 성호 하나님은 삼신의 하나님으로 성경이 말하는 엘로힘과 같은 삼위일체의 하나님이십니다. 이것을 유석근 목사님은 성경의 엘로힘 하나님이 우리말 '알' 에서 전이된 말로 그 뿌리가 같으며, 뜻도 같다고 했습니다.

우리 겨레는 예로부터 영적인 신의 세계를 천일(天一), 지일(地一), 태일(太一)이라고 하여 셋이 하나이고, 하나가 셋이라는 삼신사상을 가지고 있었습니다. 천일은 조화(造化)를 주관하고, 지일은 교화(敎化)를 주관하며, 태일은 치화(治化)를 주관합니다. 이것은 성경의 삼위일체 유일신 개념과 거의 일치하며, 성경이 말하는 성부, 성자, 성령의 삼위일체 하나님을 한국식으로 나타낸 신앙의 표현입니다.[96]

---

96) 한국의 삼신사상에서 삼신의 실체적 속성은 造花主(성부), 敎化主(성령), 治化主(성자)로 나타난다. 그러나 이 용어는 추상적이기 때문에 삼신을 현실로 나타나는 삼재론의 天 · 地 · 人을 따서 天一(하늘의 하나님), 地日(땅의 하나님), 太一(사람의 하나님)이라고 표현하고, 해석하는 것으로 이해하면 될 것이다.

삼신사상과 삼재론의 개념 구조

영적 세계

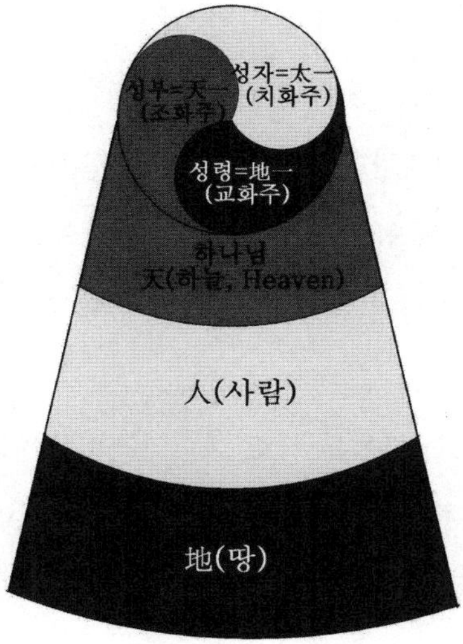

현실 세계

예를 들어서 한국의 삼신사상은 어거스틴(St. Augustine, A.D. 354~430)이 성경의 삼위일체 신앙을 태양의 존재와 기능에 비추어 설명한 것과 같습니다. 태양 자체는 성부 하나님(조화주), 태양이 빛을 내어 세상을 밝히는 것은 성자 하나님(치화주), 빛이 땅의 사람과 동식물을 자라거나 변하게 하는 역할은 성령 하나님(교화주)에 해당하는 것입니다.

이렇게 하나님을 보거나 하늘의 해를 보더라도 개체와 성질을 하나만 보지 않고, 상호 관련성을 가진 유기적 실체로 봅니다. 그래서 영적인 세계는 삼위의 신이 있으나 실체는 동시적 일체로 서로 조화를 이룬다는 것이 우리의 삼신사상입니다.

또한 한국의 천·지·인 삼재론은 이러한 세 가지의 조화가 현실 생활에서도 같이 작용한다는 세계관입니다. 그러므로 제가 보기에 성경은 이원론 구조나 음양론 구조가 아니고, 우리의 토종문화와 같은 삼중(삼재)구조의 원리입니다. 이것을 학자들은 보통 '삼수분화의 세계관' 이라고 합니다. 그러나 저는 성경이 말하는 삼수의 관계를 서로 나누는 '분화(分化)' 보다 협력을 뜻하는 '조화(調和)' 로 보는 것이 좋을 것 같아서 '삼수조화의 세계관' 이라고 합니다. 그래서 세상 문제를 풀어가는 길은 유대인이 갖고 있는 단일신 사상, 서구의 이원론과 중국의 음양론도 아니고, 오직 성경이 말하는 삼수조화의 세계관에서 찾아야 한다는 것입니다.

이원론은 변수가 둘이어서 서로 회피하거나 대립을 가져 왔지만, 삼수관계는 서로 조화를 이룰 수 있다는 뜻입니다. 이런 점에서 우리가 사용하는 태극기는 음과 양을 나타내는 양극기 형태이므로 본래 모습인 삼태극 형태로 바꾸어야 할 것입니다. 남과 북, 동과 서, 기성세대와 신세대, 흔히 말하는 양극화 현상은 '양태극기' 보다 이 양극의 현상을 중간에서 중심을 잡아주는 삼재의 역할이 담긴 '삼태극기' 가 제격이라는 뜻입니다.

모든 종교는 표방하는 계율이 있습니다. 불교의 일반 계율은 살생 금지, 도적질 금지, 음란 금지, 거짓말 금지, 고기 식용 금지 등 5계(五戒)가 있습니다. 유교에서는 삼강오륜을 말합니다. 플라톤의 철학도 지혜, 절제, 용감입니다. 이런 계율과 사상은 모두 신이 없는 인간관계만을 말하고 있습니다. 이슬람은 코란 신봉, 기도, 구빈세, 단식, 성지 순례 등 5주를 기본으로 하는데 이는 신과 인간의 관계만을 말합니다.

그러므로 불교, 유교, 플라톤 철학 모두가 인간관계에 대한 것이며, 이슬람은 신과 인간의 관계만을 다루고 있습니다. 그러나 성경은 십계명과 주기도의 내용을 볼 때 신과 인간의 관계 외에 분명히 땅이라는 변수를 하나 더 다루고 있습니다. 이것이 성경이 말하는 삼수조화의 창조 질서이며, 우리의 토종문화가 가진 천·지·인의 삼신·삼재론입니다.

삼신·삼재의 삼수조화는 이원론을 극복

우리 겨레의 오랜 전통인 천·지·인의 삼재론은 신앙의 균형을 이룬 삼신사상과 더불어 삶에서 조화를 이룹니다. 삼재론은 세상의 구조가 천계의 하나님, 물질계의 땅, 그리고 그 중간에서 피조세계를 다스리는 사람으로 조직되어 있다고 보는 세계관입니다.[97] 이것은 성경 말씀대로 하나님은 피조물인 땅을 창조하고, 땅은 사람이 먹을 식물을 내며, 사람은 그 땅을 관리한다는 삼중적 구조의 창조원리와 현실 세계를 지탱하는 근본 질서를 한국식으로 표현한 것입니다.

서양 사람들은 성경이 말하는 세상을 영과 육으로 분리하여 다루기를 좋아합니다. 그러나 영과 육을 분리하는 이분법적인 신앙은 살아보니 여러 가지 약점들이 나타났습니다.

---

97) 삼재론의 천(天) · 지(地) · 인(人)에서 '천(天)' 은 다소 추상적인 개념이므로 하나님(God), 천국(Heaven, heaven), 하늘(sky) 중에 어느 말인지 실체가 명확하지 않다. 그러나 성경에서도 하늘에 해당하는 단어는 '솨마임(히, 구약)' 과 '우라노스(헬, 신약)' 인데 이 말은 천국(Heaven)과 하늘(heaven, sky)을 구분하지 않고 혼용하며, 번역자들은 앞뒤 문맥을 보아서 Heaven과 sky, 두 단어를 택일하여 사용한다. 개역성경 기준으로 하늘이라는 단어는 570회 나오지만, 천체의 '하늘(sky)' 로만 번역한 곳은 6회(KJV)에서 72회(NIV) 정도에 불과하다. 또 성경은 신구약을 구분 없이 하나님을 하늘(heaven)로만 부르는 경우도 있으므로(창 19:24, 시 50:6, 눅 15:18) 성경의 '하늘' 과 삼재론의 '천(天)' 은 용어와 개념까지 서로 유사하다고 할 수 있다.

한자 문화권에서 하나님, 하늘나라, 하늘은 구분하지 않고 대개 '천(天)' 으로 표기하므로 필자는 천지인의 천(天)을 '하나님' 또는 경우에 따라 '천국(또는 天界)' 으로 번역하였다. 《환단고기》와 같은 고서에는 '제천(祭天)이라 하는데 이는 '제사천신(祭祀天神)' 또는 '제천신(祭天神)' 의 약자에 해당하므로 '하늘 제사보다 '하나님(神)' 에 대한 제사' 로 보아야 할 것이다. 중국 유대인은 성경을 天經이라 하며, 그들의 회당(예배 장소)인 중국 개봉구 청진사(淸眞寺) 현판에 있는 여러 가지 글에도 하나님은 天으로 표기하고 있다. - 西竺鐘靈求生天生地生生人之本〈서축의 재능 있는 사람들(유대인)은 천지인의 본을 구한다〉.

이분법은 삶에서 분리(거룩성)와 연합(포용성)이 균형을 이루어야 하는데 실제는 분리라는 쪽으로만 치우쳐 버렸습니다. 기독교가 영적인 것과 육적인 것, 교회와 세상을 너무 갈라놓았다는 뜻입니다. 그래서 기독교는 지금까지 신과 인간의 수직적 믿음이나 복종만을 강조하고, 사람과 사람, 그리고 자연과의 수평적 동반관계는 소홀했습니다. 전자나 후자나 다 하나님에 대한 바른 믿음이고 순종인데 교회는 지금까지 전자만을 중점적으로 가르쳐 왔습니다. 그래서 기독인들이 세상에 나가서는 기독인답게 당당하게 살지를 못하고, 세상과 타협하거나 사회에서 물과 기름처럼 돌기만 하다가 백성들에게 신뢰를 잃어가고 있으며, 안티 기독교 세력들에게는 따가운 비난까지 받고 있습니다.

중국의 음양론도 동양사상의 본질상 음과 양의 조화를 추구하는 사상이기니 하지만, 실제는 음과 양이 조화를 추구하기보다 서로 대립하고 갈등하는 수직적(또는 계급적) 구도로 흘러가고 말았습니다. 여기에 유교 사상(가부장제도)도 가세했습니다. 음양론이 남성과 여성을 차별하고, 세상을 하늘과 땅, 왕과 백성, 가장과 식솔, 어른과 아이 등, 계급적 이분법으로 갈라놓은 것을 말합니다. 그래서 서양의 이원론적인 문화와 중국의 음양론은 하늘과 땅, 신과 인간, 사람과 땅, 남자와 여자 등으로 구분하여 서로 융합하기보다 어느 하나가 다른 하나를 지배·소유·복종하게 했습니다. 그래서 늘 갈등을 일으켜 왔지요. 따라서 서양의 이원론과 중국의 음양론에 중심을 둔 이분법적 사고는 사회에서 수직적 위계질서의 확립에는 기여를 했다고 하더라도 수평적 상생과 조화에는 실패를 했습니다.

그러나 한국의 삼재론은 세상을 수직으로 분리하는 사상이 아니고, 하나님을 중심에 두고 수평으로 연합하는 사상입니다. 삼재론은 세상과 사물을 이중적 주종관계가 아니라 삼중적 상호관계로 풀기 때문에 자연스럽게 수직적 구분과 대립보다 수평적 조화를 이끌게 됩니다. 삼재론은 천·지·인의 조화, 곧 하나님, 땅, 사람 간의 바른 관계를 추구하거나 협력의 장으로 이끌어 갑니다. 그래서 한국의 삼신사상과 삼재론은 앞으로 삼중구조로 되어 있는 성경을 통전적으로 이해하고, 적용하는 데 아주 유익한 문화적 토양 역할을 할 수 있을 것으로 봅니다. 삼신사상과 삼재론은 당면한 남북통일의 이념과 방법론 모색에도 기여를 할 것입니다. 또 이 사상은 사회의 양극화, 세계의 이념분쟁과 인종갈등 등에도 성경 말씀으로 해소를 하는 데 큰 도움을 줄 것입니다. 성경과 우리 문화가 말하는 삼수조화의 세계관은 다른 문화(불교, 유교, 철학, 이슬람)가 가지지 못한 탁월한 사상과 생활철학을 가지고 있어서 이들이 가진 약점을 바로 잡거나 보완할 수 있을 것입니다. 또 이것은 유일신 하나님을 믿지만, 단일신 사상에 빠져 있는 유대인이나 아랍인들에게도 복음을 전하는 대안이 될 수 있습니다. 이와 같이 한국의 삼신사상과 삼재론은 성경적이며, 세계적이고, 탁월한 것입니다.

삼신사상과 이방신 숭배의 차이

그런데 우리는 아직 삼신사상과 천신제사를 자연신 숭배나 샤머니즘으로 보는 것이 일반적입니다. 극동이란 보통 한국, 중국, 일본을 일컫습니다. 그런데 일본이 믿는 신은 태양신(日)입니다. 중국이 믿는 신은 사직단 제사의 대상인 토지신(土)입니다. 그러나 우리는 하늘에 계신 천신(天)입니다. 태양신 국가 일본은 신사를 중심으로 많은 잡신들을 함께 섬기고 있는 다신교 사상입니다. 토지신을 숭배하는 중국은 사직단의 사(社)는 토지신 제사, 직(稷)은 곡식신 제사를 뜻합니다. 그리고 중국은 또 용을 숭배합니다. 이와 같이 중국은 범신론 사상입니다. 그러나 한국은 일찍부터 하늘의 천신만 섬기는 삼신일체의 유일신 사상을 가지고 있습니다.

연구가 더 필요한 부분이지만, 한국인의 오랜 전통인 천신숭배는 그 대상이 천체의 하늘이고, 그래서 샤머니즘으로 본다고 할지라도 근본에서 이방 종교와는 다른 점이 있습니다. 이방 종교는 해, 달, 별, 또는 라, 제우스, 아폴로, 바알과 같은 각종의 잡신들을 숭배하는 범신론이고, 다신교 사상입니다. 그러나 우리는 천체의 자연신이요, 샤머니즘으로 볼 수도 있는 그 하늘 신마저도 구체적 형상은 없는 하늘과 유일신만을 섬겼습니다. 이것이 근본적으로 다릅니다. 물론 여기서 하늘은 천체의 자연신을 뜻하는 것이 아니고, 누가복음에서 탕자의 고백처럼 인격체이신 하나님으로서의 하늘입니다(눅 15:18,21). 따라서 이것은 우리 겨레가 처음부터 삼신의 유일신만 믿는 사상이었지 외국의 샤머니즘과 같은 다신교 사상을 가지지 않았다는 단적인 증거입니다. 이 외에 초기에 하늘 신을 섬긴 나라는 슈메르족의 아누 신, 유대인의 엘 신, 아랍인의 아르(알) 신이 있지만, 이 세 민족은 원래 유일신 사상을 가진 우리 민족과 뿌리가 같았던 민족들입니다.

물론 우리의 삼신사상은 뒷날 천신(天神), 지신(地神), 인신(人神)이라고 하여 다신교의 형태를 드러내기도 합니다. 그러나 이것은 단군을 시조신으로 숭배하는 사람들에 의해서 와전되거나 변질된 특정 종교 단체의 그릇된 신앙일 뿐입니다. 이런 예는 중동의 유대인들이 믿는 유대교의 실태를 들면 이해가 빠릅니다. 유대인들은 태양신을 섬기는 이집트에 노예로 400년간 살았습니다. 유대를 식민지로 삼았던 로마도 태양신 국가였습니다. 그리고 유대인들이 되찾은 가나안 땅 백성들도 바알 신을 믿었습니다. 바알 신은 지주의 신으로 풍요를 가져다주는 신이므로 사실상 중국의 사직단 제사 대상인 토지신이나 곡식신과 유사합니다. 중동에서 유대의 종교적 풍토는 모두가 태양신이나 바알 신과 같은 다신교나 범신론입니다. 그러나 유대인들은 그런 와중에서도 이방인들과 달리 유일신 야훼 하나님만을 믿었습니다. 한편으로 그렇게 유일신 사상이 투철했던 유대인들도 나중에는 국민 대다수가 바알 신이나 이방신을 섬겼습니다. 사사시대 사사나 왕정시대에 솔로몬도 이방신을 궁으로 끌어 드렸습니다. 그래서 그들은 하나님에게 진노를 받고, 분열하여 나라가 망했습니다.

저는 상고시대에 우리 한국인의 신앙도 유대인과 비슷하다고 봅니다. 우리의 주위에는 중국과 일본 등의 이방신을 믿는 이방 종교가 우리에게 많은 영향을 주었고, 그래서 우리가 삼국시대 초기는 샤머니즘, 중반기 이후는 불교, 조선시대는 조상제사 등으로 빠지게 된 것입니다. 그래도 우리 겨레는 초기부터 유일신 하나님만을 경배하는 제천의식을 국가적 종교로 삼아왔고, 그 후에도 유대인들이 가진 종교적 심성처럼 우리 겨레에게 잠재되어 있는 고유한 신앙은 하나님을 믿는 제천신앙이 유전 인자처럼 들어있는 것입니다. 그러면서 우리는 유일신 사상 중에서도 유대인들이 믿고 있는 단일신 사상이 아니라 이보다 더 성경적이며, 통전적인 삼신일체의 하늘 신(天神, 하나님)을 경배하여 왔습니다.

천지인 신학과 생활성경의 삼수조화

저는 성경을 창조질서와 경제적 측면에서 보면, 하나님, 땅, 사람이라는 세 가지 실체에 대한 서로의 역할과 질서를 다룬 책이라고 봅니다. 성경이 말하는 이 세 가지 실체의 상호관계가 존재로는 창조주와 피조물의 주종관계이면서도 작용(기능)은 서로 독립적이고, 유기적인 관계를 가지고 있습니다. 이것은 사람이 만든 법인이나 기업이 그 조직을 만든 사람과는 주종관계이면서도 기능에서는 별개의 독립된 실체를 가지는 것과 같은 원리입니다.

그러나 서양 중심의 성경 이해는 이 세 가지 실체 중에서 성경이 말하는 하나님과 사람의 관계만을 다룬다고 했습니다. 성경과 우리의 토종문화, 삼재론이 말하는 땅은 없다고 해도 과언이 아닙니다. 그래서 저는 성경의 이해나 적용에서 삼재론의 관점인 땅을 개입시켜 보면 그 이해의 폭이 훨씬 더 넓어진다고 봅니다. 또 해석의 어려운 문제나 적용의 난제들도 성경에 있는 땅을 대입하면 쉽게 풀리는 경우가 많았습니다. 이것이 제가 말하는 성경의 창조질서와 경제생활의 삼중구조이며, 우리 토종문화의 삼재론입니다.

이에 대한 신학적 근거는 앞에서 말한 대전신학대학교 허호익 교수님의 신학이론을 들고 싶습니다. 그 분은 성경 해석의 기초를 땅과 자연을 집어넣은 우리 문화의 삼재론에 착안하여 천지인 신학을 제창하고 있습니다. 여기서 허 교수님의 천지인 신학 전반을 모두 소개하지는 못하고 그 분의 저서와 홈페이지에 소개된 천지인 신학에서 소제목만 소개하면 다음과 같습니다(허호익, 한국신학마당에서 인용).

(1) 천지인 신학의 해석학적 기초

(2) 창조의 천지인 신학적 해석

(3) 타락과 원죄의 천지인 신학적 해석

(4) 시내산 계약의 천지인 신학적 해석

(5) 계약 공동체의 세 가지 상징과 종교·정치·경제적 이상

(6) 예언자들의 천지인 신앙

(7) 주기도문의 팔복과 천지인 신학적 해석

(8) 개인·사회·생태계 구원의 통전적 구원론과 천지인의 신학

(9) 그리스도의 신성·인성·우주성의 삼성론(三性論)과 천지인 신학

(10) 천지인 신학의 남은 과제

허호익 교수님은 이렇게 10가지 소제목으로 삼재론을 중심으로 천지인 신학을 말하고 있는데 이것은 성경과 우리 문화의 천지인 사상을 신학적으로 접근시킨 것입니다. 예수님의 본성도 신성, 인성, 우주성의 삼성론(三性論)을 가진 분으로 천지인 사상과 직접 관련되고 있다고 합니다. 저는 허 교수님의 이러한 관점과 연구를 귀하게 여깁니다. 그러나 저는 신학자가 아니므로, 또 신학적 측면보다 이 책의 관점인 생활상의 성경을 이해하는 측면에서 천지인 사상을 결부시켜 보고자 합니다. 허 교수님의 천지인 신학은 말 그대로 신학적이며, 그래서 관념적인 성격이 뚜렷합니다.

그러나 저가 말하는 삼재론의 성경적 접근은 경제적이며, 현실적입니다. 또 허 교수님은 천지인 사상을 단군신화에서 찾고 있지만, 저는 성경 자체에서 찾고 있습니다. 그러나 양자 모두 삼재론이 말하는 땅이 들어가 있으므로 차이보다 공통점이 더 많습니다. 다만, 독자들이 비교 이해를 돕기 위해 그 차이를 말해 둡니다.

성경과 희년법 이해에 삼재론의 땅이 빠지면

저는 교회가 성경이 말하는 내용을 덮어둔 분량이 1/3이나 된다고 보았습니다. 그것은 대다수가 성경이 말하는 천·지·인의 삼중구조에서 땅

이 빠질 경우에 발생한다고 보고 있습니다. 그것은 대체로 다음과 같습니다.

(1) 창조질서와 희년법을 언급하면서 성경의 삼중구조인 하나님, 사람, 땅의 실체와 관계에서 땅은 빠져 버립니다.

(2) 구약의 3대 절기인 유월절, 칠칠절, 초막절 중에 초막절을 전하지 않습니다. 그래서 기독인들은 신약에서도 3대 절기 중 부활절과 성령강림절(오순절)만 알고, 초막절의 신약적 성취에 대한 것은 매우 둔합니다.

(3) 3대 안식년인 안식일, 안식년, 희년 중에 희년을 모릅니다. 희년이 이 땅에서 현실적으로 이루는 것은 불가능한 것으로 보고, 종말에 때로 미루어 버립니다.

(4) 3대 무르기(redemption)가 죄 속량(贖良, 代贖), 몸 무르기, 땅 무르기라고 할 수 있는데 이 중 땅 무르기가 아직 성취되지 않고 있는데 사람들은 무르기가 무엇인지도 모르고 있습니다. 여기서 땅 무르기는 땅값에서 파생된 여러 가지 빚도 포함합니다. 한편, 몸값 무르기는 현대 노동시장이 몸값 자체를 발생시키지 않으므로 이미 성취되었다고 봅니다.

(5) 기독인이 관심을 가져야 할 3단계 훈련 과정이 개인→교회→나라(하나님의 나라)인데 나라에 대한 이해와 훈련이 너무 부족합니다.

(6) 기독인의 3대 신조인 사도신경, 십계명, 주기도에서 특히 주기도부문의 이해와 생활화가 아주 부족합니다. 주기도가 말하는 땅과 양식, 땅과 빚, 땅과 나라를 잘 이해하지 못하고 있습니다.

(7) 성경과 기독교에 관련된 신관이나 사상을 세 가지 수로 표현하면, 일신론(단일신), 이원론(이원론과 음양론), 삼신론(삼신사상이나 삼재론)으로 나눌 수 있는데 지금까지 유대인은 일신사상, 서구는 이원론사상이 지배적이었고, 한국이 말하는 삼신사상과 성경의 통전적 이해

와 현실적 적용이 약합니다.

(8) 성경의 해석이나 적용에 관련된 지역을 3대 지역으로 나누면, 유대를 중심으로 한 중동, 로마를 중심으로 한 서구, 그리고 한국을 중심으로 한 동양과 제3세계로 나눌 수 있는데 여기서 한국과 동양적 접근은 거의 하지 못하고 있습니다. 이를 표로 요약하면 다음과 같습니다.

성경의 천·지·인 삼중구조로 본 교회의 미성숙 부문(地)

삼중구조	내용	성숙	일부성숙	미성숙	비고
		천(天)	인(人)	지(地)	
창조·희년의 3중구조	하나님, 사람, **땅**	하나님	사람	**땅**	성숙여부는 관심도를 말함
3대 절기	유월절, 칠칠절, **초막절** 부활절, 성령강림절, (?)	유월절 부활절	칠칠절 성령강림절	**초막절** (?)	성탄절·추수감사절 오해
3대 안식일	안식일, 안식년, **희년**	안식일 주일	안식년 사람안식	**희년**	희년은 종말로 미룸
3대 무르기	죄 속량, 몸 무르기, **땅·빚 무르기**	죄 속량	몸 무르기 (몸값소멸)	**땅·빚 무르기**	땅값·부채는 커지고 있음
3단계 훈련	개인→교회→**나라**	개인	교회	**나라**	교회까지만 관심을 가짐
3대 신조	사도신경, 십계명, **주기도**	사도신경 (신 중심)	십계명 (신인관계)	**주기도** **(천지인관계)**	땅·빚·나라에 대한 무관심
3위일체 신관 및 세계관	단일신 사상 이원론·음양론 사상 **삼신일체 사상**	단일신 (유대형)	영육분리이원론 (헬라형)	**삼신·삼재** **(한국형)**	성경의 통전적 이해 기준
3대 지역 복음 전파	중동, 서구, **동양(한국)**	유대와 중동 (시작)	로마와 서구(전파)	**한국 동양** **(성숙)**	영과 육(삶)의 쏠림에서 균형으로

* 성숙과 미성숙의 판단은 필자의 주관이며, 성경의 관심과 이해의 정도를 말한다.
성숙 : 관심도·이해도 80%~90%, 일부성숙 : 50%~60%, 미성숙 : 50% 미만

성경과 희년법 이해에 삼재론의 땅이 들어가면

그리고 성경의 이해에 삼재론이 말하는 땅을 결부시켜 보면, 성경의 의미를 더 새롭고 폭 넓게 적용할 지혜를 얻습니다. 이에 대한 내용을 몇 가지만 추려내어 골자만 소개하면 다음과 같습니다.

〈창세기〉

가. 천지창조의 구성요소와 문화명령(창 1:26~31)에서 사람은 창조주의 땅을 다스리는 관리자의 역할, 땅은 사람이 먹을 양식을 내는 역할, 사람과 땅은 경제적 실체로 독립·동등의 위상을 가진다.

나. 인간의 원죄, 가죽 옷과 토지 기경, 최초의 살인 사건이 땅과 직접 관련되고 있다.

다. 노아의 홍수 후 민족들이 각지로 흩어져야 하는 이유, 바벨탑 사건의 이유도 땅이 들어 있다.

〈출애굽기〉

가. 아브라함이 가나안에 들어간 긴 여정, 유대인들이 400여년의 종살이, 40년의 광야 유랑, 가나안의 정착 문제도 땅과 직접 관련되고 있다.

나. 성경이 말하는 시간, 곧 성경달력은 땅을 결부시키면 이해가 빠르고, 적용할 수 있는 내용도 다양하고 풍부해 질 수 있다. 성경달력은 땅과 달, 그리고 해의 상호작용을 모두 고려한 태음태양력이다.

〈레위기〉

가. 3대 절기를 하나님과 사람의 양자의 관계(축제)로만 보지 않고, 땅을 관련시켜 경제적으로 풀어보면 절기의 계절적 이해와 적용 방법이 다양할 수 있다.

나. 속죄일 행사가 성경의 토지 무르기와 희년법의 생활화로 보면, 절기 이름까지 속량절로 바뀌어야 한다. 초막절은 3대 절기 중 땅과 관련성이 가장 크고, 땅의 해방과 자유를 누리며 즐기는 마지막 명절이다.

다. 희년법의 이해와 순종은 성경이 말하는 땅의 현실적 이해에 달려있다. 성경의 땅을 바로 알면, 땅값은 지금의 반값 정도로 낮출 수 있고, 여기에 세금까지 사라지는 자유 시장경제를 만날 수 있다.

〈룻기〉

가. 룻기 이해에 땅을 모르면 룻기는 번역부터 틀리며, 내용마저 토지 무르기나 경제 이야기는 거의 하지 못하고 룻이 하나님에게로 돌아온 영적 이야기와 효도·결혼 등 가정 이야기만으로 끝을 맺는다.

나. 룻기는 죄의 속량 외에 생활에 필요한 속량(토지 무르기와 대 잇기)이 무엇인지를 가르쳐 주는 영적·윤리적·경제적 이야기로 신앙인의 통전적 생활 교과서이다.

〈사사시대와 왕조시대〉

가. 사사시대는 토지법을 중심으로 한 지방자치(분권정치)를 구현하고자 했다.

나. 사사시대가 혼탁·혼란으로 실패한 사회 같지만, 지주제도와 군주제도를 멀리하고 토지임대제(사용권 거래)와 사사정치, 지방자치를 구현한 것은 그 시대에 이방인들과는 구별되는 탁월한 선택이었다.

다. 왕조시대에 바알 숭배와 지도자들의 타락은 지주제 도입과 왕권강화가 현실적 주된 목적이다.

〈신약 및 기타〉

가. 성경은 영혼구원만 추구하는 것이 아니고, 현실구원도 함께 다루며 여기서의 현실구원은 땅의 다스림에 대한 바른 이해와 구체적 관계 정립이 핵심 관건이다.

나. 성경이 말하는 구원의 대상은 사람만이 아니고, 자연 생태계 전체에 미치는데 이것은 안식법과 희년법이 말하는 땅의 실체, 무르기, 안식이 들어가야 자연 생태계의 존재와 역할이 분명하게 된다.

다. 예수 그리스도의 성육신 사건이 땅과 관련이 있으며, 십자가 사건이 말하는 대속과 값 치르기는 어원과 방법론 모두가 땅의 회복 방법인 토지 무르기에서 왔다.

라. 예수님의 십자가 희생 사건도 땅 문제가 깊이 개입되어 있다. 성경은 예수 그리스도가 자기 땅(소유)에 왔으나 자기 백성이 영접하지 않았다고 한다(요 1:11).

마. 기독인의 3대 신조는 사도신경, 십계명, 주기도라고 할 수 있다. 그런데 사도신경은 주된 내용이 ① 하나님과 사람의 관계를 말하고, 십계명은 ① 하나님과 사람, ② 사람과 사람의 관계를, 그리고 주기도는 ① 과 ②, 그리고 ③의 사람과 땅의 관계까지 모두 다루고 있다. 그럼에도 우리가 땅을 모르면 이 3대 신조를 모두 ①의 사도신경처럼(일부는 ②의 단계까지) 이해를 하고 그친다.

바. 땅의 실체를 깨닫지 못하면 방주교회, 시내산 교회(광야교회), 초대교회가 모두 경제적으로 볼 때 땅이 없는 한시 조직으로 하나님의 나라 진입을 위한 공동체에 불과하다는 것을 깨닫기 어렵다. 그래서 구원받은 백성들이 세상으로 나아가지 않고, 교회 안에만 머물러 있으려고 한다.

사. 포도원 품꾼과 소작인의 비유, 씨 뿌리는 비유 등 예수님의 비유와 가르침에도 땅이 들어가면 말씀과 창조질서를 쉽게 이해할 수 있다.

아. 바울 서신은 땅이 없는 구원과 교회 공동체, 그리고 윤리에 강조점을 두었고, 예수님의 가르침은 이로부터 시작하여 땅과 하나님 나라까지 다 들어 있는 통전적인 메시지임을 간파할 수가 있다.

〈한국과의 관련〉

가. 우리 겨레가 아라랏에서 동방으로 이동한 것이 사실이면, 그 이유는 땅이 구체적으로 들어갈 수밖에 없다. 우리 겨레는 노아의 홍수 후에 "땅을 가득 채워 그 안에서 번성하라(창 9:7)"는 하나님의 명령을 가장 먼저, 가장 멀리, 그리고 가장 충실하게 순종한 노아의 후손이었기 때문이다.

나. 3대 절기는 땅·달·해의 움직임을 모두 감안한 음력 절기이며, 마지막 추수 명절 초막절은 한국의 한가위와 날짜와 의미가 서로 연결되고 있다.

다. 성경이 말하는 성탄절의 적정 시기도 한국의 삼재론, 곧 땅(천연 계절과 생활경제)을 집어넣어 보면, 한가위 때가 될 것으로 추정된다.

이러한 내용들은 지면 관계로 항목만 소개를 했는데 모두 땅이 직접 간접으로 관련되고 있습니다. 그래서 저는 교회가 숨겨둔 성경의 1/3의 분량은 땅이 들어갈 때 더 쉽게 풀릴 수 있다고 보는 것입니다. 이 역할은 한국의 토종문화인 삼신사상과 삼재론이 감당할 수 있지 않을까 하는 생각입니다.

생활소(生活素)로 본 성경과 한국의 토종문화

레위기 25장은 땅이 경제적 생산활동을 하고 있으며, 쉬게 해야 하고, 팔고 사지도 못하게 합니다. 성경은 사람의 몸을 근로 조건에 따라 임대는 하되 상품처럼 취급하지는 못하게 합니다. 물론 땅도 그렇게 합니다. 그리고 임대된(팔린) 몸과 땅은 가능한 빨리 값을 치러 풀어주고, 자유하게 하라고 합니다. 이처럼 성경은 땅의 경제적 실체를 인정하고 있으며, 사람과 땅은 경제활동에서의 동등하게 취급하고 있습니다. 그런데 성경이 말하는 땅의 경제적 실체에 대하여 우리 겨레는 건국 초기부터 이를 삼재론의 관점에서 이해를 하고 인정해 왔던 것입니다. 삼재론은 레위기 25장의 경제법처럼 땅을 경제의 현실적 실체로 보아 왔으며, 위치도 사람과 동등하게 여겨 왔습니다. 오늘날 경제적으로 독립된 생산 주체인 기업과 법률적으로 독립된 의사결정 주체인 법인처럼 말입니다.

전통 삼태극 (허호익, 한국신학마당)

영주 백산서원의 삼태극

삼태극을 닮은 아리랑 문양

> 나는 하늘에 응답하고, 하늘은 땅에 응답하고, 땅은 곡식과 포도주와 기름에 응답하고, 이것들은 이스르엘에 응답하리라(호 2:21,22)

그리고 한국의 삼재론, 곧 삼수조화의 원리는 경제 뿐 만이 아니고 우리의 생활문화에도 깊숙하게 영향을 끼쳤습니다. 한글이 하늘, 땅, 사람이라는 삼재의 구조로 창제되었고, 우리나라 태극기의 원래 모습은 삼태극 구조이며, 우리 가락은 삼분박을 특징으로 합니다. 태권도의 동작원리, 가야금의 모양, 첨성대의 구조도 삼재론과 관련이 있습니다. 심지어 한국에서는 단군신화를 비롯하여 불교, 유교, 도교, 조상제사의 모사 그릇 등 신화, 무속, 이방 종교까지 삼신사상의 영향을 크게 받았습니다.

그래서 성경이 말하는 하나님의 속성인 삼위일체와 천지창조의 삼실체는 우리의 삼신사상과 삼재론이 매우 유사합니다. 그리고 사람의 삶에 있어서도 성경이 말하는 것과 한국의 토종문화는 각자가 가진 생활의 소재를 뽑아 비교하여 보면 많은 것에서 서로 닮아 있습니다. 여기서 생활의 소재는 생활소(生活素)라고 할 것입니다. 이것이 지금까지 밝혀 온 성경의 생활부분과 우리 토종문화의 관련성에 대해 언급한 내용들입니다. 우리 겨레가 가지고 있는 성호 하나님, 삼위일체 하나님과 삼신사상, 천지창조와 삼재론, 성경달력과 한국달력, 희년법과 땅의 경제적 실체, 제단 제사와 고인돌 문화, 십계명과 한국의 동방예의지국, 성경의 남아선호사상과 장남 중심의 가부장제도, 성경의 문화명령과 가장 먼저 땅 끝을 찾아 동방으로 이주한 민족, 문화명령과 홍익인간, 토지 무르기와 고구려의 건국이념인 다물, 바벨탑에 영향을 받지 않은 원시 한국어, 초막절과 한가위, 예수님을 상징하는 샤론의 꽃과 한국의 무궁화 등이 있습니다. 이런 사례들은 하나님이 직접 계시를 통해 성경을 주신 유대인들보다 우리의 생활이 그 원리에서 성경에 더 근접해 있다고 할 수도 있습니다. 만약에 성경(특히 구약)이 말하는 생활문화와 우리 겨레가 가진 토종문화를 골수(엑기스)로 뽑을 수 있다면, 이 골수의 성분은 하나이며, 그 핵심은 삼위일체 유일신 여호와 하나님이 될 것입니다.

삼신사상과 삼재론도 주의를 해야

한국의 삼신사상과 삼재론은 성경처럼 체계를 갖춘 경전이 없었습니다. 그래서 한국의 삼신사상과 삼재론은 오랜 논쟁과 씨름 끝에 교리적 위상과 체계를 갖춘, 성경의 삼위일체설에 비하면 엉성할 수밖에 없습니다. 이 사상은 경우에 따라서 기독교가 받아드릴 수 없는 비성경적 요소들도 들어 있을 수 있습니다. 삼위일체설은 이에 대한 체계적 기록을 담은 성경이 있었지만, 한국의 삼신사상과 삼재론은 이렇다 할 경전 하나 없이 우리 겨레가 입에서 입으로 전해 온 것입니다. 그나마 기록으로 남은 것은 그 일부일 뿐이며, 그 기록마저 무신론, 샤머니즘, 그리고 특정 종교인들과 사가들의 자기 성향에 의해 변질된 것임을 감안해야 합니다. 그래서 다분히 오해의 소지가 있습니다. 한 예로 우리의 순수한 삼신사상은 뒷날(일제 강점기 이후) 특정 종교 집단이 출현하면서 이를 변질시켜 피조물인 땅과 사람을 신격화하는 수단으로 기록하고 사용되었기 때문입니다. 환웅과 웅녀를 지신(地神)이라고 하고, 단군왕검은 인신(人神 또는 始祖神)으로 받들면서 제사하고 숭배하는 것을 말합니다. 그러나 이것은 단군에 대한 실제적 역사 기록과 왕검신화를 면밀하게 살펴보면 사실이 아님이 바로 드러납니다.

또한 삼신사상이 지일(地一)을 교화주로 보거나 삼재론이 경제적으로 땅과 사람을 동반자로 보는 관점은 잘못이 아니지만, 이것이 뒷날에 가면 땅에 대해서는 토지신을 섬기는 물신숭배와 샤머니즘으로 변질합니다. 한국의 토지신 숭배는 중국의 사직단 제사가 들어오면서 더 심하게 왜곡되었습니다.

그리고 한국의 삼신사상과 삼재론에 대한 기존의 연구를 보면, 삼신의 '신(神)'과 삼재의 '재(才)'를 동일시하는 경우가 많은데 이것도 바로 잡아야 할 문제입니다. 삼신은 신의 세계, 곧 삼신이 하나라는 삼일신(삼위일체)의 속성을 말하고, 삼재의 재는 신이 다스리는 현실 세계의 독립된 실체를 말합니다. 전자는 영적인 세계를, 후자는 현실 세계를 뜻하여 차원이 다른데 우리는 이를 개념적으로 분리하지 않고 있습니다.

성경과 한국에 대한 더 많은 관심을

저는 우리 겨레의 토종종교는 처음부터 여호와 하나님을 믿는 신앙이었고, 우리 토종문화도 성경에서 그 뿌리를 찾을 수 있다고 봅니다.

그리고 우리 겨레는 성경이 말하는 삶과 문화를 가장 많이 닮았으므로 우리가 세계의 모든 백성들에게도 영향을 줄 수 있다고 보고 있습니다.

물론 이러한 저의 생각은 대부분은 아직 제 사견에 불과합니다. 그래서 이 책에서 우리의 토종문화는 가설에 가깝다고 했으며, 경우에 따라 소제목은 소설이라고 사족을 붙여가며 언급을 하고 있습니다. 저는 신학자도 아니고, 역사가도 아닙니다. 그래서 이 책에서 말하는 내용은 과장도 있고, 빗나간 부분도 있을 것입니다. 또한 이 책의 내용에 대하여 기독인들은 우리 문화는 뿌리가 샤머니즘인데 성경을 결부시키고 있다고 부정적으로 볼 수도 있고, 또 일반인(비기독인)들은 우리의 토종문화는 성경과 상관이 없는데 억지로 성경과 관련을 지우고 있다고 비난할 수 있을 것입니다. 그런데 어쩌면 이 생각은 우리가 방주구원을 받은 노아 할아버지의 후손으로 한반도까지 이동해 온 민족이라는 것이 판명이 될 때까지 계속될 것입니다.

그러므로 이 책의 내용은 제가 옳다는 주장이 아니라 이렇게 성경과 우리 문화의 관련성을 아주 작은 것에서라도 그 개연성을 찾아보고 접근하여 우리 역사와 문화의 실체를 찾아보자는 것이었습니다. 그래서 버릴 것은 버리고, 가치가 있는 것은 보존하고 키워야 하나님이 기뻐하실 일이며, 사회에도 기여를 할 수 있을 것입니다.

제가 이 책에서 제기한 것들은 앞으로 많은 연구가 더 필요합니다. 그래서 제가 독자들에게 관심을 가져 주시기를 바라고 있습니다. 여기서 말하는 내용에 대하여 더 많은 연구를 통하여 하나의 증거라도 찾아낼 수 있다면, 제가 책을 쓴 목적은 달성한 것입니다. 아무쪼록 많은 분들의 관심과 기도, 그리고 연구를 기대하겠습니다.

20. 미래에 쓰임을 받아야 할 나라, 대한민국!

개국 초기는 제천신앙

노아가 여호와께 제단을 쌓고 …(창 8:20)

지금까지 살펴 본 바와 같이 한국인의 선조는 홍수 후 세계로 인류가 전파될 때 하나님의 말씀에 가장 순종을 잘 했던 백성들입니다. 한국인이 성경 말씀대로 제일 먼저 땅 끝을 찾아서 멀리 동방으로 이주하여 대륙의 끝인 극동 한반도까지 왔다는 뜻입니다. 대륙의 극동에 정착한 우리는 개국이념도 제천신앙을 가지고 시작합니다.

무오 51년(B.C. 2283)… 제천단을 마리산에 쌓게 하였으니 -《환단고기》〈단군세기〉-

그래서 우리의 상고시대는 하늘의 하나님에 대한 제사를 드리는 민족이었고, 제사장이 나라를 통치해 왔습니다. 정치는 하나님의 뜻대로 왕을 세우지 않고, 지도자를 추대하여 광활한 지역(시베리아, 만주, 산둥반도 등)을 통치하며, 찬란한 문화를 꽃피우며 살아왔습니다. 초기의 우리나라는 인본주의 국가에서 시행한 왕도 없고, 군대도 거의 없고, 그러면서도 전쟁이 없으며, 정치도 제사장을 중심으로 하는 종교에 가까웠습니다. 그럼에도 우리는 광대한 영토를 관리하며, 적어도 천년 이상 태평성세를 이루었습니다. 그러나 후세의 사가들은 이러한 우리의 역사를 제대로 보지 못하고 있습니다. 역사를 하나님과 하나님 중심의 생활문화를 보는 것이 아니고, 왕과 권력(또는 무력), 권력을 가진 사람 중심의 통치문화로만 보기 때문입니다. 또 하나님을 모르는 후세의 사가들이 볼 때 우리의 종교 제천의식은 샤머니즘으로 보이기도 합니다. 이에 중국과 일본이 우리 역사에 개입을 하면서 더 빗나가 버렸습니다.

중간에 변질하여 지금은 회복 단계

이름을 진(震)이라 하고 ... 항상 하늘을 공경하여 제사를 지냈다. 그러나 자손들이 교만하여 점차 이를 폐지하고 유교와 불교 좋아하니 드디어 나라는 시들었다.《규원사화》〈단군기〉

그리고 삼국시대 이후부터 외래종교가 이 땅에 들어오면서 나라는 주체성을 잃고 외세의 영향을 받기 시작했습니다. 삼국과 통일신라의 최후, 고려의 종말, 조선시대의 국권 상실 등이 모두 이방 문화나 외세의 침투에 의한 것입니다. 더 근본적인 원인은 우리 겨레가 상고시대부터 지켜온 제천신앙을 버리고, 불교와 유교 등의 왜래종교를 받아드려서 외세의 침입을 자초한 때문이지요. 한국 역사에서 외래종교가 들어와 우리 문화에 영향을 끼친 기간은 불교를 기준으로 보면 1,500년 정도입니다(불교를 공인한 신라의 법흥왕 재위 A.D. 514년~540년 기준). 그러므로 반만년 한국의 역사 속에서 우리가 제천의식을 사회의 일반적(또는 다수) 종교로 지켜온 기간은 이보다 더 길다고 할 수 있습니다. 그리고 외래종교의 풍토에서도 하나님은 우리 겨레 한 사람 한 사람에게 각자의 심중 깊은 곳에 하나님의 참된 영성을 숨겨두시고, 우리가 위급할 때는 성호 "하나님!"을 찾고 부르게 하셨습니다.

그리고 때가 되니 하나님은 우리 겨레에게 유대인이 거부한 예수 그리스도의 복음을 전수 받게 하시고, 지금은 세계에서 복음이 가장 왕성한 나라로 키워 주셨습니다. 우리는 지금 세계에 많은 선교사를 파송하여 사실상 세계 최고의 선교국이 되었습니다. 이에 부응하여 경제도 세계 10위권으로 성장하였고, 최첨단 기술인 정보통신 분야까지 세계 최강국이 되었습니다. 최근에는 '한류문화' 라고 하여 예술 부분에서도 국제적 위상이 높아지고 있습니다. 그야말로 이 나라에는 국운 상승의 기회가 돌아오고 있는데 이 모두가 하나님이 이 나라를 지켜주신 은덕과 은혜입니다.

미래를 향한 한국

이제 우리는 세계를 향하여 나선 선교가 꽃을 피우고 열매를 맺어야 합니다. 우리를 통하여 세계 열방에 구원사역이 완성되어 가야지요. 또 미래에 인류의 평화와 복지를 위하여 더 좋고 새로운 것들을 찾아 나서야 합니다. 초기의 우리 선조들은 하나님을 믿는 하늘 백성으로 하나님의 말씀을 충실히 지켜왔습니다. 그래서 지금 우리는 선조들이 지켜왔고, 겨레의 자랑거리인 순수 토종문화를 하루 빨리 되찾아야 합니다. 이것은 하나님이 주신 새 것과 옛 것을 곳간에서 내어오는 역할이기도 합니다(마 13:52). 이미 우리는 복음 수출에서 세계의 선진국이 되었으니 이제 하나님을 섬기며 살아온 우리의 토종문화를 가지고, 세계의 열방들을 모두 복된 곳으로 안내를 해야 합니다.

성경이 말하는 미래는 제가 깊게 다룰 주제가 아닙니다. 이에 대하여 유석근 목사님은 한국인이 앞으로 유대 민족을 회개하게 하고, 세계를 복음화 하는 데 크게 기여할 것으로 봅니다. 그렇게 성경에 예언이 되어 있다고 합니다.

> 또 보매 다른 천사가 살아계신 인을 가지고
> 해 돋는 데로부터 올라와서...(계 7:2)
> 만군의 여호와가 이르노라 해 뜨는 곳에서부터 해지는 곳까지
> 이방 민족 중에서 내 이름이 크게 될 것이라(말 1:11) ...
> 남은 자가 해마다 올라와서
> 만군의 여호와께 초막절을 지킬 것이라(슥 14:16)

유석근 목사님은 한국에 대한 계시록의 예언을 해석하는 열쇠로 이사야 41:25~27, 52:7~10, 46:10~13 말씀을 제시합니다. 성경이 말하는 미래에 해 돋는 곳은 동방의 한국이 될 것이라고 말입니다. 이러한 견해에 대하여 일부 의문을 제시하며 비판하는 사람도 있습니다. 국수주의나 민족주의적 관점이라고 말입니다.

저는 이것이 미래에 일이기 때문에 모르겠습니다. 다만, 그렇게 밝힌 유석근 목사님의 견해는 성경적 근거를 충실하게 제시한 것인데 비하여 이를 비판하는 주장들은 대체로 근거가 약하며, 종교적 거부감이 강했습니다. 이에 대해서 독자들은 유석근 목사님의 저서 〈알이랑 고개를 넘어 예루살렘으로〉라는 책을 통하여 직접 판단하여 주시기 바랍니다.

아무튼 한국은 노아 할아버지의 후손, 곧 우리 겨레가 하나님의 말씀에 순종하여 땅 끝을 찾아 세운 나라입니다. 그리고 정착한 땅에서는 하나님에 대한 제천신앙을 지키며 살았습니다. 그러나 삼국시대 중반부터 고려시대까지 불교를 받아드리고, 조선시대는 중국의 조상제사를 가져 오면서 우리의 제천신앙은 시들어 갔고, 나라까지 어려웠습니다. 하지만, 최근 20세기 전후로 하여 하나님의 복음이 이 땅에 다시 들어오면서 나라는 강성해지고 있습니다.

한국교회는 일찍부터 겨레가 섬겨온 하나님이 성경에서 말하는 여호와이신 줄 믿고 그 이름을 기꺼이 수용하였으며, 나라의 독립을 위해 삼일운동에도 적극 참여했습니다. 그리고 하나님(하느님)을 찬양하는 애국가를 지어 지금도 중요한 행사와 시간에는 국민들과 함께 부르고 있습니다. 최근 기독교 안티들이 등장하여 기독교를 비난하고 있지만, 그래도 교회는 약자에 대한 구제가 세상 어느 종교보다 앞서고 있습니다.

사회정의, 남북통일 등에 대한 노력도 썩 잘하지는 못했지만, 그래도 타 종교에 비하여 뒤처지지는 않았을 것입니다. 이런 저런 이유로 한국은 최근까지 지구촌에서 기독교가 가장 왕성한 지역입니다.

기독교란 천부(天父) 하나님과 하나님의 아들 예수 그리스도를 믿는 일체의 신앙과 생활을 말하므로 예로부터 우리 겨레가 하나님을 믿어왔던 제천신앙의 복음화를 뜻합니다. 그러므로 우리 겨레의 제천신앙과 오늘날의 기독교는 노아 할아버지와 그 후손들이 아라랏 산정에서부터 지켜온 우리의 순수 토종종교이고, 토종문화입니다.

한겨레는 한 분의 하나님으로

유대인의 여호와와 엘로힘 하나님, 그리고 아랍계의 이슬람이 믿는 알라(이슬람의 하나님)가 다릅니다. 그런데 원래는 같은 하나님이십니다. 유대교와 기독교도 다르지만, 하나님은 같은 엘로힘 하나님이십니다. 이와 같이 기독교가 부르는 성호 여호와 하나님과 한국의 일반 국민이 부르는 하나님도 원래 같은 하나님이었습니다. 그러므로 성경의 엘로힘, 유대인의 여호와, 이슬람의 알라, 기독교의 하나님, 우리 국민이 일반적으로 부르고 있는 하나님(하느님, 하늘님, 한알님)은 모두가 원래 유일신으로 한 분의 하나님이십니다. 그 이름들은 모두 '알' 이라는 단어에서 전음 또는 파생된 말이며, 하늘에 계신 유일신 여호와를 뜻하는 하나님으로 보고 있습니다.(여호와는 별개)

그러나 우리 겨레가 사용하던 신명 '하나님' 을 기독교에서 쓰는 것에 대하여 거부감을 가진 분들이 있습니다. 우리 겨레가 전통적으로 믿어왔던 하나님(하느님)은 그 실체가 범신론이요, 자연신으로 성경이 말하는 여호와가 아니라는 생각을 합니다. 그래서 이들은 '신앙의 토착화' 운동에 대해서도 성경의 여호와와 우리 겨레가 사용해 온 하나님의 신명을 구분하지 않는 '혼합주의' 라고 비판합니다. 이러한 비판은 근본주의적 시각을 가진 자들에서 두드러지게 나타납니다.

그러나 이것은 1880년대 초반 성경 번역에서 신명을 '여호와' 로 할 것인가 우리 겨레가 쓰고 있는 '하나님(하느님)' 으로 할 것인가에 대한 논쟁과 비슷합니다. 이와 관련하여 출애굽기 3장 14절과 16절에서 유래된 신명 '여호와(Jehovah, YHWH)' 와 하나님(엘로힘)을 비교로 설명할 수 있겠습니다. 여호와는 고유명사이고, 하나님은 일반적으로 쓰는 보통명사입니다. 이는 우리가 조선시대의 4대 임금을 '이도(李陶)' 라고 하지 않고, '세종대왕' 이라고 부르는 것과 같기 때문입니다. 유대인들은 "여호와의 이름을 망령되이 일컫지 말라" 는 계명에 따라 '여호와' 라는 이름 대신 '아도나이(주)' 로 불렀습니다. 현대판 킹 제임스 성경도 여호와는 '주(Lord)' 로 번역하고 있습니다. 사실 '여호와' 라는 신명은 출애굽 시대(B.C. 1400년경)에 와서, 그것도 유대 민족을 통해서만 주신 이름이고, 우리 민족과 세계의 열방들은 성경이 들어오기 전까지 '여호와' 라는 신명을 몰랐습니다. 여호와는 곧 하나님이십니다.

따라서 우리가 신명을 '여호와' 로 하지 않고, 하늘에 계신 분이므로(마 6:9) '하나님(엘로힘의 한국어)' 이라고 부른 것은 당연하며, 하나님의 주권적 섭리입니다. 또 서양신학의 풍조에 치우쳐 있는 한국교회로서는 천만다행이기도 하지요. 한국교회가 성경의 신명을 여호와로 하지 않고, 우리가 쓰던 하나님으로 부른 것은 성경이 말하는 우리의 토종문화를 되찾기 위한 첫 걸음이었기 때문입니다. 한국교회가 여호와를 여호와로 부르지 않고 국민 정서에 부합하는 신명 하나님을 찾아 불렀더니 그게 무속신이 아니라 성경에 있는 참 하나님의 이름이 맞았던 것입니다. 이것이 한국이 아시아에서 유일하게 선교가 성공을 한 큰 이유이기도 합니다.

또한 신명 하나님은 한국교회와 우리 겨레가 하나가 되는 길입니다. 우리 겨레는 뜻이 깊은 자리에서 기독인과 모든 국민이 함께하여 한 목소리로 "하느님이 보우하사(하나님이 보호하사)"를 부릅니다. 같은 자리에서 같은 노래를 같이 부르니 언제인가 같은 하나님이 역사를 하실 것입니다. 한국교회가 우리 겨레가 쓰는 신명을 따라 '하나님' 이라고 불러서 복음 정착에 성공했다면, 이제 우리가 우리의 토종문화도 찾아서 선교와 생활에 적용을 해야 합니다. 전자가 하나님의 뜻이면, 후자도 하나님의 뜻일 것입니다.

장자권의 복은 장자의 의무를 수행하는 자에게

> 유다는 형제보다 뛰어나고 주권자가 유다로 말미암아 났을지라도 장자의 명분은 요셉에게 있으니라(대상 5:2)

야곱의 열두 아들 중 장자는 르우벤이었으나 그 권리가 유다에게로 넘어갔습니다. 그런데 본문 말씀은 장자권을 유다에서 다시 요셉에게로 돌리려고 합니다. 요셉은 이방(애굽)에서 기근을 만난 형제들을 구원한 사람입니다. 이것은 장자권의 경제적 책임을 요셉이 수행했다고 볼 수 있습니다. 요셉은 종교보다 삶의 지혜가 탁월한 사람입니다. 그래서 구세주의 혈통은 유다의 가계인 아브라함을 통하여 나지만, 그 결실은 성경적 삶에 충실했던 요셉을 통해서 있다고 볼 수 있습니다.

앞에서 검토한 바와 같이 노아 할아버지의 세 아들 중 셈에게 약속한 복을 이을 민족은 에벨의 후손인 벨렉 계열과 욕단 계열이었습니다. 그런데 벨렉 계열의 유대인은 지금까지도 예수님을 부정하고 있으니 이제는 하나님이 욕단 계열로 추정되는 한국인을 불러서 쓸 수도 있다고 보겠습니다. 또한 한국에 복음을 전한 유럽교회나 미주교회마저 시들고 있으므로 그들에게 소망을 기대하기 어렵습니다. 그래서 믿음의 조상 아브라함에게 약속하신 하나님의 장자권(창 12:2,3)과 요셉에게 부여한 장자권의 의무는 한국인에게 넘어오고 있다고 조심스러운 예측을 해보는 것입니다. 곧 우리가 앞으로 하나님에게 크게 쓰임을 받는 민족이 될 수 있을 것입니다. 그래서 우리가 형제인 벨렉 계열, 오늘날의 유대인들까지 회개할 수 있는 계기를 마련해야 합니다. 이 소망은 넓게 보면 아랍인들도 마찬가지입니다. 이들도 셈족의 후예, 아브라함의 자손입니다. 그리고 지금은 복음이 시들어가는 세계 열방들도 다시 회복되고, 모두가 함께 구원을 이루어야 합니다(슥 14:16~21).

이런 소망과 예측은 극히 조심해야 합니다. 성경이 말하는 장자권의 축복은 모든 민족에게 동등하게 주어져 있기 때문입니다. 더구나 하나님은 우리의 생각이나 소망대로 움직이시는 분이 아닙니다. 하나님이 우리를 부르시기 위해서는 우리가 먼저 그에 합당한 준비(영적 훈련)를 해야 합니다. 그래야 우리가 선택을 받을 자격이 있고, 맡긴 일을 감당해 낼 수가 있겠지요. 먼저 선택을 받았던 선민 이스라엘은 교만하다가 실패하고, 지금까지 예수님을 모르는 상태입니다. 우리도 예외는 아니겠지요. 하나님은 장자에게 큰 복을 허락하지만, 그만큼 책임도 지게 합니다. 장자가 장자권의 책임을 감당하지 못하면, 하나님은 그 권리를 다른 사람에게 넘기십니다. 이것이 하나님이 사람을 쓰시는 방식입니다.

하늘 백성은 하나님의 아들까지(예수 그리스도를 영접하시길)

> 예수께서 외쳐 이르시되 나를 믿는 자는 나를 믿는 것이 아니요 나를 보내신 이를 믿는 것이며 나를 보는 자는 나를 보내신 이를 보는 것이니라(요 12:44,45)
> 인자의 온 것은 섬김을 받으려 함이 아니라 도리어 섬기려 하고 자기 목숨을 사람들의 대속물(代贖物)로 주려 함이라(마 20:28)

우리 겨레가 역사로는 홍수 후 하나님의 명령을 따라, 하나님이 의인으로 부르셨던 노아 할아버지의 믿음과 당부를 따라서 땅을 채우기 위하여 찬송가 알이랑을 부르며, 무궁화를 가지고 고개를 넘어 동방으로 이동한 민족입니다. 그리고 종교로는 도착한 새 땅에서 고인돌과 참성단을 쌓고, 제사장 직분자를 단군(壇君)이라 부르며, 천·지·인을 주관하시는 삼신 하나님께 제사를 올리는 제천의식을 행하여 왔습니다. 한국인은 성경적이고, 순수하며, 세계적으로도 우수하다고 자부할 수 있는 우리의 문화를 역사의 시작부터 지켜왔습니다. 이제 때가 되어 그동안 숨겨져 있던 한국 토종문화의 실체가 드러나려 하고 있습니다. 이것이 우리 겨레의 진정한 보물이고, 세계에 길이길이 남을 문화유산입니다. 이것은 우리 민족의 자긍심이며, 세계가 우리를 다시 보는 기회가 될 것입니다.

하나님은 죽음의 문제도 해결하시고, 삶의 문제도 쉽게 푸는 분이십니다. 하나님은 유대인들을 통하여 성경을 기록하시고, 메시아를 세상에 오게 하셨으며, 서양인들을 통하여 성경과 예수 그리스도를 세계로 전파하게 하셨고, 이제는 지구촌 모두가 인류의 구세주와 함께 생활에서 그 열매를 맺을 차례입니다. 그래야 하나님의 온전한 통치가 이 땅에 임하는 세상(지구촌 하나님의 나라)을 만나게 될 것입니다. 이러한 역할을 민족에게 찾는다면 성경을 통전적으로 이해하고, 현실적으로 적용할 수 있는 한국인이 적임자라고 봅니다.

사람이 천지를 창조하신 창조주 하나님을 모르면 우리의 조상들이 믿어온 하나님(天)을 거역하는 배은이며, 사람이 사람(人)을 모르면 사람 구실을 못하여 사회의 윤리와 규범이 흔들리고, 사람이 창조주가 지은 땅(地)을 모르면 삶의 문제, 곧 경제문제를 풀어내지 못합니다. 그러나 우리 겨레는 처음부터 하나님에 대한 제천의식에서 얻은 천(天)·지(地)·인(人)의 삼신·삼재라는 세계관을 지니고 살아왔습니다. 이것이 우리의 역사이고, 민족혼입니다. 삶이고 문화입니다. 그러므로 우리 겨레는 모두가 하나님의 아들이신 예수 그리스도를 믿고, 구원을 받으시기 바랍니다. 그래서 우리 겨레는 모두가 마지막 때에 하나님이 베푸시는 천국 잔치에도 참여를 해야 합니다.

이와 같이 우리는 하나님이 우리 겨레를 (징계도 하셨지만) 끝까지 버리지 않고 지켜 주시고, 특별한 보호를 해 오신 것을 생각하면, 기쁘고 감사할 뿐입니다. 그러므로 우리는 하나님 앞에 겸손해야 하며, 세상 모든 사람 앞에서도 낮아져야 합니다. 우리 겨레는 사랑과 겸손의 자세로 지구촌 백성들을 섬겨야 합니다. 하나님은 우리 겨레가 그렇게 쓰임받기를 바라고 계십니다. 우리 겨레가 그러한 복을 누릴 수 있고, 지구촌 가족들과 함께 나눌 수 있기를 빌고 또 빕니다.

하늘에 계신 우리 아버지 이름이 거룩하게 하시며
아버지의 나라가 오게 하시며
뜻이 하늘에서 이루어진 것 같이 이 땅에서도 이루어지게 하소서

참고문헌

김병옥, 조상숭배사상에 대한 기독교적 고찰, 안양대학교 신학대학원, 석사학위논문, 1997년. 12.

김창억·박달석, "조선시대 사직단에 대하여", 영남문화재연구원, 제12회 조사연구회(대구박물관 홈페이지 자료), 2000. 6월.

노승대, 바위로 배우는 우리 문화, 도서출판 무한, 1999.

대천덕(R.A. Torrey), 우리와 하나님, 예수원, 1993.

박성수, 단군문화기행, 서원, 2000.

손봉호, "제사와 현대문화", 이종윤 편저, 한국교회와 제사문제, 엠마오, 1990.

신복룡 역, 대한제국멸망사, 집문당, 1999.

영남문화재연구원, "대구 노변동 사직단 유적, 연구보고서 제86책, 2005.

유석근, 또 하나의 선민 알이랑 민족, 예루살렘, 2006.

유석근, 알이랑 고개를 넘어 예루살렘으로, 예루살렘, 2009.

이대환, 반값주택의 이론과 정책(세금 없는 희년 시장경제의 소개), 인간사랑, 2007.

이영문, 고인돌 이야기, 다지리, 2001.

이정석, "타 종교에 대한 전도와 평화의 사명", 목회와 신학, 두란노, 2005.3월 국사편찬위원회(교육인적자원부), 중학교 국사(상), 1992.

임승국 역, 한단고기, 정신세계사, 1989.

임승빈, 기독교문화와 한국문화, 예영커뮤니케이션, 2008.

정순신, "한민족 고유의 바닥 난방", 2005, 12월.

정종목, 역사 스페샬, 효형출판사, 2000.

최길성, 한국의 조상숭배, 예진, 1993.

한용진, 홍익인간의 문헌자료 비교 고찰, 한국교육사학회, 한국교육사학 제15집, 1990.

현상윤, 조선유학사, 민중서관, 1974.

하정룡, 감국유사, 시공사, 2003.

허호익, 단군신화와 기독교, 기독교서회, 2003.

이 대 환

1951년생, 대한예수교장로회(통합) 대구서광교회 장로
경영학 박사(희년 토지시장 연구가)
현재 경북과학대학 강사 · 기독교세계관학술동역회 회원

–주요 논문–

『희년사상과 지대공수론』, 통합연구, 사단법인 기독학술교육동역회, 1990.

『가치이론에 대한 성서적 접근』, 통합연구, 위와 동일, 1992.

『토지가치와 분배지향회계』, 대구경북경영학회, 1991.

『토지시장의 특성과 운영방안 』, 토지연구, 토지공사, 1993.

『지가구조와 시장모순』, 토지연구, 토지공사, 1994.

『성경적 토지법과 땅세경제』, 통합연구, 위와 동일, 1995.

『"웨하아레쯔 로 티마케르 레짜미투드(레 25:23a)" 의 증명(레위기의 시장 3유형과 땅값 헛값의 과학적 이해)』, 통합연구, 위와 동일. 2001.

『성경적 토지법과 헨리 조지 이론의 비교』, 유럽기독학술원, 홈페이지 전자출판, 2003.

–주요 저서–

『땅과 돈은 팔리지 않는다』, 매일출판사, 2001.
『부동산시장의 과학과 미신』, 문예미학사, 2005.
『반값주택의 이론과 정책(세금 없는 희년 시장경제의 소개)』, 인간사랑, 2007.
『토지전세주택(반값 아파트의 실현)』, 수원대학교 국토미래연구소, 2009.

연락처 : 010-9909-2069 (053)425-2069
yobeland@hanmail.net